经济管理 | 高等院校规划教材

管理学

（第二版）

Management

毛海军 崔文子 主　编
郭景福 宇　红 副主编

大连理工大学出版社

图书在版编目(CIP)数据

管理学 / 毛海军，崔文子主编. — 2版. — 大连：大连理工大学出版社，2013.8(2018.1 重印)
ISBN 978-7-5611-8198-0

Ⅰ.①管… Ⅱ.①毛… ②崔… Ⅲ.①管理学 Ⅳ.①C93

中国版本图书馆 CIP 数据核字(2013)第 204324 号

大连理工大学出版社出版
地址：大连市软件园路 80 号 邮政编码：116023
发行：0411-84708842 邮购：0411-84708943 传真：0411-84701466
E-mail：dutp@dutp.cn URL：http://dutp.dlut.edu.cn
大连金华光彩色印刷有限公司印刷 大连理工大学出版社发行

幅面尺寸：170mm×240mm 印张：24.75 字数：495 千字
2010 年 8 月第 1 版 2013 年 8 月第 2 版
2018 年 1 月第 6 次印刷

责任编辑：汪会武 邵 婉 责任校对：千 川
封面设计：波 朗

ISBN 978-7-5611-8198-0 定 价：42.00 元

PREFACE

前言

管理在人类社会活动中随处可见,从每个人的日常生活到每个家庭的正常维持,从只有一两个员工的小公司到拥有成千上万职员的大企业集团,从农村的村委会到国家的部委机关,人们每天都在进行着各种社会活动。人具有社会性,往往都生活中不同组织之中,组织的运行离不开管理,人们的生活也就离不开管理。虽然在不同组织之间、政府与组织之间、不同环境之间进行管理的内容、方式、方法可能不尽相同,有的涉及对人力资源的管理,有的涉及对物料的管理,有的涉及对信息资源的管理,有的涉及对财务会计的管理,有的涉及对客户资源的管理,有的涉及对自然资源的管理,有的涉及对公共事务的管理,但是在进行管理时所要用到的基本原理是相同的,这就是管理的一般原理。

管理学就是介绍管理的一般原理的学科,本书是在编写组成员多年教学与研究的基础上,结合课程组的管理学课程教学改革研究成果和我校学生的具体情况编写而成。内容以管理活动过程中的计划、组织、领导和控制四项基本管理职能为主线,将整个内容分为:管理的基本概念与要素、管理思想的发展史、管理的环境、计划与决策、组织战略、组织结构设计、领导、人际沟通、激励、管理控制和管理创新等内容。整个内容包含了传统管理学的主要内容。为了帮助初学者拓展管理视野,对在管理界著名的管理大师进行了简要介绍。众所周知,组织竞争力及国家竞争力的获得及持续提升,需要源源不断的创新,本书对管理创新进行了介绍。

本书由毛海军、崔文子任主编,郭景福、宇红任副主编。全书共12章:其中第1章、第2章、第3章由郭景福编写;第4章、第5章、第7章由崔文子编写;第6章、第9章、第11章由毛海军编写;第8章、第10章、第12章由宇红编写。全书由毛海军统稿。本书在编写过程中,引入大量教学案例,在每章开篇有引导案例,对每章的内容起到引领作用，每章结束有综合案例，引导学生对每章的内容进行综合思考。对于案例的选择，注重时效性，多选用近五年内的案例资料，同时在各章都编写了综合测试题，便于学生对各章相关理论及重要知识点进行及时复习和巩固。

本书适合作为管理类专业学生管理学原理学习教材，也可以作为各类公司职员学习管理原理的参考书籍，不同学习者可以根据自身的情况对学习内容做出相应调整，教师在教学过程中可以根据不同专业培养方案中的课程的前后衔接，根据需要对教学内容进行调整。

在编写和出版本书的过程中，参考了大量的管理类教材、案例和相关著作、论文等文献，选用了相关报刊和互联网的资料，大多在参考文献中列出，但因为工作量较大，没有在文中引用处一一列出，还有部分参考文献可能没有一一列出，谨在此对资料相关作者表示感谢。同时本书的编写得到大连理工大学出版社的大力支持，在此对出版社同志的支持和帮助表示衷心的感谢！

由于时间仓促和编者的业务水平有限，书中可能存在观点不当或内容安排不合理之处，恳请专家和读者给予批评指正。

编写组

2013 年 7 月

CONTENTS

目录

第一篇　基础篇

第三篇 组织职能篇

第四篇 领导职能篇

第五篇 控制职能篇

第一篇

管理学

管理与管理学

第1章

引导案例

管理者的角色

在罗斯·玛丽·布拉沃的领导下，伦敦时装店——巴宝丽重新恢复生气，重新定位为超级时尚的全球品牌之后，巴宝丽的利润在1997～2003年几乎翻了五番。

当萨克斯第五大道百货(Saks Fifth Avenue)备受推崇的总裁罗斯·玛丽·布拉沃，在1997年宣布她将改投境况不佳的英国时装店巴宝丽任CEO时，人们认为她一定疯了。因设计标志性的格子衬里雨衣而闻名的巴宝丽，被描述成“几乎没有任何时尚味道的老套企业”。7年之后，布拉沃在英国和美国都被誉为世界上最好的管理者之一。任职期间，她一手策划了巴宝丽的惊天大逆转，领导了被评论家称为“时尚极了”的一个高端时尚品牌的变革。巴宝丽的风衣、时装、手袋及其他饰品已经成为了富有的时尚顾客们的必备之物。当被问到是如何完成这样的变革时，她认为“创造力不仅仅来自于设计师……信不信由你，主意可以来自零售店面、营销部门，甚至还可以来自会计人员。任何员工都有想法和值得聆听的一些话要说。”布拉沃也强调团队工作的重要性。“我想人们所忽略的是团队质量。它不是一个人，也不是两个人，它是一整群人——朝着一个目标团结工作的一个团队——这就决定了某些事发生还是不发生。”她特别指出自己的工作就是构建团队并激励他们，“与他们保持联系，保证他们追随愿景。”

从各个方面来看，罗斯·玛丽·布拉沃都是一个出类拔萃的管理者。她的故事例证了管理者在组织中能够扮演的重要角色。她没有重新设计巴宝丽陈旧的产品线；没有亲自制作广告，邀超级模特凯特·摩斯帮助重新定位品牌；协调巴宝丽全球生产系统以确保供应商严格遵守巴宝丽的质量标准也不是她的工作；她也不直接参与巴宝丽零售店面的重新设计。但是，她确实在帮助招聘、激励、领导和奖励从事这些工作的人们。布拉沃看到了巴宝丽品牌中的潜藏价值，强烈要求建立新的时尚愿景，向组织各级员工征求意见，并构建、管理和改革巴宝丽的团队。

布拉沃身上体现了伟大管理者的所作所为：促使事情发生；制订战略；组织人员、规划过程；激励组织中的其他人；实施领导。这就是管理者的角色。

（资料来源：查尔斯 W.L.希尔.管理学.北京：机械工业出版社，2009）

管理的真谛究竟是什么？

管理(management)是人类各种活动中最普通和最重要的一种活动。任何一个人，只要存在于一定的组织或社会中，那么他不是管理者就是被管理者，或者是自我管理者。作为管理者，不论他是在管理一个组织或组织中的一个单位，还是在管理某一群人或者某一项工作，他都无疑需要熟练地掌握管理这门学问。

随着管理领域的不断拓展，人们对管理认识的不断加深，管理对社会活动产生的效益也越来越大，尽管不同领域内管理活动各有其特殊性，但是在这些特殊的管理活动中蕴涵着管理活动的一些共性的东西。人们把研究管理活动规律所形成的基本理论与方法统称为管理学(management science)。作为一种知识体系，管理学是管理思想、管理原则、管理技能和管理方法的综合。随着管理实践的发展，管理学不断充实新的内容，成为指导人们开展各种管理活动，有效达到管理目的和实现组织目标的指南。

1.1 管理的概念和特征

1.1.1 管理的概念与内涵

自从有了人类的共同劳动，就有了管理。综观人类社会的历史不难发现，管理是小到家庭大到国家的各种组织由弱变强的根本。管理是一类特殊的人类社会实践活动，因对象的不同而具有特殊性，但其概念、原理、职能、要素和过程等具有显著的普遍性。

什么是管理？这是每个初学管理的人首先遇到的问题。众所周知，管理涉及各种领域，例如，行政管理、经济管理、企业管理以及各种行业、部门和过程的管理。不同的人站在不同的角度也有不同的解释。从字面上看，管理就是管辖梳理；政治学家认为管理是建立有效的权力管理系统，科学地分权、授权和集权；经济学家认为管理是对组织的资源进行计划、组织、领导和控制，以实现既定目标的过程，优秀的管理是一种稀缺的经济资源；心理学家则认为管理是沟通、协调与激励，是使人适应于组织和社会的过程；社会学家则认为管理是一种文化活动，管理水平是社会进步、社会文明的一种标志。

科学管理理论创始人弗雷德里克·泰勒(Frederick Taylor)认为，管理就是“确切了解希望工人干些什么，然后设法使他们用最好、最节约的方法去完成它”。这说明管理是一种明确目标，并授予被管理者工作方法，以求更好地达到目标的活动。

亨利·法约尔(Henri Fayol)最早在一般意义上概括了管理的含义，他区别经营与管理这两个容易混淆的概念，指出管理是经营活动中的一种活动，它包括计划、组织、指挥、协调和控制等五个要素。这是从管理的基本职能出发，说明什么是管理，同时也表明管理是一个过程。

对决策有独特研究的赫伯特·西蒙(Herbert Simon)认为“管理就是决策”。这一定义虽然未能全面反映管理的内容，但它突出了决策在管理中的主导地位，并强调了决策贯穿于管理的全过程，表明决策与管理的内在联系。

哈罗德·孔茨(Harold Koontz)则认为：“管理就是设计和保持一种良好的环境，使人在群体里高效率地完成既定目标。”这一定义强调管理的服务功能，说明管理是为有效实现组织目标而服务的过程。

早在100多年前，马克思就指出了管理的两重性。一方面，管理是由共同劳动的社会结合的性质产生的，只要是协作劳动客观上就需要管理。这是任何具有社会结合形态的劳动共有的性质，是任何由许多人进行协作的劳动普遍存在的性质。另一方面，管理又是由共同劳动过程的资本主义性质即对抗性质产生的。在资本主义生产方式中，直接生产者与生产资料所有者之间的对立关系和资本主义生产社会化要求“统一的意志”是矛盾的。因此，资本主义的管理就必然具有“监督劳动”的职能，这是资本主义管理的特殊性。

上述定义各有特色，给人以有益的启示。借鉴国内外各种观点，结合现代管理发展趋势，我们认为管理就是在特定环境下，对组织拥有的资源进行计划、组织、领导和控制，以期有效实现组织目标的过程(见图1-1)。

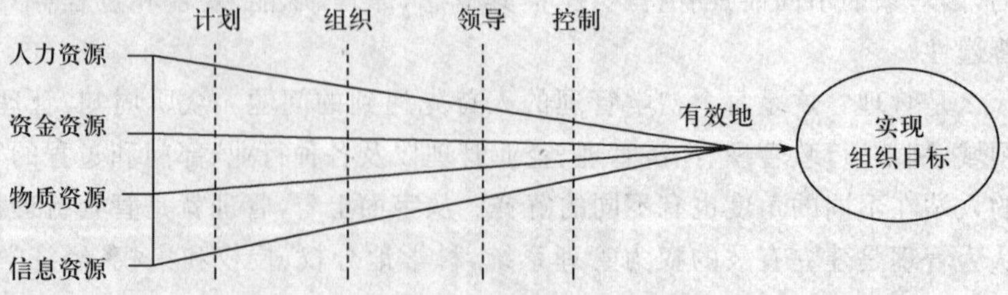

图1-1 管理过程

这一定义包含以下四层含义：

(1)管理具有一定的目的性。管理作为组织的一种有目的的活动，必须为有效实现组织目标服务，这是管理的基本出发点。管理活动的效果主要取决于组织目标的实现程度。管理作用于组织之上，离开组织目标的实现，管理毫无意义。

(2)管理依赖于一定的环境。管理活动是在一定的环境中进行的，环境给管理创造了一定的条件和机会，同时也对管理形成一定的约束和威胁。管理者必须正视环境对组织的这两方面影响，努力改善组织的物质和文化环境。要审时度势，趋利避害，抓住机遇，利用一切可以利用的外部条件，促进组织目标的实现。

(3)管理的对象是组织的资源。管理的实质是对组织拥有的各项资源的协调和整合。组织拥有的资源包括人、财、物、信息、技术、时间、社会关系和组织的声誉等。资源的有限性和组织运营目标的不断提升，是管理需要解决的基本矛盾。为了利用有限的资源最大限度地满足组织运营的目标，管理的有效性首先表现为必须“做正确的事”，防止做错事。在此基础上进一步要求“用正确的方法做事”，使有限的资源发挥最大的效用。当然，资源的协调和整合始终是一个动态过程，没有一劳永逸的管理。

(4)管理由一系列相互关联的职能构成。管理活动最终要落实到计划、组织、领导和控制等一系列管理职能上，它们是管理工作最基本的手段和方法，也是管理活动区别于一般作业活动的主要标志。计划、组织、领导和控制是每个管理工作者必须开展的工作，迄今为止人们对管理的研究仍然较多地集中在这几项职能的应用上。

下面一段话是卡内基的墓志铭：

这里长眠着一个人
他知道如何在其事业中
起用比自己更好的人

这段话表达了管理的含义和本质，即通过他人劳动，有效整合资源，实现组织目标。

更先进的理念认为，管理是一种思想，是一种文化，是管理者的社会道德责任，是管理者所管理的机构取得的经济和社会成就。管理是为了所处社会的全面和长远利益而必须全力履行的责任和义务，表现为管理者对社会发展的参与。现在通常所说的管理的社会责任主要是指经济责任以外的社会道德责任，特别是建立在经济责任和法律责任基础上的道德责任。

1.1.2 管理的有效性

管理的最终目的就是为了追求某种效益。在任何管理活动中，都要讲究实效，力图用最小的投入和消耗创造出最大的经济效益和社会效益，这是管理的效益原理。效益是管理的永恒主题，任何组织的管理都是为了获得某种效益，效益的高低直接影响着组织的生存和发展。

管理定义中“有效”指的是既要注重效率，又要注重效果，从而取得好的效益。效益、效果和效率从概念上理解是有其相似之处的，它们都是衡量结果的名词，但实际上它们是有差别的。

效益(effect)是指人们从事某种活动所得到的有益的结果，它可用劳动成果与劳动消耗的比值来表示，也可用投入与产出的比例来表示。在人类所从事的活动中，效益表现在各个方面，既包括经济效益，也包括社会效益和生态效益等。经济效益直接、显见，可用具体的经济指标来计算和考核；而社会效益和生态效益则较难以计量，必须借助其他形式来间接考核。这对管理者而言就有较大的难度，需要在管理过程中认真地把这三者统一起来，综合考虑。

效果(effectiveness)是指由投入经过转换而产出的有用成果，指人们在社会实践活动中通过某种行为、力量、方式或因素而产生的结果。它强调这种结果符合目的性的程度，凡是符合组织目的的结果就是好的，反之则是不好的，无效的。就管理效果来说，在其对经济和社会造成的影响中，也可分为正效果和负效果。以用发放奖金来激励员工这种做法为例，如果采用平均主义的手段，最终就不能产生奖勤罚懒的效果，反而会造成劳动积极性下降。

效率(efficiency)表明了投入和产出间的关系，是指某一特定系统所消耗的能量与所收获效果的比率，是实施管理后所得的收益和管理成本之间的比率，也反映了劳动时间的利用状况。管理效率的高低是测评管理者工作绩效的重要标志，也是组织能否实现更佳效益的关键。管理效率无所谓对与错，主要目的是以最小的代价将事情做完。

管理行为既讲效率，又涉及怎样使活动得以按计划完成，正确实现预定的目标，即寻求活动的效果。当管理人员实现了组织的目的，我们通常就认为他们是有成效的。所以，效率涉及手段，是活动的方式；而效果涉及目的，是活动的结果(见图 1-2)。

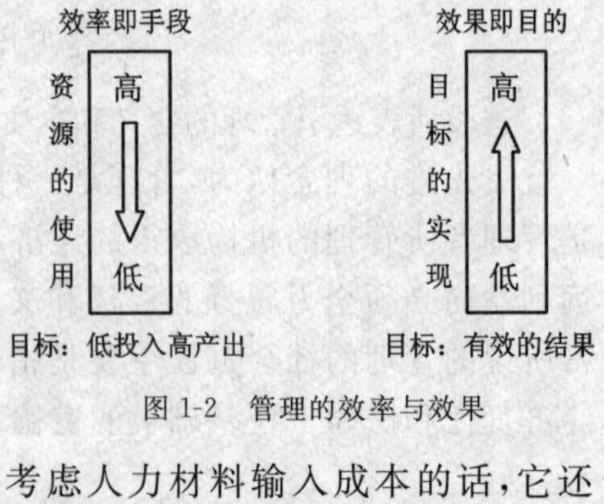

图 1-2 管理的效率与效果

效率和效果是互相联系的，如果不顾效率，很难达到有效果。精工(Seiko)集团如果不考虑人力材料输入成本的话，它还能生产出更精确和更吸引人的钟表吗？因此，管理不仅关系到使活动达到目标，而且要做得尽可能有效率，即多快好省。

总之，在整个管理系统和管理过程中，要把效益作为管理的根本目的和最终归宿。

1.1.3 管理的特性

管理学是研究管理活动的基本规律、普遍原理及其应用的学科。管理活动是普遍存在的，虽然不同性质的组织活动有差异，方法也不尽相同，在此基础上进行科学总结和概括形成各具特色的管理方法。但是，管理学所研究的是管理中的一般原理和规律总结，管理学是各类管理活动的基础理论。与其他许多学科不同，管理学是一门综合性学科，管理学既是科学又是艺术，是一门不精确的学科。管理活动具有以下三方面的特征，即管理的二重性、管理的普遍性、管理的科学性和艺术性(杨文士，2012)。

1. 管理的二重性

管理的二重性是马克思主义关于管理问题的基本观点。马克思在《资本论》中指出："一切规模较大的直接社会劳动或共同劳动，都或多或少地需要指挥，以协调个人的活动，并执行生产总体的运动——不同于这一总体的独立器官的运动——所产生的各种一般职能。""凡是直接生产过程具有社会结合过程的形态，而不是表现为独立生产者的孤立劳动的地方，都必然会产生监督劳动和指挥劳动。"这就是说，一方面，管理是由于有许多人进行协作劳动而产生的，是由生产社会化引起的，是有效地组织共同劳动所必需的，因此它具有同生产力、社会化大生产相联系的自然属性；另一方面，管理又是在一定的生产关系条件下进行的，因此具有同生产关系、社会制度相联系的社会属性。这两方面的属性就是管理的二重性。

2. 管理的普遍性

管理具有普遍性。这意味着在不同的层次、不同的机构，甚至不同的国家中，管理者所从事的活动存在着普遍性。管理的普遍性具体表现在以下几个方面：

组织中不同层次上的管理活动在本质上是相同或类似的。无论是基层管理者还是高层管理者，他们同样都在履行着计划、组织、领导和控制的职能，只不过从事各项职能的程度和重点有所区别而已。

不同类型的组织中的管理活动也基本上是一样的。不管是营利性组织还是非营利性组织，是大型组织还是小型组织，尽管差异确实存在，但两者之间的共性远远超过差异。因此，可以说"事事需要管理，人人从事管理"。

管理在不同国家和不同地区之间也是可以相互学习、相互参照的。改革开放以来，我国不仅从国外引进和吸收了大量的科学技术方面的先进成就，同时也学到了大量的管理方面的好经验、好方法。

3. 管理的科学性和艺术性

任何科学理论都来源于实践，是对事实的概括和总结，同时又能预测和指导人们的实践活动。管理工作的科学性表现在,管理经过近一个世纪的研究、探索和总结,已经逐渐形成了一套比较完整的、反映管理过程客观规律的理论知识体系,为指导管理实践提供了基本的原理、原则和方法。人们利用这些理论和方法来指导自己的管理实践,又以管理活动的结果来衡量所使用的理论和方法是否正确。管理学要应用到社会科学、自然科学以及工程技术等众多学科。如果把管理研究定位于实用导向型,则其研究体系有四个层次(见图 1-3)。

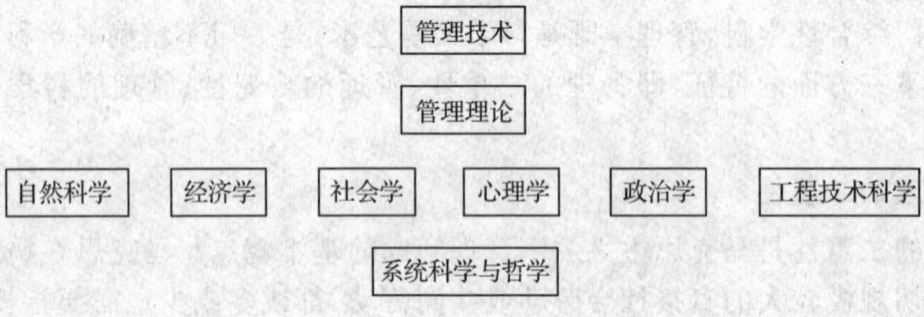

图 1-3　管理的科学性

管理学广泛运用数学知识实现其更高程度的科学化与精确化,这就构成了管理学定量化的一面。但是,管理学所涉及的众多因素中具有非常大的不确定性,有许多不能量化的东西,很多时候只能进行定性的分析。因此,管理学是一门定性分析与定量分析相结合的科学。

同时,管理学又是一门不精确的学科。用管理学术语来解释这种现象,就是在投入的资源完全相同的情况下,其产出却可能不同。因为影响管理效果的因素太多,许多因素是无法完全预知的,也是无法精确度量的,如国家的方针、政策和法令、自然环境的突变与企业的经营决策等。如果说其他自然科学是硬科学的话,那么,管理学就是一门软科学。

"领导机灵一闪,企业长足发展",这种现象正是体现了管理的艺术特性。这一点管理学同其他学科不同,学会了数学分析,就能求解微分方程,背熟了制图的所有规则,就能画出机器。管理学则不然,背会了所有管理原则,不一定能够有效地进行管理。重要的是培养灵活运用管理知识的技能,这种技能在课堂上是很难培养的,需要在实际管理工作中去掌握,掌握管理技能需要实践,实践为解决各种各样的组织和管理问题提供了直接的知识和经验,只有通过经验与实践,人们才能获得这些知识。

管理的艺术性就是强调其实践性,没有实践则无所谓艺术。就像仅仅依靠游泳指南未必就能学会游泳一样,掌握了管理理论并不能保证你就能成为一个出色的管理,人员。如果只凭书本知识来开展管理,无视实践经验的积累,无视灵活运用理论的能力,注定是不会有效的。从这种意义上说,管理不仅是一种知识,更是一种实践；不仅是一门科学，更是一门艺术。管理工作就像其他各种技艺一样，都要利用经过整理的基本知识，并根据实际情况加以创造性、灵活地运用，这样才能取得预期的成效。

因此我们说，管理是一种实践，其本质不在于知，而在于行；其验证不在于逻辑，而在于成果；其唯一权威就是成就。

1.2 管理职能概述

管理作为一个工作过程是管理者在其中要开展的一系列活动，这就构成了管理者的职能，通常称之为管理职能。这里，"职能"一词指的是"活动"、"行为"的意思。因此，一项职能就表示一类活动，而管理的基本职能就是管理工作所包括的几类基本活动内容，主要是计划（planning）、组织（organizing）、领导（leading）和控制（controlling）。

1.2.1 计划

任何有组织的集体活动，都需要在一定的计划指引下进行，计划是对组织未来活动进行预先筹划。管理者通过制订计划，可以帮助组织成员认清所处的环境和形势，指明活动的目标以及实现目标的途径。任何活动在开始之前，首先需要制订出计划，这样才能做到有的放矢。

计划工作主要包括以下内容：

（1）研究活动条件。组织的活动总是在某种环境条件下进行的，活动条件研究包括组织外部环境研究和内部条件研究两部分。外部环境研究是分析组织活动的环境特征及其变化趋势，了解环境是如何从昨天演变到今天的，找出环境变化的规律，并据以预测环境在明天可能呈现的状态。组织内部条件研究，主要分析组织内部对各种资源的拥有状况和对这些资源的利用能力。

（2）制订经营决策。对企业这种经济组织来说，在活动条件研究基础上制订经营决策，就是根据这种研究所揭示的环境机会和威胁以及组织在资源拥有和利用方面的优势和劣势，确定组织在未来某个时期内的总体目标和方案。

（3）编制行动计划。确定了组织未来的活动目标和方案以后，还要详细分析为了落实这种决策，组织需要采取哪些方面的具体行动，这些行动对组织内各部门、各环节在未来各个时期的工作提出了哪些具体的要求。编制行动计划的目的就是将决策所确定的目标在时间上和空间上分解落实到组织的各部门、各环节，对每个单位和每个成员的工作提出具体要求。

1.2.2 组织

为确保制订出来的计划能够顺利得到实现，管理者还需要对组织中每个单位、每个成员在工作执行之中的分工协作关系做出合理的安排。为此，管理者需要围绕组织职能完成下述几方面工作：

(1)设计组织结构。组织结构指界定组织中所进行活动的分工和协作关系的一种架构或框架。组织结构设计者首先需要在组织任务目标分解基础上将各部分需要分工开展的工作落实到具体的承担者，同时设计出机制和手段来确保执行具体工作的个人和单位能够密切配合，协调行动，使个体或局部的力量整合成为组织整体的力量。

(2)配备人员。即根据各岗位(职位)所从事工作活动的要求，以及组织所拥有员工的素质和技能特征，将适当的人员安置在组织适当的岗位上，使适当的工作由适当的人去从事。

(3)运行组织。即向配备在各岗位上的工作人员发布工作指令，并提供必要的物质和信息条件，从而使组织按设计的方案运行起来。

(4)变革组织。指对组织运行的过程进行监督，根据组织活动开展及内外环境变化的情况，研究和推行必要的组织变革。

1.2.3 领导

为了有效地实现计划，管理者不仅要设计出合理的组织结构并为组织配备合适的人员，同时还要设法使组织中的每一个成员都以高昂的士气、饱满的热情投身到组织活动中去。这便是领导工作的任务。所谓领导，是指管理者利用组织所赋予的职权和自身拥有的权力去指挥、影响和激励组织成员为实现组织目标而努力工作的一种具有很强艺术性的管理活动过程。

沟通和激励是领导工作的主要内容。沟通工作是领导者与同事或下属交流思想，互通信息，协调关系，在相互理解基础上求同存异，增强组织的凝聚力。它是消除隔阂，解决矛盾和冲突的有效途径。激励工作是领导者把实现组织目标与满足个人需要有机结合起来，通过激励元素激发和强化下属工作的动力。另外，领导者还必须正确认识权力的性质和作用，努力提高自身素质，不断改善领导作风，从实际出发选择领导方式，并充分发挥领导集体的作用。

1.2.4 控制

控制是为了保证组织各部门、各环节能按既定的计划开展工作从而实现组织目标的一项管理活动。其内容主要包括根据计划标准检查各部门、各环节的工作情况，判断其工作结果是否与计划要求相吻合以及存在偏差的程度。如果存在较大的偏差，则分析偏差产生后对业务活动的影响程度及偏差产生的具体原因，在此基础上，如果有必要的话还要针对所发现的原因，制订并实施纠正偏差的措施，以确保组织目标和计划的有效实现。

控制不仅是对组织计划执行情况的检查和监控，而且可能在偏差纠正措施难以取得预期效果，或者组织内外环境出现重大变化时，导致管理者在本计划执行期尚未结束前就做出使某时点以后的组织活动发生局部甚至全局调整的计划修订或重新制订行为。这样，控制可能意味着新的计划过程的提前开始。

上述的各项管理职能是带有普遍性的，所有管理人员不论什么头衔，在何岗位，处于哪一管理层次，都要执行这些基本管理职能，同时它们相互关联、相互作用，共同为实现组织目标服务（见图 1-4）。

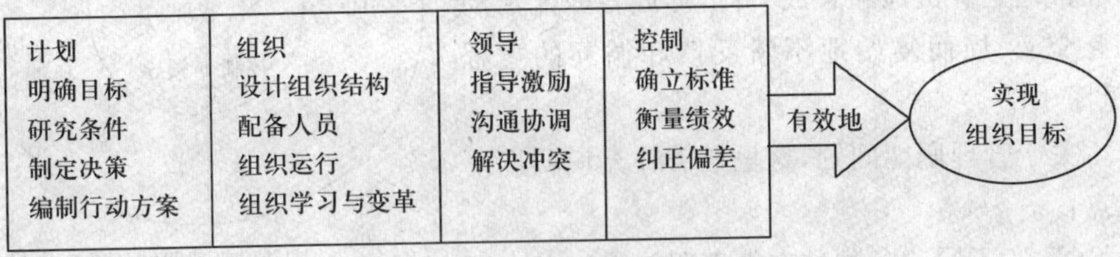

图 1-4 管理职能间的关系

组织是管理的载体。计划为组织的未来指明了方向和目标；组织职能提供了实现这一目标的人员配备和权力控制体系；领导能够激励员工、鼓舞士气；控制提供了监督检查，确保管理活动按计划的实现组织目标。

管理的四项基本职能为管理知识和理论的分类、整理提供了一个相当便利的框架。管理的各种概念、原理、理论和方法按照管理职能组织成了一个有机的知识体系，各种新进展、新观念、新发现也能够非常方便地纳入到这一体系中去。因此，尽管存在着各种各样的总结管理知识的方法，但应用管理职能作为组织管理知识的框架却是一种最普遍、最广泛的做法。尽管在理论上各项管理职能之间存在着逻辑上的先后关系，但实践中的管理活动并不是严格的按照计划、组织、领导和控制这样的顺序来进行的。组织中的各项管理活动在时间上彼此重叠，在空间上相互交融在一起。很少有管理者在一个给定的时间段内只从事某一特定的管理职能，他们往往同时进行着若干种不同的活动。

以上四大职能构成了本书的基本框架。

1.2.5 管理职能间的关系

从理论上说，这些职能之间存在某种逻辑上的先后顺序关系，即这些职能通常是按照“先计划，继而组织，然后领导，最后控制”的顺序发生。但从不断持续进行的实际管理过程来看，在计划制订后付诸实施的组织、领导或者控制过程之中，有时可能会边执行边要求对原计划作某种修改、调整，甚至有些时候还可能需要启动应变的备用计划或编制全新的计划，这样某一职能进行到中间就可能穿插着其他的职能活动。

控制的结果不单单是对问题的解决，还往往涉及对责任者的奖惩。因此，控制与激励实际上是结合在一起的。管理工作过程中各项管理职能在现实中并不是被严格分割开来进行的，它们更经常地是有机地融合成一体，形成各职能活动相互交叉、周而复始地不断反馈和循环的过程（见图 1-5）。

图 1-5　管理职能的循环

关于管理职能问题，这里还需补充说明以下几点：

第一，不同业务领域在管理职能内容上有所差别。

虽然管理工作和作业工作是两类性质不同的工作，但管理工作通常需要紧密地联系作业工作。由于不同组织、不同部门的具体业务领域各不相同，其管理工作也就表现出各自不同的特点。例如，同为计划工作，营销部门做的是产品定价、推销方式、销售渠道等的计划安排；人事部门做的是人员招募、培训、晋升等的计划安排；财务部门做的则是筹资规划和收支预算，它们各自在目标和实现途径上都表现出很不相同的特点。当然，在不同的组织层次上，管理工作与作业工作联系的密切程度是不一样的。一般说来，低层次的管理工作与作业工作联系得较为紧密，而高层次的管理工作与作业工作的联系就相对少些。

第二，不同组织层次在管理职能重点上存在差别。

一般说来，不同的管理层次花在不同管理工作上的时间比重不一样。高层管理人员花在组织工作和控制工作这两项职能上的时间要比基层管理人员相对多些，而基层管理人员花在领导工作职能上的时间则要比高层管理人员多一些。即使就同一管理职能来说，不同层次管理者所从事的具体管理工作的内涵也并不完全相同。例如，就计划工作而言，高层管理人员关心的是组织整体的长期战略规划，基层管理人员则更侧重于短期、局部性的作业计划。

第三，对管理职能的认识不断深化。

对计划、组织、领导和控制这四个基本职能，早在20世纪初管理界就已有认识。随着管理理论研究的深化和客观环境对管理工作要求的变化，人们对管理职能有了进一步的认识。这表现在一方面人们对于上述各项基本职能所涵盖的内容和所使用的方法已经加深了理解；另一方面，人们在此基础上又提出了一些新的管理职能，或者更准确地说，是对原有四个职能的某些方面进行强调，从中分离出新的职能，其中特别值得一提的是决策和创新这两个职能。

决策职能是从20世纪50年代开始受到人们的重视的。有些管理学者如西蒙就特别强调指出，管理就是决策，决策贯穿于管理过程的始终。因为无论计划、组织、领导还是控制，其工作过程说到底都是由决策的制订和决策的执行两大部分活动所组成的。比如，确定组织的使命目标，制订各种战略计划和战术计划等是计划工作中的决策问题；组织机构的设置和部门划分方式的选择是组织工作中的决策问题；而人员配备后如何加以引导和激励属于领导职能的工作也同样需要做出各种决策；至于控制职能中，控制标准的制订、活动执行情况的检查和检查时点的选择等也都需要进行决策。管理实际上是由一系列决策连贯起来组成的，因此，在相当程度上可以说“管理就是决策”。所以，管理者在某种程度上也被称做决策者。

管理界对于创新职能的重视始于20世纪60年代。因为当时市场正面临着急剧的变化，竞争日益激烈，许多企业感到不进行创新就难以生存下去，所以有不少管理学者主张将创新看成是管理的一项新职能。所谓创新，就是使组织的作业工作和管理工作都不断地有所革新、有所改进。最早将创新视为经济发展的最重要的推动力的经济学大师约瑟夫·熊彼特认为，创新包括以下五种情况：①引进新产品或提供产品的一种新质量；②引进新技术或新的生产方式；③开辟一种产品的新市场；④采用新的原材料或获得原材料的新的来源；⑤采用企业的新的组织方式。

第四，协调也是管理的一个单独职能。

可以说每一项管理职能的开展，都是为了更好地促进协调，有了协调组织可以收到个人单独活动无法收到的良好效果，即通常说的“1＋1＞2”的协同效应。

1.3 管理者的角色与技能

1.3.1 管理者的定义及分类

组织是管理的载体，管理者(manager)是在组织中执行管理职能的人员。著名的组织学家巴纳德认为，由于生理的、心理的、物质的和社会的限制，人们为了达到个人的和共同的目标，就必须合作，于是形成群体，群体发展为组织。管理学上的组织是“为完成特定的工作，达成管理目的，把分散的人或事物按一定的关系，有秩序地组合在一起的有机体”。

组织的基本要素即共同的特征有三点。共同目标是组织存在的前提，没有目标的组织是低效的，不同的组织有不同的目标，而且组织目标应为组织全体成员所了解，并成为全体成员的共同目标；组织成员间具有合作意愿和共同的意志，组织的所有成员都有为实现组织目标而积极努力的决心和愿望，组织应该而且能够把成员的这种共同意志协调和统一起来；组织内部有畅通的信息沟通渠道，能够将组织的目标或目标指导下的某项工作的目的和成员的意志联系起来。

组织中有许多成员从事一线的操作工作，也有的从事生产辅助性工作，也有的从事管理事务，各自有分工。我们把从事管理工作，负有领导指挥和协调下级成员去完成组织目标的人员称为管理者。

如果考虑所从事的业务类型，管理工作可分为计划工作、财务工作、技术工作、人事工作等。其实，管理学中研究的是带共性的对象和问题，尽管也研究人事职能、财务管理等，但我们是将其放在整个管理过程中来研究的。如果我们按管理者在组织结构中的层次来区分的话，就可以研究不同的管理者在组织管理过程中的地位和作用，而不会涉及具体的业务内容，即管理者按层次划分为高层管理者、中层管理者、基层管理者。

高层管理者，通俗地说就是一个组织的“头头”。组织有大小，成员有多少，但只要是代表该组织的管理者，就是高层管理者。大学、中学、小学的校长，都是他所代表的那个学校的高层管理者。大公司的“头头”称为总裁或总经理，部门的“头头”称为经理。高层管理者除了代表一个组织外，主要是要把握本组织的目标及发展方向、做出计划和决策、审核组织业绩、与其他组织保持良好的沟通和联系。因此，组织的高级管理人员应具备较高的文化素质和较强的战略意识。

中层管理者，我们通常称为中层干部。他们是一个组织中各个部门的负责人，如公司中的部门经理、企业中的车间主任、大学中的系部主任等。他们要贯彻、执行高层管理者的指令和计划意图，把任务落实到基层单位，并检查、督促、协调基层管理者的工作，保证任务的完成。他们要完成高层管理者交办的工作，并向他们提供进行决策所需的信息和各种方案。他们的作用主要是上情下达，下情上达，承上启下。随着社会经济从工业化时代进入知识经济时代，大量高科技手段在管理中的运用，组织结构发生了深刻的变化，大公司的管理层次减少，企业对中层管理者的需求量锐减。

基层管理者或一线管理者。他们是组织中最下层的管理者，直接面向在第一线工作的组织成员。企业车间里的班组长、职能部门中科长或股长或组长、大学各系部中的教研室主任等。他们所接到的指令是具体的、明确的，所能调动的资源是有限的，工作目标也是比较明确的：带领和指挥一线工作人员有效地完成任务。他们要向上级报告任务的执行情况，反映工作中遇到的困难并请求支持。可以说，基层管理者的工作对组织目标的实现和实际业绩起着直接的决定作用。

这三层管理者应是有机的整体，保证整个组织的管理工作正常进行。但不同层次管理者工作上有所差别，各项管理职能履行的程度和重点不同，如图 1-6 所示。

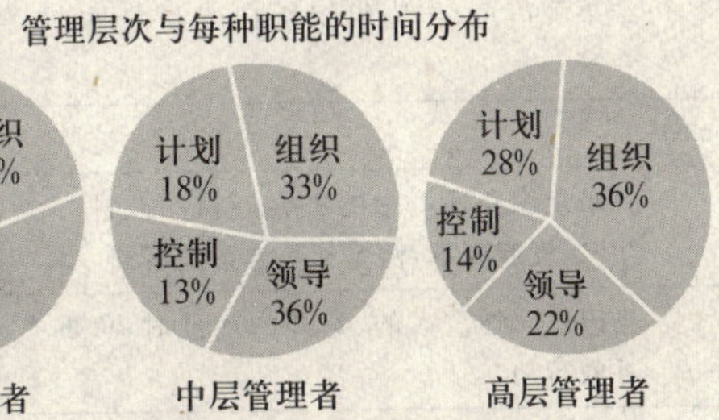

图 1-6　管理层次的职能差异

由图 1-5 可以看出，高层管理者花在计划、组织、控制职能上的时间较多，基层花在领导职能上的时间较多。即使同一管理职能，不同层次管理者所从事的具体管理工作的内涵也不完全相同。

1.3.2　管理者的角色

1. 管理者的角色理论

管理者在实际工作中如何进行管理？做哪方面的工作？20 世纪 60 年代，亨利・明兹伯格挑战传统观点，提出了管理者在管理过程中扮演着三个方面的 10 种角色（见表 1-1）。

表 1-1 管理者的角色

角色	描述	特征活动
人际关系方面(interpersonal)		
1. 挂名首脑 (figurehead)	象征性的首脑，必须履行许多法律性的或社会性的例行义务	迎接来访者，签署法律文件
2. 领导者 (leader)	负责激励和动员下属、人员配备、培训和交往的职责	实际上从事所有的有下级参与的活动
3. 联络者 (liaison)	维护自行发展起来的外部接触和联系网络，向人们提供帮助和信息	发感谢信，从事外部委员会工作，从事其他有外部人员参加的活动
信息传递方面(informational)		
4. 监听者 (monitor)	寻求和获取各种特定的信息，以便透彻地了解组织与环境；作为组织内部和外部信息的神经中枢	阅读期刊和报告，保持私人接触
5. 传播者 (disseminator)	将从外部人员和下级那里获得的信息传递给组织其他成员——有些是解释和综合组织中有影响的人物的各种价值观点	举行信息交流会，传达信息
6. 发言人 (spokesperson)	向外界发布有关组织的计划、政策、行动、结果等信息；作为组织所在产业方面的专家	举行董事会议，向媒体发布信息
决策制订方面(decisional)		
7. 企业家 (entrepreneur)	寻求组织和环境中的机会，制订"改进方案"以发起变革，监督某些方案的策划	制订战略，检查会议决议执行情况，开发新项目
8. 纠纷调解者 (disturbance handler)	当组织面临重大的、意外的动乱时，负责补救行动	制订混乱和危机时期的应对策略
9. 资源分配者 (resource allocators)	负责分配组织的各种资源——批准所有重要的组织决策	调度、询问、授权、人事及预算的各种活动和安排下级的工作
10. 谈判者 (negotiator)	在主要谈判中作为组织的代表	参与工会的合同谈判

由于组织中的管理者从事不同层次、不同岗位的管理工作，所以他们在组织运行中 10 种角色上扮演的频率、程度等均不同。对于高层管理者而言，与其他两个方面相比，决策角色占首位；中层管理者在三个方面角色分配基本一致，这是由其承上启下、独当一面的特点所决定的。基层管理者，之所以角色分配以人际角色为主，是因为主要任务是调动下属成员进行团队合作。

2. 有效管理者与成功管理者

对于管理者而言，更为重要的是管理者应当以什么方式开展工作。学者弗雷德·卢森斯(Fred Luthans)关于有效的管理者与成功的管理者的研究具有借鉴意义。卢森斯赋予这二者以不同的含义：所谓有效的管理者是指组织中在工作上最有成绩的管理者，用工作成绩的数量和质量以及下级对其满意和承诺的程度作为标志；而成功的管理者则是指在组织中提升得最快的管理者，用在组织中晋升的速度作为其标志。卢森斯认为这二者在多数情况下并不能合为一体，其管理活动也有各自不同的特点。卢森斯分析研究了 450 多位管理者，他把这些管理者的活动分成以下四类：

(1)传统管理：决策、计划和控制。

(2)沟通：交流例行信息和处理文书工作。

(3)人力资源管理：激励、惩戒、调解冲突、人员配备和培训。

(4)网络联系：社交活动、政治活动和与外界交往。

卢森斯的研究表明，“平均”意义上的管理者花费 32%的时间从事传统管理活动；29%的时间从事沟通活动；20%的时间从事人力资源管理活动；19%的时间从事网络活动。但是，不同的管理者花在这四项活动上的时间和精力显著不同。如表 1-2 所示，成功的管理者在对各种活动的强调重点上与有效的管理者显著不同之处在于，用在维护网络关系上的时间和精力最多，而从事人力资源管理活动的时间和精力最少。而在有效的管理者中，用在沟通上的时间和精力最多，而用在维护网络关系的时间和精力最少。

表 1-2　平均的、成功的和有效的管理者活动时间分布

	传统管理	沟通	人力资源管理	网络联系
平均的管理者	32%	29%	20%	19%
成功的管理者	13%	28%	11%	48%
有效的管理者	19%	44%	26%	11%

资料来源：斯蒂芬·P.罗宾斯. 管理学. 北京：中国人民大学出版社，1997：12

管理的主要目标是使企业的经营活动持续发展，优秀的管理者必须能够以自身的行为影响员工的思想，使员工能够做到没有管理者，业务也能顺利进行。管理者尤其是组织的高级管理者其根本在于以身作则，其中“则”是原则，是制度，是机制。对管理者的考验不在于他本人的工作成效，而在于他不在时员工的工作成绩，对员工应当做到不但“Hire his hand”更要“Hire his mind”，做到“润物细无声”。

1.3.3 管理者应具备的技能

管理者要履行管理职能，必须具备一定的素质和技能。一般来讲，管理人员需要三种基本技能，即技术技能、人事技能和概念技能。任何管理人员，不管其所处的管理地位怎样，必须不同程度地具有这三种技能。

1. 技术技能

技术技能是指从事自己的具体工作所需要的技能、方法，即对某一特殊活动（特别是包含方法、过程、程序或技术的技能）的理解和熟练程度，包括在工作中运用具体的知识、工具或技巧的能力，例如，财务管理中的会计核算技能。这种技能是对基层管理者或一线工作人员的基本要求，即所谓的要懂行。对于一个管理者来说，虽然没有必要成为精通某一专业领域或专业技能的专家，但仍需要掌握与其管理的专业领域相关的基本技能，否则管理者就很难与其所主管的组织内的专业技术人员进行有效的沟通，从而也就难以对自己所管辖的义务范围内的各项工作进行具体、有效的指导。

2. 人事技能

人事技能又称人际关系技能，是指一个人能够以群体成员的身份有效地工作的行政能力，是管理者应当掌握的最重要的技能之一。因为管理活动最根本是对人的管理，而对人的管理的每一项活动都要处理人与人之间的关系。你可以聘到世界上最聪明的人为你工作，但如果他不能与其他人沟通并激励别人，则对你一点用途也没有。简言之，人事技能即理解、激励和与他人融洽相处的能力。这项技能不仅要求管理人员善解人意，而且能创造一种使上级信任、下级感到安全并能自由发表意见的氛围。现代社会的每一项工作几乎都需要与他人沟通协作，因此，各层次的管理人员应善于自我把握，即理解、控制自身情绪并自我激励，善于感知并与他人交往，即理解他人情绪、引起他人关注、激励和领导下属。

总之，管理者应努力提高自己的情商（emotional quotient），具备一定的人事技能。这样，对外有利于争取对方的合作，对内则可以了解、协调下属，调动其积极性和创造性，对上有利于争取上级的满意与支持，最终有利于工作目标的实现。

3. 概念技能

概念技能亦称思想技能或观念技能，是一种把握大局，预测本行业未来发展趋势，并在此基础上做出正确决策，引导组织发展方向的能力。该技能包括系统性、整体性的识别能力、创新能力和抽象思维能力。这种技能有利于管理人员胸怀全局、认清左右形势的重要因素、评价各种机会并决定如何采取行动，使本组织在激烈的竞争中处于有利地位。

概念技能的提高也需要通过一定的学习。一个人受教育的时间越长，掌握的知识越丰富、越广泛，他的概念技能越高，但提高概念技能是一个潜移默化的过程。

成功的管理者应具备上述技能，但不同层次的管理者在这三方面有不同的要求。基层管理者或一线工作人员应当不断学习，具有较高的技术技能，只有这样才能做好本职工作，才能在工作岗位上具有竞争力。因为有一技之长才能有一个“饭碗”。高级管理人员须具备战略眼光，审时度势，应具有较高的概念技能，这样企业才能可持续发展。所有的管理者都要与他人沟通交往，都应具备一定的人际关系技能(见图 1-7)。

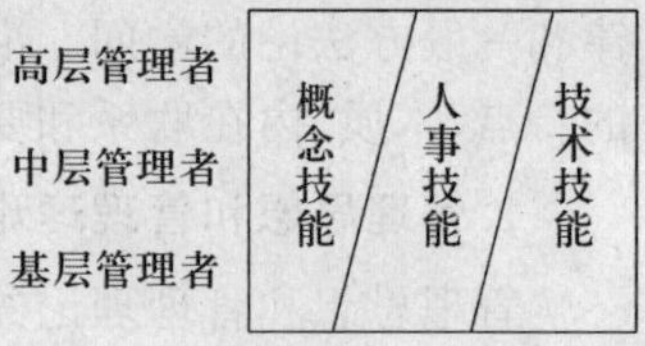

图 1-7　管理者应具备的技能

随着创新在管理中的作用日益增强，管理者还应具备创新能力。管理者遇到的问题中会有相当数量与前人或同代人遇到的并已解决的问题相类似，这时可以借鉴别人或自己的经验来解决，当然要考虑时间、地点、环境的不同所带来的可能变化。但随着社会经济发展的全球化进程加快，环境的不确定性增强，新问题不断出现，管理者要研究新问题是在什么条件和什么背景下产生的，与以往相类似的问题有什么不同之处，运用自己多方面的知识和经验，进行分析和判断，找出新问题中的内在规律性，进行逻辑推理，再到实践中去验证解决问题的方案，然后总结提高，形成新概念和新思想。

创新能力的提高有赖于丰富的知识和丰富的实践经验，有赖于逻辑思维和推理的能力，有赖于综合判断的能力。此外还要强调的一点是对新生事物的敏感性。有的人对周围发生的事情熟视无睹，一切都习以为常，他怎么会去创新、去提高创新能力呢？我们常说失败是成功之母，其中含义还应包括失败有可能带来创新的机会。越是高层的管理者，他遇到新问题的可能性越大，就越需要有较强的创新能力，尤其是组织的管理战略创新。

1.4　管理学

虽然管理是很久以前伴随着人类的共同劳动产生的，但是，管理学作为一门学科诞生于 20 世纪初的泰勒(F. W. Taylor)、法约尔 (H. Fayol)等人提出的古典管理理论。美国人泰勒于 1911 年发表了《科学管理原理》，标志着管理科学的诞生。

1.4.1　管理学的研究内容

管理学是一门独立的科学，它具有其他一切学科所具有的基本特征。它具有特定的研究对象和研究范围，具有一系列含义清楚明确的基本概念。它具有经过实践检验证明其正确的原理和原则，它能够形成一个完整的、比较严密的理论体系，最根本的也是最重要的是它能反过来指导人们的管理实践。

管理学的研究对象应当是管理学研究的直接指向，即管理活动。现代管理学是在总结管理发展历史经验的基础上，综合运用现代社会科学、自然科学和技术科学所提供的理论和方法，研究现代社会条件下进行的各种管理活动的基本运动规律和一般方法论的学问。准确地讲，管理学的研究对象应当是各类管理活动共同的特点、本质、内在联系和要求。

1. 管理思想和管理理论的发展史

管理思想和管理理论的发展史包括古代管理思想、近代管理理论、现代管理流派及其发展趋势。管理学通过这种历史研究，把握管理思想、理论和方法演变的历史脉络，以便总结管理的经验教训。

2. 管理的基本原理及其原则

管理的基本原理及原则是在对管理的实质内容进行科学分析后而得出来的，研究这些原理和原则在管理的各个环节中是如何发生作用的，有利于管理者在实践中掌握行动的准则。

3. 管理的各项职能

现代管理学把计划、决策、组织、人事、领导和控制等作为重要内容来研究，并揭示其内在的联系。比如在管理组织方面，需要研究正式组织与非正式组织、组织形式和组织结构、组织变革和组织学习发展等内容。这些管理职能不仅体现了管理的基本任务，还反映了管理全过程的完整程序。

4. 环境差异与管理创新

管理原理、原则的运用及管理职能的发挥都要受限于管理的环境条件。不同的国家有不同的管理特色，各国之间相互学习借鉴管理经验，要从实际出发，不可生搬硬套。管理移植要和管理创新相结合。环境差异分析与管理创新研究是取得管理成效的保证。

5. 管理方法、技术和艺术

管理方法、技术和艺术是贯彻管理原则的工具，要实现最优化管理，管理者就必须应用科学的思想方法、有力的行政方法和实际的经济方法，结合现代科学的成就，有效地运用管理的艺术。

1.4.2 管理学的研究方法

鉴于管理的自然属性与社会属性和管理学的学科综合特征，管理学的研究方法应该是综合性的。从综合角度看，管理学的研究方法主要有如下几种：

1. 案例分析与实证研究方法

管理学理论源于实践，在管理学的发展中一些经典的理论成果往往通过典型的案例分析与实证研究获得，这是一种典型的经验积累和归纳的研究方法，目前已成为管理学研究中的经典模式。

案例分析法是通过对客观存在的一系列有代表性的实例的观察，获取组织运行状况和实施管理的完整特征资料，从分析其中的因果关系及典型规律入手，进行经验性总结并加以结果验证，从而得出可以利用的研究结果的归纳方法。

实证研究不仅是对某一理论假设或结论的实际验证，而且是一种规范性的系统性研究。采用实证方法进行管理学课题研究，首先应根据课题内容、性质和要求，在调查分析的基础上选择相当数量的例证，继而弄清管理实证中研究对象的相关关系，分析事件的发生过程及其相关的影响因素，最后通过规范性研究得出结论，同时确认其研究的可靠性和结论的应用范围。

2. 试验方法

管理中的许多问题，特别是微观组织内部的一些管理问题，如企业生产管理流程的改革、全面质量管理指标体系的确立、工资奖励条例的推广等，都可以采用试验方法进行研究。泰勒的一些科学管理理论以及后来的人际关系学说，都是在实验中得到多次证明后才为人们认可的、具有普遍适用性的理论。利用试验方法进行管理问题研究的要点是，首先为某一管理试验样本创造一定的条件或在管理中采取相应的变革措施，然后观察其实际试验结果，再与未给予这些条件或未采取相应的变革措施的对比试验样本的实际结果进行比较分析，寻求在施加了外加条件或管理变革措施之后的试验样本与对比试验样本结果之间的因果关系，得出客观的试验结论。

试验方法的应用具有普遍意义，如著名的霍桑研究就是采用这种方法进行的。但是，管理中也有许多问题，如高层所进行的风险性决策管理，由于问题的复杂性和环境变化的不确定性，很难通过试验进行研究。由此可见，试验方法的应用也是有条件限制的。

3. 要素分析方法

要素分析法是围绕管理活动和组织运行中起关键作用的因素进行分析，通过各因素之间的关联作用反映管理活动的客观规律，继而寻求有效的管理方式的一种适用方法。要素分析法的适用性在于它突出了管理活动中起关键作用的因素以及因素之间的关联作用，这样不仅有利于问题的综合解决，而且有利于管理活动本质的揭示。

例如，孔茨等将管理职能归纳为计划、组织、人事、领导和控制等五个方面，然后通过各方面要素的作用分析，着重于实质性研究。又如，麦肯锡企业咨询公司在咨询活动中从7要素出发对管理活动进行分析，提出了著名的“7S”体系，着重于策略(strategy)、结构(structure)、系统(systems)、作风(style)、人员(staffs)、共有价值观(shared values)和技巧(skills)等要素的研究，以解决管理咨询中的实际问题。

4. 数理方法

管理的自然属性和科学性决定了在管理学研究中也要应用到数理方法，数理科学不仅是自然现象研究的基础，而且是一门与人类社会实践密切关联的科学。在社会科学与自然科学交叉的管理科学领域，数理方法的应用一是通过建立数学模型，解决程序化的管理问题；二是从管理运筹出发进行管理模式的优化，实现优化管理的目标。

如果将计划管理、业务流程组织和人力资源配备看做是一个有规可循的程序化过程，那么，就应该利用严格的数学模型方法构建客观的管理模型，从定量研究的角度分析内、外部因素的影响，寻求最优的管理方案。同时，组织资源的管理、工作量分配和程序安排，也应利用数理方法进行精确的计算，从而使定性管理定量化。

5. 决策科学方法

决策科学作为软科学的核心，其应用已得到管理学界的公认。事实上，在管理学研究中也已形成了面向组织发展的决策理论派。对于管理中的决策科学方法的应用，必须强调管理的决策职能以及从决策作用出发对计划、组织、领导、控制等基本环节的研究。

决策科学方法在管理学中的应用，主要集中在管理的决策层次，即各层次管理决策的分析；管理中的决策制订过程与程序组织；管理中决策信息支持方法；管理决策方案的选择方法；管理中的决策实施与评价方法等。决策科学方法是在交叉学科基础上形成的，是优化理论、协同论、系统论、控制论以及领导学、战略学、政策学、咨询学等方法的集合。在应用中，我们不仅要立足于管理中决策问题的解决，而且要注重从软科学研究的角度，应用软科学中的综合决策方法，研究管理机制和战略、战术层次及组织持续发展中的管理问题。

本章学习小结

1. 管理就是在特定环境下，对组织拥有的资源进行计划、组织、领导和控制，以便有效实现组织目标的过程。

2. 管理具有一定的目的性，依赖于一定的环境是由一系列相互关联的职能构成的，其对象是组织的资源。

3. 管理行为即讲效率，又涉及怎样使活动得以按计划完成，正确实现预定的目标，即寻求活动的效果。当管理人员实现了组织的目的，我们通常就认为他们是有成效的。所以效率涉及手段，是活动的方式；而效果涉及目的，是活动的结果。

4.四项基本管理职能是计划、组织、领导和控制。组织中所有层次所有部门的经理都在执行这些职能,有效的管理意味着成功地管理这些组织活动。

5.组织总共有3个管理层次。一线经理负责非管理员工的日常监管;中层经理负责有效和高效地开发、利用组织资源;高层经理有跨部门管理的职能。高层经理的工作是要为整个组织提出恰当的目标并对中层经理是否利用组织资源完成任务进行核实。

6.明茨伯格从研究中得出结论,管理者扮演着10种不同的角色。他将这种角色划分为三组:第一组涉及人际关系(挂名首脑、领导者、联络者);第二组与信息传递有关(监听者、传播者、发言人);第三组涉及决策的制订(企业家、混乱驾驭者、资源分配者、谈判者)。卢森斯和他的副手发现成功的管理者(那些提升最快的管理者)强调网络关系活动;相反,有效的管理者(那些绩效最佳的管理者)则强调沟通。

7.管理者要履行管理职能,必须具备一定的素质和技能。一般来讲管理人员需要三种基本技能,即技术技能、人事技能和概念技能。任何管理人员,不管其所处的管理地位怎样,必须不同程度地具有这三种技能。

8.管理学的特性有综合性、科学性、艺术性和应用性。

综合案例

台湾"经营之神"王永庆

台塑企业集团创办人、号称台湾"经营之神"的王永庆,2008年10月16日因心肌梗塞于纽约病故,享年92岁。王永庆,1916年1月出生于台北,原籍福建省安溪县。15岁辍学做学徒工,16岁自办米店,靠用心和勤奋努力站稳了脚跟,并在1954年筹资创办了台塑公司,1957年建成投产。靠"坚持两权彻底分离"的管理制度,他的"台塑集团"发展成为台湾企业的王中之王。

90多岁高龄的王永庆,即便已成为台湾首屈一指的富豪,对自己依旧非常严格,追求平静的生活,个人生活节俭到"抠门"的程度。他觉得长途电话费太贵,不喜欢子女给他打电话,一条毛巾一用就是20年。在这样的情况下,2000年捐资30亿元,建设1万家希望小学;2008年5月决定捐赠1亿元人民币,支援四川灾区,创下台湾企业捐款之最。

一、卖米赚取人生的第一桶金

王永庆的祖父劳苦了一辈子,最后只给孙子留下了一条教训。他对王永庆说:"种茶这一行,看来是难以为生的。就是饿不死,也吃不饱。你是读过书的人，希望你不要再困在这里，还是立志出门闯天下吧。”15岁的王永庆，听了祖父的话，决心走出山区，去寻找一个能挣到钱的地方，帮助父母亲养活一家人。他一个人孤零零地来到台湾南部的嘉义县县城，在一家米店里当上了小工。聪明伶俐的王永庆，除了完成自己送米的本职工作以外，处处留心老板经营米店的窍门，学习做生意的本领。第二年，他觉得自己有把握做好米店的生意了，就请求父亲帮他借了些钱做本钱，自己在嘉义开了家小小的米店。

米店新开，经营上就碰到了困难。原来，城里的居民都有自己熟识的米店，而那些米店也总是紧紧地拴住这些老主顾。王永庆的米店一天到晚冷冷清清，没有人上门。16岁的王永庆只好一家家地走访附近的居民，好不容易，才说动一些住户同意试用他的米。为了打开销路，王永庆努力为他的新主顾做好服务工作。他主动为顾客送上门，还注意收集人家用米的情况：家里有几口人，每天大约要吃多少米……估计哪家买的米快要吃完了，他就主动把米送到那户人家。他还免费为顾客提供服务，如掏出陈米、清洗米缸等。他的米店开门早，关门晚，比其他米店每天要多营业4个小时以上，随时买随时送。有时顾客半夜里敲门，他也总是热情地把米送到顾客家中。

经过王永庆的艰苦努力，他的米店的营业额大大超过了同行店家，越来越兴旺。后来，他又开了一家碾米厂，自己买进稻子碾米出售，这样不但利润高，而且米的质量也更有保证。

二、独具慧眼 抢先转向经营木材

抗日战争胜利后，台湾经济也开始发展，建筑业发展最快。王永庆敏锐地发现了这一点，便抓住时机，抢先转向经营木材，结果获利颇丰。这个赤手空拳的农民的儿子，居然成了当地一个小有名气的商人。

三、力排众议 转行塑胶业成就财富人生

50年代初，台湾急需发展的几大行业，是纺织、水泥、塑胶等工业。当时台湾的化学工业中有地位有影响的企业家是何义，可是何义到国外考察后，认为台湾的塑胶产品无论如何也竞争不过日本的产品，所以不愿向台湾的塑胶工业投资。出人意料的是，这时还是个名不见经传的普通商人王永庆，却主动表示愿意投资塑胶业。消息传出，王永庆的朋友都认为王永庆是想发财想昏了头，纷纷劝他放弃这种异想天开的决定。当地一个有名的化学家，公然嘲笑王永庆根本不知道塑胶为何物，开办塑胶厂肯定要倾家荡产。

其实，王永庆做出这个大胆的决定，事先进行了周密的分析研究，虽然对于塑胶工业他还是外行，但他向许多专家、学者去讨教，还拜访了不少有名的实业家，对市场情况作了深入细致的调查，甚至已私下去日本考察过。王永庆没有被别人的冷嘲热讽吓倒。1954年，他和商人赵廷箴合作，筹措了50万美元的资金，创办了台湾岛上第一家塑胶公司。3年以后建成投产，但果然如人们所预料的，立刻就遇到了销售问题。首批产品100吨，在台湾只销出了20吨，明显地供大于求。按照生意场上的常规，供过于求时就应该减少生产。可王永庆却反其道而行之，下令扩大生产。这一来，连他当初争取到的合伙人，也不敢再跟着他冒险了，纷纷要求退出。精明过人的王永庆，竟敢背水一战，变卖了自己的全部财产，买下了公司的全部产权，使台塑公司成为他独资经营的产业。王永庆有自己的算盘。他研究过日本的塑胶生产与销售情况，当时日本的PVC塑胶粉产量是3000吨，而日本的人口不过是台湾的10倍，所以，他不相信自己的产品销不出去。事情的发展，证明了王永庆的计算是正确的。随着产品价格的降低，销路自然打开了。台塑公司和南亚公司双双大获其利。从那以后，王永庆塑胶粉的产量持续上升，从最初的年产1200吨，发展到现在100万吨，使他的公司成了世界上最大的PVC塑胶粉粒生产企业。

王永庆给年轻人的八堂课：

第一堂课：刨根问底，也就是面对问题一定要追究个水落石出，否则绝不罢休；

第二堂课：务本精神，凡事只求根本，不问结果；事事追求点点滴滴的合理化；

第三堂课：瘦鹅理论，用吃苦耐劳的精神面对困境，并以坚毅的态度等待机会到来；

第四堂课：从基层做起，必须脚踏实地、按部就班，还必须全力以赴；

第五堂课：实力主义，学历不等于实力，实务经验愈丰富，成功机会就愈大；

第六堂课：切身感，企业管理制度若能让员工产生切身感，他们的潜能才可发挥到十成；

第七堂课：价廉物美，只有建立在价廉物美的基础上，企业才能够蓬勃发展；

第八堂课：客户至上，懂得维护客户的利益，才能取得自己的最大利益。

（资料来源：双根. 王永庆全传. 武汉：华中科技大学出版社，2010）

问题

1. 是什么管理理论和管理技能促进王永庆的商业发展？

2. 从“经营之神”王永庆的发展历史，你能得到什么启发？

自测题

一、单项选择题

1. 管理者必须因地制宜地将管理知识与具体的管理活动相结合，这里强调的是管理的（　）。

A. 科学性　　B. 艺术性　　C. 有效性　　D. 实用性

2. 管理各项职能中的首要职能是（　）。

A. 组织　　B. 计划　　C. 控制　　D. 人员配备

3. 对高层业务管理人员而言，其管理技能侧重于（　）。

A. 技术技能　　B. 财务管理　　C. 概念技能　　D. 营销管理

4. 对基层业务管理人员而言，其管理技能侧重于（　）。

A. 技术技能　　B. 财务管理　　C. 谈判技能　　D. 营销管理

5. 高层管理计划注重组织（　）。

A. 在环境中的定位和确定与环境的能量互换关系

B. 内部各个组成部分的定位和相互关系的确定

C. 每一个岗位、每一个人员、每一个时间的工作安排和协调

D. 内、外条件的评价和协调

二、多项选择题

1. 管理的属性包括（　）。

A. 自然属性　　B. 生产属性　　C. 原始属性

D. 社会属性　　E. 人本属性

2. 按管理者在组织中所处的地位划分，管理者可分为（　）。

A. 高层管理者　　B. 中层管理者　　C. 基层管理者

D. 职能管理者　　E. 决策指挥者

3. 某集团公司总经理上午参加分公司成立庆典并致辞。下午回公司召开集团班子会议，讨论和拟定明年的经营计划和财务预算。该总经理今天扮演的管理者角色主要为（　）。

A. 挂名首脑　　B. 联络者　　C. 监听者

D. 传播者　　E. 企业家

4. 管理的职能包括（　）。

A. 计划职能　　B. 组织职能　　C. 激励职能

D. 领导职能　　E. 控制职能

5. 在组织中扮演信息传递方面的角色是指（ ）。

A. 谈判者　　B. 联络者　　C. 监听者

D. 传播者　　E. 发言人

三、判断题

1. 管理学家通过研究发现，有效的管理者在组织内部晋升最快。他们在与组织内部其他成员的沟通上所花的时间最多，上级领导对他了解比别人多，所以他晋升得快。（ ）

2. 一个管理人员应具备的基本技能有技术技能、人事技能和领导技能。（ ）

3. 不同的行业组织特点有显著差别，很难说管理活动具有共性。（ ）

4. 管理的有效性是指组织工作的效率。（ ）

5. 相对组织中的中层、高层管理者而言，基层管理者的技术技能更重要一些。（ ）

四、简答题

1. 管理的定义和内涵是什么？

2. 为什么说管理工作既是科学又是艺术？

3. 管理的基本职能有哪些？

4. 管理者应掌握哪几个方面的技能？

5. 不同层次管理者应掌握的技能有何不同？

五、论述题

1. 效益、效率和效果之间关系怎样？

2. 管理的基本职能之间有什么关系？

管理理论的演进

第2章

引导案例

制度在于规避人的"自利性"

楼市新"国五条"颁布后,广州部分区域的离婚率两周内上升一倍多。与此同时,办理未婚证明、婚姻证明也增加一倍多,其中90%是为了房子。

在广州市海珠区民政局婚姻登记处,有人小声对记者说:"你问我为什么离婚?为了买房子!"。与想象中离婚者沉重的表情不一样,她脸上是微微的笑意,本人不讳言就是希望以假离婚来应对买房"限购"政策。

2013年3月21日,在越秀区民政局采访一对前来咨询办理离婚的夫妻。据男方介绍,他们在番禺区拥有一套房产,一直自住,虽然环境很好,但却无法解决小孩学位的问题,于是两口子在越秀区又买了一套30多平方米的学位房。"这套房子在八楼,没有电梯,居住水平一下倒退一大截。这几年攒了一些钱,准备买套大房改善居住环境,但却碰上了限购。"新"国五条"出来后,两口子觉得对两套房以上的限购肯定会更紧,于是决定办理"假离婚",男方"净身出户",这样就可以"以首套房的方式买房且可享受优惠"。

(资料来源:羊城晚报2013－03－25)

"对社会文明进步起决定作用的是制度因素,非道德因素"。显然,人性中有自私的倾向,每个人的心中都有"基于自己利益"的潜意识倾向,这并不是一件可耻的事。重要的是我们如何认识和利用"自私",通过合理的制度设计,规避人的"自利性",弘扬人的"善性",把更多的小人变成君子。这才是管理的目的。

在管理实践中,我们常常可以看到,不同的管理者对于同样一个管理问题会采取不同的管理措施,而且他们各自还都有其这样做的充分理由,就如章首的案例,

A 公司和 B 公司的总经理在面对管理问题时所表现出的差别。为什么会出现这样的情况呢?

思想决定行为,行为决定效果。当我们面对某一实际管理问题时,之所以采取这样的措施而不采取那样的措施,取决于我们对这一管理问题的看法。管理思想是人们对管理过程中发生的各种关系的认识的总和,是由一系列观念或观点所构成的知识体系,是指导管理者从事各项管理活动的路标和蓝图。

管理理论是从 19 世纪末才开始形成的一门学科,但是管理的观念和实践很早就已经存在了。可以说人类社会、人群组织就是在探索管理的科学性、应用性以及创造性的过程中得到发展的,而管理理论及管理思想和方法的每一次突破则在更大规模地推动了人类社会、人群组织的发展。

管理思想的正确与否,将直接关系到各项管理活动的效率和效益。一个现代的管理人员要进行有效的管理,就必须了解人类管理思想的发展过程,了解各种管理思想的基本特点和观点。许多管理者都深刻认识到,从过去的历史中可学习到如今管理所需要的东西,通过学习历史,对各种管理思想融会贯通,可提高管理的有效性。为此,本章将对管理理论的发展历程做一简要介绍,以加深对管理内涵本质、管理理论的理解和认识。

2.1 早期管理思想

管理实践活动已经有几千年的历史。在长期的管理实践活动中,人们积累了大量的管理经验,并逐步产生了相应的管理思想。但是,作为系统的管理理论,管理科学则是在很久以后才出现的。任何科学的发展,都是要在不断总结前人思想的基础上进行的,研究现代管理理论有必要回顾管理思想形成和管理理论发展的历史。

2.1.1 中国古代的管理思想

中国管理思想是一个丰富的宝库,它的产生可以追溯到四千多年以前。与中国古代文明的其他内容一样,中国古代管理思想也对后人产生相当深远的影响,受到人们的重视。

我国古代的管理思想基本内容可分为两大部分:①宏观管理方面“富国之道”的管理思想,主要研究国家如何管理才能繁荣昌盛、长治久安。②微观管理方面“治生之术”的管理思想,主要研究百姓如何从事生产、举办实业、发家致富。它起源于春秋时期,初步形成于战国时期,到西汉中期已臻于成熟。在此后的 2000 多年的时间里,内容不断被丰富。

先秦诸子百家的理论主张是我国管理思想的精华所在，对我国传统文化的形成和延续起着决定性的作用。如孔子及儒家的管理思想、《孙子兵法》的战略思想、老子的“无为而治”思想、法家的“以法治国”思想、商家的经营思想等，至今仍被运用于现代管理之中。及至汉代汉武帝执政时期，力主实行仁政管理国家的儒家思想成为后来历代王朝的理论基础和指导思想，同时也成为融于民族性格之中指导人们行为的准则。

《周礼》一书不仅为封建国家详细设计和规定了政治、法律、军事、教育等方面的主旨结构和职能，而且也设计、规定了经济管理方面的组织机构和职能。该书对封建国家的生产、流通、分配和消费等方面应当发挥的职能作用，都作了详尽的规定。它主张国家对社会经济活动进行全面干预，并且主要靠行政手段。它所提出的管理原则和管理手段也比较符合经济发展的要求，闪烁着卓越的管理思想。

《管子》为一位春秋时期著名政治学家管仲所作。此书阐述了经济管理对封建国家的重要意义，主张富国，有许多新颖独特的思想见解。后世的思想家、理财家往往把《管子》的管理思想作为治国经商的准则。《管子》的管理思想达到了其所处历史阶段的高水平，至今仍受到重视。

春秋战国时期杰出的军事家孙武著有《孙子兵法》。该书共十三篇，篇篇闪烁着智慧的光芒。“知己知彼，百战不殆”这句名言就是一例。这种辩证的思想在书中比比皆是。孙武的策略思想不仅在军事上而且在管理上都具有指导意义和参考价值。日本和美国的一些大公司甚至把《孙子兵法》作为培训经理的必用书籍。

西汉时代，司马迁的《史记·货殖列传》则是我国古代商人治生之术的最为系统的文献。著名的陶朱公的“待乏原则”与“积著之理”，白圭的“乐观事变”等非凡卓越的经商理财思想和一套颇有成效的经营管理艺术、原则，在其中都作了记载。

总之，中国的封建社会持续了 2000 多年，在这 2000 多年中由于广大劳动人民、思想理论家和一些卓越的管理者的共同努力，形成了颇具中国特色的管理思想，在世界管理思想史中占有重要地位。这一时期思想的大致要点是：

1. 以“仁义”为核心的儒家管理思想

儒家的特点是关心人生、社会问题，他们在伦理道德方面建立了相当完整的思想体系，其中蕴含着丰富的政治管理及人事管理思想；孟子在孔子“仁”的思想基础上增加了“义”的伦理思想，把“义”与“仁”并列起来，称为“仁义”。他用“仁义”思想鼓励人们“舍生而取义”。人性和人的行为，是管理学的重要研究内容之一。早在 2000 多年前，我国古代思想家孟子和荀况就对人性是“善”还是“恶”进行过深入探讨。

2. 以“无为”为最高原则的道家管理思想

道家创始人是老子，他的《道德经》(俗称《老子》)是道家的经典，蕴藏着丰富的管理思想，既有“治国”，又有“用兵”，既有宏观调控，又有微观权术，被称为“君王南面之术”的重要著作。“无为”，对管理者而言，还包含着管理方法方面的要求。作为管理方法，“无为”就是要求管理者要善于抓大事，把具体的工作分配给具体的机构和人员去做，无须事必躬亲。这样分工协作，权责分明，各展其长，各尽其力，管理者看似比较清闲，但却能把各方面工作都做得井井有条，取得最佳效果。这也正是“无为而无不为”。

3. 重视人的管理思想

我国古代的思想家在研究管理活动时，十分重视人的地位和作用，提出重人的管理思想。这里的“重人”有这样两重含义：一是重人心向背；二是重人才的归离，强调人才的作用。著名的思想家、军事家诸葛亮在总结汉代历史经验教训时指出：“亲贤臣，远小人，此先汉之所以兴隆也；亲小人，远贤臣，此后汉之所以倾颓也”。

4. 重视良好人际关系的管理思想

中国的思想家一致认为，天时、地利、人和是决定事业成功与否的三个重要的因素，而其中人和又是最为重要的。对于治国来说，人和能够兴邦；对于从商而言，和气能够生财。所以，自古就有“天时不如地利，地利不如人和”之说。

我国古代思想家的管理思想丰富、深邃，但是从总体上看，并没有形成系统的管理理论，大多数理论仍然属于管理哲学层次的内容，管理的具体方法和原则的理论还未形成体系。

2.1.2 国外早期管理思想

外国的管理实践和思想也有着悠久的历史。在奴隶社会，管理实践和思想主要体现在指挥军队作战、治国施政和管理教会等活动之中。古巴比伦人、古埃及人以及古罗马人在这些方面都有过重要贡献。

古巴比伦的《汉谟拉比法典》共282条，较全面地反映了当时的社会情况，并依法律形式来调节全社会的商业交往、个人行为、人际关系、工薪、惩罚以及其他社会问题。

古埃及值得称道的管理实例是其金字塔式的管理机构。在法老之下设置了各级官吏，最高为宰相，扶助法老处理全国政务；宰相之下设有一大批大臣，分别管理财政、水利建设以及各地方事务，形成了以法老为最高统治者的金字塔式的管理机构。另外，其为了强化法老专制政权的统治而为法老修建的金字塔，被后人称为世界七大奇观之一。仅从管理角度上看，此浩大工程所需的成千上万人的共同劳动，需要严密的组织和管理。

古罗马在征服了希腊后，经过连年征战和吞并，逐渐成为一个庞大的帝国，管理这样一个庞大的帝国，本身就需要高超的管理方法和技能。罗马共和时期，在管理体制上，已体现了行政、立法和司法的分离。最有效的管理实例是当时统治者戴克利先(公元284年)对罗马帝国的重组。他重新设计了帝国的组织结构，把军队和政府分为不同的权力层次，对每一层次规定了严明的纪律以保证组织职能的发挥。

18世纪60年代开始的工业革命使西方世界不仅在工业技术上而且在社会关系上出现了巨大的变化。它加速了资本主义生产的发展，社会的基本生产组织形式迅速从以家庭为单位转向以工厂为单位。在新的社会生产组织形式下，效率和效益问题、协作劳动之间的组织和配合问题、人和机、机和机之间的协调运转问题，使传统的军队式、教会式的管理方式和手段遇到了前所未有的挑战。许多新的管理问题需要人们去回答和解决，在这种情况下，不少对管理理论的建立和发展具有重大影响的管理实践和思想应运而生。

1. 理查·阿克莱特的科学管理实践

理查·阿克莱特是工业革命时期的企业家。他于1769和1771年在英国建立了两个最早使用机械的工厂，规模都很大。他把棉织业持续生产所需的各种活动集中于一个工厂，工厂中各种相互联系的活动如何协调和控制的问题显得异常突出。他制订严格的生产纪律，亲自监督，取得了成功，晚年成为英国最富有的纱厂主。

2. 亚当·斯密的劳动分工观点和“经济人”观点

亚当·斯密是英国古典政治经济学家，他对管理问题也有诸多的见解。亚当·斯密对管理理论发展的一个贡献是他的劳动分工观点。他认为分工是增进劳动生产力的重要因素，原因是：①分工可以使劳动者专门从事一种单纯的操作，从而提高熟练程度，增进技能；②分工可以减少劳动者的工作转换，节约由一种工作转到另一种工作所损失的时间；③分工可以使劳动简化，使劳动者的注意力集中在一种特定的对象上，有利于发现比较方便的工作方法，促进工具的改良和机器的发明。斯密的分工观点适应了当时社会对迅速扩大劳动分工以促进工业革命发展的要求，成为资本主义管理的一条基本原理。

亚当·斯密的另一个贡献是他的“经济人”观点。他认为，经济现象是具有利己主义的人们的活动产生的。人们在经济行为中追求的完全是私人利益。斯密的“经济人”观点是对资本主义生产关系的反映，他对于资本主义管理的实践和理论都有重要的影响。

3. 巴贝奇的作业研究和报酬制度

查尔斯·巴贝奇是英国著名的数学家和机械工程师。他对管理的贡献主要有以下两方面：①对工作方法的研究。他认为一个体质较弱的人如果所使用的铲子在形状、重量、大小等方面都比较适宜，那么他有可能胜过体质较强的人。因此，要提高工作效率，必须仔细研究工作方法。②对报酬制度的研究。他主张按照对生产率贡献的大小来确定公认的报酬。公认的收入应由三部分组成：a. 按照工作性质所确定的固定工资。b. 按照对生产率所作出的贡献分得的利润。c. 为增进生产率提出建议而赢得的奖金。

4. 小瓦特和博尔顿的科学管理制度

小瓦特和博尔顿分别是蒸汽机发明者瓦特和其合作者马修·博尔顿的儿子。1800 年，他们接管了一家铸造工厂后，小瓦特就着手改革该厂的组织和管理，博尔顿则特别关注营销活动。他们采取了不少有效的管理方法，建立起许多管理制度，如：①在生产管理和销售方面，根据生产流程的要求购进机器设备，编制生产计划，制订生产作业标准，实行零部件生产标准化，研究市场动态，进行预测；②在会计的成本管理方面，建立起详细的记录和先进的监督制度；③在人事管理方面，制订工人和管理人员的培训和发展规划；④实行工作研究，并按工作研究结果确定工资的支付办法；⑤实行由职工选举的委员会来管理医疗福利费等福利制度。

5. 欧文的人事管理

罗伯特·欧文是 19 世纪初英国著名的空想社会主义者。他曾在其经营的一家大纺织厂中作过试验。试验主要是针对当时工厂制度下工人劳动条件和生活水平都相当的情况下而进行的，主要包括改善工作条件、缩短工作日、提高工资、发放抚恤金等。试验的目的是探索对工人和工厂所有者双方都有利的方法和制度。他开创了在企业中重视人的地位和作用的先河，后人称之为“人事管理之父”。

应当说 19 世纪末之前的这种管理还是一种家长式的经验管理，没有形成系统、整体的管理科学理论。管理人仍然主要靠个人经验来进行，但这些思想对后来西方管理理论的创立和发展都产生了重要的影响。

2.2 古典管理理论

管理作为一门科学，自从产生以来已有了一百多年的历史，随着管理实践的发展和人们对管理理论的研究，管理科学也在不断地发展、演变。

18 世纪到 19 世纪中期，资本主义生产方式从封建制度中脱胎而出，这期间家庭手工业逐步被工厂所代替。始于英国的工业革命结果是机械动力代替部分人力。机器大生产和工厂制度的普遍出现，对社会经济的发展产生了重要影响。

随着工业革命以及工厂制度的发展，工厂以及公司的管理问题越来越突出。许多理论家、经济学家在其著作中越来越多地涉及有关管理方面的问题。许多实践者则着重总结自己的经验,共同探讨有关管理方面的问题。这些著作和总结为即将出现的管理科学打下基础,是研究管理思想发展的重要参考文献。但这都是作为某个人或某个集团对某一活动单一管理实践和管理思想的体现,并没有形成一个完整的系统。管理理论的形成是在近代"科学管理"理论、管理过程与管理组织理论的研究中开始的。

19世纪末出现的科学管理的开端,第一次利用了"科学管理"这一术语。这时开始了管理思想的传播与交流。人们对管理的认识已有了变化,把它看成是对人类经济活动有影响的一门完整的知识。管理人员被公认为受尊敬的人,管理原理从工业界扩散到大学的课堂,管理成为一个独立的研究领域。

2.2.1 泰勒的科学管理理论

泰勒,被称为科学管理之父,一生致力于"科学管理",他认为不但要通过降低成本和提高利润来提高生产率,而且要通过工人提高生产率。他把生产率看做是较高工资和较高利润的保证。相信应用科学的方法来代替按惯例和凭经验办事的方法可以不必费更多精力和努力,便能取得这样的生产率。泰勒总结了几十年实验研究的成果,归纳了自己长期管理实践的经验,概括出一些管理原理和方法,经过系统化整理,形成了"科学管理"的理论。泰勒在管理理论方面作了许多开拓性工作,为现代管理理论奠定了基础。他于1911年出版的著作《科学管理原则》标志着系统的管理理论的诞生。

1."科学管理"理论的主要内容

(1)科学管理的中心问题是提高效率。泰勒认为要制订出有科学依据的针对工人的"合理的日工作量",就必须进行工时和动作研究。方法是选择合适且技术熟练的工人,把他们的每一项动作、每一道工序所使用的时间记录下来,加上必要的休息时间和其他延误时间,就得出完成该项工作所需要的总时间,据此定出一个工人"合理的日工作量",这就是所谓工作定额原理。

(2)为了提高劳动生产率,必须挑选"第一流的工人"。所谓第一流的工人是指:"每一种类型的工人都能找到某些工作使他成为第一流的,除了那些完全能做好这些工作而不愿做的人"。在制订工作定额时,泰勒以"第一流的工人在不损害其健康的情况下维持较长时间的速度"为标准的。这种速度以工人能长期维持的正常速度为基础。泰勒认为健全的人事管理的基本原则是:使工人的能力同工作相配合,管理当局的责任在于为雇员找到最合适的工作,培训他成为第一流的工人,激励他尽最大的努力来工作。

(3)使工人掌握标准化的操作方法。用标准化的工具、机器和材料,并使作业环境标准化，这就是所谓标准化原理。泰勒认为必须用科学的方法对工人的操作方法、工具、劳动和休息时间的搭配、机器的安排和作业环境的布置等进行分析，消除各种不合理的因素，把各种最好的因素结合起来，形成一种最好的方法。他把这叫做是管理当局的首要职责。

(4)实行计件差别工资报酬制度。为了鼓励工人努力工作，完成定额，泰勒提出了这一原则。这种计件工资制度包含三点内容：①通过工时研究和分析，制订出一个有科学依据的定额或标准；②采用一种叫做“差别计件制”的刺激性付酬制度，计件工资按完成定额的程度而浮动。例如，如果工人只完成定额的 80%，就按 80%的工资率付酬；如果超过了定额的 20%，则按 120%的工资率付酬；③工资支付的对象是工人而不是职位，即根据工人的实际工作表现而不是根据工作类别来支付工资。泰勒认为这样不但能克服消极怠工的现象，更重要的是能调动工人的积极性，从而大大提高劳动生产率。

(5)工人和雇主两方面都必须认识到提高效率对双方都有利，都要来一次“精神革命”，相互协作，为共同提高劳动生产率而努力。试验中每个工人每天的平均搬运量从原来的 16 吨提高到 59 吨；工人每日的工资从 1.15 美元提高到 1.88 美元。而每吨的搬运费从 7.5 美分降到 3.3 美分。对雇主来说，关心的是成本的降低；而对工人来说，关心的则是工资的提高，所以泰勒认为这就是劳资双方进行“精神革命”，从事合作的基础。

(6)把计划职能同执行职能分开，变原来的经验工作法为科学工作法。所谓经验工作法是指每个工人用什么方法操作、使用什么工具等都是根据自己或师傅等人的经验来决定。泰勒主张明确划分计划职能与执行职能，由专门的计划部门来从事调查研究，为定额和操作方法提供科学依据。制订科学的定额和标准化的操作方法及工具，拟定计划并发布指示和命令，比较“标准”和“实际情况”，进行有效的控制等。至于现场工人则从事实质性的工作，即按照计划部门制订的操作方法和指示，使用规定的标准工具，从事实际操作，不得自行改变。

(7)实行“职能工长制”。泰勒主张实行“职能管理”，即将管理工作予以细分，使所有的管理者只承担一种管理职能。他设计多个职能工长代替原来的一个工长，每个职能工长负责某一方面的工作。在其职能范围内可以直接向工人发出命令。他认为这种制度有三个优点：①对管理者培训花费的时间少；②管理者的职责明确，因而可以提高效率；③由于职能分工明确，工具与操作方法也已标准化，因此非熟练技术的工人也可以从事较复杂的工作，从而降低企业的生产费用。后来事实表明一个工人同时接受几个职能工长的领导，容易引起混乱。因此没有得到推广，但这种职能思想为以后职能部门的建立和管理的专业化提供了参考。

(8)在组织机构的管理控制上实行例外原则。泰勒认为规模较大的企业组织和管理必须应用例外原则，即企业的高级管理人员把例行的一般日常事务授权给下级管理人员去处理，自己只保留对例外事项的决定和监督权。这种以例外原则为依据的管理控制原理发展成为管理上的分权化原则和实行事业部制管理体制。

2. 泰勒科学管理的贡献

泰勒的科学管理为现代管理理论奠定了基础，第一次使管理从经验上升为科学，其最大贡献在于提倡在管理中运用科学方法和科学实践精神。另外，科学管理还讲求效率的优化和调查研究的科学方法，泰勒和他的同事还创造和发展了一系列有助于提高生产效率的技术和方法，极大地促进了人机协调的程度，调动了人的积极性，从而使生产效率有了成倍的提高，推动了生产力发展。这些技术和方法不仅是过去而且也是近代合理组织生产的基础。泰勒的科学管理改变了传统管理的靠体力、时间的策略，而是靠科学制订操作规程和改进管理及金钱的刺激，从这几点看，科学管理有了很大的进步。

2.2.2 法约尔的管理过程理论

在泰勒等人以探讨提高工厂效率为重点进行科学管理研究的同时，法国人法约尔则以管理过程和管理组织为研究重点，着重研究管理的组织和管理活动过程。法约尔关于管理过程和管理组织理论的开创性研究，特别是其中关于管理职能的划分以及管理原则的描述对后来的管理理论研究具有非常深远的影响。此外，他还是一位概括和阐述一般管理理论的先驱者，是一位伟大的管理教育家，后人称他为“管理过程之父”。

1. 法约尔理论内容

法约尔认为经营并不等于管理，经营是指导或引导一个组织趋向某一既定目标，它的内涵中包括了管理。企业的经营活动可以概括为六大类，如图 2-1 所示。

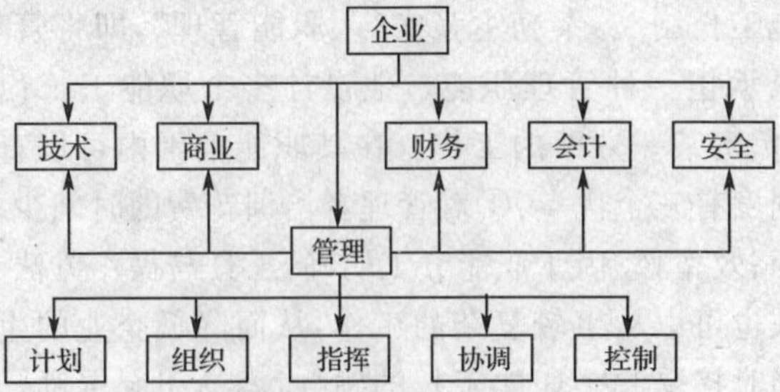

图 2-1　法约尔关于企业经营的六项活动

• 技术性的工作——生产、制造

- 商业性的工作——采购、销售和交换
- 财务性的工作——资金的取得与控制
- 会计性的工作——盘点、会计、成本及统计
- 安全性的工作——商品及人员的保护
- 管理性的工作——计划、组织、指挥、协调及控制

法约尔首次提出管理活动的五项职能，即“所谓管理，就是计划、组织、指挥、协调和控制”，并对这五大职能进行了详细的分析和讨论。他认为计划就是探索未来和制订行动方案；组织就是建立企业的物质和社会双重结构；指挥就是使其人员发挥作用；协调就是连接、联合、调和所有的活动和力量；控制就是注意一切是否已按已制订的规章和下达的命令进行。

法约尔于 1916 年发表了著名论著《工业管理和一般管理》，并提出了一般管理的 14 条原则：

(1)劳动分工。他认为这不仅是经济学家研究有效使用劳动力的问题，而且也是在各种机构、团体、组织中进行管理活动所必不可少的工作。

(2)职权与职责。法约尔认为“权力是下达命令和强迫别人服从的力量”。职权与职责是相互联系的，在行使职权的同时，必须承担相应的责任，有权无责或有责无权都是组织上的缺陷。

(3)纪律。纪律是管理所必须的，是对协定的尊重，为达到服从、专心、干劲以及尊重人为目的。就是说组织内所有的成员通过各方所达成的协议对自己在组织内的行为进行控制，它对企业的成功与否极为重要，要尽可能做到严明、公正。

(4)统一指挥。组织内每一个人只能服从一个上级并接受他的命令。

(5)统一领导。指一个组织，对于目标相同的活动，只能有一个领导，一个计划。

(6)个人利益服从整体利益。即个人和小集体的利益不能超越组织的利益。当利益不一致时，主管人员必须想办法使它们一致起来。

(7)个人报酬要公平。报酬与支付的方式要公平，给雇员和雇主以最大可能的满足。

(8)集权。主要指权力集中化分散的程度问题。要根据各种情况，包括组织的性质、人员的能力等，来决定“产生最大收益”的那种集中程度。

(9)跳板原则。指管理机构中，最高一级到最低一级应该建立关系明确的等级链，这既是执行权力的线路，也是信息传递的渠道，一般情况下不要轻易违反它。为了保证命令统一，请示要逐级进行，指令也要逐级下达。有时这样做会产生信息延误现象，为此法约尔设计了一种“跳板”，也称“法约尔桥”(Fayol Bridge)(见图 2-2)。

法约尔认为在一个等级制度的企业里，要使 D 工长与 G 工长发生联系，这就需要沿着等级路线攀登从 D 到 A 的阶梯，然后再从 A 下到 G，这之间，在每一级都

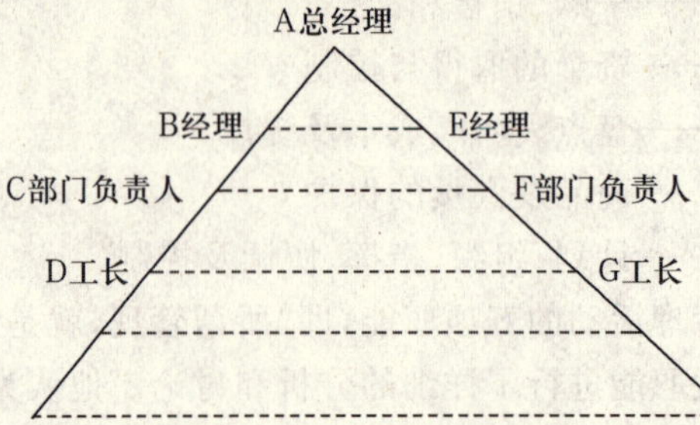

图 2-2　法约尔跳板示意图

要停下来。然后再从 G 上升到 A，从 A 下降到 D，回到原出发点。

非常明显，如果通过 D—G 这一跳板，直接从 D 到 G，问题就简单多了，速度也快多了，人们经常也是这样做的。但这样做要有一个前提，即 D 工长与 G 工长的上级允许他们直接联系，D 工长与 G 工长共同商定的事情也要立即分别向各自的上级汇报，这样做既维护了统一指挥的原则，又大大提高了组织的工作效率。

(10)秩序原则。管理是一种有秩序的活动，按法约尔的说法，“每一事物、每一个人各有其位，每一事物、每一个人各在其位”，因此，需要按规定进行有序化的组织管理，这实际上是一项关于安排事物和人的组织原则。

(11)公平原则。工业企业和其他组织的管理主要是人的管理，人的管理就应该在社会文明的基础上坚持管理的公正与公平，法约尔十分强调主管人员对下属的公正与公平，由此唤起组织成员对组织的忠诚。

(12)人员稳定原则。法约尔发现人员的不必要流动是导致管理不良的一个原因，他指出，除必要的流动外，应在管理上保证人员的相对稳定性，以利于对工作熟悉和效率的提高。

(13)首创原则。管理是一种创造，法约尔十分提倡首创精神，表现在计划拟定、指挥和控制的各个方面，因此，上级管理者应充分调动和激发下属的首创精神，以提高管理绩效。

(14)团结原则。组织是一个整体，保持组织内管理者和操作者的团结，进行有效的组织沟通是实现组织目标的需要，也是组织内所有成员的迫切要求。法约尔认为，实现组织团结也是管理的一项主要功能和原则要求。

以上 14 条原则的许多观点，比如，劳动分工、统一领导、集权和跳板原则等对我们今天的管理工作都是有价值的参考，具有重要的指导作用。

2. 对法约尔一般管理的评价

法约尔的管理思想同泰勒的管理思想都是古典管理思想的代表，但法约尔管理思想的系统性和理论性更强，他认为人的管理能力可以通过教育来获得，像技术能力一样，首先在学校获得，然后在车间里得到，他对管理的五大职能的分析为管理科学提供了一套科学的理论构架，后人根据这种构架建立了管理学并把它引入课堂。目前大多管理学教材中的管理实务和思想，在某种程度上也可直接追溯到法约尔的一般管理理论的研究。

2.2.3 韦伯的行政组织理论

除法约尔之外，管理过程和管理理论的主要代表人物还有德国著名的社会学家马克斯·韦伯，他的理论对泰勒、法约尔的理论是一种补充，对后来的管理学家们，尤其是组织理论学家有很大影响，被称为“组织理论之父”。他在管理理论上的研究主要集中在组织理论方面，其主要贡献是提出了所谓理想的行政组织体系理论。这集中反映在他的代表作《社会组织与经济组织》一书中。这一理论的核心是组织活动要通过职务或职位而不是通过个人来管理。他也认识到个人魅力对领导的重要性。他所讲的“理想的”，不是指最合乎需要的，而是指对现代社会最有效和最合理的组织形式。

该理论的主要内容如下：

(1)明确的分工。即每个职位的权利和义务都应有明确的规定，人员安置也应进行专业化分工。

(2)自上而下的等级系统。组织内的各个职位，按照等级原则进行法定安排，形成自上而下的等级指挥系统。

(3)人员的任用。人员的任用要完全根据职务的要求，通过正式考试和教育训练来实行。

(4)职业管理。组织内管理人员有固定的薪金和而且对他们都有明文规定的升迁制度。

(5)遵守规则和纪律。管理人员必须严格遵守组织中规定的规则、纪律以及办事程序。

(6)组织中人员之间的关系。组织中人员之间的关系完全以理性准则为指导，只受职位关系而不受个人情感的影响。这种公正不阿的态度，不仅适用于组织内部，而且适用于组织与外界的关系。

韦伯认为，这种正式的、非人格化的理想行政组织体系是人们进行强制控制的合理手段，是达到目标、提高效率的最有效形式。这种组织形式在精确性、稳定性、纪律性和可能性方面都优于其他组织形式，能适用于所有的各种管理工作及当时日益增多的各种大型组织，如教会、国家机构、军队、政党、经济企业和各种团体。

韦伯的官僚组织理论，是适应传统封建社会向现代工业社会转变的需要而提出的，它具有里程碑的意义，影响十分深远。

以上介绍的三种管理理论，虽然研究内容各有不同的侧重，但它们有两个共同的特点：一是都把组织中的人当作“机器”来看待，忽视“人”的因素及人的需要、行为和心理满足，没有重视人群社会的因素，坚持“经济人”的假设。所以，有人称此种管理思想下的组织实际上是“无人的组织”；二是没有看到组织与外部的联系，关注的只是组织内部的问题，因此是一种“封闭系统”的管理时代。由于这些共同的局限性，20 世纪初在西方建立起来的这三大管理理论，被统称为是古典管理思想。

2.3 行为科学理论

尽管以泰勒的“科学管理”理论、管理过程与管理组织理论为代表的古典管理理论的广泛流传和实际运用，大大提高了组织的效率，但古典管理理论多着重于生产过程、组织控制方面的研究，较多地强调科学性、精密性、纪律性，对人的因素注意较少，把工人当做是机器的附属品，像牛马一样干活。不是人在使用机器，而是机器使用人，这就激起了工人的强烈不满。

20 世纪 20 年代前后，一方面工人日益觉醒，工人阶级反对资产阶级剥削压迫的斗争日益高涨；另一方面经济的发展和周期性危机的加剧，使西方资产阶级感到再依靠传统的管理理论和方法已不可能有效地控制工人来达到提高生产率和利润的目的。一些管理学家和心理学家也意识到，社会化大生产的发展需要有与之相适应的新的管理理论。一些学者开始研究企业中关于人的一些问题，于是，人际关系学派就应运而生。这个学派为以后的行为科学学派奠定了基础，也是由科学管理过渡到现代管理的跳板。人际关系学派的诞生是从著名的霍桑实验开始的。

2.3.1 梅奥与人际关系理论

1. 梅奥与霍桑试验

乔治·埃尔顿·梅奥(George Elton Mayo)是原籍澳大利亚的美国行为科学家。1924～1932 年间，在西方电气公司所属的霍桑工厂中，由梅奥负责进行了著名的霍桑试验(Hawthorne Experiment)，由此产生了人际关系学说。试验分四个阶段：

第一阶段：工厂照明试验(1924～1927 年)

工厂照明试验的目的是研究照明情况对生产效率的影响。因为专家们认为工作的物理环境是影响工作效率的主要因素之一。他们选择两个工作小组，一个为试验组，一个为控制组。试验组照明度不断变化，控制组照明度始终不变。结果两组的产量都持续上升，看不出什么差异。究其原因发现照明度的变化不是生产率变化的决定性因素，而另有没被掌握的因素在起作用，于是他们决定继续研究。

第二阶段：继电器装配室试验（1927 年 4 月）

继电器装配室试验的目的是试验各种工作条件的变动对小组生产率的影响，以便能更有效地控制影响工作效果的因素。他们选择了五位女装配工和一位画线工，把他们安置在单独一间工作室内工作，以研究新环境的影响。一开始试验引入了各种变化：改变休息时间、缩短工作日、缩短工作周、提供免费午餐等，结果产量上升。去掉这些变化，产量仍然保持不降。为何这些女工做得比以往任何时候都多？研究人员发现是社会条件和督导方式的改变导致了女工们态度的变化和生产率的提高。为了掌握更多的信息，管理部门决定通过一个访谈计划，来调查职工的态度。

第三阶段：大规模的访问与调查（1928～1931 年）

试验到了第三阶段，研究小组决定进行大规模访问交谈。他们共花了两年时间对两万名职工进行访问交谈。发现所得结论与上述试验所得相同，即影响生产率最重要的因素是工作中发展起来的人群关系而不是待遇及工作环境。研究小组还了解到，每个工人的工作效率的高低不仅取决于他们自身的情况，而且还与他所在的小组中的其他同事有关，任何一个人的工作效率都要受他的同事们的影响。于是试验研究进入第四阶段。

第四阶段：接线板接线工作室试验（1931～1932 年）

在第四阶段试验中，研究小组决定选择接线板接线工作室作为研究对象，该室有九位接线工，三位焊接工和两位检察员。研究小组持续观察他们的生产效率和行为达 6 个月之久，以集体计件工资制刺激，形成“快手”对“慢手”的压力以提高效率。公司当局给他们规定的标准是焊合 7312 个接点，但他们完成的只有 6000～6600 个接点。试验发现工人既不会为超定额而充当“快手”，也不会因完不成定额而成“慢手”，当他们达到他们自认为“过得去”的产量时就会自动松懈下来。其原因是生产小组无形中达成默契的行为规范，即工作不要做得太多，否则就是“害人精”；工作不要做得太少，否则就是“懒惰鬼”；不应当告诉监工任何会损害同伴的事，否则就是“告密者”等等。根本原因有三点：一是怕标准再度提高；二是怕失业；三是为保护速度慢的同伴。这一阶段的试验，还发现了“霍桑效应”，即对于新环境的好奇和兴趣，足以获得较佳的成绩。

通过四个阶段历时几年的霍桑试验，梅奥等人认识到人们的生产效率不仅要受到生理方面、物力方面等因素的影响，更重要的是受到社会环境、社会心理和人际关系等方面的影响，这个结论是相当有意义的，这对“科学管理”只重视物质条件，忽视社会环境、社会心理对工人的影响来说，是一个重大的修正。

2. 人际关系理论的内容

(1)工人是“社会人”,而不是“经济人”。以前的理论都把人看成是仅仅为了追求最大经济利益而进行活动的所谓的“经济人”。梅奥等人则认为工人是“社会人”,影响人们生产积极性的因素,除了物质方面的因素外,还有社会和心理方面的,如他们追求人与人之间的友情、安全感、归属感、受人尊敬等。

(2)企业中除了“正式组织”之外,还存在着“非正式组织”。这种非正式组织是企业成员在共同工作的过程中,由于具有共同的社会感情而形成的非正式团体。这种无形组织有它特殊的感情、规范和倾向,左右着成员的行为。古典管理理论仅注重正式组织的作用,这是很不够的。非正式组织不仅存在,而且同正式组织是相互依存的,对生产率的提高有很大影响。

(3)企业的领导在于通过职工“满足度”的增加,来提高工人的“士气”,从而达到提高效率的目的。生产率的升降,主要取决于工人的士气,即工作的积极性、主动性与协作精神,而士气的高低,则取决于社会因素特别是人群关系对工人的满足程度,即它的工作是否被上级、同伴和社会所承认。满足程度越高,士气也越高、生产效率也就越高。所以,领导的职责在于提高士气,善于倾听下属职工的意见。这样就可以解决劳资之间乃至整个“工业文明社会”的矛盾和冲突,提高工作效率。

梅奥等人的人际关系学说的问世,开辟了管理和管理理论的一个新领域,并且弥补了古典管理理论的不足,为以后行为科学的发展奠定了基础。

2.3.2 行为科学理论

行为管理思想产生之初因为侧重于研究人们之间的相互关系,所以被称作“人际关系学说”。这种思想在经历了三四十年代的迅速发展后,已经形成了一个庞大而复杂的学科群,吸引着来自心理学、社会学、人类学、管理学、人机工程学等等众多领域的研究者。在1949年美国芝加哥召开的一次学术会议上,来自各个不同领域的与会者一致认为,围绕行为研究所取得的现有成果已足以证明该类研究具有了独立学科的地位,于是正式将之定名为“行为科学”。但鉴于广义的行为科学是一个研究包括人的行为以至动物的行为在内的涵盖范围广泛的学科体系,60年代后,有些专门研究行为科学在企业中的应用的学者提出了“组织行为学”这一名称。

组织行为学的研究内容大体上可分为三个层面:

(1)有关员工个体行为的研究。这是最微观层面的研究,涉及的内容主要包括人的需要、动机和激励,以及企业中人的特性问题。人际关系学说提出了员工是“社会人”而不是“经济人”的假设,后期行为研究者进一步提出了“自我实现人”的主张。

(2)有关员工群体行为的研究。这一层面的研究突出地强调了企业中的员工不是互相孤立的个人，而是各式各样正式和非正式群体的成员，彼此之间存在着一定程度的相互接触、相互影响和相互作用。关于群体压力、群体中成员互动过程的动力的研究，以及群体中沟通问题、竞争和冲突问题的研究，构成了群体行为研究的主要内容。

(3)有关组织行为的研究。这是针对组织整体这一最高层次展开的行为方面的研究。主要包括“以人为中心”的领导理论，体现人本原则的工作设计与组织设计理论，以及组织发展和组织变革理论等。

以上三个层面的研究虽然有各自不同的侧重点，但它们是相互联系、不可割裂的。比如，对员工的人性假设不仅影响到针对个体所采取的激励措施，还影响到了领导行为及其他各项管理措施。在哈佛大学和麻省理工学院长期从事心理学教学与科研工作的道格拉斯·麦克雷戈(Douglas M. McGregor)，就是立足于对现实中企业管理者对员工所采取的管理方式不同而提出了“X 理论—Y 理论”两分法。他在 1957 年发表的《企业的人性面》中指出，按“X 理论”来进行管理的传统方式，需要向体现“Y 理论”观点的新模式转变。

1. X 理论

麦格雷戈认为，按“X 理论”来实施管理的管理者，对员工的人性持有如下基本判断：

(1)一般人天性好逸恶劳，只要有可能，就会逃避工作。

(2)人生来就以自我为中心，漠视组织的要求。

(3)一般人缺乏进取心，逃避责任，甘愿听从指挥，安于现状没有创造性。

(4)人们通常容易受骗，易受人煽动。

基于这种对员工人性的判断，持 X 理论观点的管理者就必然在管理工作中对员工采取强制、惩罚解雇等手段，迫使他们工作。

2. Y 理论

Y 理论对人性的认识和 X 理论恰好相反。具体观点是：

(1)一般人天生并不是好逸恶劳的，人们对工作的喜恶取决于他们对工作带来的满足和惩罚的理解。

(2)如果让人们参与制订自己的工作目标，则有利于实现自我指挥和控制。

(3)在适当的条件下，一般人是能主动承担责任的，不愿负责、缺乏雄心壮志并不是人的天性。

(4)大多数人都具有一定的想象力、独创性和创造力。

(5)在现代社会中，人的智慧和潜能只部分地得到了发挥。

基于这种对人性的乐观认识，持有“Y理论”观点的管理者就倾向于在管理工作中实行以人为中心的、宽容的、民主的管理方式，以使员工个人目标同组织目标很好地结合起来，并为员工发挥其智慧和潜能创造有利的条件。

行为科学的研究还包括人的需要和行为动机分析。需要是行为的原动力，对人的需要进行研究是行为科学理论研究的起点。这类理论着重研究人的各种需要，确定这些需要的主次顺序或结构，以及满足何种需要将导致最大的激励等。其代表性的理论成果主要有：①马斯洛的需要层次理论。它认为人的需要分为生理需要、安全需要、社会需要、尊重需要以及自我实现需要等五个层次，当某一层次的需要满足之后，该需要就不再具有激励作用。②赫茨伯格的双因素理论。他把影响人员行为绩效的因素分为“保健因素”与“激励因素”，前者指“得到后则没有不满，得不到则产生不满”的因素，后者指“得到后则感到满意，得不到则没有不满”的因素。主管人员必须抓住能促使职工满意的因素。③麦克利兰的成就需要理论。他指出，任何一个组织都代表了实现某种目标而集合在一起的工作群体，不同层次的人具有不同的需要，因此，主管人员要根据不同人的不同需要来激励，尤其应设法提高人们的成就需要。

组织行为是行为科学所研究的最高层次的行为，其核心问题是如何进行领导，促进组织发展，而组织领导水平的高低在一定程度上又取决于领导方式。领导行为方式理论主要研究领导者的领导方式和领导风格以及不同的领导行为对组织成员的影响，目的在于寻求有效的领导行为。按研究的侧重点及提出的先后顺序，领导理论可概括为三大类：领导特质理论、领导风格理论和领导情境理论。

总而言之，行为管理思想的产生改变了人们对管理的思考方法和行为方式，促使管理者把员工视为需要加以保护和开发的组织资源，而非简单的生产要素成本，强调从人的需求、动机、相互关系、工作环境和社会环境等方面研究管理活动对组织目标和个人成长的双重影响。

2.4 现代管理理论

第二次世界大战之后，随着高新技术的发展和新技术革命的展开，生产社会化的程度进一步提高，社会的组织特别是企业的规模急剧扩张，生产过程日趋复杂，生产的技术基础也发生了深刻的变化。管理理论学派林立、百家争鸣，进入了一个空前繁荣的阶段。但由于学科背景、经历、研究方法等不同，人们常常使用着不同的语言来讨论管理问题，从而形成了许多管理学派，如雨后春笋般涌现出来。这种现象被管理学家孔茨称为管理理论发展的丛林阶段。

现代管理理论丛林代表着管理理论的复杂性、渗透性和交互性，说明管理是一个复杂的过程。它们共同构成了现代管理理论。下面介绍具有代表性的八个管理理论学派。

1. 社会协作系统学派

社会协作系统学派又称为社会系统学派，该学派认为，人与人的相互关系就是一个社会系统，它是人们在意见、力量、愿望以及思想等方面的一种协作关系。这个学派是从社会学的角度来分析各类组织，将组织看做是一种社会系统，是一种人的相互关系的协作体系，是社会大系统中的一部分，受到社会环境各方面因素的影响。

该学派的创始人是巴纳德，由于他将社会学的概念用于管理上，在组织的性质和理论方面做出了杰出的贡献。巴纳德的代表作为《经理的职能》，他在该书中用社会的系统的观点来分析管理问题，在管理理论丛林中独树一帜，后人称他为“现代管理理论之父”。其主要观点是：

(1)社会的各种组织都是一个协作系统。组织的产生是人们协作愿望导致的结果。

(2)正式组织存在三个条件，即成员协作的意愿、组织的共同目标及组织内的信息沟通系统。没有成员的协作意愿，他们就没有自我控制，也不会交付出个人行为的控制权；没有组织的共同目标，或这种目标没有和成员个人动机结合起来，组织也就失去了前进的力量。而使上述两个条件实现的方法则是信息的沟通与交流。

(3)经理应主要作为一个信息交流系统的联系中心，并致力于实现协作工作。具体来说是：提供一个信息交流系统、获得必要的个人努力、制订和规定目标。

巴纳德实际上是运用社会学的观点，遵从系统理论，对正式组织及非正式组织、团体及个人做出了全面分析。

2. 决策理论学派

决策理论学派最有名的代表人物是赫伯特·西蒙。这是在第二次世界大战之后综合了行为科学、系统理论、运筹学、计算机科学等新科学发展起来的一门管理学派。1978 年西蒙获得了诺贝尔经济学奖。决策理论学派强调决策的制订、作决策的人或群体以及决策过程，一些理论家把决策看成是所有企业活动的出发点，其主要观点是：

(1)强调了决策的重要性。认为决策在管理中居于最为重要的地位，决策贯穿于管理的全过程，在某种意义上讲，管理就是决策。

(2)提出了决策应遵循的“满意准则”。在决策中，以往假定决策者为完全理性的认识是不正确的，人都是有限理性的，在决策中不可能产生所谓的最优决策，所得到的只能是满意决策。

(3)分析了决策的过程步骤。决策的程序应当科学化,这是保证决策正确的重要条件。决策的程序应当是:①收集情况;②拟定计划;③评价计划;④选择计划。

(4)归纳了决策的类型。指出组织中不同层次的管理者决策的内容是不同的,高层管理者应当将主要的精力用来进行非程序性的决策。

3. 管理科学学派

管理科学理论也被称为管理科学学派。这一学派的主要代表人物是美国的伯法等人。该学派指的是以现代自然科学和技术科学的最新成果(如现代数学、信息科学、控制理论、耗散结构理论、电子计算机等)为手段,运用数学模型对管理中的各种问题进行定量分析,并据此做出最优规划和决策的管理理论。

运筹学是管理科学学派的基础,后来被运用到管理领域,形成了许多新的分支,这些分支主要有:

(1)规划论。用来研究如何充分利用企业的一切资源,包括人力、物资、设备、资金和时间,最大限度地完成各项计划任务,以获得最优的经济效益。

(2)库存论。用来研究在什么时间以什么数量,从什么地方供应,来补充零部件、器件、设备、资金等库存,既保证企业能有效运转,又使保持一定库存和补充采购的总费用最少。

(3)排队论。主要是用来研究在公用服务系统中,设置多少服务人员或设备最为合适,既不使顾客或使用者过长地排队等候,又不使服务人员及设备过久地闲置。

(4)对策论。又称博弈论,主要是用来研究在利益相互矛盾的各方竞争性活动中,如何使自己一方获得期望利益最大或期望损失最小,并得出制胜对方的最优策略。

(5)网络分析。是利用网络图对工程进行计划和控制的一种管理技术,常用的有“计划评审技术”和“关键线路法”。

总而言之,这一理论认为管理就是应用各种数学模型和程序来表示计划、组织、控制、决策等合乎逻辑的程序,求出最优的解决方案,以达到组织的目标。

4. 管理过程学派

管理过程学派又称管理职能学派、经营管理学派,其理论观点源于法约尔的一般管理理论,但真正作为一个比较有影响的理论学派,是于20世纪50年代的,该学派的集大成者是以提出“管理理论的丛林”而闻名于世的哈罗德·孔茨。该学派把管理看做是在组织团体中通过别人或同别人一起完成工作的过程,而管理过程同管理的计划、组织、人事、领导、控制职能是分不开的,并将此作为其理论的核心结构。它试图阐明和分析管理过程与管理职能,从理性上加以概括,把用于管理实践的概念、原则、理论和方法结合起来形成一门管理学科,因而在现代管理理论中占有相当重要的地位。主要内容有：

(1)这个学派视管理为一种程序和许多相互关联的职能。在该派学者的著作中，尽管对管理职能的分类有所不同，但都含有计划、组织、领导和控制等职能，这是他们的共同之处，如图 2-3 所示。

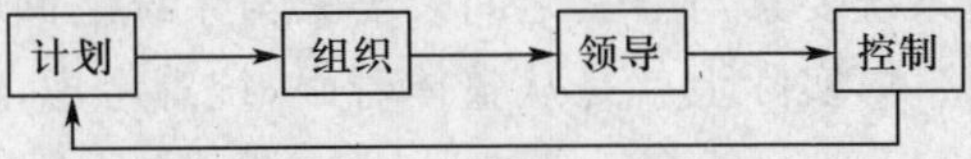

图 2-3　管理过程学派

(2)这个学派认为可以将这些职能逐一地进行分析，归纳出若干原则作为指导，以便于更好地提高组织效力，达到组织目标。

(3)这个学派提供了一个分析研究管理的思想构架。其内涵既广泛又易于理解，一些新的管理概念和管理技术均可容纳在计划、组织、领导及控制等职能之中。

(4)该学派强调管理职能的共同性。任何组织尽管它们的性质不同，但所应履行的基本管理职能是相同的。

5. 权变管理学派

权变管理论是一种崭新的管理思想，权变通常是指偶然事件或偶然性。权变管理论的主要含义是：权益应变。因此，该理论又被称为"情景管理理论"、"形势管理论"等。权变管理论的核心是，在现实中不存在一成不变、普遍适用的理想化管理理论和方法，管理应随机应变，即采取什么样的管理理论、方法及技术应取决于组织的环境。因此，这种理论强调管理应当根据环境的变化而调整，环境不同，所采用的管理方法、管理手段也就不同。

权变管理学派的代表人物比较多：美国的菲德勒和英国的伍德沃德等，他们的著作有《领导方式的一种理论》、《工业组织：理论和实践》等。一般认为卢桑斯的如果—那么"关系理论是权变理论的思想基础。

图 2-4　简单原则

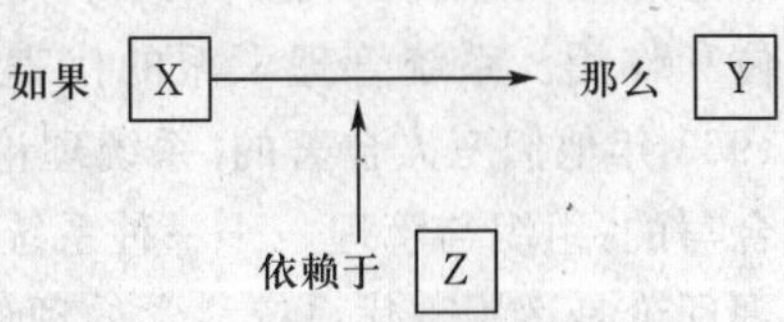

图 2-5　权变理论

图 2-4 表明了一种简单的原则："如果 X，那么 Y"。权变学派试图通过将管理思想与情景相结合来解决这一问题。如图 2-5 所示："只有在 Z 的情形下，如果 X，那么 Y 才成立"。在权变理论中，Z 就是情景变量。

6. 系统管理学派

该学派认为任何社会组织都是由人、物、信息等要素组成的系统，任何管理都是对系统的管理,没有系统也就没有管理。系统是由一系列相互关联、相互依存的部分组成的,在一定环境中具有特定功能的有机整体。管理的系统原理有以下几个方面:

(1)整体性原理

整体性原理是指系统要素与要素之间及要素与系统之间的关系,以整体为主进行协调,局部服从整体,实际上就是从整体着眼,统筹考虑,各方协调,达到整体的最优化。

(2)动态性原理

系统作为一个运动着的有机体,其稳定状态是相对的,运动状态则是绝对的。系统不仅作为一个功能实体而存在,而且作为一种运动而存在。系统内部的联系就是一种运动,系统与环境的相互作用也是一种运动,运动与变化是系统的生命,是永恒绝对的。

掌握系统动态原理、研究系统的动态规律,可以使我们预见系统的发展趋势,树立起超前观念,减少偏差,掌握主动,使组织向期望的目标顺利发展。

(3)开放性原理

实际上,不存在一个与外部环境完全没有物质、能量、信息交换的系统。任何有机系统都是耗散结构的系统,系统与外界不断交流物质、能量和信息才能维持其生命。所以,对外开放是系统保持生命力的基础。

(4)环境适应性原理

系统不是孤立存在的,它要与周围事物发生各种联系。这些与系统发生联系的周围事物的全体就是系统的环境。环境可以施加作用和影响于系统,系统也可施加作用和影响于环境,管理者既要有勇气看到能动地改变环境的可能,又要冷静地看到自己的局限,才能实事求是地做出科学的决策。

系统管理学派强调管理的系统观点,要求管理人员树立全局观念、协作观念和动态适应观念,既不能局限于特定领域的专门职能,也不能忽视各自在系统中的地位和作用。系统管理学派的代表人物是理查德·约翰逊、卡斯特和罗森茨韦克,1963 年他们三人合著的《系统理论和管理》以及 1970 年卡斯特和罗森茨韦克两人合写的《组织与管理——一种系统学说》比较全面地论述了系统管理理论。系统管理理论是运用现代系统科学的理论、范畴以及一般原理,来全面分析研究企业和其他的社会组织管理活动的理论,即系统工程的思想与方法。系统工程是一门从全局着眼,综合应用各有关学科的理论与方法,从不同的角度和方面研究系统各部分的合作与协调,充分发挥数学与计算机的作用,以达到最优规划、最优设计、最优控制和最优管理的目的,从而实现系统的整体最优的学科。

7. 经验管理或案例学派

经验管理学派顾名思义是强调管理经验的学派，其代表人物是美国的管理学家彼得·德鲁克、戴尔等。这一学派最突出的特点是强调管理的艺术性，认为管理很难说是一门严密的科学，它要从企业管理的实际出发，研究企业管理的成功经验以及失败教训，通过对这些管理经验的分析总结，抽象出某些一般性的结论或原理，掌握管理的诀窍（见图 2-6）。

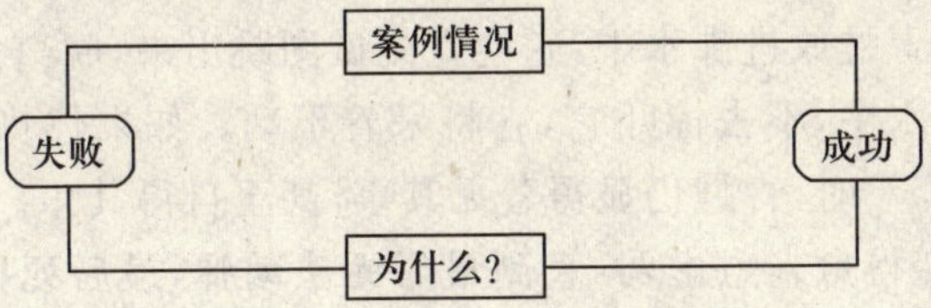

图 2-6 经验或案例管理

经验管理学派的代表人物强调管理经验的重要性，认为管理存在一些普遍使用的原理和原则。

(1)作为组织的主要领导人，应当着重抓好这样几项工作：有效调动组织的各种资源，特别是要发挥人力资源的作用，要注意长远利益与当前利益的协调。

(2)要建立合理的组织结构，各类组织必须根据自己的目标、工作性质、环境和内部条件来确定本组织的管理结构，切忌照搬别人的模式。

(3)对科学管理理论以及行为科学理论都要正确评价。

8. 学习型组织

未来的变化总是出人意料，并且没有秩序。

21 世纪的文盲不是不能读和写的人，而是不能学、无法抛弃弊习和不愿意再学习的人。

进入 20 世纪 90 年代以来，伴随着全球经营环境的剧烈而深刻的变化，变革成为了全球管理领域中的主旋律。技术的进步，尤其是以信息技术为代表的技术进步，正在从根本上改变着人类的生产生活方式。信息和计算机技术方面的不断创新，市场的日益全球化，这些因素交织起来正在创造出一个更加复杂多变的世界。

这种环境对于组织的速度、灵活性和创新提出了更高的要求。在这个新的环境中，比竞争对手学习得更快、变化得更快，这或许是唯一有效的竞争优势。从而，培育组织的学习能力成为管理当局的最大任务，越来越多的机构都加入了力争成为学习型组织的行列。所谓学习型组织，就是能够迅速地获取、传播并在整个组织中分享信息，从而不断改进自身以适应环境的组织。

学习型组织是一个学习团体，它像个具有生命力的有机体，即使有混沌、复杂的变化扑面而来，它总能灵活伸展，求得生存并不断发展。在这种组织中，“人们可以不断增强创造能力，集体抱负得以实现，而且人们可以不断地了解如何共同学习”；学习型组织“实验更多，而且鼓励更多的尝试，允许更多的失败，随时了解大量信息”；学习型组织“善于创造、获取和传递知识，而且善于修正以获取新的知识和观念。”有人把学习型组织等同于“为经营成功而管理知识”，认为“它是一种以人为中心的管理哲学”。

“煮青蛙”故事形象地说明了企业面对外部环境的变化要能做出及时反应的必要性。如果把一只青蛙放进沸水中，它会立刻试图跳出来，脱离危险的境界。但是如果把青蛙放人温水中，不去惊吓它，它将呆着不动。如果你将水慢慢加热，当温度从20℃上升到25℃时，青蛙仍显得若无其事，甚至自得其乐。可悲的是，在温度缓慢升高时，青蛙变得愈来愈虚弱，直到最后无法动弹，最后死掉。虽然没有什么因素限制它脱离困境，但青蛙仍留在那里直到被煮熟。青蛙之所以会惨遭厄运，是因为青蛙的内部感官只能感应出环境的变化，对缓慢的环境变化却不能做出反应，以至于最后无力做出反应。

彼得·圣吉指出许多企业已经遭受了和青蛙相似的厄运，这些企业面对环境的缓慢变化无动于衷，以至于不能适应新的环境而被淘汰。为了避免这种情况发生，他认为21世纪的成功企业应是一种“学习型组织”，它能面对环境变化所产生的新问题进行自主学习和修炼，以便能及时察觉管理中的问题，及时做出反应，确立持续发展的机制，在竞争中立于不败之地。他提出学习型组织的五项修炼：

(1)自我超越(Personal Mastery)

圣吉认为自我超越的修炼是通过学习不断理清与加深个人的真正愿景，集中精力，培养耐心，并客观地观察现实，自我超越是学习型组织的精神基础。自我超越是一个过程，一种终身的修炼。个人对于学习的意愿和能力构成了组织整体对于学习的意愿与能力，而整个组织的学习意愿与能力，则建立在每个员工的学习意愿与能力之上。因此，组织应充分认识到个人成长对组织是非常有益的，并创造鼓励个人发展的组织环境。

(2)改善心智模式(Improving Mental Models)

一位心理学家说过：“只会使用锤子的人，总是把一切问题都看成钉子。”这话形象地表明，思维定势对人的思想产生巨大的束缚力，以致不能发现新问题，解决新问题。创新思考方法恰恰要求人们：必须突破思维定势，改变旧的思路。

心智模式描述了一个人基本的世界观，它受到组织结构、经验文化和信仰体系的影响并因此得到加强。一个人的心智模式是在长期的生活实践中日积月累形成的，很难改变。它在不知不觉中影响个人的思维方式和行为方式，不同的心智模式会导致不同的行为与决策，并被用于挑选方案和评估其可能性。组织内部也可能存在一种共有的心智模式，改善心智模式的修炼要求组织对通常以局部或静态思考方式为主的心智模式进行检查和修正，并向以注重互动关系与动态变化的思考方式为主的共同心智模式转变。将自己的胸怀扩大，克服原有习惯所形成的障碍，不断改善它，最后还要突破它，这样才能以一个全新的心智模式出现。与此同时，员工之间应充分表达自己的想法，并以开放的心灵容纳别人的思想。

(3)建立共同愿景(Building Shared Vision)

一个缺少全体成员共有的目标、价值观与信念的组织，必定难成大器。建立共同愿景可以把大家凝聚在一起，帮助组织培养成员为共同目标主动而真诚地奉献和投入的精神。为此，领导者必须注意与员工广泛交流个人观点，鼓励员工对未来做出卓越贡献，从而消除员工对改革的抱怨，并改变员工对领导个人愿景被动服从的状况。

领导者重要的任务就是建立愿景，愿景是可以看到潜在的机会或未来。它不是用分析可察知的，而是要靠直觉，要靠具有开放的前瞻性及精细的洞察力，再加上无私、虚心、直觉以及创造性的想像，才能建立属于自己以及企业的愿景。

卓越的战略领导者努力尝试将自己的思想智慧转化为组织的共同愿景。

(4)团队学习(Team Learning)

在现代组织中，团队学习非常重要，这是因为现代企业的基本单位就是工作团队。因此，学习的基本单位也应由个人变为团队，只有组织拥有众多的会学习的团队，才可能发展成为善于学习的组织。团队学习的修炼要求团队成员能超越自我，克服防备心理，学会如何相互学习和工作，形成共同的思维。

(5)系统思考(System Thinking)

系统思考是五项修炼的核心。人们往往习惯于把自己与周围的世界分隔开来，把产生问题的原因归罪于他人或别的因素。圣吉认为，组织成员必须转变这种片面的、割裂的思维方式，把自己与周围世界连成一体。也就是说，系统思考的修炼要求人们能纵观全局，形成系统思维模式，使人们能思考影响我们的诸种因素之间的内部关系，而不是把这些因素割裂开来。20 世纪 70 年代很多有名气的大企业到了 80 年代已经有三分之一销声匿迹。通过深入研究，发现是组织的智障妨碍了组织的学习和成长，并最终导致组织的衰败。组织智障，顾名思义，指的是组织或团体在学习及思维方面存在的障碍，这种障碍最明显地表现在组织缺乏一种系统思考的能力。

2.5 十位管理大师及其管理思想

大师级的管理专家绝非徒有其名，他们总会开启一个新的管理视角，让你发现你的盲点和误区，提供给你一种崭新的思维工具，掌握了这些工具，你会感到自己进入了一个新的境界。这里，我们选出了10位管理大师，选择的标准是他们所取得的国际公认的成就。思想工具是更高层次和意义上的工具，或者说它是为了制造一般工具的“工具”。这使它很难被掌握，但一旦掌握，你就会感到心手相应，游刃有余。

2.5.1 德鲁克

1954年11月6日对管理学来说是一个划时代的日子，彼得·德鲁克(Peter Drucker)在这一天出版了《管理的实践》一书，该书的出版标志着管理学作为一门现代学科的诞生。在这之前，没有一部著作向管理者解释管理，更没有一部著作向管理者传播管理。1985年，德鲁克曾对一位来访者说：“《管理的实践》一书的出版使人们有可能学会如何去管理。在这之前，管理似乎只是少数天才能做的事，凡人是无法做到的。我坐下来花了些工夫，把管理变成了一门学科。”

很少有人能享有开创一门学科的殊荣，作为公认的“现代管理之父”，彼得·德鲁克对享有此殊荣当之无愧。为了准确地了解“现代管理之父”德鲁克在过去60余年中对管理世界的贡献，可以阅读德鲁克关于《我认为我最重要的贡献是什么?》一文：

早在60年前，我就认识到管理已经成为组织社会的基本器官和功能；

管理不仅是“企业管理”，而且是所有现代社会机构的管理器官，尽管管理一开始将注意力放在企业；

我创建了管理这门学科；

我围绕着人与权力、价值观、结构和方式来研究这一学科，尤其是围绕着责任；

管理学科是把管理当作一门真正的综合艺术。

德鲁克对“责任”、管理人员的“责任”、员工的“责任”以及企业的“责任”谈得很多。1973年，德鲁克将自己几十年的知识经验与思考浓缩到一本书中。这本共达839页的浩瀚巨著以其简洁而浓缩的书名道出了管理学的真谛——《管理：任务、责任、实践》。据此，我们可以把管理诠释为：管理任务、承担责任、勇于实践。令人惊奇的是，当我在这本书中搜索“责任”这一词条时，发现该书索引中有多达36处谈到“责任”，而竟无一处谈到“权力”。

德鲁克反复强调，认真负责的员工确实会对经理人提出很高的要求，要求他们真正能胜任工作，要求他们认真地对待自己的工作，要求他们对自己的任务和成绩负起责任来。责任是一个严厉的主人，如果只对别人提出要求而并不对自己提出要求，那是没有用的，而且也是不负责任的。如果员工不能肯定自己的公司是认真的、负责的、有能力的，他们就不会为自己的工作、团队和所在单位的事务承担起责任来。要使员工承担起责任和有所成就，必须由实现工作目标的人员同其上级一起为每一项工作制订目标。此外，确保自己的目标与整个团体的目标一致，也是所有成员的责任。必须使工作富有活力，以便员工能通过工作使自己有所成就。而员工则需要有因他们承担责任而引起的要求、纪律和激励。因此，进入德鲁克管理世界的捷径就是从认识管理人员的责任、员工的责任和企业的责任开始。

2.5.2 波特

作为哈佛商学院的教授和竞争战略方面公认的权威，迈克尔·波特(Michael E. Porter)可称作“可能是世界上最有影响力的商学院教授”。事实也是如此，在2002年5月埃森哲公司对当代最顶尖50位管理学者的排名中，迈克尔·波特位居第一，可谓声名赫赫。

波特对于管理理论的主要贡献，是在产业经济学与管理学之间架起了一座桥梁。在其经典著作《竞争战略》中，他提出了行业结构分析模型，即所谓的“五力模型”，认为：行业现有的竞争状况、供应商的议价能力、客户的议价能力、替代产品或服务的威胁、新进入者的威胁这五大竞争驱动力，决定了企业的营利能力，并指出公司战略的核心，应在于选择正确的行业，以及行业中最具有吸引力的竞争位置。相应的，波特也提出了“三种通用战略”，包括成本领先、差异化和专注化，并说明由于企业资源的限制，往往难以同时追求一个以上的战略目标。

成本竞争的苦果使很多企业家认识到需要新的竞争方式，如产品、技术或者经营模式创新来提高营利能力与水平。波特为这类战略提供了系统化的思考方式，阐述了企业应该在哪些点上建立竞争力，对于经营实践具有非常好的指导作用。对于中国的管理实践者而言，波特战略理论的意义更多在于阐明了企业战略性思考的重要性。企业经营并不是具有杰克·韦尔奇所说的勇气就已足够，中国企业家缺的不是勇气，而是大胆决策前的谨慎思考，怎样选择最有利的战场、时机和方式进行出击。

波特战略理论被视为80年代主流的战略理论，而商业社会日新月异的变化使得其理论在某些方面已经不太适合当今管理实践的需求。如他的战略观念将现有的产业结构视为既定，较少考虑产业变革，而且在如何建立长期竞争优势方面没有论述。也正因为他假设的产业结构是比较确定的，“五力模型”很难用来分析迅速变化或前景不确定的某些行业。电信是一个典型的例子，技术的迅速发展、标准的不断变化、政府管制政策的调整，使得产业充满不确定性，很难用波特的框架预测行业的竞争格局。

2.5.3 哈默尔

加里·哈默尔(Gary Hamel)是 Strategos 公司的董事长及创办人,也是前伦敦商学院战略及国际管理学教授。他是战略研究的最前沿大师,被《经济学家》誉为"世界一流的战略大师"。

1990 年,加里·哈默尔和普哈拉(C. K. Prahalad)在《哈佛商业评论》上发表《企业的核心能力》。他认为和顾客所需要的最终产品不同,核心产品是企业最基本的核心零部件,而核心竞争力实际上是隐含在核心产品中的知识和技能。从这个意义上说,企业的核心竞争力实际上是企业保持竞争优势的源泉,但是如何将这种核心竞争力转化为竞争优势,需要一定的条件。

哈默尔的主要战略思想在于积极建立并发挥企业的核心竞争力,中国企业尤其要重视这方面的学习。世界经济一体化,中国的企业面临巨大的竞争压力,从更深的层次上说,这实际上是一种核心竞争力的竞争,如何定位企业的核心竞争力,是企业创造竞争优势的前提。在合理定位核心竞争力之后,则是如何发挥这种核心竞争力,在实践中充分发挥竞争优势。这需要一种大的战略眼光,哈默尔的战略思想无疑很有指导意义:在具体的战略选择上,人们大多关注技术上的创新,哈默尔则认为,概念上的创新要优先于技术上的创新,概念创新可能更有效果。这就提供了一个全新的思路。

2.5.4 克里斯坦森

克莱顿·克里斯坦森(Clayton Christensen)是哈佛商学院的工商管理学教授,他不仅是个杰出的管理学者,而且是身体力行的管理实践者。克里斯坦森在研究中发现,许多优秀的企业曾经被人们崇拜并竭力效仿,最终却在市场和技术发生突破性变化时,丧失了行业领先地位。而导致这些领先企业衰败的决策,都是在它们被普遍视为世界上最好的企业的时候做出的。

克里斯坦森指出,良好的管理是导致这些企业衰败的原因。这一结论出人意料,但却非常合理。这些企业被顾客的意志所左右,勇于投资新技术,用这些技术向其顾客提供更多他们所想要的那种更好的产品;它们认真研究市场的趋势,系统地将资本投向那些可以保证最佳回报的创新上面。在这样的原则下,积极投资于突破性创新不是这些企业的理智的财务决策,所以绩优企业反而难以应对突破性创新。

克里斯坦森提出了一套突破性创新原则,主要内容是:

创建一个围绕突破性技术的新的独立事业部门，不受主流客户的左右，而把自己融入那些需要突破性技术的产品的客户中；

把实现突破性技术商业化的责任，下放给规模恰好与目标市场相匹配的一个小一点的组织，从而更容易对小型市场上出现的成长机会做出反应；

既定的思维模式和已有的知识不足以支持对突破性变化进行判断，因此要有计划地学习所需要了解的东西；

组织潜能（组织运行程序和价值观）的可塑性是有限的。分析组织现有的潜能和缺陷，并创造一种新的潜能来解决新的问题；

密切关注市场趋势，了解主流客户如何使用产品，才能在所服务的市场上抓住竞争基础变动的关键环节。

2.5.5 彼得斯

"市场变得像时装、流行色一样不可捉摸，产品更新必须跟上这个毫微秒时代。"被《财富》和《经济学家》誉为管理学大师的斯坦福大学企业管理学博士汤姆·彼得斯（Tom Peters）如是说。彼得斯认为：成功的企业各具特色，但其成功经验却都浅显平常，人人皆知，没有什么"新式武器"。他主张面向市场、面向顾客。企业的所有活动都要围着市场和顾客转，而且要把顾客当成有血有肉的人，热爱顾客，满足顾客越来越特色化的特定需求，对顾客偏好的变化迅速做出反应，一切以顾客的感觉为依归。

客户服务的思想已经在中国企业中受到重视，这一思想也将成为中国企业生产销售的主导思想；

中国的市场已不再是过去的需求单一的市场。顾客需求的多样性要求企业在进行所有经营活动时，从顾客角度出发，秉承顾客至上的信念进行决策，最大程度地满足顾客需求，实现企业增长；

竞争的白热化。愈演愈烈的竞争中，产品差别将不再是竞争的主要焦点。客户服务质量将成为竞争的关键，企业的客户服务做得越好，越有可能在激烈的竞争中占上风。

2.5.6 明茨伯格

亨利·明茨伯格（Henry Minzberg）是加拿大著名管理学家，其管理思想也主要体现在组织管理和战略管理方面。组织管理学方面，明茨伯格的主要贡献是对于经理工作的分析，《经理工作的性质》是他这方面的代表作之一。明茨伯格强调经理工作对组织的巨大作用，指出经理在工作中担任的 10 种角色：挂名领导、联络者、领导者、监听者、传播者、发言人、企业家、故障排除者、资源分配者和谈判者。明茨伯格第一次从实证角度分析经理的活动，并在此基础上将经理的类型分为：联系人、政治经理、企业家、内当家、实时经理、协调经理、专家经理、新经理。

目前，中国职业经理人队伍还处在初创期，职业经理人对企业的作用逐步被认同。这种背景下，明茨伯格关于经理工作对组织作用的分析，非常有助于职业经理人认清自己的价值。同时职业经理人应依据自己的工作特点，准确定位自己的类型。随着信息技术的发展和在企业管理中的应用，经理在信息方面的角色发生了较大的变化，监听者、传播者、发言人的工作占用的时间少了。

2.5.7 柯林斯

詹姆斯·柯林斯(James C. Collins)曾获斯坦福大学商学院杰出教学奖，先后任职于麦肯锡公司和惠普公司。与杰里.波勒斯合著了《基业长青》一书。书中提出了他的主要管理思想。“造钟，而不是报时”。柯林斯指出，“伟大的公司的创办人通常都是制造时钟的人，而不是报时的人。他们主要致力于建立一个时钟，而不只是找对时机，用一种高瞻远瞩的产品打入市场；他们并非致力于打造高瞻远瞩领袖的人格特质，而是致力于构建高瞻远瞩公司的组织特质，他们最大的创造物是公司本身及其代表的一切。”

大多数中国企业的领导人在“造钟”上都不成功。“造钟”就是建立一种机制，使得公司能靠组织的力量在市场中生存与发展，而不必依靠某个人、产品或机会等偶然的东西。随着市场的进一步完善与规范，企业必须越来越依靠一个好的机制，包括好的组织结构、好的评价考核体系、好的战略管理等。

“利润之上的追求”与“教派般的文化”。所有伟大的公司都是务实的理想主义者，《基业长青》中写到，利润是生存的必要条件，而且是达成更重要目的的手段，但对很多高瞻远瞩的公司而言，利润不是目的，利润就像人体需要的氧气、食物、水和血液一样，这些东西不是生命的目的。但是，没有它们，就没有生命。利润之上的追求在伟大的公司里，更是被教派般的文化灌输。对于中国企业来说，利润之上的追求不明确、不具体，动辄就是空洞的大口号。大部分的中国企业没有意识到企业文化的重要作用。教派般的文化指的是伟大公司必须有很强的共同价值观，这是中国企业成为伟大公司的最大挑战。中国企业应在如何建立内部晋升的机制、如何进行人员培养等方面投入更多的精力，使得自家的经理人能成长起来。

2.5.8 汉默

1993年，美国管理学家迈克尔·汉默（Michael Hammer）与詹姆斯·钱皮（James Champy）在《公司重组：企业革命宣言》中定义企业业务流程重组（Business Process Reengineering，简称BPR）：对企业的业务流程作根本性的思考和彻底重建，目的是在成本、质量、服务和速度等方面取得显著的改善，使企业能最大限度地适应以顾客、竞争、变化为特征的现代企业经营环境。

相对"劳动分工原理""制度化管理理论"等传统管理思想，BPR强调企业内的充分发展与合作。核心内容可归结为：

重组：实行横向集成，实行团队工作方式，纵向压缩组织，使组织扁平化，授权员工自行做出决定，推行并行工程；

强调顾客导向：以顾客为中心考虑经营目标和战略导向，根据顾客需求考虑应设置的经营过程。

2.5.9 科特勒

菲普·科特勒（Philip Kotler）是现代营销的集大成者，被誉为现代营销学之父。他几乎成了营销学的同义词。其经典著作《营销管理》一书已经成为包括中国在内的全球各国商学院首选的营销教材，其本人也被公认为20世纪50位最佳管理大师之一。

科特勒致力于营销战略与规划、营销组织、国际市场营销及社会营销的研究，其最新研究领域包括高科技市场营销，城市、地区及国家竞争优势研究等。科特勒大约在10年前推出的《营销大未来》（原名《社会营销》）一书将营销理念从生产观念、产品观念、营销观念最终推进到"社会营销"阶段。在经济日益全球化、世界更趋多极化、知识经济初露端倪的20世纪末和今天，人们看到的是这样一副景象：环境严重恶化、资源日益短缺、人口急剧增长、全球经济紧缩、社会达尔文主义盛行、公共服务水平下降、艾滋病蔓延、电子垃圾花样百出等等，所有这些都是社会营销学面临的课题。科特勒提出的"社会营销"观念，将营销推进到了一个更高的层次。

在中国市场全面向买方市场过渡的情况下，科特勒的营销理论对推动营销普及和企业营销水准的提升发挥了重大作用。如今，顾客需求、顾客价值、顾客忠诚、整合营销、营销定位、全球营销等概念在国内已经流传很广，并逐步深入人心，许多企业已经或正在向顾客导向型企业转变，一批优秀的企业在全面提升营销能力后已经成功走向了国际市场。

2.5.10 科特

约翰·科特(John P. Kotter)是世界领导与变革领域的权威,哈佛商学院终身教授。

科特最重要的思想有下列两项:

(1)领导和管理是两个截然不同的概念,管理者的工作是计划与预算、组织及配置人员、控制并解决问题,其目的是建立秩序;领导者的工作是确定方向、整合相关者、激励和鼓舞员工,其目的是产生变革。

(2)企业文化对长期经营绩效有巨大的正相关性,文化变革是耗时且极端复杂的八步骤流程,包括:①建立更强的紧迫感;②成立指导联盟;③形成远景和战略;④传播变革远景;⑤授权员工行动;⑥创造近期成果;⑦巩固成果并推行更多的变革;⑧深植变革于文化中。

以上八个步骤必须依顺序执行,否则成功机会非常微小。

中国企业管理者一向对"领导"和"管理"区分不清,大家口中的我的领导或本公司领导,其实指的都是管理者,对于名词认识不清,自然扮演不好对应的角色。中国企业少有长久的企业文化,当强人退休后,企业随之走向败亡之路。科特有大量数据支持企业文化与经营绩效之间的关系,值得我们深思反省。

本章学习小结

1. 管理自古以来就存在,它是在人类集体协作、共同劳动中产生的。

2. 中国古代管理思想是一个丰富的宝库,有以"仁义"为核心的儒家管理思想、以"无为"为最高原则的道家管理思想、重视人的管理思想以及良好人际关系的管理思想。

3. 亚当·斯密的劳动分工理论及工业革命促进了管理理论的形成和发展。

4. 泰勒的《科学管理原理》标志着系统的管理理论的形成。在20世纪前半期中,许多管理学者基于不同角度提出了各种管理理论,如泰勒的科学管理理论、亨利·法约尔的一般管理理论和马克斯·韦伯的行政管理理论,这三大管理理论被统称为是"古典管理理论"。它们共同的特点是把组织中的人当作"机器"来看待,坚持"经济人"的假设。

5. 通过历时几年的四个阶段的霍桑试验,梅奥等人创立了人际关系理论:

(1)工人是"社会人",而不是"经济人"。

(2)企业中存在着"非正式组织"。

(3)企业的领导在于提高员工的"满足度"。

6.20世纪60年代后,有些专门研究行为科学在企业中的应用的学者提出了"组织行为学"。行为科学的研究包含人的需要和行为动机分析,以及内容型激励理论的主要内容。

7.第二次世界大战之后,管理理论学派林立、百家争鸣,形成了许多管理学派。这种现象被管理学家孔茨称为管理理论发展丛林。

综合案例

管理理论真能解决问题吗?

海伦、汉克、乔、萨利四个人都是美国西南金属制品公司的管理人员。海伦和乔负责产品销售,汉克和萨利负责生产。他们刚参加过在大学举办的为期两周的管理培训班学习。在培训班里主要学习了权变理论、社会系统理论和一些有关职工激励方面的内容。他们对所学的理论有不同的看法,现正展开激烈的争论。

乔首先说:"我认为社会系统理论对于像我们这样的公司是很有用的。例如,如果生产工人偷工减料或做手脚的话,如果原材料价格上涨的话,就会影响到我们的产品销售。系统理论中讲的环境影响与我们公司的情况很相似。我的意思是,在目前这种经济环境中,一个公司会受到环境的极大影响,在油价暴涨时期,我们当时还能控制自己的公司,现在呢?我们要想在销售方面每前进一步,都要经过艰苦的战斗。这方面的艰苦,你们大概都深有体会吧?"

萨利插话说:"你的意思我已经知道了,我们的确有过艰苦的时期,但是我不认为这与社会系统理论之间有什么必然的内在联系。我们曾在这种经济系统中受到过伤害。当然,你可以认为这与系统理论是一致的,但是我并不认为我们就有采用社会系统理论的必要。我的意思是,如果每个东西都是一个系统的话,而所有的系统都能对某一个系统产生影响的话,我们又怎么能预见到这些影响所带来的后果呢?所以,我认为权变理论更适用于我们。如果你说事物都是相互依存的话,系统理论又能帮我们什么忙呢?"

海伦对他们这样的讨论表示有不同的看法。她说:"对社会系统理论我还没有很好地考虑。但是,我认为权变理论对我们是很有用的。虽然我们以前亦经常采用权变理论,但是我却没有认识到自己是在运用权变理论。例如,我有一些家庭主妇顾客,听到她们经常讨论关于孩子和如何度过周末之类的问题，从她们的谈话中我就知道她们要采购什么东西了。顾客也不希望我们‘逼’他们去买他们不需要的东西。我认为，如果我们花上一两个小时与他们自由交谈的话，那肯定会扩大我们的销售量。但是，我也碰到一些截然不同的顾客，他们一定要我向他们推荐产品，要我替他们在购货中做主。这些人也经常到我这里来走走，但不是闲谈，而是做生意。因此，你们可以看到，我每天都在运用权变理论来对付不同的顾客呢。为了适应形势，我经常都在改变销售方式和风格，许多销售人员都是这样做的。”

汉克有些激动地插话说：“我不懂这些被大肆宣传的理论是什么东西。但是，关于社会系统理论和权变理论问题，我同意萨利的观点。教授们都把自己的理论吹得天花乱坠，他们的理论听起来很好，但是他们的理论却无助于我们的管理实际。对于培训班上讲的激励要素问题我也不同意。我认为，泰罗在很久以前就对激励问题有了正确的论述。要激励工人，就是要根据他们所做的工作付给他们报酬。如果工人什么也没有做，就用不着付任何报酬。你们和我一样清楚，人们只是为钱工作，钱就是最好的激励。”

（资料来源：徐国良，王进. 企业管理案例. 北京：中国社会科学出版社，2009）

问题

1. 你同意哪一个人的意见？他们的观点有什么不同？

2. 你认为汉克关于激励问题的看法怎样？他的观点属于什么管理理论的观点？

自测题

一、单项选择题

1. 泰勒反映了以下（　）思想。

A.“经济人”假设　B.“社会人”假设　C. 自我实现人假设　D. 复杂人性假设

2. 梅奥通过霍桑试验得出，人是（　）。

A. 经济人　B. 社会人　C. 理性人　D. 复杂人

3. 法约尔提出的组织中平级间的横向沟通被称为（　）。

A. 等级原则　B. 协商原则　C. 跳板原则　D. 秩序原则

4. 认为没有一成不变的、普遍使用的“最好的”管理理论和方法的是（　）。

A. 管理过程学派　B. 权变理论学派　C. 社会合作学派　D. 管理科学学派

5. 著名的霍桑研究就是采用（　）研究管理中人际关系的成功例子。

A. 归纳法　　B. 实验法　　C. 演绎法　　D. 要素分析法

6.“管理就是决策”是下列哪位经济学者的观点？（　）

A. 泰罗　　B. 法约尔　　C. 西蒙　　D. 韦伯

7. 在管理者对人性的假设方面，认为员工天生好逸恶劳的消极理论是（　）。

A. X 理论　　B. U 理论　　C. Y 理论　　D. Z 理论

二、多项选择题

1. 古典管理理论主要包括（　）。

A. 权变管理理论　　B. 行为科学理论　　C. 科学管理理论

D. 一般管理理论　　E. 系统管理理论

2. 属于人际关系学派的主要观点是（　）。

A. 职工是社会人

B. 增加职工满意度是提高生产率的关键

C. 企业中实际存在着一种“非正式组织”

D. 人的行为都是由一定的动机引起的

E. 企业应采取新型的管理方法

3. 古典管理理论的代表人物有（　）。

A. 泰勒　　B. 法约尔　　C. 德鲁克

D. 韦伯　　E. 马斯洛

4. 法约尔认为管理的职能包括（　）。

A. 计划　　B. 组织　　C. 指挥

D. 控制　　E. 协调

5. 现代管理理论中的代表学派有（　）。

A. 管理过程学派　　B. 科学管理学派　　C. 社会系统学派

D. 社会——技术系统学派　　E. 决策理论学派

三、判断题

1. 管理思想是在本世纪初产生的。（　）

2. 泰勒的科学管理是基于“社会人”的假设。（　）

3. 持“Y 理论”观点的管理者倾向于在管理工作中对员工采取强制、惩罚等手段。（　）

4. 韦伯是一般管理理论的创始人。（　）

5. 法约尔认为每个雇员只能听命于一个上司，否则无法把事情办好。（　）

四、简答题

1. 泰勒科学管理中作业管理的原则和方法有哪些？

2.法约尔提出了哪些管理的一般原则？他提出的管理的五项职能是什么？

3.韦伯提出的理想的行政组织理论的主要内容是什么？

4.霍桑实验的过程和人际关系学说是什么？

5.什么是“经济人”，什么是“社会人”？

五、论述题

1.西方古典管理理论包括哪些内容？

2.现代管理理论丛林的主要学说及其内容有哪些？

管理与环境

第3章

引导案例

市场环境变幻莫测 企业应对多变的环境

中国外汇交易中心于2013年5月16日公布银行间外汇市场人民币对美元中间价报6.2096，至此，人民币汇率中间价突破6.20整数关口。人民币升值加速，影响最大的是外贸企业，对企业出口签约和利润产生了比较大的负面影响。这种负面影响主要体现在三个方面：首先"有单不敢接"的现象更为突出。其次，企业出口利润空间进一步缩窄。6.6%的企业甚至表示会影响正常履约，还有73.4%的企业预计今年全年出口利润同比只能持平或者下降。最后是对中小企业出口的影响。为了渡过难关，有的企业表现出使用人民币进行贸易结算的强烈意愿。央行下一步将继续扩大人民币在跨境贸易和投资中的使用范围和规模，今年内将实现个人跨境人民币结算，但这都不是长久之计。

（资料来源：搜狐证券 http://stock.sohu.com/20130516）

组织的环境就是影响组织发展的各类要素。环境分析就是要把握住环境的现状及将来的变化趋势，利用有利于组织发展的机会，避开不利于组织发展的威胁。

3.1 管理环境

组织不可能脱离其所处的环境而封闭、孤立存在，环境是组织中管理者管理行为的一个重要限制因素。管理总是在一定的环境中进行的，管理的目的之一，是要使组织适应环境，与环境的变化及发展保持协调。管理者了解环境的变化规律是保证管理有效的前提。

3.1.1 组织环境的概念分类

管理是组织化活动的产物，组织的社会环境无疑是影响组织管理的重要因素。从管理的宏观组织和微观作用上看，环境的优化与机制的变革，不仅对组织管理提出了新的要求，而且促进了管理的发展。

环境总是作为某一中心事物的对立面而存在，并且因中心事物的不同而不同，如人类环境、社会环境、自然环境、学习环境、投资环境、办公环境、家庭环境等都分别对应着不同的中心事物。因此，环境是一个相对于某一中心事物而客观存在的具有多种含义的概念。一般认为，环境(environment)是指对组织运行与绩效起着潜在影响的外部机构或力量。罗宾斯认为从整个宇宙中减去代表组织的那一部分，余下的部分就是环境。

组织环境可以分为内部环境和外部环境。内部环境指组织的文化，它由组织内部所共享的价值观、规章制度、规范条例、风格特征等内容构成；外部环境则指存在于组织之外，对组织产生影响的所有因素，包括一般环境(general environment)和具体环境(specific environment)。一般环境是指对组织起宏观作用的大环境，它是一定范围内的社会组织所共有的环境，包括组织所处社会的政治制度、经济状况、社会文化、资源、技术等因素的外部力量；具体环境是指与实现组织目标直接相关的那部分环境，又称任务环境或微观环境，它由对组织运行和绩效产生积极或消极影响的要素所组成。具体环境对每个组织而言各不相同，并随条件的变化而变化。例如，对于一个企业来说，其供应商、客户、合作者与竞争者、往来部门间的业务关系等方面的差异，构成了不同的具体环境(见图 3-1)。

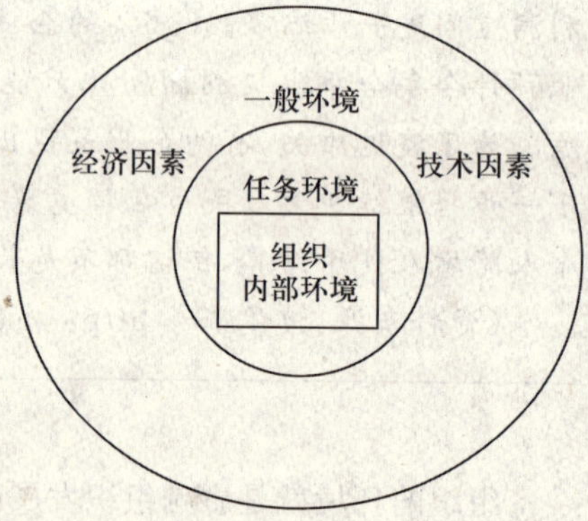

图 3-1 组织环境

3.1.2 环境研究的作用

从系统角度来看，企业是一个开放的经营系统，企业经营所需要的一切生产要素都来自于其所处的经营环境，同理，其所提供的产品与服务业直接还原于其所处的经营环境。所以说，环境是组织生存的土壤，它既为组织活动提供条件，同时也必然对组织的活动起制约作用。综合起来看,环境研究对组织决策有着非常重要的影响,具体表现在以下三个方面。

1. 环境研究可以提高环境组织决策的正确性

外部环境研究,可以为组织提供大量的能够客观反映环境特点及其变化趋势的信息;内部环境分析可以使组织明确自己的资源状况和利用能力,了解组织文化的特点及其对组织成员行为倾向的影响。在此基础上,组织可以根据自己的优势和劣势,制订出既符合环境要求,又能为组织成员所接受,从而愿意为其实施而努力的正确决策。

2. 环境研究可以提高组织决策的及时性

环境在变化中提供的发展机会,只有及时加以利用,才能实现组织发展;同样,对于环境在变化中造成的威胁,组织更应及时避开,否则便难以存续。要及时利用机会、避开威胁,必须在机会刚刚出现或威胁尚未来到时发现,这样才能使组织及时制订决策、采取措施。

3. 环境研究可以提高组织决策的稳定性

决策的稳定性和活动的适应性之间的矛盾可以通过环境研究来解决。环境研究可以帮助组织认识环境变化的规律,预测环境发展的前景,从而使组织今天的决策不仅适应今天的环境特点要求,而且能符合明天发生变化的环境特点要求,这样决策就可以保持相对的稳定性。

3.1.3 一般环境

一般环境,是在一定时空内存在于社会中的各类组织均会面对的环境,其内容庞杂,大致可归纳为政治、社会、经济、技术、自然等五个方面。

1. 政治和法律环境

政治和法律环境泛指一个国家的社会制度,执政党的性质,政府的方针、政策以及国家制定的有关法令、法规等。随着社会法律体系的建立和完善,组织必须了解与其活动相关的法制系统及其运行状态。通过政治和法律环境研究,组织可以明确其所在的国家和政府目前禁止组织干什么,允许组织干什么以及鼓励组织干什么,以便使组织活动符合社会利益并受到有关方面的保护和支持。

2. 社会和文化环境

社会和文化环境包括一个国家或地区的人口数量及其增长趋势,居民受教育的程度和文化水平,以及宗教信仰、风俗习惯、审美观念、价值观念等。人口的素质及其文化观念对组织活动绩效水平有着重要的影响。如居民受教育程度会影响劳动力的技能和心理需求层次以及作为消费者的基本行为特点;宗教信仰和风俗习惯会禁止或抵制某些活动的进行。

3. 经济环境

(1)宏观经济环境。主要指国民收入、国民生产总值等经济总量的变化情况。它反映国民经济发展水平和发展速度。宏观经济的发展和繁荣显然会为企业等经济组织的生存和发展提供有利机会,而萧条、衰退的形势则可能给所有经济组织带来生存的困难。

(2)微观经济环境。主要指企业所在地区或所服务市场区域的消费者收入水平、消费偏好、储蓄情况和就业程度等因素。这些因素直接决定着企业目前及未来的市场规模。假定其他条件不变,一个地区的就业越充分,收入水平越高,那么该地区的购买能力就越强,对某种活动及其产品的需求就越大。

4. 技术环境

首先,从组织作业活动过程来看,无论何类组织开展何种作业活动,都需要利用一定的物质手段。社会科技的进步会促进组织活动过程中物质条件的改善和技术水平的先进化、现代化,从而使利用这些物质条件和技术进行活动的组织取得更高的效率。

其次,从组织活动成果来看,不同的产品或服务代表着不同的技术水平,对劳动者和劳动条件有着不同的技术要求。技术进步了,企业现有产品就可能被采用了新技术的竞争产品所取代。产品更新换代后,企业现有的生产设施和工艺方法可能显得落后,生产作业人员的操作技能和知识结构可能不再符合要求,生产所用的原材料可能需要作相应的更新。

再次,从组织活动的管理方面来看,现代信息和通讯技术的发展使管理手段、方法乃至管理思想和管理模式发生了重大的变化。现在电子计算机不仅在各项专业管理工作中得到应用,而且使各方面管理系统实现了集成化和一体化,乃至在企业与外部关系上出现了网络化联结,改善了组织内外整体管理的水平。

5. 自然与国际环境

中国人做事向来重视"天时"、"地利"、"人和"。如果说"天时"更多地取决于国家政策,"地利"则主要与地理位置、气候条件以及资源状况等自然因素相关。地理位置是制约组织活动特别是企业经营活动的一个重要因素。企业选址是否靠近原料产地或产品销售市场,也会影响到资源获取的难易和交通运输的成本等。从利用国家政策的角度讲,当国家在经济发展的某个时期对某些地区采取倾斜政策时,地理位置对企业活动的影响是相当明显的。

在今天的社会里，国际因素将不可避免地影响到世界每个角落中的每个组织。"地球村"时代的到来，给众多组织的海外发展创造了机遇，像波音、IBM、百事可乐等世界知名的公司现都已成为足迹遍布几大洲的大型跨国公司。

3.1.4 任务环境

任务环境是指对组织构成影响的某些具体组织环境。虽然不同的组织所面临的任务环境会因组织自身的性质而有很大的差异，但对所有组织而言，构成任务环境的几个主要团体成分总是非常类似的。它包括：供应商、顾客、竞争者、有关政府机构和社会组织等。

(1)供应商。所谓供应商是泛指组织活动所需各类资源和服务的供应者。例如，对企业来讲，供应商主要包括为企业提供原材料、设备、工具、能源及土地和房地产的各类场商，为企业提供资本金和信贷资金的股东、银行、保险公司、福利基金会及其他类似的组织，以及在劳动力市场上为企业提供人力资源的个体和中介机构等。

(2)顾客。所谓顾客是指组织产品或服务的购买者。主要包括所有出于直接使用目的而购买以及为再加工或再销售目的而购买本组织产品或服务的个体和组织。在商业发达的社会中，企业的产品尤其是消费品，通常需要经过多个中间环节才能到达最终使用者手中，这样，不仅消费该产品的最终使用者是企业的顾客，而且产品在离开生产企业之后所经历的各环节的销售商，也都是该企业的顾客，即中间顾客。

组织能否成功，其关键就在于能否满足顾客的需求，使顾客满意，甚至惊喜。但是，顾客的口味和需求是不断发生变化的，这意味着组织存在着潜在的不确定性。因此，如果组织要在激烈的市场竞争中立足，就必须培养和巩固顾客的忠诚度；如果希望能不断提高自身的市场占有率，就必须进行市场研究，做好广告宣传，并且不断地改善服务，树立"顾客至上"的经营观念。

(3)竞争对手。这里的竞争对手是指与本组织存在资源和市场争夺关系的其他同类组织。企业的竞争对手包括现有生产和销售与本企业相同产品或服务的企业、潜在的进入者以及替代品制造厂商等。就好似可口可乐与百事可乐，通用汽车与丰田汽车、大众汽车一样，没有任何管理人员能够忽略竞争，否则其代价将是非常大的。

(4)政府机构及特殊利益团体。政府机构作为社会经济管理者，对企业的经营行为需要从全社会利益角度进行必要的调节和控制。而工会、妇联、消费者协会、绿色和平组织、新闻传播媒介等各种特殊利益代表团体和反映公众利益要求的团体，也会对企业经营行为产生过程中不容忽视的某种影响和制约。

3.2 环境分析

环境分析是一项复杂的工作，涉及政治、经济、社会文化和技术等多方面的知识。时间跨度越长，环境的不确定程度就越大，环境分析就越困难。识别环境不确定程度的方法主要有环境调查和环境预测。

3.2.1 环境研究的程序

1. 确定课题

环境分析的课题应围绕组织活动中存在的问题来确定。课题的确定可能涉及整个组织活动，也可能只涉及组织活动的某个方面。课题的确定是一项非常重要的工作，它看似简单，实际上做起来很复杂。在进行环境分析时，首先要明确需要分析的问题是什么，主题内容是什么，这些大都是企业经营活动中的战略问题。提出问题本身对环境分析的效果好坏影响很大，课题确定正确，实质上就抓住了问题的主线，就能取得更好的环境分析效果。决策者必须具备敏锐的洞察力，抓住企业经营过程中的关键问题，确定环境分析课题。

2. 提出假设

在确定课题的基础上，环境分析人员还要利用组织现有的资料，根据自己的经验、知识和判断力，进行初步的分析，提出关于组织活动中所遇问题的初步假设，即判断组织问题可能是由哪些因素造成的，在众多的可能原因中，哪些问题是主要的。

3. 收集资料

提出假设后，还要对这些假设进行验证。如果假设是成立的，那么组织就需采取相应的措施去消除原因，解决问题。验证假设需要占有能反映组织内外环境的资料，这些资料的来源有两个：一是组织内外现存的各种资料，但现存资料在适用性和时间性上可能有一定的局限性。为了进行正确的验证，充分进行环境研究，组织还应进行专门的环境调查，以收集所需资料，即通过环境调查来取得分析问题所需的第一手资料。

4. 整理资料

环境调查收集的原始资料经过加工整理才有意义，整理资料包括两项工作：一是审查资料的准确性、真实性，以求去伪存真、去粗取精，消除资料中的错误或含混不清的概念，并采取措施对资料中不正确的问题予以澄清、补充和纠正。二是利用经过整理的资料，分析影响组织活动的各种因素之间的关系，验证资料中相关问题的假设是否正确。如果正确，就可利用资料针对采取措施后可能收到效果进行预测。

5. 环境预测

所谓环境预测是指利用一定的科学方法和环境调查取得的资料，对环境的发展趋势和组织未来的发展进行评估。因此，预测的任务主要包括两个方面：首先是利用对有关资料的分析，找出环境变化的趋势，然后根据这个趋势预测环境在未来可能呈现的状况；其次是根据对假设原因的验证，及对组织活动影响因素之间关系的分析，研究采取相应措施后组织存在的问题是否可解决，预测组织未来的活动条件能否得到改善。

3.2.2 组织环境特征分析

企业面对其赖以生存和发展的环境，要解决的第一个问题便是要分析这种环境的性质、特点和变化趋势，以便制订出正确合理的决策。下面主要从环境的不确定性、竞争性的角度分析企业组织环境的特征。

1. 环境的不确定性分析

一般说来，环境的复杂性程度取决于组织环境中的要素数量、决定这些要素的影响因素及环境性质。这意味着要素少的和关系固定的环境复杂性程度相对较低，要素多的和受多层因素影响的环境复杂性程度较高。环境的动态性是指组织环境总是处于不断变化之中，环境的变化是绝对的，而稳定则是相对的。根据组织所在环境的复杂性和动态性这两项标准，可以将组织环境划分为以下四种不确定性情形：

(1)低度不确定性：简单和稳定的环境

组织环境中的构成要素较少，而且它们不发生或仅有缓慢的变化。在这种环境下，管理者对内部可采用强有力的组织结构形式，通过计划、纪律、规章制度及标准化生产来管理。一般的日用品生产企业大都处于此类环境。

(2)较低度不确定性：复杂和稳定的环境

随着组织所面临环境要素的增加，环境的不确定性程度会相应升高。大量的不同质要素的存在，无疑使企业的经营管理工作复杂化，但环境各构成要素能基本保持不变或变化缓慢。处于这种环境中的组织为了适应复杂的环境都采用分权形式，强调根据不同的资源条件来组织各自的活动。像汽车制造业基本处于此类环境中。

(3)较高度不确定性:简单和动态的环境

有些组织所面临的环境复杂性并不高,但因为环境中某些要素发生动荡的或难以预见的变化,从而使环境的不确定性明显升高。面临这种环境的组织一般都采用调整内部组织管理的方法来适应变化中的环境,纪律和规章制度仍占主要地位,但也可能在其他方面,如市场销售方面采取强有力的措施,以应对快速变化中的市场形势。像唱片制造公司等处于此类环境中。

(4)高度不确定性:复杂和动态的环境

当组织面临许多不同质的环境要素,而且经常有某些要素发生重大的变化,且这种变化很难预料时,这种环境的不确定性程度最高,对组织管理者的挑战最大。管理者必须更强调组织内部各方面及时有效的沟通,并采用权力分散下放和各自相对独立决策的经营方式。一般电器制造、高新技术企业处于此类环境中。

表 3-1　　组织环境的不确定性

复杂程度	复杂	Ⅱ较低度不确定性 1.大量外部要素,且要素不相似 2.要素维持不变或缓慢变化	Ⅳ 高度不确定性 1.大量外部环境要素,且不相似 2.要素常常变化,而且不可预测
	简单	Ⅰ低度不确定性 1.外部环境要素少,而且要素相似 2.要素维持相同或缓慢变化	Ⅲ 较高度不确定性 1.少量外部环境要素,要素相似 2.要素常常变化,而且不可预测
		静态(稳定)	动态(变化)
		变化程度	

环境的不确定性一方面要求管理者能积极地适应环境,寻求和把握组织生存和发展的机会,避开环境可能造成的威胁。管理者能采取的一个主要行动是设计组织的机械结构或有机结构。在竞争性和复杂程度较低的稳定环境中,管理者比较容易获得资源,能有效地利用机械结构来协调他们的行动,权力集中于上层,工作和任务清楚明了,有助于组织在稳定环境中有效地利用资源;当环境迅速改变时,竞争程度较高,有机型结构更加合适,鼓励管理者针对新产品不断出现来进行协调或寻找办法来做出创造性的反应。另一方面要求组织不能只是被动地适应环境,还必须主动地选择环境,改变甚至创造适合组织发展的新环境。

2. 环境的竞争性分析

行业环境的竞争性直接影响着企业的获利能力。美国学者波特认为影响行业内竞争结构及其强度的主要环境因素有现有竞争对手、潜在竞争对手、替代品制造商、供商及顾客等五种,如图 3-2 所示。

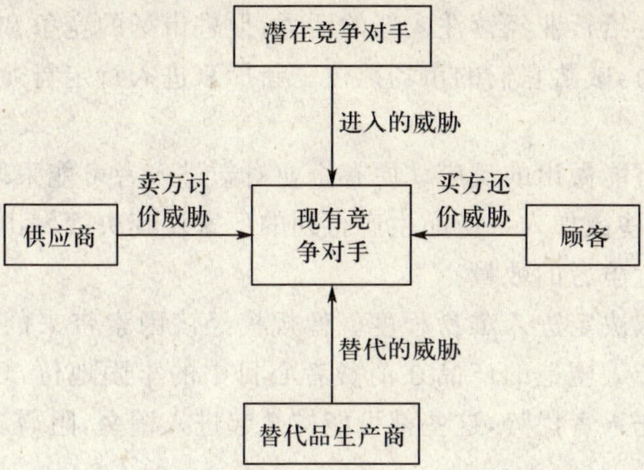

图 3-2　影响行业竞争的五种力量

(1)现有竞争对手

企业面临的市场通常是一个竞争性市场,也即从事某种产品制造和销售活动的企业通常不止一家。在多家企业同时生产相同或相似产品的情况下,相互间必然会因为争夺顾客而形成激烈的市场竞争。对行业内现有竞争对手的研究主要包括以下内容:

①行业内竞争的基本情况:竞争对手的数量有多少?分布在什么地方?它们在哪些市场上活动?各自的规模、资金、技术力量如何?其中哪些对自己的威胁特别大?基本情况研究的目的是要在众多的同种产品的生产厂家中找出主要竞争对手。

②主要竞争对手的实力。找出了行业内现有的主要竞争对手后,还要研究这些对手的竞争实力主要来源于哪些方面,什么因素使其对本企业构成了威胁。只有深入地了解竞争对手的竞争实力,企业才有可能在知己知彼中制订出有效的对策。

判断一个企业的竞争实力强弱可以从销售增长率、市场占有率和产品获利能力三个指标加以衡量。

③竞争对手的发展方向。企业分析所处行业的竞争环境,不仅要对自己与竞争对手的相对实力进行研究和对比,同时还必须对整个竞争格局变化和主要对手的战略动向做出分析与判断,这样才有可能制订出相应有效的竞争策略。

竞争对手的发展方向,包括产品动向与市场拓展或转移动向等。要收集有关资料,分析竞争对手可能开发哪些新产品、新市场以及是否退出现有的经营领域或地域,从而帮助本企业做出筹划,以便在竞争中取得主动权。

(2)潜在竞争对手

任何一种产品的生产经营,只要有利可图,都可能招来新的进入者。这些新进入的企业虽然可能给行业经营注入新的活力，促进市场的竞争和发展，但也势必给现有厂家造成压力，威胁它们的市场地位。新厂家进入特定行业的可能性大小，取决于两个方面：

①现有企业可能做出的反应。原有企业对新进入者可能采取的具有力度的反击措施，会迫使那些欲加入某产品生产行列的厂家对其决策做出更慎重的考虑，从而减少行业潜在竞争者的数量。

②由行业特点决定进入难易程度。像规模经济因素带来的低成本优势，由知名商标或广告宣传等塑造的产品在消费者心目中的牢固地位，现有厂家相对于新进入者所具有的先入者优势，这些都可能构筑起进入壁垒，阻碍新厂家加入到该行业的经营中。

可以说，一个行业的进入壁垒越高，潜在的进入者就越需要付出高昂的代价才有可能进入到这一行业。因此，进入壁垒从客观上限制了该行业潜在竞争对手的进入。

(3)替代品生产商

市场上的顾客之所以购买一个企业生产的产品或服务，主要是因为它能满足人们某种需要的使用价值或功能。也就是说，企业向市场提供的实际上不是某种具体的产品或服务，而是一种抽象的使用价值，也即这些产品或服务所具有的功能。不同的产品，其外观形状、物理特性可能不同，但完全可能具备相同的功能。比如，自行车、摩托车、汽车、轮船、火车、飞机，它们是一些外观形状、内部结构以及物理性能等都有很大差异的产品，但它们都具有能够帮助人们在地球上两点之间移动的功能。

对替代品生产商的分析主要包括两方面的内容：一是确定哪些产品可以替代本企业提供的产品，这实际上是确认具有同类功能产品的过程。二是判断哪些类型的替代品可能对本行业和本企业的经营造成威胁。这需要比较这些产品的功能实现后能够给使用者带来的满足程度与获取这种满足所需付出的费用，即功能价格比。

(4)顾客

这里是从购买该行业产品或服务的用户方面来研究行业环境。作为市场上的买方，用户在两个方面影响着行业内企业的经营：其一，用户对产品或服务的总需求决定着行业的市场潜力，从而影响行业内所有企业的发展边界；其二，不同用户的讨价还价能力会影响到提供这种产品或服务的企业的获利状况。前者是属于市场需求潜力研究的内容，后者则是有关用户讨价还价能力的研究。

(5)供应商

企业生产经营所需的生产要素通常需要从外部获取，这样，提供这些生产要素的经济组织就对企业具有两方面的影响，其一，这些经济组织能否根据企业要求按时、按量、按质提供企业生产经营所需要的生产要素，这影响着企业生产经营规模的维持和扩大。其二，这些经济组织提供货物时所要求的价格在相当程度上决定着企业生产成本的高低，从而影响着企业的获利水平。因而，有关生产要素供应者的研究也就包括两个方面内容：供应商的供货能力或者企业寻找其他供货渠道的可能性和供应商的讨价能力，这两个方面是相互联系的。

3.2.3 SWOT 分析

20 世纪 90 年代中期以来，随着改革开放的不断深入和市场经济的逐渐成熟，企业竞争已经超越“机会竞争”而进入到“实力竞争”和“持久竞争能力的竞争”的阶段。无论是企业还是特定业务，决策者要成功制订出指导其生存发展的战略，必须在组织目标、外部环境和内部条件三者之间取得动态的平衡。企业不能孤立地看待外部环境的机会和威胁，而必须结合自己的经营目标和内部条件来识别适合于本组织的机会。环境中的机会只有与本企业自身所拥有的资源以及与众不同的能力相匹配的情况下，才可能变为组织的发展机会；如果存在的环境中的机会不与本企业的资源能力等优势相适应，那么组织就必须先着眼于改善和提高自身的内部条件。

SWOT 分析思想是由安索夫于 1956 年提出来的，后来经过多人的发展而成为一个用于环境战略分析的实用方法。SWOT 分析方法就是帮助决策者在企业内部的优势——Strengths 和劣势——Weaknesses 以及外部环境的机会——Opportunities 和威胁——Threats 的动态综合分析中，确定相应的生存和发展战略的决策分析方法。通过研究环境，认识外界的变化可能对组织造成的威胁或提供的发展机会，同时分析企业自身的资源和能力上的优势和劣势，制订出企业生存和发展战略。

图 3-3 中第Ⅰ类型的企业具有良好的外部机会和有利的内部条件，可以采取增长型战略（如开发市场、增加产量等）来充分掌握环境提供的发展良机。第Ⅱ类型企业虽然面临良好的外部机会，但是受到内部劣势的限制，因此可采取扭转型战略，设法清除内部不利的条件，以便尽快形成利用环境机会的能力。第Ⅲ类型企业内部存在劣势，外部面临巨大威胁，可以采用防御型战略，设法避开威胁和消除劣势。第Ⅳ类型企业具有有利的内部条件，但外部环境存在威胁，宜采用多种经营战略，一方面使自己的优势得到更充分利用，另一方面也使经营的风险得以分散。

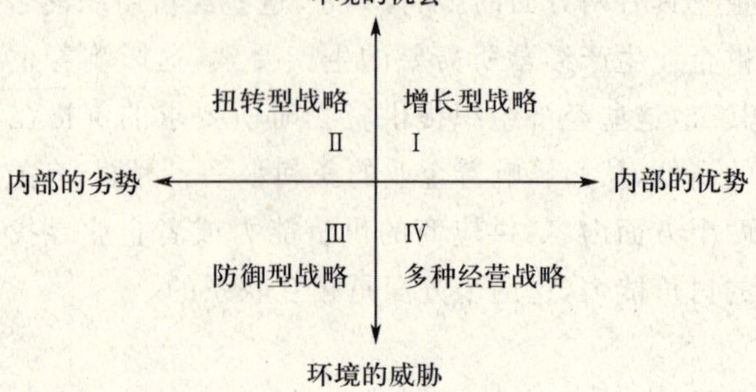

图 3-3　SWOT 分析示意图

3.2.4 波特的钻石模型

在产业和国家竞争优势理论分析方面，早期的理论有绝对和比较优势理论。20 世纪早期，瑞典经济学家赫克曷尔和俄林认为绝对优势和比较优势源于不同的要素禀赋(factor endowments)，即各个国家所拥有的各种资源如劳动力、土地和技术的丰裕程度。这种要素禀赋理论(factor endowment theory)认为一个地区会在其本地丰裕的要素的基础上发展比较优势。

20 世纪 90 年代，哈佛的战略学教授迈克尔·波特提出国家产业竞争优势理论(theory of national competitive advantage of industries)，用一个菱形简图来表示该理论(见图 3-4)，所以又被普遍称为“钻石”理论(diamond theory)。这一理论关注为什么一个国家的某些产业(而不是其他产业)具有国际竞争力。例如，虽然日本的电子和汽车产业全球领先，但日本服务业的薄弱也是出了名的。

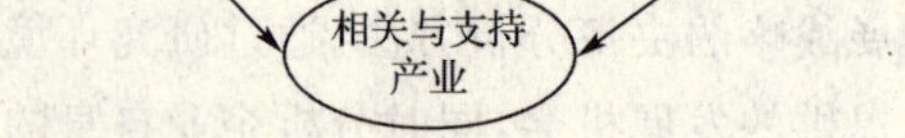

图 3-4　产业竞争优势：波特的"钻石"模型

波特认为不同国家特定产业的竞争优势取决于形成“钻石”顶点的四个方面。首先，他讨论了要素禀赋，包括所有自然和人力资源要素，但在借鉴以前的理论的同时，波特认为仅有要素禀赋还不够；其次，严峻的国内需求形势会促使企业不断地勇攀新高，提升产品竞争力；第三，在一个产业中，其国内的企业战略、结构和竞争情况对该产业在国际上的成功或失败作用巨大；最后，相关与支持产业为关键产业的成功提供了基础。一个关键的产业如果没有强有力的相关与支持产业，就没有能力参与世界范围内的竞争。

3.2.5 VRIO框架

基于资源的观点关注于资源与能力的价值(V)、稀缺性(R)、可模仿性(I)、组织性(O)等若干方面，这可形成一个 VRIO 框架(VRIO framework)，强调资源与能力的这四个方面对于企业的竞争优势具有非常重要的意义，也是行业环境分析的一种有效工具。

1. 价值性

地区和企业的资源和能力是有价值的吗？可以增加价值吗？这是价值链分析中最基本的问题。只有增加价值的资源才有可能带来竞争优势，而不能增加价值的能力则可能产生竞争劣势。随着竞争焦点的不断变化，之前可以增加价值的资源与能力可能变得过时。

2. 稀缺性

仅拥有有价值的资源和能力是不够的。接下来的问题是：这些有价值的资源能力的稀缺性如何？有价值但却很普遍的资源和能力最多只能带来平均的竞争力，无法成为竞争优势。

只有有价值并稀缺的资源和能力才具有提供某些暂时竞争优势的潜力。

稀缺性问题是一种古老观念的重提：如果人人都有，就无法从中获益。

3. 难模仿

有价值并且稀缺的资源和能力只有在竞争对手很难模仿时才能成为竞争优势的来源。企业的有形资源较易模仿(如设备)，无形能力则相对难一些，有时甚至是不可能的(如隐性知识、强大的动力以及管理才能)。

使学者和研究人员着迷、竞争对手沮丧的是，即使是像丰田那样的企业的管理者通常也不知道具体是什么原因带来了企业的成功。在尝试找出哪种资源和能力是最关键的，他们往往认为是所列资源与能力的综合。

总之，有价值、稀缺但是可模仿的资源和能力可以给企业带来暂时的竞争优势，在一定时期内表现出高于平均水平的绩效，但这种优势是无法持续的。如丰田汽车例子所显示的那样，只有有价值、稀缺并难以模仿的资源和能力才可能带来持久的竞争优势。

4. 组织性

如果企业没有进行适当的组织协调，那么即使是有价值、稀缺并难以模仿的资源和能力也可能无法给组织带来持续的竞争优势。更普遍的是，组织性问题质疑：一个企业(如一个电影工作室)如何合理组织才能开发和利用资源与能力的全部潜力呢？

因此，在开发那些有价值、稀缺、难以模仿的资源和能力的过程中，只有嵌入组织性才可能产生持续的竞争优势和持续高于平均水平的绩效。VRIO框架给出了四个相互联系、难度逐渐加大的标准，以使资源与能力能够成为持续性竞争优势的源泉，四个标准结合在一起，组成了一个“矩阵”，见表3-2。

表3-2 VRIO分析矩阵

有价值	稀缺	难模仿	组织性	竞争优势
否	—	—	—	竞争劣势
是	否	—	是	竞争均势
是	是	否	是	暂时竞争优势
是	是	是	是	持续竞争优势

(资料来源：坎贝尔，等.核心能力战略：以核心竞争能力为基础的战略.大连：东北财经大学出版社，1999)

3.3 组织文化

文化(culture)是人类历史文明的积淀，是整个社会的遗产，它具有非生物属性的人类遗传特性，包含着人类行为的经济、社会和政治形式。一般说来，我们在谈到文化的时候，总是指某一地域和与其相毗邻的地域之间的具体文化。管理者是在特定的文化价值准则构成的环境下，对机构进行管理的，受社会文化背景的影响。

文化管理(cultural management)又称为基于价值观的管理(managing by values)，它是一种以人为中心、以塑造共同价值观为手段的管理模式，即通过企业文化来治理企业。正如有人指出的那样：“如果说20世纪是由经验管理进化为科学管理的世纪，就可以说21世纪是由科学管理进化为文化管理的世纪。”

3.3.1 组织文化的概念与内涵

组织是按照一定的目的和形式而建构起来的社会集团，为了满足自身动作的要求，必须要有共同的目标、共同的理想、共同的追求、共同的行为准则以及相适应的机构和制度，否则组织就会是一盘散沙。而组织文化的任务就是努力创造这些共同的价值观念体系和行为准则。对组织文化的界定比较经典的是西方学者希恩于1984年下的定义：“组织文化是特定组织在适当处理外部环境和内部整合过程中出现的各种问题时，所发明、发现或发展起来的基本假说的规范。这些规范运行良好，相当有效，因此被用做教导新成员观察、思考和感受有关问题的正确方式。”

第二次世界大战结束后的几十年的时间内，日本以惊人的速度从战败的废墟中爬了起来，恢复和发展本国的经济实力。特别是20世纪70年代之后，日本企业在电子、汽车等生产领域和传统的工业部门对美国企业长期占据的优势地位提出了挑战，到了80年代，日本在很多方面都超过了美国。在对日本奇迹的探索中，美国研究人员逐渐意识到，形成日本企业巨大生产力、高质量和强大竞争能力产品的原因不仅仅是发达的科学技术、先进机器设备等，而且包括更为深刻的社会历史、文化传统、心理状态等文化背景因素。正是诸多因素的融合，使日本企业独具特色，造就了日本人与众不同的企业精神。这种对日本企业成功奥秘的探究，引起了美国理论界对本国组织文化实践的深刻反思，并由此在美国拉开了企业文化理论研究的序幕。1980年秋美国《商业周刊》的一期报道中首先使用了“企业文化”，而后为企业界和理论界认同。

组织文化是指在企业中形成的一种人们共同拥有的经营理念、信仰和行为准则，是组织全体员工所共有的集体价值观，在组织中营造一种和谐共处、轻松向上、感情色彩浓厚的文化氛围，使员工树立起与企业荣辱与共的信念、团队精神和强烈的责任感。

组织文化由两部分内容构成：一个是组织文化的显性部分，即组织标志、厂服、商标、工作环境、规章制度、经营管理行为等；另一个是组织文化的隐性部分，即组织哲学、价值观、道德规范、组织精神等。为了更好地理解组织文化的整体内容，我们将组织文化具体分为三个层次进行分析研究，即为物质层、制度层和精神层。

1. 物质层文化

物质层文化是组织文化中最直观、最表象的部分，它包括企业的产品，生产经营过程，以及企业环境、企业容貌、企业广告等可以被人们直接看到、感受到的物化部分。企业的产品是组织文化物质层的首要内容，这种产品包括有形产品和无形的服务。有形产品，包括产品实体及其品质、特色、品牌和包装；无形服务，包括给买主带来附加利益和心理上的满足感及信任感的售后服务、保障、销售声誉等。企业的象征物也直接代表着企业的形象，如日本三菱集团的象征物是由三个菱形组成的，它标志着三菱“人和”的企业理念。

2. 制度层文化

制度层文化是指具有本组织文化特色的各种规章制度、道德规范和员工行为准则等等的总和。它是组织文化的中介层，表现在它是精神与物质的中介，是组织文化中人与物、人与组织运营制度的结合，它既是适应组织文化物质层的固定形式，又是塑造组织文化精神层主要机制的载体。

3. 精神层文化

精神层文化是指组织员工长期形成并共同接受的思想意识活动，包括基本的组织精神、生产经营哲学、价值观念、企业道德、管理思维方式等。精神层是组织文化的源泉，在整个组织文化的框架中处于最深层次，是组织文化的核心部分。企业精神不仅能动地反映与生产经营密切相关的企业本质特征，而且反映出鲜明的企业经营宗旨和发展方向。例如，美国杜邦公司的企业精神是“通过化学为人们提供更好的生活”，表明了杜邦公司独特的经营宗旨。

组织文化的精神层是最根本的，它决定着其他两个层次。因此，建设组织文化要以精神层文化的确立为核心。

3.3.2 组织文化的特性

组织文化作为一种独特的文化，具有以下五个特性：

1. 形式的文化性

组织文化是以一种文化的形式出现的，这也正是组织文化命名的主要原因。在一个组织中，生产经营等活动可以不同的形式展现其内容，有以物质形式出现的，如厂房、设备、产品等；有以技术形式出现的，如生产技术、推销技术等；还有以其他形式出现的。但只有当这些内容以文化的形式出现时，它们才和其他以文化形式出现的内容一样称为组织文化，如组织哲学、制度文化、目标文化、价值观、道德文化等。形式的文化性是组织文化区别于组织其他内容的根本所在，是最明显最重要的特征之一。

2. 内容的综合性

文化是一切精神活动、精神行为及精神文化产品的总称，文化内容的综合性使组织文化也带有综合性的特征。组织文化作为一种独特的文化，其内容渗透到组织的各个方面。一个员工的价值观不是组织文化的内容，而大部分员工共同的价值观就是组织文化的一部分；一种推销技术不是组织文化的内容，而组织共同的营销观念，如“顾客至上”，就是组织文化的一部分；组织的一项制度不是组织文化的内容，而组织所有制度的共性，如“以人为本”，就是组织文化的一部分。因此，组织文化的内容是包罗万象的。

3. 功能的整合性

它指具有强大的凝聚力，具有调整员工思想行为的重大作用。组织文化的目标是要通过精神力量的作用，使组织成为一个有机的整体，体现共同的意志、目标和追求。因此，组织文化能使员工认识组织的共同目标和利益，齐心协力，尽可能减少内耗。它以文化的手段达到了调整职工行为的作用，使全体职工行为趋于一致。

4. 形成的自觉性

一般的文化都是在非自觉的状态下形成的，是在社会、政治、经济等客观因素影响下，在人们自觉意识之外形成的。而组织文化则是在主体高度自觉的努力下形成的，是组织自觉的自我意识所构成的精神文化体系。在组织的实践中，一些管理学者、企业家甚至包括一些员工，在总结组织经验教训的基础上提出了组织文化理念，并将其付诸实践，从而培养、升华出高水平的精神文化。因此，组织文化是高度理性化的文化，形成的自觉性是组织文化的又一特性，也是组织文化具有管理功能的前提条件。

5. 目的的实践性

一方面，从组织文化的形成过程来看，它是在实践中得到的结论，是为了更好地进行管理实践，作为一种实践工具而存在；另一方面，从组织文化内容来看，它也是和实践密不可分的，不论是组织哲学、组织精神，还是价值观念、道德规范，都是针对管理实践而言的。因此，组织文化是一种实践的文化，目的上具有强烈的实践性。

3.3.3 组织文化的功能

组织文化是一种先进的文化管理模式，是情感管理或人性化管理，是管理的最高境界。这种高层次管理具有以下几方面的功能。

1. 导向功能

组织文化反映了全体员工的共同追求、共同的价值观和共同的利益，对企业经营者和生产者的思想、行为产生导向作用，使全体成员为实现企业的目标而共同奋斗。组织文化对员工行为的引导，是通过组织整体的价值认同进行的，员工在本组织价值观念的熏陶下，能够自觉地按照它来行动，即使在没有各种硬性的规章制度约束的时候，也能自觉地朝着本组织的目标努力。也正因为如此，组织文化才可以将理性管理与情感管理有机地结合起来，将强制性行为转化为自觉行为，将消极的被动行为转化为积极的主动行为，并在共同的组织目标下将组织成员的行为协同起来。

2. 凝聚功能

在特定的文化氛围之下，员工们通过自己的切身感受，产生对本职工作的自豪感和使命感，对企业目标、准则和观念的认同感和对本企业的归属感，使员工把自己的思想、感情、行为与整个组织联系起来，从而使组织产生一种强大的向心力和凝聚力，发挥出巨大的整体效应。

3. 整体功能

从管理"硬"的方面扩展到管理"软"的方面，通过制度文化和道德规范对全体成员的行为产生约束作用，使其符合企业的价值观念和企业发展的需要。

4. 激励功能

组织文化创造一种"人人受重视，个个被尊重"的文化氛围，在这种尊重人、理解人、关心人的氛围中，激发和调动全体成员的积极性和创造性。每个人的贡献都会及时受到肯定、赞赏和褒奖，而不会被埋没。这样，员工就会受到鼓舞，感到满意，有了极大的荣誉感和责任心，自觉地为获得新的、更大的成功而完成下一个目标。这就应了一句西方谚语："没有什么比成功更能导致成功的了。"

5. 调节与自我延续功能

将企业人格化为"文化人"，在组织文化的作用下，全体成员间有共同的价值观，有共同的语言，能进行充分的交流，在工作中形成良好的人际关系，能很好地调整自己的心理状态去适应外界环境的变化。另外，组织文化的形成是一个复杂的进程，往往会受到社会的、人文的和自然环境等诸多因素的影响，因此，它的形成和塑造不是一蹴而就的，必须经过长期的耐心倡导和精心培育，以及不断地实践、总结、提炼、修改、充实、提高和升华。

3.3.4 组织文化对管理职能的影响

虽然所有的组织都有文化，但并非所有的文化对成员都有同等程度的影响。强文化(Strong cultures)比弱文化(Weak cultures)对成员的影响更大，一个企业文化的强弱，取决于企业的规模、历史、雇员的流动程度及文化起源等因素。一个组织的文化，尤其是强文化会制约一个管理者的所有管理职能的决策选择。这是因为企业文化具有特殊的强制渗透功能，因而成为管理者进行管理的依据，同时也是管理人员管理活动的限制因素。在企业中，人们所公认的管理要素如计划、组织、指挥、控制等本身就带有一定程度的文化色彩，脱离文化的管理活动是不存在的。尽管组织文化很少形成文字，甚至连口头上的明确说明也很少，不是明晰可见的，但它确实存在于企业之中并影响着管理活动(见表 3-3)。

表 3-3　组织文化对管理者职能的影响

计划
• 计划应包含的风险度
• 计划应由个人还是群体制订
• 管理者参与环境扫描的程度
组织
• 成员工作中应有的自主权程度
• 任务应由个人还是小组来完成
• 部门经理间的相互联系程度
领导
• 管理者关心成员日益增长的工作满意度
• 哪种领导方式更为适宜
• 是否所有的分歧都应当消除
控制
• 是允许成员控制自己的行为还是施加外部控制
• 成员绩效评价中应强调哪些标准
• 个人预算超支将会产生什么影响

3.3.5 Z理论

日裔美籍学者威廉·大内(William Ouchi)于1981年发表了著作《Z理论——美国企业界怎样迎接日本的挑战》，其研究的内容为人与企业、人与工作的关系，对美国和日本的企业管理方式进行了比较。Z理论认为一切企业的成功都离不开信任、敏感与亲密，因此主张以坦白、开放、沟通作为基本原则来实行“民主管理”。大内把由领导者个人决策、员工处于被动服从地位的企业称为A型组织，特点是短期雇用、专职专能、局部关系以及个人负责等，他认为当时研究的大部分美国机构都是A型组织。他把日本式管理的组织称为J型组织，其特点是领导和员工的积极性融为一体。

大内认为应该通过学习日本企业管理方式，革新美国的企业，建立新型的Z型组织，即强调企业与员工荣辱与共、决策采取集体研究与个人负责相结合、树立牢固的整体观念、以自我指挥代替等级指挥等。Z型组织符合美国文化，又可学习日本管理方式的长处，大内从案例和实际操作的角度提出“企业文化”的概念，并对他所概括的“Z型文化”做了精辟的论述。Z理论认为企业管理当局同职工的利益是一致的，所以能把两者的积极性融为一体。其理论要点如下：

(1)采取长期雇用制度。虽无正式规定，但基本上是终身雇用(约占企业职工的35%)，或至少是长期的。即使营业不景气时，一般也不解雇职工，而是通过减少职工工作时间、削减奖金津贴等来渡过难关，从而使职工职业有保障，更关心企业利益，职工流动率也低。

(2)缓慢地评价和提升。不仓促地对职工的工作表现及业务能力做出评价，而是经过长时间的考察，对职工做出全面的评价，再予以提升。

(3)适度的专业化职业发展途径。培养职工"一专多能"，即掌握必要的专业知识和技能，又注意多方面的能力培养。

(4)含蓄的控制机制。利用集体的压力等非正式控制，但检测手段明确而又正规。

(5)集体参与决策。在作重大决策前，鼓励一线职工提出建议和不同意见。经过反复协商、统一思想后，才由上级做出决定。

(6)分工负责制。每人都有明确的职责分工。

(7)对职工全面关心，上下级间建立融洽的关系，强调通过职工参与管理来提高生产率及改善工作和生活质量。

3.3.6 跨文化管理

管理具有"开放系统"的特点，受社会文化背景的影响。20 世纪 90 年代以来，伴随着知识经济和全球一体化进程，跨国公司以及企业国际化经营蓬勃兴起。可是不同民族文化之间的世界观、价值观以及伦理法规都存在很大的差距，因此人们的消费模式与行为方式和管理思想也不尽一致。企业的经营管理超出了原有的文化边界，企业在从事跨国跨地区经营活动时都不约而同地遇到了同样的问题——跨文化管理。

跨文化管理又称交叉文化管理，就是在跨国经营中对不同种族、不同文化类型、不同文化发展阶段的公司所在国的文化采取包容的管理方法。在不同形态的文化氛围中，企业设计出切实可行的组织结构和管理机制，克服异质文化冲突，在管理过程中寻找超越文化冲突的企业目标，以维系不同文化背景下成员共同的行为准则，创造公司独特文化，从而最大限度地发挥企业资源与潜力，形成卓越有效的管理过程，实现企业目标。

3.4 商业伦理

伦理和道德都可以看作同义词，"伦"是指人之间的关系，即人伦；"理"是指道德律令和原则，所以伦理是指人与人相处应遵守的道德和行为准则。

自从人类开始了商业活动，商业道德和伦理也就产生了。但有关理论和学术探讨始于 20 世纪五六十年代，特别是在全球经济一体化的今天，在现代化、信息化条件下，企业和商业活动由初始的物物交换发展到今日的现代商业与全球贸易，企业经营行为不诚信现象越来越凸显，在利润至上思想的指导下，伦理道德问题十分突出：行业垄断、商业贿赂及欺诈行骗等行为泛滥；生产领域中的假冒伪劣、以次充好；销售领域的坑蒙拐骗、尔虞我诈；管理领域的贪污腐化、欺上瞒下等都十分猖獗。类似于西方国家的重视企业伦理决策，引导企业承担社会责任，目前中国理论界、企业界针对我国改革开放经济领域出现的种种不道德现象，逐步重视商业伦理研究和规范。可以说，现代商业伦理是现代商业的道德必然，是现代商业精神的思想基础。

3.4.1 商业伦理的内涵及功能

伦理(ethics)概念的内涵在于反映什么是正确且公平的行为(Gilbert，1988；Carroll，1991)。伦理学是一门研究有关人际关系构建的哲学学科，一般而言，我们把伦理视为具体道德行为表现的理论化抽象，它的价值主要表现为引导人们正确判断行为的对错，并决定接受与否。伦理关系是在客观物质关系的基础上产生的，同时又不是单纯的物质关系，而是在长期的社会生活实践中，在不断的交往过程中，形成的不同主体之间自觉的、相互对待的关系。

当代西方商业伦理思想主要有罗宾(Robin)(1990)提出的商业伦理，包括公正性、相对性、自利性、功利性和奉献性五个维度，以及汉森(Hansen)(1992)、玛妮巴格(Marnburg)(2001)提出的商业伦理主要包括信用伦理、人文伦理、效率伦理和环境伦理四大方面。有学者认为商业伦理是商业组织用以调节个人与他人、个人与社会、社会团体与团体之间的利益关系的道德观念、价值导向、伦理规范以及行为的总和；还有基于制度层面的定义，认为商业伦理是经济制度系统内部制度之间、经济制度与政治制度、法律制度等其他社会制度之间良性互动的内含机制。概括地说商业伦理就是个体或组织在从事商业活动时处理相互关系的行为规范和准则。随着企业组织间的社会互动愈加频繁，竞争与合作已经成为企业组织得以生存和发展的常态模式。在这种形势下，商业伦理的内涵又获得了新的发展，它不再只是对组织管理基本原则与规范的概括性描述，而且也是刻画关键伦理问题并阐释伦理决策的内在缘由，有时甚至还是在预测伦理行为结果的前提下组织进行反馈的行动指南。商业伦理内涵正在经历着从原计划经济模式下分析企业行为是否正确妥当的角色，向当前市场经济模式下引领企业更加富有成效地实施市场行为的角色转变。商业伦理维度要素汇总见表3-4。

表 3-4　商业伦理维度要素汇总

作者(年份)	维度要素
Reidenbach 和 Robin(1988)	商业伦理应该包括公正性、相对性、自利性、功利性和奉献性五个维度
Reidenbach, Robin (1990), Flory(1992)	商业伦理可进一步简化为广义的道德公正性、相对性、契约性三个维度
Hansen((1992) Marnburg(2001)	在 Reidenbach 和 Robin(1990)提出的商业伦理要素的基础上,提出了包含广义道德判断、奉献性判断、技术性判断以及社会契约性判断四个维度,认为商业伦理主要包括信用伦理、人文伦理、效率伦理和环境伦理
王中原(2003)	从组织内和组织间伦理视角把商业伦理分为职业伦理(组织伦理)和交换伦理(交易伦理)
Scott(2004)	从组织的不同伦理行为入手,把商业伦理分为生产伦理、销售伦理、关系伦理
Lin 和 Wei(2006)	认为组织的商业伦理包括安全氛围、公平环境、关怀行动三个方面
Svensson(2008)	基于利益相关者理论提出了商业伦理应该包含一切利益相关者关系的伦理内容(如领导关系、员工关系、股东关系、组织间关系、供应商关系、客户关系以及竞争对手间关系等方面的伦理)的观点

资料来源:莫申江,王重鸣.国外商业伦理研究与展望.外国经济与管理,2009(7):16-24

一般来说,对内的(Inward)商业伦理是指劳资关系,针对企业家与受雇的员工,即劳资双方的关系伦理原则。劳资双方应该建立谈判磋商的原则,发挥相互信赖的精神,开拓彼此沟通的渠道,理性地寻求解决劳资问题的良策;对外的(Outward)商业伦理指社会责任,包括对政府的关系,是否遵守政府的法规;对环境的关系,应该考虑到环境卫生及环境生态的维持;对消费者的关系,应考虑产品健康安全、合理的价格、高品质;对其他企业的关系,应考虑谨守公平竞争的原则,诚实守信;对其自身发展的关系,应考虑追求卓越的理想,促进社会的进步,实现自身和谐发展。

类似于企业文化是企业的经营理念,商业伦理同样也是企业的规范和商业道德,具有以下几个方面的功能(詹洪波,2011)。

一是导向功能。商业伦理是正确处理企业与社会以及生态环境之间关系的指导原则。一个企业成功的关键在于是否具有良好的商业伦理,商业伦理具有将自己获取利益的行为与人的协调发展、社会整体利益的进步以及稳定的可持续发展等价值导向协调的功效。在企业决策中如果缺乏商业伦理,他们就会只追求自身的经济利益,忽视社会利益和环境保护,就会产生严重的外部不经济和严重的生态环境破坏问题。随着社会矛盾的不断增加以及生态环境破坏的日益严峻,我们的企业在从事经济活动时就不能单纯追求自身的经济利益,还必须重视社会效益和生态环境保护。在这种情况下,我们就急需通过强化商业伦理的建设来不断规范企业的行为。

二是凝聚功能。早期经济学和管理学将从事经济活动的人假定为经济人，将经济利益作为企业的唯一动机，把企业看成是追逐私利的组织。现代经济学和管理学认为，经济利益并非经济组织形成的唯一动机，伦理道德因素也在企业形成过程中扮演着重要角色，人们自觉选择某种组织，不仅取决于个人对利益的不断诉求，也与伦理道德休戚相关。可见，如果仅仅用经济利益的因素来对企业组织进行解读是具有明显偏颇的。商业伦理所具有的凝聚功能在很多方面都有体现，可以将企业员工的需求和期望进行规整，让企业成为一个亲密无间的命运共同体，从而使员工从内心中感受到企业的温暖，进而将自身利益与企业的发展紧密联系在一起，并为了共同的目标而不懈奋斗。商业伦理还有助于在社会公众中形成良好的社会形象，扩大企业的社会影响力，从而与其所赖以存在的社会环境和谐相处。商业伦理还有助于企业内部管理者与员工之间的沟通，使企业决策能够得到贯彻执行。

三是规范功能。企业管理者如果想有效实现企业目标，就必须对个别员工的越轨行为进行规范。以前，我们较多地强调他律，也就是外在规范，这种规范模式将被管理者视为工具人，忽视了人的尊严以及个人权利，忽视了人的精神追求和自我实现，这与人的全面发展不协调，具有明显的局限性。和硬性的规章制度相比，软性的商业伦理具有多方面的优越性。商业伦理可以将规范转变为员工的自我信仰，会让员工按照伦理要求自我约束、自我规范和自我评价。通过商业伦理将行为规范内化，还可以让员工在遵守伦理规范的过程中产生自豪感和满足感。

四是激励功能。管理心理学认为，人们对自己行为的社会意义认识得越清楚，工作就越有勇气和信心。以前企业管理单纯强调物质激励的有效性，忽视了物质激励的负面性，其结果导致人们畸形追求物质利益以及物欲的恶性膨胀。商业伦理为企业员工提供了新的精神追求和人格提升，从而使员工素质不断提升，并且激发出强大精神力量和工作热情，进而达到良好管理绩效。而且这种内在的激励作用强大而持久，可以强化人的意志，激励员工不断克服工作中的困难，不断超越过去的工作成绩，有效实现组织目标。

3.4.2 加强商业伦理建设路径

高尚的企业伦理是竞争优势之源。R. Edward Freeman 在《公司战略与追求伦理》一书中就曾指出："追求卓越实际上就是追求伦理"；William H shaw 认为："企业通过竞争焕发活力，依靠伦理得以生存"。商业伦理必须与我国社会经济发展的大背景紧密联系起来，更全面地从利益相关者视角重新思考商业伦理的内涵与效能，必须结合我国的商业活动实践，努力规范和提高我国企业的商业伦理水平。

1. 严肃执法，形成有序的经济环境

我国应在商业法制的建设上付出努力。在执法上，社会要以是否违法作为基本依据，只要触犯就加以惩处。制度的作用在于让不讲商德者在市场中寸步难行。政府应通过法律手段和必要的行政及经济手段来规范市场秩序。当有好的商业道德的时候，商业企业与利益相关者之间反而是一种相对低成本的关系，员工也更愿意为公司效力。这些都会促进商业效率的提高。

2. 建立信用评价系统，引导企业诚信经营

商业信用是一个企业在经营过程中诚信和信誉程度的综合性反映。它体现该企业在经营活动中的特征、经营方式、信誉状况、信贷能力和在市场中的公众形象。了解一个企业机构的商务信用状况有利于经营者们在商务活动中做出准确的判断和正确的决定，而良好完整的信用将有助于提升客户对企业的信心。

要将商业伦理精神外部化和规范化，形成企业内部的各种管理制度。要加强企业对自身行为的约束。伦理道德能够较好协调企业与利益相关者的关系，进而提升企业竞争力。要将企业的社会责任、诚实守信、顾客至上和竞争合作等伦理观念外化为伦理规范。要形成公开的商业伦理监督机制，在企业治理结构中建立商业伦理监督机构和监督机制。

3. 树立正确的商业价值观，加强员工商业伦理教育

商业价值观是关乎企业发展的价值导向以及未来发展的意识性理念，它决定着企业存在和发展的基本导向和行动指针，并为企业应该干什么和应该朝哪个方向努力指明了道路。企业应当树立正确的价值观，要将服务社会的理念贯彻到实处。企业应当树立起诚实经营的观念，将诚信作为商业道德建设的基本内容。企业发展应当立足于可持续发展，正确处理企业利益、国家利益和地方利益之间的关系。

企业的高级管理层应该强化伦理道德建设，加强自身道德素养的提升。要不断地进行自我反省与反思，在实践中不断提升自身的伦理素质。要侧重强化企业员工的基本伦理素养，树立以人为本的理念，一切从人的发展出发，以提升企业员工的道德素养和整体伦理素质为己任。要教育员工树立社会主义的道德价值观，增强企业的集体主义理念，并且将这些观念自觉落实到日常工作中去，关心消费者的需求，提供优质的产品和服务。

3.5 企业社会责任与管理伦理

一个人的生存与发展是一个社会化的过程，是逐步融入社会、被社会所承认并为社会创造价值的过程；同理，一个企业作为有机体，其生存与发展也必然要经历一个逐步社会化的过程，它必须为社会的进步与发展、人类的可持续发展作出贡献。

在关注组织的社会责任的同时，另一个极其相关的方面——管理伦理问题，也是需加以深入探究的。组织的管理伦理观体现了组织所确立的价值观，它反映了该组织对某些事件、某些问题的观点与态度，并在很大程度上决定了组织在承担社会责任方面的意愿。

3.5.1 企业的社会责任

社会可以定义为一个社区或一个国家或由一群有共同传统、价值观、制度和相同志趣的人所组成的团体。当我们谈论企业与整个社会的关系时，我们把社会看成是由许多利益集团、规范或不规范的组织及各种各样机构构成的集合。从系统的观点看，社会是一个大系统，是由若干子系统构成的，子系统就是这些集团、组织、机构。社会对其所有子系统都有约束作用，而各子系统对社会具有依赖作用及反作用。作为一个市场主体和经营实体，企业经营行为必然要符合社会阶层、群体等利益主体的需要，如满足社会对产品和服务的需要，技术革新、保护环境、改善劳动条件、创建精神文明、维护社会安定以及促进社会进步和满足社会持续进步与发展的要求。换言之，企业在谋求经济利益满足的同时，必须自觉地或自愿地履行其应尽的社会责任。

我们知道，企业要承担法律上和经济上的义务(法律上的义务是指企业要遵守有关的法律，经济上的义务是指企业要追求经济利益)。除此之外，从企业经营和企业发展历史的角度出发，根据企业对经营自律和社会责任的态度、认知程度及其履行的范围与方式，我们可以把企业的经营自律和承担社会责任的水平分为以下几个层次：

(1)社会义务。此种类型的企业只愿意承担法律上明文规定的义务和政府的一些严格的明文规定，一切经营活动建立在满足国家法律的要求和企业经济利益要求基础之上，对一些模棱两可的社会责任往往采取漠视态度。

(2)社会响应。此种类型的企业不仅能履行法律上规定的社会义务，而且能够满足一些基本的社会要求。他们认为企业承担社会责任能提高企业形象，因而符合企业的根本利益，所以他们愿意用一定的经营资源支持一些社会事业。这种类型的企业通常是从中期和短期的利益出发，侧重于特定的社会领域、具体项目和事件，它们比较重视参与社会事业的手段，强调参与本身所能够产生的社会响应。

(3)社会责任。此类企业的一切经营活动和经营决策着眼于企业的长期利益，高度重视企业经营的道德自律和道德自觉。他们不仅强调参与社会事业的义务性和自觉性，而且还力求取得良好的社会效果，热衷于社会的公益事业，而且还积极赞助基础科学研究、文化、艺术和教育事业等(见表3-5)。

表3-5 企业社会责任的模型

责任模型	社会期望	案例
慈善事业责任	社会对企业的期望	捐赠、支持教育、自愿行为
道德责任	社会对企业的预期	避免不良行为、坚持道德的指导地位
法律责任	社会对企业的要求	遵守法律规章制度、履行所有的契约责任
经济责任	社会对企业的要求	盈利性、收入最大化、成本最小化、做出明智的决策

企业的社会责任是企业对社会的整体影响。根据企业利益相关者模型，企业的社会责任首先是对利益相关者负有的责任，企业在自身发展的同时，也实现了社会赋予它的使命。总之，企业的社会责任是指企业对市场化的资源配置和消耗使用采取更加积极的社会态度，对顾客、员工、投资者等自然和社会主体采取更为主动的态度，同时在环境保护、社区服务和社会福利事业参与等方面更多地承担责任和义务。

3.5.2 企业社会责任演变

企业的社会道德责任问题研究，最初来源于古典经济学和社会经济学中对工商企业管理的社会责任的认识。古典观(classical view)的代表人物经济学家弗里德曼(Milton Friedman)认为管理唯一的责任就是使利润最大化，这是企业的本质；持社会经济观(social-economic view)的学者认为利润最大化是企业的第二位目标，而不是第一位目标，企业的第一位目标是保护和增加社会财富，这样才能保证自身的生存与发展。

企业社会责任问题的提出及其内容与形式的变化经历了四个基本阶段：

1. 利润最大化管理阶段

20世纪30年代以前，绝大多数组织都以利润最大化作为自己主要的经营哲学。这种观点的存在主要是基于这样一种认识：追求组织利益应优先于追求社会利益。当时很多管理者都认为社会利益的实现是以组织利益的实现为基础的，社会需要是从属于组织需要的。所以在那时，很多管理人员都认为自己的唯一目标就是追逐尽可能多的利润，而不管实现利润最大化的手段或途径是否有损于社会利益。

2. 信托人管理阶段

自从全球经济经历了第一次大萧条后，世界上一些主要的组织都开始采用公司制的形式，将组织改制为由众多股东控股的企业模式。这时组织内部的管理人员就成为了众多股东们的信托人，承担着协调内、外部各种群体不同需求的职责。而所谓的信托人管理，事实上就是指调和各种需求冲突的过程，信托人管理当局应对所有对组织有助益的群体负责。这种组织职责观主要是建立在这样一种假设上的：组织与社会之间应是相互合作的伙伴关系，为了彼此的共同生存，两者必须相互协作。

3. 生活质量管理阶段

对于生活质量管理的关注最早出现于20世纪60年代初。在这个历史阶段，社会上不断呈现出动乱、幻想破灭以及对组织信任度丧失的迹象。人们开始意识到提高国民生活水准不能仅强调数量标准，还需注重质量标准。倡导提高生活质量的人们认为：组织与社会之间不应该是合伙人关系，相反的，组织需要应从属于社会需要。

4. 可持续发展阶段

经济全球化进程赋予企业社会责任新的形式与内容，这就是可持续发展问题和企业社会责任的国际合作问题。一方面，企业根据社会要求和环境保护原则进行大规模的生产工艺革新和技术改造，以适应新的技术标准、环境标准和贸易标准；另一方面，许多跨国公司在对高耗能、重污染的生产项目进行国际转移时，越来越多地受到来自东道国政府的限制以及合作伙伴要求进行技术改造和污染治理等方面讨价还价的压力。越来越多的企业认识到企业的经营发展过程中必须考虑环境、生态与经济社会的可持续性，考虑对人性的关爱，考虑到更广阔的全球利益。

包括企业在内的一切社会组织的责任规范经历了范围扩大和强度增加的发展过程，这一过程可以简单地归为表3-6所示的四个发展阶段，从第一到第四阶段管理的社会责任从小到大。

表 3-6　　管理者责任的演化

第一阶段	第二阶段	第三阶段	第四阶段
所有者与管理者	组织内所有成员	组织与具体环境中的各种成分	更广阔的社会以及各种环境

3.5.3 企业社会责任国际标准

企业社会责任(social accountability)的概念起源于欧洲，现在西方社会在对企业进行业绩评估时已经将社会责任作为一项重要指标。美国及欧洲一些国家于2004年5月在一些行业强制推行SA8000社会责任标准认证，SA8000标准是美国的一个叫做SAI(社会责任国际)组织推出的有关企业社会责任方面的标准。

SA8000的积极意义在于,SA8000国际认证标准与我国许多现行法规是一致的,它引导企业认识到自身的社会责任,体现了对社会发展的主体"人"的关怀。SA8000的出台不是扼杀企业发展的大棒,而是企业发展的指挥棒,有了它,就可以加快企业国际化的进程。SA8000的认证过程,可以推动企业文化建设。企业文化是企业发展的精神动力,它的核心是对人的重视和尊重,使企业员工在心理上产生一种凝聚力;对企业外部来说,它必须符合社会的道德观和价值观,与社会发展的方向同步和协调一致。

SA8000的主要内容:

(1)童工(child labor);

(2)强迫性劳工(forced labor);

(3)健康与安全(health & safety);

(4)组织工会的自由与集体谈判的权利(freedom of association and right to collective bargaining);

(5)歧视(discrimination);

(6)惩戒性措施(disciplinary practices);

(7)工作时间(working hours);

(8)工资(compensation);

(9)管理体系(management systems)。

3.5.4 管理的道德伦理

管理的社会责任本质上是一个企业道德的概念,它要求企业对自己的行为结果负道德的责任,同时也要求企业履行对社会的义务。伦理(ethics)通常是指规定行为是非的规则和原则,顾名思义,管理伦理观(managerial ethics)即指在管理领域内所涉及的是非规则和准则。一个组织的管理伦理观通常都能较为清晰地反映出在该组织文化中所蕴藏的价值观、态度、信念、语言以及行为模式等。所以,管理伦理既是一个个人行为,同时也是一个组织行为。组织中的伦理行为通俗点讲就是职业道德问题。

对企业、社会及个人相互依存关系的分析与认知,就是对管理伦理与社会责任基本内容的确定,也是构筑企业社会责任体系和管理道德自律的基石。一个企业的管理伦理观反映出在该组织文化中所蕴藏的价值观、态度、信念、语言以及行为模式等。任何一个企业必然要约束和规范自身的管理理念和行为模式,并按照社会的期待和社会进步发展的基本趋势不断地对自身的企业文化、价值观念和行为取向进行审视、自查、定位、纠偏与反省，以确保组织的生存、发展与社会的进步、发展协调一致。

企业的管理伦理观经历了利润最大化为目标的功利观、尊重和保护个人基本权利的权利观以及强调公平和公正地执行规则的公平伦理观等阶段。

1. 功利观

该观点认为企业经营决策仅是以经营业绩为导向，即只重视结果、企业的盈利性和股东利益的增加。接受功利观的管理者可能认为解雇其工厂中20%的工人是正当的，因为这将增强工厂的盈利能力，使余下的80%的工人的工作更有保障以及符合股东的利益。功利主义对效率和生产率有促进作用，并符合利润最大化的目标。但同时，它会造成资源配置的扭曲，也会导致一些利益相关者的权利受到忽视。

2. 权利观

该观点认为管理者的决策必须适当地强调经营决策的过程，尊重和保护组织成员的基本权利，包括个人的隐私、意愿和言论自由等。但对组织而言，如果管理者把对个人权利的保护看得比工作的完成更加重要，便会形成对生产率和效率有不利影响的工作氛围。

3. 公平理论观

该观点认为管理者的决策必须强调和满足基本的行业规则，强调和促进管理行为的公正及公平性。通过在企业内部建立和健全完善的规章制度，实现“依靠制度管理”的经营机制，使每个员工都能够平等地完成自己分内应做的工作并获取与之相应的报酬。换言之，就是在企业内部实现机会平等，鼓励创新。它保护了那些未被充分代表的或缺乏权力的利益相关者的利益，但它可能不利于培养员工的风险意识和创新精神。

4. 契约理论观

该观点综合了两种“契约”：一种是经济参与人当中的一般社会契约（做企业的基本行为准则），另一种是一个社区中特定数量的人当中的特定的契约（可以被认同接受的行为方式）。该观点积极主张企业经营决策必须实现经济性和社会性的统一，与其他三种观点的区别在于它要求管理者考察各行业和各公司中的现有道德准则，以决定对错。

研究表明，许多企业的管理行为有明显的功利色彩。这是因为功利主义与生产率、效率和高额利润之类的目标相一致。随着个人权利和社会公平日益被重视，功利主义遭到了越来越多的非议，因为它忽视了个人和相关人的利益。对个人权利和社会公平的考虑，意味着管理者要在非功利标准的基础上建立道德标准。结果是，管理者不断发现自己处在道德困境之中。

影响和制约管理者的道德选择有个人特征、企业内部的组织结构变量、组织文化等几个方面的要素，管理者从面临道德困境开始到做出道德行为选择，中间需要经历一个非常复杂的过程(图 3-4)。

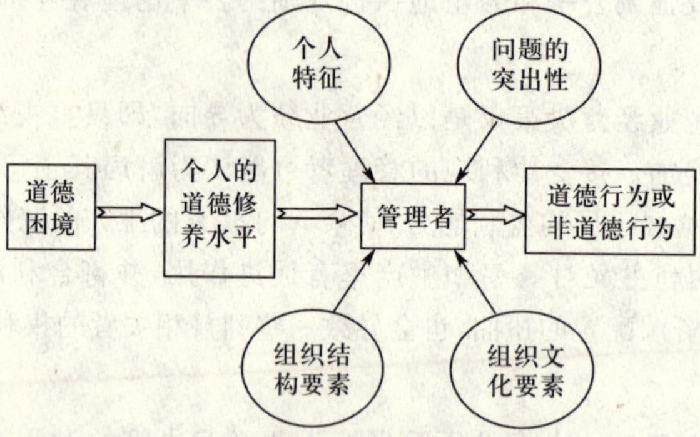

图 3-4　管理者道德决策的过程

从长远发展来看，提高企业伦理道德水平是企业经营管理和企业发展过程中的一个重要方面。它不应该被轻率地理解为是企业不得已而为之，或认为它是法律强迫和政府直接干预的结果，而应该把它定位于企业在发展过程中必然的行为选择。事实证明，符合社会道德、伦理规范的企业将取得社会的认可，具有相应的信誉，可以从此出发建立良好的公共关系和业务发展系统，可以在获取经济效益的同时产生巨大的社会效益；相反，如果不符合社会道德、伦理规范，企业将不可能取得社会公众、客户和往来同行的信任，势必失去市场，导致经营失败。在目前的国际交往中，我国企业正面临着企业社会责任国际标准的考验。

社会文明进步与现代化水平的不断提高离不开企业的推动。因此，现代企业必须从人类社会可持续发展的战略角度出发，承担起真正意义上的社会责任与义务，积极地通过各种方式和途径不断提高经营活动中的管理道德水平。

本章学习小结

1.环境是指对组织运行与绩效起着潜在影响的外部机构或力量。罗宾斯认为从整个宇宙中减去代表组织的那一部分，余下的部分就是环境。

2.组织环境包括组织的外部环境，也包括组织的内部环境。外部环境分为一般环境与具体环境。一般环境包含经济、政治、社会、技术和自然因素，具体环境是指与实现组织目标直接相关的那部分环境。组织的具体环境有：供应商、顾客、竞争者、政府机构与公众集团。

3.识别环境不确定程度的方法主要有环境调查和环境预测。

4. 环境的不确定性取决于环境的变化程度和复杂程度。稳定和简单的环境是相对稳定的，越是动荡和复杂的环境，其不确定性越大。

5. 行业环境的竞争性直接影响着企业的获利能力。美国学者波特认为影响行业内竞争结构及其强度的主要有现有企业、潜在的竞争者、替代品制造商、原材料供应者及产品用户等五种环境因素。

6. SWOT 分析就是帮助决策者在企业内部的优势——Strengths 和劣势——Weaknesses 以及外部环境的机会——Opportunities 和威胁——Threats 的动态综合分析中，确定相应的生存和发展战略的决策分析方法。

7. 组织文化由两部分内容构成，一个是文化的显性部分，即组织标志、厂服、商标等；另一个是文化的隐性部分，即组织哲学、道德规范等。

8. 组织文化是一种先进的文化管理模式，有以下几方面的功能：导向功能、凝聚功能、整体功能、激励功能和调节功能。

9. 企业的社会责任是指企业对市场化的资源配置和消耗使用采取更加积极的社会态度，对顾客、员工、投资者等自然和社会主体采取更为主动的态度，同时在环境保护、社区服务和社会福利事业参与等方面更多地承担责任和义务。

10. SA8000 社会责任标准推出了有关企业社会责任方面的国际标准。

综合案例

改革路透社

伦敦的路透社是一家值得尊敬的老牌企业。路透社创立于 1850 年，致力于发布世界各地的新闻消息，在 20 世纪 90 年代末，路透社发展成为现今世界上极有影响的新闻发布机构之一。尽管路透社因其不带偏见的新闻报道而闻名于世，但它 90%的收入来源于为投资商和银行家们提供财经信息。20 世纪 90 年代，路透社建立了专用的计算机系统及电信网，从而向路透终端提供实时的报价和金融信息，这是任何金融交易商所不能提供的。在路透社于 20 世纪 70 年代初开展金融数据服务业务时，它拥有 2400 名雇员，其中绝大多数是新闻记者。而到了 20 世纪 90 年代末，路透社的员工数量膨胀到 19000 人，大多数在金融和技术方面工作。在高速扩张时期，路透社共集聚了 1000 余种相关产品，多数通过收购一些外语数据服务系统，其中的一些使用了相异甚至是不相容的计算机系统。

20 世纪 90 年代末是路透社发展的顶峰，但是两次冲击导致了路透社发展的失控。第一次是来自互联网，这使一些新闻公司，例如汤姆森金融服务公司和彭博公司，能够向任何连接互联网的电脑提供实时信息，这些公司以更低的价格和简单易用的传输系统导致了路透社客户的大量流失。互联网商业化了路透社赖以生存的业务——信息。然后，2001 年的股票市场泡沫结束了 20 世纪 90 年代的经济增长，数以千计的金融工作者失去了他们的工作，路透社仅在一年内就失掉了 18%的终端服务合约，公司突然间由盈利转为亏损。

2001 年，路透社任命汤姆·格罗瑟为 CEO，这是公司历史上第一个非记者的 CEO。格罗瑟，这个在英国控股公司中的美国人，被描述为“不是老校友网络的一部分”。格罗瑟一直支持路透社采用基于互联网的信息传输系统。在 2000 年，他就致力于在路透社建立这样的系统，但遭到了激烈的反对。旧的系统运转良好，而且直到 2001 年它都为公司赚取了大量的利润。许多管理者因此反对建立一个基于网络的商业化信息系统，这会使边际利润降低，同时他们也担心产品的销售会出现滑坡。格罗瑟则认为，如果不尽快采用基于网络的系统，那么公司的客户会陆续流失。2001 年，他的预言成为了现实。

获得了改革的权力，格罗瑟重新开始推动基于互联网系统的建立，但他很快深入了解到路透社存在的问题。2002 年，路透社历史上首次亏损 4.8 亿英镑，格罗瑟把当时的情况形容为“为生存而战”。意识到采取大动作的必要，格罗瑟于 2003 年 2 月开展了一个战略和组织变革的三年计划，称之为“快速前进”。该计划试图通过精简产品，优先公司重点方向的发展，以及转变企业文化将路透社带回盈利企业的行列。计划的第一步就是宣布裁员 3000 人(占公司总人数的近 20%)。

为了转变企业文化，路透社向“快速前进”计划中添加了称为“快速生活”的元素，确定关键的价值观，如热情和紧迫地工作、问责制以及客户服务与团队承诺。在由 140 个管理者参加的为期两天的会议中，路透社根据个人影响及商业解读能力而不是其资历，来决定管理者的职位。在两天会议的最后，管理者集体承诺购买 50 万股公司股权，当时公司股价正处于历史最低点。会议之后，管理者们的热情被激发出来，但当回到日常工作中时，他们发现激发员工们的热情，以及传达一种紧迫感和信任感很困难。这促使了后续会议的召开，包括所有公司员工的一天会议。格罗瑟的视频信息简要传达了改革计划的目标，员工们在剩下的时间里组成了 1300 个跨职能小组来接受格罗瑟提出的挑战，并找出具体的解决方法。每一个小组都需选择众多“格罗瑟的挑战”中的一个。许多员工小组提出了他们的解决方案，并迅速得到实施。更普遍的是，员工们要求更明确的产品供给，减轻官僚主义，以及更多地采用问责制。根据这些要求，管理层推出了合理处理产品线及精简公司管理结构的计划。在 2003 年，公司拥有 1300 种产品。2005 年路透社只聚焦于50种关键战略产品，所有的产品都是通过网络传输。变革的近期成果是令人鼓舞的：2004年底，公司创造了3.8亿英镑的利润，股价上涨了接近两倍。

（资料来源：李维安，周建译. 管理学. 北京：机械工业出版社，2009）

问题

1. 路透社在20世纪90年代面临着怎样的环境挑战？

2. 新CEO格罗瑟带来什么样的创新管理？

自测题

一、单项选择题

1. 决定企业环境不确定性程度的依据是（　）。

A. 企业所在行业的发展速度和企业产品的市场占有率

B. 企业用户对产品的要求和产品成本费用的高度

C. 影响企业决策的重要环境因素量和他们的变化速度

D. 环境的变化是否在经过一段时间后再恢复到原来的状态

2. 一个组织内部的规章制度属于（　）。

A. 组织的一般环境的内容　　B. 组织的内部环境的内容

C. 组织文化的隐性内容　　D. 组织文化的显性内容

3. 基于资源的观点关注于资源与能力的价值（V）、稀缺性（R）、可模仿性（I）、组织性（O）等，VRIO框架研究认为（　）。

A. 企业占有有价值的资源就能获得竞争优势

B. 企业占有有价值的资源，并且具有稀缺性才能获得竞争优势

C. 企业占有有价值的资源，并且具有组织性才能获得竞争优势

D. 企业占有有价值的资源，并且稀缺、难以模仿，还要具有组织性才能获得持久竞争优势

4. 根据SWOT分析，如果企业内部有多方面的优势，同时面临很好的环境机会，则企业该采取的战略对策是（　）。

A. 增长型战略　　B. 防御型战略　　C. 多元化经营　　D. 放弃战略

二、多项选择题

1. 企业的竞争对手包括（　）。

A. 消费者　　B. 潜在进入者　　C. 替代品制造商

D. 现有生产和销售与本企业相同产品与服务的企业

E. 能够控制消费者获得企业产品或服务渠道的组织或个人

2. 企业文化的隐性内容包括(　)。

A. 价值观念　　B. 规章制度　　C. 道德规范

D. 企业哲学　　E. 经营行为

3. 组织文化的功能有(　)。

A. 导向功能　　B. 激励功能　　C. 凝聚功能

D. 改善公共关系功能　　E. 约束功能

4. 波特提出国家产业竞争优势理论，又被称为“钻石”理论。这一理论认为不同国家特定产业的竞争优势取决于形成“钻石”顶点的四个方面，这四个方面包括(　)。

A. 制度与文化　　B. 国内需求　　C. 企业战略、结构和竞争

D. 相关与支持产业

5. 企业的一般环境要素包括(　)。

A. 政治、法律　　B. 社会、经济　　C. 技术

D. 有关政府部门及社会组织

三、判断题

1. 组织环境的不确定性由环境的复杂性和环境的动态性两项指标来衡量。环境的复杂性取决于组织环境中要素的数量、决定这些要素的影响因素以及环境性质。(　)

2. 组织只能消极地、被动地改变自己以适应环境。(　)

3. 社会责任问题已是组织和管理者不可回避的问题。(　)

4. 企业在承担社会责任时要以追求最大利润为原则。(　)

5. 组织文化与管理实践是互不相关的。(　)

四、简答题

1. 组织的一般环境由哪些要素组成？

2. 组织的任务环境由哪些要素组成？

3. 简述环境的不确定性的因素分析途径。

4. 简述组织文化的特性。

5. Z 理论的主要内容是什么？

五、论述题

1. SWOT 分析法从哪几方面对环境进行分析，并针对不同情况提出了什么战略与环境相适应？

2. 环境的竞争性分析从哪几个方面进行分析？并说明这几方面是如何影响组织的。

第二篇

计划职能篇

决 策

第4章

引导案例

"巨人"的倒下

巨人集团于1992年10月成立，其前身是珠海巨人新技术公司。创业之初，公司总裁史玉柱竭力将公司开发的M-6401系列桌面系统推向市场，取得了极大的成功。1992年出售M-6403汉卡28万套，销售总额1.6亿元，实现利润3500万元，年发展速度达500%。1993年1月，巨人集团加快扩张步伐，在全国成立了8家全资子公司，一年之内推出了中文手写电脑、中文笔记本电脑、巨人传真卡等产品，当年实现销售额3.6亿元，利润4600万元，成为中国极具实力的计算机企业。

正当此时，全国已开始兴起房地产和生物保健品热，巨人集团为了追随潮流，提出了第二次创业的口号，开始迈向多元化经营之路。次年巨人集团在生物工程项目尚未巩固的情况下，毅然向房地产这一陌生的领域进军，并想在房地产业大展宏图，将拟建的巨人科技大厦设计方案一再变更，楼层节节拔高，从最初的18层到70层，投资也从2亿元上升至12亿元，1994年2月破土动工。正是巨人大厦给资产规模仅1亿元的巨人集团埋下了覆灭的种子。当时巨人集团为了筹措资金，除挪用了生物工程和软件开发的流动资金外，还通过出售楼花在香港筹资6000万港元，在国内获得4000万元。其中在国内签订的楼花买卖协议规定，三年大楼一期工程完工后履约，如未能如期完工，应退还订金并给予经济补偿。到了1996年，一期工程未能如期完成，这4000万元楼花钱就成了巨人危机的导火索，巨人集团终因财务状况不良而陷入了破产的危机。

巨人的失败，从表面上看是由4000万元楼花买卖引起的，究其深层次的原因则是多元化经营战略的失误。多元化经营是一种战略，有其存在的价值，且有成功的先例，但更多的企业，由于不明就里，对多元化经营存在理解上的误区(如认为多元化可以分散风险等)，因而导致行动上的失败。

事后史玉柱曾感慨道:“现在看来一个企业要有个性,不一定要多元化,美国企业大多数在专业领域内扩张,专注才能赢得更大的成功。”史玉拄在其《四大失误》中也历数了其盲目追求多元化的经营战略失误。

但史玉柱没有因此而放弃,1998 年,他重新杀回了保健品市场。再一次投入市场洪流的史玉柱开始摒弃过去的多元化经营模式,变得专注起来。这一次原巨人主要创业团队,谋划一个又一个的策略,在中国保健品市场刮起阵阵飓风。凭着“今年过节不送礼,送礼就送脑白金”红遍中国。2000 年,公司创造了 13 亿元的销售奇迹,成为保健品的状元。接着还推出了复合维生素类产品黄金搭档。

史玉柱并不满足于此,在 2003 年投资银行业后,2004 年,史玉柱又转战网络游戏业。按史玉柱的说法,他原本就是 IT 中人,现在是“回归本业”。2007 年 11 月 1 日,由史玉柱控股的巨人网络在美国纽交所挂牌上市。如今,巨人网络和盛大网络一起,成为中国市值最大的两大网游厂商。

(资料来源:姜桂娟. 管理学基础. 北京:北京大学出版社,2011)

计划工作中,确定目标以及确定实现目标的实施方案等过程,都需要决策,决策是计划的核心。当然,在组织的管理活动中,并不只是计划工作需要决策,决策具有普遍性的意义。组织中有许多活动过程与决策过程及环境有着密不可分的关系。因此,管理者应特别考虑到决策过程中与其他活动之间的联系和交叉点,注意彼此的协调和衔接等问题。

决策活动是一个错综复杂的过程。有时,为了做出一个重大的决策,需要同时或事先做出几个不同的决策,把这些决策的结果作为重大决策的前提和依据;有时做出一个决策以后,又引申出需要做出几个相关决策,前一个决策的完成是后几个决策的开始。这正好印证了“管理是由一系列决策组成的”论述。

4.1　决策概述

4.1.1　决策的含义

有关决策的概念,不同的管理学派从不同的角度给出了不同的描述。综合起来,决策(decisions making)就是为了解决现实中出现的问题,实现某个特定的目标,在充分搜集并详细分析了相关信息后,提出解决问题和实现目标的各种可行方案,依据评定准则和标准,选定方案并实施,作为解决问题、达到目标的方法和途径。简单地说，决策就是针对问题和目标，分析和解决问题的一个管理过程。由此可见，决策活动具有目标性、可行性、选择性、过程性、动态性。

4.1.2 决策的类型

决策是组织中具有普遍性的活动，但决策活动因管理层次、管理部门不同而不同。一般可以根据不同原则对决策进行分类，具体分类见表4-1。

表4-1 决策的类型

划分依据	决策类型
按决策的范围和重要程度分类	战略决策 管理决策 业务决策
按决策合乎逻辑程度分类	理性决策 有限理性决策 直觉决策
按问题的重复程度划分	程序化决策 非程序化决策
按决策主体划分	群体决策 个人决策
按决策问题所处的条件分类	确定型决策 风险型决策 不确定型决策

1. 战略决策、管理决策和业务决策

(1)战略决策

这是对涉及组织大政方针、战略目标的大事件进行的决策活动，是有关组织全局性的、长期性的、关系到组织生存和发展的根本问题进行的决策。它还包括：组织资产结构的调整和股份变化；区域性或国内外市场的开拓、巩固、发展；机构的调整设置；高层管理的人事变动等等。

战略决策面临的问题错综复杂，主要是协调组织与组织环境之间的关系。决策过程所要考虑的环境是多变的，决策方案的设立、研究、分析乃至最后的抉择，都需要决策者高度的洞察力和决策判断力。必要时，可聘请组织外部有关专家对方案进行设定和分析，借助“外脑”进行有效决策。通常，战略决策不仅需要经验和知识，更需要研究和判断的综合方法，包括使用合适的数学模型和计算机。通常战略决策是由组织的高层管理者做出的。

(2)管理决策

与战略决策相比，管理决策就是战术决策，也是管理中的主要业务决策。例如，资金的筹集、分配、使用及控制；市场营销的策划活动；生产计划的编排和实施；控制和降低产品缺陷程度和提高产品质量；产品更新换代；技术更新改造；重点设备的维护和保养；重要和贵重物资的采购和保管；管理人员的配备和调整人力资源配置和培训等等。

管理决策大多是战略决策的支持性步骤和过程，是在组织范围内解决贯穿于整个组织的活动且能影响组织的问题。管理决策是每个管理主管人员的日常工作内容，它依赖于主管人员的经验和综合研究方法，也可使用计算机和数学模型。管理决策不直接或在短期内不影响组织生存和发展，但它对整个组织的运行起着重要作用，是组织大政方针和战略目标得以实现的根本保证。

(3)业务决策

这是涉及组织中的一般管理和工作的具体决策活动，也称之为执行性决策。例如，一般设备的维护和保养；一般物资的采购和保管；具体某个产品调查表的发放和收集；岗位职责的制订和执行；某个工艺文件的制订和修改；产品的销售服务等。

组织的所有决策中，业务决策是范围最小、影响最小的具体决策，是组织中所有决策的基础，也是组织运行的基础。业务决策是组织中不少员工经常性的工作内容。通常，业务决策的有效与否，很大程度上依赖于决策者的经验和常识。

在组织中，上述三类决策活动的界限是模糊的。在组织中，应按具体的情况来划分决策类别。

在不同类型的决策活动中，不同的管理层所面对的问题和所授权限不同，所能负责的决策也不同。高层管理者主要负责战略决策，中层管理者负责大部分管理决策，基层管理者负责大部分业务决策。

通常，决策者是由管理者担任，但事实并非全部如此，有部分的业务决策是由有一定工作自由度的操作者做出的。而且操作者和基层管理者参与战略决策、管理决策，未尝不是好办法。那么，在决策完成后，不必到处宣传决策的重要性和正确性，而使全体员工接受决策的结果。职工参与决策，管理民主化，是提高管理效率的有效途径。

2. 理性决策、有限理性决策和直觉决策

(1)理性决策

它是指决策必须理性，必须符合客观和逻辑。这是盛行数十年的看法。事实上，我们在论述决策活动时，也常常自觉或不自觉地流露出这样的观点。在理性决策中，面对问题是清楚的、明确的、无异议的，决策者拥有与决策有关的全部信息；要实现的目标是清晰的、没有冲突的、唯一的；所有可行方案是已知的，这些方案实施的结果也是明了的；选择方案的准则明确且一贯不变的；获取信息、做出选择、实施方案都是没有时间和成本约束的，而且决策者最终的选择都能产生最大的经济收益。

很明显，理性决策带有很大的局限性，有很大的假设成分。首先目标可能不是一个，且相互矛盾；可行方案和实施结果可能是可知的，也可能是未知的；信息不大可能全部搜集完毕，而且个人处理信息的能力也有限；方案的选择带有一定个人和组织的偏见和好恶；最重要的是，有不少方案讨论和选择有一定时间限制，并应同时考虑方案的费用和经济性。所以，理性决策仅仅是一种理想的状态。

(2)有限理性决策

作为对理性决策的修正，赫伯特·西蒙提出了有限理性决策，认为合理的和经济的标准都无法确切地说明决策过程，并提出决策过程"满意"原则。

有限理性决策的观点是，人的理性是介于完全理性和非理性之间的一种有限理性，决策也是如此；决策者在确定问题时，受偏见的影响，在选择方案时，应注意信息的获取容易程度，而非其质量和重要性；决策的时间和其他可利用的资源是有限的，这也会影响到方案选择的合理性；最后决策的结果，可能不是最好的，而是一个各方都满意的方案，这既来自于信息、时间和其他资源的局限程度，也是涉及决策各部门的利益而相互妥协的结果。

(3)直觉决策

理性决策和有限理性决策的本质在于用逻辑取代直觉，但理性决策和有限理性决策是有局限的。而且，在竞争中遇上非理性的决策，理性决策和有限理性决策有时不起任何作用。所以，有些专家和学者已经开始意识到，理性一旦过了头，也不是什么好事，需要用直觉来替代。在决策过程中，直觉和理性是可交替使用的、相辅相成的两种方法。

直觉决策一般可使用在这样几种情况下：方案具有很大的不确定性；无先例的情况；很难预测变化的趋势；信息有限；数据分析后用处不大；时间紧迫；每个可行方案结果都是良好，或都不好。

选择的故事

古希腊哲学大师苏格拉底的3个弟子曾求教老师，怎样才能找到理想的伴侣。苏格拉底没有直接回答，却让他们走麦田埂，只许前进，且仅给一次机会选摘一支最好最大的麦穗。

第一个弟子走几步看见一支又大又漂亮的麦穗，高兴地摘下了。但他继续前进时，发现前面有许多比他摘的那支大，只得遗憾地走完了全程。

第二个弟子吸取了教训，每当他要摘时，总是提醒自己，后面还有更好的。当他快到终点时才发现，机会全错过了。

第三个弟子吸取了前两位的教训，当他走到三分之一时，即分出大、中、小三类，再走三分之一时验证是否正确，等到最后三分之一时，他选择了属于大类中的一支美丽的麦穗。虽说，这不一定是最大最美的那一支，但他满意地走完了全程。

3. 程序化决策和非程序化决策

(1)程序化决策

程序化决策(programmed decision)是指能够运用例行的手段解决重复性的问题。组织运行中面临的问题十分繁多，但有许多问题是管理者经常碰到的。不少管理者在处理这类重复出现的问题时表现出得心应手，凭经验感觉就能找出问题的症结并提出解决问题的办法。如果把这些经验和解决问题的过程用程序、规范、标准、制度等文件规定了下来，将这些包含了管理实践的真知灼见和有效成果的文件作为指导以后处理类似问题的依据和准则，将给组织带来许多好处。程序化决策给组织带来的好处有：

①这些浓缩了管理经验的文件，是经过较长时间沉淀下来的，是几代员工的心血结晶，是企业文化的组成部分，因而是组织的宝贵财富，也是组织的专有技术，国际上的大公司对这样的管理文件是非常注意保密的，视作是激烈竞争中的有利优势和公司的立足点之一；

②完整的程序化文件为新上岗者提供了学习的范本，缩短了新上岗者学习和培训实习的时间；

③降低管理成本。程序化决策简化了决策过程，缩短了决策时间，也使方案的执行较为容易，特别是程序化决策后，使管理工作趋于简化和便利，能使组织聘用学历较低、经验较少的人员担任要求较高的岗位。当然，这样的管理人员的工资也可较低；

④提高管理效率。程序化决策具体规定了决策的过程，能使大量的重复性管理活动授权下放到下一级管理层中，这样可使较高管理层，特别是最高管理者能避免陷入日常繁忙的事务中去，有时间思考组织的重大问题，有精力处理与组织生存和发展等有关的非重复性的重大战略问题。

有证据表明，在企业中大量的决策是程序化决策。而且，不同的管理层所面对的程序化决策数量也不同。高层管理者所做出的重复性决策至少在40%，中层管理者可达60%～70%，基层管理者或操作者则高达80%～90%。

对于组织来说，应尽可能用程序化决策方法解决重复性问题，并有意地把处理繁琐管理事项交给下一管理层，以提高管理效率。

(2)非程序化决策

非程序化决策(non-programmed decisions)是指为解决偶然出现的、突发的、无前例的问题所做出的决策。对于组织来说,应对突然出现的问题加以辨别,确定这些问题真正是偶然的问题还是第一次出现的重复性问题。如是后者,应加以注意,当这类问题再次出现或出现频率增加时,及时制订出程序文件,加以控制,并归到程序化决策范围内。

4. 群体决策和个人决策

(1)群体决策

群体决策适用于所有的决策活动,特别是适用于对组织有重大的关键性问题的决策。例如,组织的大政方针、战略目标、资产运作、高层人事变动等等。

群体决策有很多优点,如可以有效地利用集体智慧,可以提供更完整的信息,产生更多的方案,提高决策的合理性,增加对方案的可接受程度。但缺点也是明显的,如消耗的时间长,有可能屈从压力,职责不清等。

通用公司的"全员决策"

美国通用电气公司是一家集团公司,1981年杰克·韦尔奇接任总裁后,认为公司管理得太多,而领导得太少,"工人们对自己的工作比老板清楚得多,经理们最好不要横加干涉"。为此他实行了"全员决策"制度,使那些平时没有机会互相交流的职工、中层管理人员都能出席决策讨论会。"全员决策"的开展,避免了企业中的权力过分集中,让员工真正体会到自己是企业的主人,从而真正为企业的发展着想,使公司在经济不景气的情况下取得巨大进展。他本人被誉为全美最优秀的企业家之一。如果你希望部属全力支持你,你就必须让他们参与,而且越早越好。

(资料来源:孙晓琳.管理学.北京:科学出版社,2007)

(2)个人决策

适用于日常性事务决策或程序性决策。个人决策明显地提高决策效率,但决策结果是否有效就难说了。

群体决策和个人决策,不仅反映了管理者的领导风格,在很大程度上也反映了组织的文化背景和组织制度。例如,与美国组织相比较,日本的组织决策更喜欢采用群体决策。总体上说,群体决策优于个人决策,但群体决策不比优秀的个人决策好。就决策耗时而言,个人决策优于群体决策。

关于一只猫的决策

第一次世界大战期间,法国曾和德国交战。法军一个旅司令部在前线构筑了一个极其隐蔽的地下指挥部,不幸的是,他们只注意了人员的隐蔽，而忽略了某位长官养的一只猫。当时，德军的一个参谋人员在观察战场时发现：每天早上的八九点钟，都有一只小猫在法军阵地后方的一座坟包上晒太阳。于是他做出了如下判断：这只猫不是野猫，野猫白天不出来，更不会在炮火隆隆的阵地上出没；猫的栖身处坟包附近，很可能有一个地下掩蔽部，因为周围没有人家；这只猫是相当名贵的波斯品种，在打仗时还有条件玩这种猫的绝不会是普通的下级军官，据此，他断定那个掩蔽部一定是法军的高级指挥所。随后，德军集中六个炮兵营猛烈轰击。事后查明，德军的判断完全正确，这个法军地下指挥所内的人员全部阵亡。

（资料来源：孙晓琳. 管理学. 北京：科学出版社，2007）

5. 确定型决策、风险型决策和不确定型决策

(1)确定型决策

需要解决的问题非常明确，解决问题的过程以及环境也一目了然，几种不同的可行方案结果也是清楚的，这种过程、环境、结果等都是已知的决策为确定型决策，事实上，在组织中，确定型决策并不多，特别是对高层管理者来说这是一种理想化的决策活动。

(2)风险型决策

面临问题是明确的，解决问题的方法是可行的，可供选择的若干个可行方案是已知的，但这些方案的执行结果不确定，且决策者只能判定各方案的可能结果及可能性大小的决策为风险决策。可见，这样的决策具有一定的风险。但既然知道可能结果和不同结果的可能性大小，就可利用概率进行分析计算并选择决策方案。

(3)不确定型决策

解决问题的方法大致可行，供选择的若干个可行方案的可靠性程度不是很高，决策过程的环境是模糊的，方案实施的结果是未知的或靠他人的经验推断，或靠主观判断。不确定型决策也可采用计算公式帮助决策。

4.2　决策过程和影响因素

决策过程包括多个阶段的工作。决策的核心是在分析、评价、比较的基础上，对活动方案进行选择；选择活动方案的前提是必须拟定多种可行性方案，以备选择；要拟定备选方案，首先要分析判断组织的现有活动、分析改变原先决策的必要性，制订调整后应达到的目标。所以，决策过程包括了研究现状，明确问题和目标，制订、比较和选择方案等阶段的工作内容。在从事这些工作的过程中，决策者要受到组织文化、时间、环境、过去决策以及他们自己对待风险的态度等多重因素所影响。

4.2.1 决策过程

决策是解决问题的过程，管理人员每天要解决的问题很多，问题的难度和特点也会不一样，如果能够找到解决问题的共同思路，不仅有助于问题的解决，还有助于提高管理工作效率。决策过程的研究就是为了达到这种目的。典型的决策过程包括以下六个阶段。

1. 发现问题或定义问题

一个组织的管理问题是指现实状态与期望状态之间的差异。在差异被明确之后，决策者应对问题进行系统地分析。分析问题的前提条件是收集解决问题所需要的实际资料。所需资料的数量和收集信息的范围主要取决于差异的性质和复杂程度。所需资料和信息来自于：①经验；②对过去解决问题的方法进行客观的考察；③往日的销售、财务、生产、人事等方面的资料；④他人和其他组织的观点、建议和想法。

一旦收集到所需的信息，下一步工作就是理解或解释这些信息。管理者必须采取有序的方法来组织整理这些信息，将信息按成本、项目程序、时间、领导能力、质量、产出等进行归纳，以便清楚哪些信息更重要。在检查整理完数据之后，决策者就可以说明他要解决的真实问题是什么，抓住差异的关键实质，判断改变的必要性。导致必须决策的问题是各种各样的，可以是消极的，也可以是积极的。前者如生产设备突然发生了故障，管理者必须决定是进行修理还是更新。后者如管理者经过深思熟虑，为了提高本企业的管理效率而做出的调整组织结构的决策。

2. 明确决策目标

决策目标是管理者希望通过决策活动所要取得的成果或所要达到的预期状态。发现了问题或察觉了机会之后，是否要采取行动及采取何种行动，就取决于决策目标的确定。决策目标既是评价和选择决策方案时的依据，又是衡量决策行动是否取得预期结果的尺度。决策目标只有含义明确、内容具体，才能对控制和实施决策起到指导和依据作用。

3. 拟订方案

在研究了现状，取得了相关信息资料和确定了决策目标之后，接下来拟订解决问题的备选方案。决策者应该尽可能多地考察可供选择的方案，因为可供选择的方案越多，解决问题的办法越完善。过去的经验、创造性和管理方面的最新实践都有助于拟订备选方案。

寻求解决问题的备选方案的过程是一个具有创造性的过程。在这一阶段，决策者必须开拓思维，充分发挥自由想象力来寻求更多的备选方案。拟订备选方案的方法之一是“头脑风暴法”。头脑风暴法就是由具有解决问题所需知识和专长的人聚集在一起进行探讨，通过讨论提出尽可能多的解决问题的方案。由于这种方法容易激起讨论人的热情，所以常常能创造出新的和具有价值的备选方案。拟订的备选方案应具有整体详尽性，即所拟订的备选方案应包括所有可行方案，这样可为比较评价和选择方案提供充分的余地，以保证最终选定方案的相对最优性。同时，拟订的方案应具有相互排斥性，即各方案的总体设计、主要措施和预期效果应该有明显的区别，以利于比较选择时便于从若干备选方案中选择一个。在坚持相互排斥性的同时，各备选方案之间又应当是可以比较的，如果没有可比性，同样会给选择带来不便。

4. 方案的比较与选择

备选方案拟订以后，决策者应对每一个方案的可行性和有效性进行检验。决策者必须分析如果这些方案正在实施的话，结果将会怎样。决策者必须对每一个备选方案所希望的结果和不希望的结果出现的可能性进行检验。比较方案时，可运用一些标准对方案进行比较，这些标准包括每个备选方案涉及的风险，可利用的时间，需要的时间，可利用的设施和资源、费用和效益等。另外，经常用的具体标准还包括预期收益最大化或损失最小化，后悔值最小化，目标市场占有率扩大化，经营风险或投资风险最小化，成本费用最小化等。如果所有的备选方案都不令人满意，决策者还必须进一步寻找新的备选方案。决策者必须根据决策的目标来评价每一个备选方案。

选择最佳方案时应遵循的规则是：使执行该方案过程中可能出现的问题的数量减少到最小，而执行该方案对实现组织目标的贡献达到最大。在选择方案时可以考虑以下因素：

(1)经验。在选择最佳方案时，可以将过去的经验作为一个指南，这是因为在许多情况下，各种备选方案利弊兼具，各有长短，很难简单地区分优劣。

(2)直觉。直觉与经验有关，它是唤起决策者过去的记忆，并将其应用于对未来的预测。

(3)他人的建议。决策者应该从同事、上级和下级那里寻求帮助和指导。

(4)实验。如果可能的话，采用这种方法来检验备选方案，但这类实验不应花费过多的费用和时间。

在选择最佳方案时，考虑上面的一个或多个因素将会提高决策的效果。这些因素的重要程度取决于所要解决问题的性质、受问题影响的人员、为解决问题需要的时间等等。此外，在方案的选择过程中，决策者要注意：(1)统筹兼顾，尽可能保持组织与外部结合方式的连续性，充分利用组织现有的结构和人员条件；(2)注意反对意见，因为反对意见不仅可以帮助决策者从多种角度去考虑问题，促进方案的进一步完善，而且可以提醒决策者防范一些可能会出现的弊病；(3)要有决断的魄力，在众说纷纭的情况下，决策者要在充分听取各种意见的基础上，根据自己对组织任务的理解和对形势的判断，权衡各方利弊，做出决断。这是因为激烈的、无休止的争论会错过行动的最好时机且完全的思想统一也是不现实的。

5. 执行方案

选择出最佳方案后，决策者还必须使方案付诸实施。决策者必须设计所选方案的实施方法。一些决策者擅长于发现、确定备选方案和选择最佳方案，但却不善于将他们的想法付诸实施。一个优秀的决策者必须具备这两种能力：既要能做出决策，又要有能力化决策为有效的行动。

有些方案能很快被付诸实施，例如关于纪律的执行，而类似于公司政策的启用则需要花费较长的时间。在执行之前，决策者必须对存在的一些抵制情绪有所预见，尤其是来自受决策影响的员工的抵制，决策者必须准备辅助计划来应付和处理这类意外情形。一个可以成功实施决策的有效方法是参与，即决策者参与到决策的执行过程中。此外，决策者在实施方案时必须行使领导权力，具体应从以下几方面做好决策的组织实施工作。

(1)制订切合实际的实施计划，包括认真拟订实施决策方案的具体步骤，制订相应的实施措施与方法等。比如开展思想政治工作，利用经济、行政、法律的手段及运用心理学相关方法等；编制实施行动的程序或日程表；结合相关资源编制实施方案的资金预算等等。

(2)向决策方案执行人员传达实施要求，落实各项行动，包括有计划地组织调配人力、物力、财力等相关资源；建立和调整有关组织机构并分配任务项目；将决策目标及行动方案细化并下达任务指标和制订工作规范等等。上述做法将有利于全体执行人员相互理解，相互支持，共同努力，从而充分调动全体员工的积极性。

6. 检查与评价

决策者最后的职责是对决策执行过程进行必要的、适时的检查、监督和促进。决策者应按照决策目标以及实施计划的要求和标准，对决策方案的执行进展情况进行检查，以便于及时发现新问题、新情况，衡量执行情况与预计情况之间是否存在偏差，并找出原因，保证和促进决策方案的顺利实施。

通过检查可对决策进行评价与总结，肯定决策的正确与成功的方面，发现决策中存在的问题甚至失误与失败之处，作为解决新问题决策的经验与教训。

决策是一种技术，而且和所有的技术一样，它也是可以提高的。决策者可以通过实践以及反复的决策实践来提高决策水平。为了保证决策质量，决策信息的反馈是必要的，如对以前决策的效果进行检查，就能了解一些所需要的反馈信息。通过检查，决策者可以从中知道以往决策的错误是什么，出现在什么地方以及日后如何改善。

4.2.2　影响决策的因素

制订一个有效的组织决策需要考虑以下五个方面的影响因素：

1. 组织文化

组织的管理人员在进行决策时，不可避免地要考虑本组织的传统文化习俗。因为，一项新的决策要与组织文化相配合与协调，而组织现存的文化具有一定的滞后性，在一定程度上会影响决策的顺利实施。所以，组织文化既可能对决策实施起到推动作用，也可能成为阻力。但是，当环境发生重大变化时，组织的文化也应该随之逐步调整、变化和进步，以保证组织文化与组织的新决策相谐调。

2. 时间

为了保证决策的时效性，就应考虑时间对决策的制约作用。决策是在特定的环境下，把组织的需求与内外部条件结合起来，制订的一种行动方案。只有在一定的时期内，实施此决策才能达到预期的结果，而当决策的实施超出了时间的限制，决策就失去了实际意义。

3. 环境

每个组织都处于一定的环境中，并且受到这个环境的影响。环境对组织决策的影响是双重的。首先，环境的特点影响着组织的活动选择。处于稳定环境中的组织，今天的决策主要是昨天决策的延续；而处于高度不确定的环境中的组织，其战略决策要经常进行调整。其次，对环境的习惯反应模式也影响着组织的活动选择。即使在相同的环境背景下，不同的组织也可能做出不同的反应。而这种调整组织与环境之间关系的模式一旦形成，就会趋向固定，限制着决策者对行动方案的选择。

4. 过去的决策

组织过去的决策是现在决策过程的起点，它总是影响着正在进行着的决策工作，这一因素也可以称为“非零起点”因素。在大多数情况下，组织的决策工作并不是完全从“零”开始的，而是对初始决策的修改、调整或完善。

过去的决策对目前决策的影响程度，主要受它们与现任决策者的关系的影响。如果现任决策者也是过去决策的制订者，那么他将倾向于坚持过去的决策，而不会对它进行重大的调整。相反，如果现任决策者跟过去的决策没有重要的关系，那么他将倾向于采取重大的改革。

5. 决策者对待风险的态度

组织执行任何决策，都可能面临一定的风险。而组织的决策者对风险的态度，将在很大程度上影响组织选择哪种方案。根据决策者对待风险的态度，可将决策者分成两大类，即风险偏好型和风险回避型。但是，不论哪种类型的决策者对将来所做的决策，不可避免地要承担一定的风险。因此，对于决策者来说，需要具备如下的素质：

(1)要有胆识、有勇气，敢于冒风险，但不蛮干；

(2)善于收集信息，能够准确地分析风险的大小与可能后果，并制订相应的解决方案；

(3)能够准确判断决策的时机是否成熟。

具备上述素质的决策者，一般能将决策风险降至最低。

4.3 常用决策方法

为了保证影响组织未来生存和发展的决策尽可能正确，必须运用科学的方法进行决策。决策方法可以分为两类：一是关于组织活动方向和内容的决策方法；二是在既定方向下从事一定活动的不同方案的选择方法。前一类将在战略管理一章学习，在这里主要学习后一类。

一般来说，任何决策者进行决策时都必须对各个备选方案进行权衡比较，这就要求决策者必须对未来(包括决策可能带来的影响)进行预测。根据问题或机会的性质、未来情况的可预测程度以及相应的解决方式，可以把决策面临的状态分成三种典型的状态，即具有高度预测性的确定性、具有一定预测性的风险性和具有高度不可预测性的不确定性。在各种状态下，都有相应的决策方法。

4.3.1 确定型决策方法

确定型决策是指已知未来情况条件下的决策。这类决策的每一种备选方案，其结果只有一个数值，选择的任务就是从中找出结果最好的方案。构成确定型决策，应当满足三种条件：一是决策问题中的各种变量及相互关系均能用计量的形式表达；二是决策结果的单一性，每个备选方案只有一种确定的结果；三是决策方案能得到最佳解。确定型决策具有重复出现的特点，处理这类问题，往往有固定的模式和标准方法，最常用的方法有：直观判断法、盈亏平衡分析法、ABC 风险法、线性规划法、经济批量法、投资效果分析法等。我们下面主要介绍盈亏平衡分析法。

盈亏平衡分析法(breakeven analysis)又称量本利分析法，它利用收入、成本和利润之间的关系，来分析确定盈亏平衡点并以此指导决策方案。当一个组织的全部收入恰好等于全部成本时就达到了盈亏平衡。为了计算盈亏平衡点(也称保本点 BE)，管理者需要掌握产品的单位价格、变动成本和固定成本。固定成本是指总量不随产销量变化而变化的成本，如机器设备、厂房、场所租金等成本；变动成本指总量随产量变化而变化的成本，如原材料成本、劳动力成本和能源成本等。固定成本和变动成本之和为总成本。可见，此处所谈的变动成本和固定成本都指的是总量。若从单位产品分析，单位产品固定成本则随着产销量的变化而变化，单位产品的变动成本不随产量的变化而变化。盈亏平衡分析法已成为决策的有力工具，越来越被企业经营管理者所重视。图 4-1 是盈亏平衡分析法的示意模型。

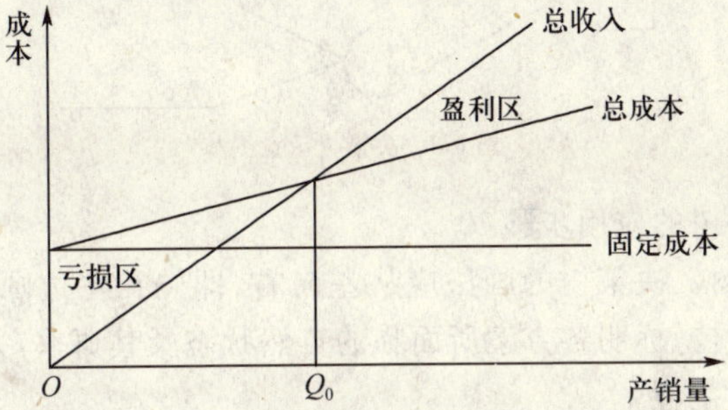

图 4-1　盈亏平衡分析法示意图

从盈亏平衡分析模型可见，盈亏平衡点的产量计算公式如下：

$$Q_0 = TFC/(P - VC)$$

其中：Q_0 代表盈亏平衡点的产量，TFC 代表固定总成本，P 代表产品售价，VC 代表单位产品的变动成本。

例如，某企业生产某种产品，生产该产品的每月固定成本为 60000 元，单位产品的售价为 80 元，单位产品变动成本为 50 元，则盈亏平衡点为 60000/(80－50)＝2000 个单位产品，即该企业每月产量为 2000 个单位时能保本。如果该企业的月销量为 3000 个单位，则其税前利润为(3000－2000)×(80－50)＝30000(元)。

4.3.2　风险型决策方法

风险决策需要具备以下的条件：

第一，组织具有明确的目标；

第二，存在着两个以上可供选择的行动方案；

第三，存在两种以上不以决策者意志为转移的自然状态；

第四，能够计算出各个行动方案在不同自然状态下的损益值；

第五,能够大致估算出各个自然状态出现的概率。

决策树法是风险决策常用的一种方法,如图 4-2 所示。其优点可把可行方案、所冒风险及结果展示在图上,并将概率方法用于决策上,使决策非常直观。在实际应用时,许多决策涉及一系列步骤,后一步的活动将依赖于前一步的决策结果,且每一步骤都面临不确定性,决策树在处理这类问题时最为适用。

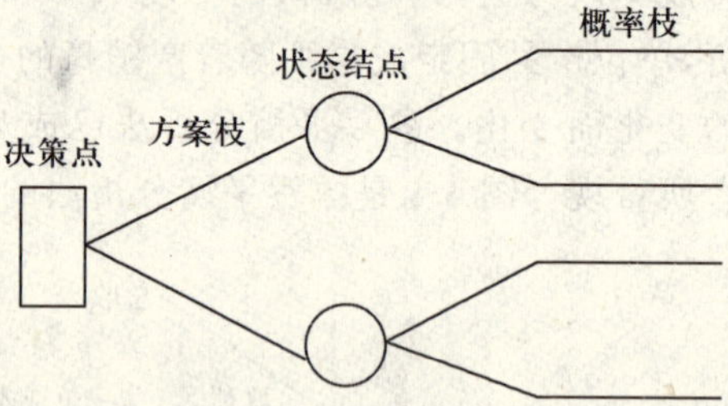

图 4-2　决策树示意图

下面介绍决策树的应用步骤:

(1)绘制决策树。决策树的画法应从左向右,即先在左边画出决策点,从决策点出发引出各方案枝,标明各方案所面临的自然状态及其概率,并计算各方案在不同自然状态下的损益值。

(2)推算各备选方案的期望值。期望值的计算是自右向左,计算公式为

$$E_i = P_j \cdot Q_{ij}\ (i,j = 1,2,\cdots,n,\text{表示自然状态的序数})$$

式中:E_i 为第 i 方案的期望值;P_j 是第 j 种自然状态出现的概率;Q_{ij} 是第 i 方案在第 j 种自然状态下的损益值;

(3)选择最佳决策方案。选择收益最大或损失最小的方案为最佳方案。排除的方案在方案枝上画"‖"符号,表示剪枝。

【例 1】 某企业准备今后十年生产某种产品,需要确定产品批量。根据预测估计,这种产品的市场销售状况为畅销的概率是 0.4,销售状况为一般的概率是 0.5,滞销的概率是 0.1。对产品的生产有大、中、小批量三种生产方案,如何能够取得最大经济效益,请决策。有关数据见表 4-2。

表 4-2　　各方案损益值表　　单位:万元

损益值 \ 自然状态与概率 \ 方案	畅销	一般	滞销
	0.4	0.5	0.1
大批量(Ⅰ)	30	25	−15
中批量(Ⅱ)	20	16	−12
小批量(Ⅲ)	18	10	−10

解 (1)绘制决策树(图 4-3)。

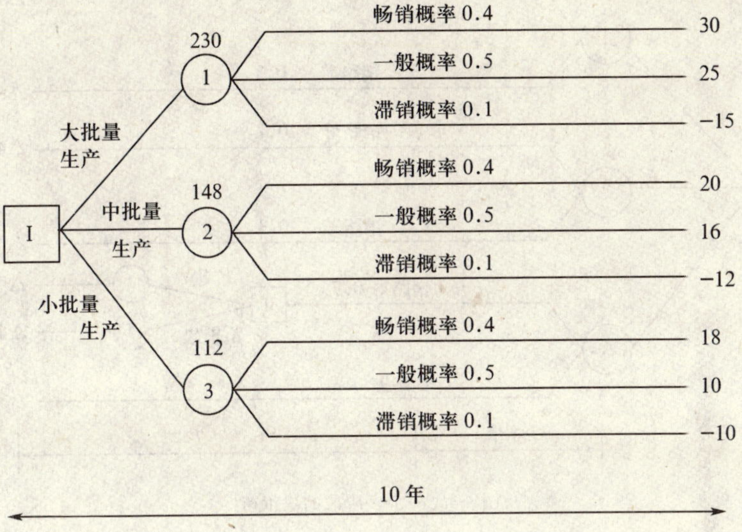

图 4-3 决策树

(2)计算各方案的损益期望值,如下:

大批量生产的期望值=[30×0.4+25×0.5+(−15)×0.1]×10=230(万元)

中批量生产的期望值=[20×0.4+16×0.5+(−12)×0.1]×10=148(万元)

小批量生产的期望值=[18×0.4+10×0.5+(−10)×0.1]×10=112(万元)

(3)选择最佳方案。把以上计算结果注明在各个方案结点上,然后比较各个方案的期望值。经过比较,剪去中批量和小批量方案枝,选择了大批量生产方案。

【例 2】 某企业为了扩大某产品的生产,拟建设新厂。据市场预测,产品销路好的概率为 0.7,销路差的概率为 0.3,有以下三种方案可供企业选择。

解 方案 1:新建大厂,需投资 300 万元。据初步估计,销路好时,每年可获利 100 万元;销路差时,每年亏损 20 万元。服务期为 10 年。

方案 2:新建小厂,需投资 140 万元。销路好时,每年可获利 40 万元;销路差时,每年仍可获利 30 万元。服务期为 10 年。

方案 3:先建小厂,三年后销路好时再扩建,需追加投资 200 万元,服务期为 7 年,估计每年获利 95 万元。问哪种方案最好?

画出该问题的决策树,如图 4-4 所示。图中有两种自然状态:销路好和销路差,自然状态后面的数字表示该种自然状态出现的概率。位于状态枝末端的是各种方案在不同自然状态下的收益或损失。据此可以算出各种方案的期望收益。

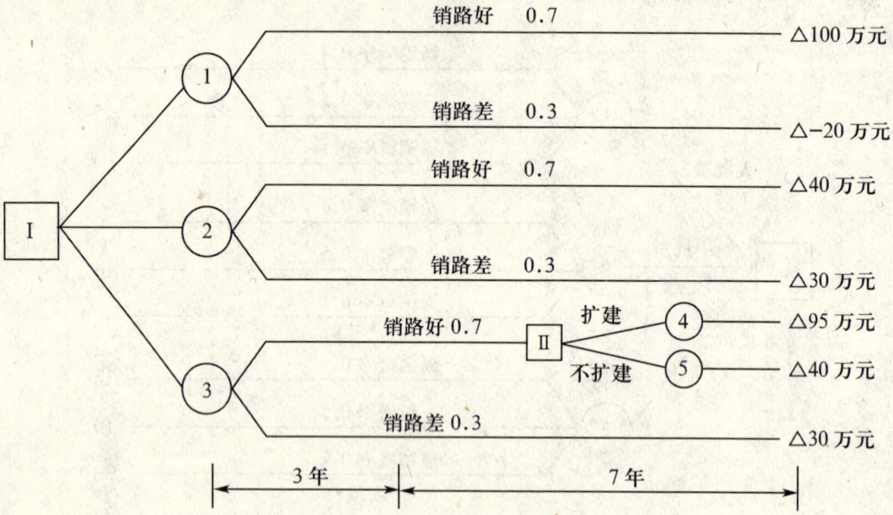

图 4-4　一个多阶段的决策树

方案 1(节点①)的期望收益为:[0.7×100+0.3×(−20)]×10 −300=340(万元)

方案 2(节点②)的期望收益为:(0.7×40+0.3×30)×10−140=230(万元)

至于方案 3,由于节点④的期望收益 465(=95×7−200)万元大于节点⑤的期望收益 280(=40×7)万元,所以销路好时,扩建比不扩建好。方案 3(节点③)的期望收益为:(0.7×40×3+0.7×465+0.3×30×10)−140=359.5(万元)

计算结果表明,在三种方案中,方案 3 最好。

需要说明的是,在上面的计算过程中,我们没有考虑货币的时间价值,这是为了使问题简化。但在实际中,多阶段决策通常要考虑货币的时间价值。

4.3.3　不确定型决策的方案选择法

在不确定型决策问题中,存在解决问题的若干方案,各种自然状态出现的概率为未知的,不能以客观概率来求得各行动的预期收益,则可由决策者运用主观判断评定概率,并借助上述技术进行分析决策。但由于概率的评定受决策者经验、认识能力的影响较大,因而风险较大。因此,可选择其他一些决策准则来选择最佳方案。其中,决策者的个性特点也是影响决策的重要因素。面对不确定环境下的决策,保守的决策者按照悲观准则,一切以谨慎为上,确保即使在最坏的情况下也能取得最好的结果;进取的决策者按照乐观准则,甘冒风险,力求获得最大的收益;稳健的决策者则按照最小后悔值准则，力求在各种情况下都能取得较好的结果。

例如，某企业准备扩大经营范围，有四种可行方案，对每个方案中的收益情况也只有大致的估计，每个方案的收益有三种情况，好的或者中等的或者差的。这四个方案分别是：在本地扩大经营范围，开设超市；在本地城乡结合部地区开拓市场，新开商厦；到外省市甲地开设超市业务；到外省市甲地新开商厦。这四个方案三年内的净收益值（收益值－投资额）见表4-3。

表4-3　扩大经营的净收益表　单位：万元

可行方案＼自然状态	高需求	中等需求	低需求
本地经营超市	480	300	15
本地新开商厦	600	320	－10
甲地经营超市	460	280	10
甲地新开商厦	510	290	5

下面，就上例来分析决策者依据不同的评判标准，选择最佳方案。

1. 悲观准则（小中取大准则）

即比较各方案所产生的最小收益，从而选取其中最大的一个。采用这一准则可保证决策者至少可获得某一收益，因为不论实际情况如何，都不会得到更差的结果。

按照小中取大准则，应选择本地经营超市的方案，因为在四个方案的最小收益值中，它是最大的，见表4-4。

表4-4　小中取大准则的决策表　单位：万元

可行方案＼自然状态	高需求	中等需求	低需求	最小收益值
本地经营超市	480	300	15	[15]
本地新开商厦	600	320	－10	－10
甲地经营超市	460	280	10	10
甲地新开商厦	510	290	5	5

2. 乐观准则（大中取大准则）

此准则适用于乐观的决策者，即比较各方案所产生的最大收益，而选取其中最大的一个。采用此准则要冒一定的风险，但也可能有最大的收益。

按照大中取大准则，应选择本地新开商厦的方案，因为它的收益值是最大的，见表4-5。

表 4-5　　大中取大准则的决策表　　单位:万元

自然状态 可行方案	高需求	中等需求	低需求	最大收益值
本地经营超市	480	300	15	480
本地新开商厦	600	320	−10	600
甲地经营超市	460	280	10	460
甲地新开商厦	510	290	5	510

3. 大中取小准则

即比较各方案所产生的最大收益,而选取其中最小的一个。这是兼有保守和冒险的决策标准。

按照大中取小准则,应选择甲地经营超市的方案,因为在四个方案的最大收益值中,它是最小的,见表 4-6。

表 4-6　　大中取小准则的决策表　　单位:万元

自然状态 可行方案	高需求	中等需求	低需求	最大收益值
本地经营超市	480	300	15	480
本地新开商厦	600	320	−10	600
甲地经营超市	460	280	10	460
甲地新开商厦	510	290	5	510

4. 折中准则

决策者既不太乐观,也不太悲观,但乐观多于悲观时采用该准则。根据决策者的判断,给最好的自然状态一个乐观系数 ε,给最差自然状态一个悲观系数(1−ε),两者之和为 1。然后用各种方案在最好自然状态下的收益值与乐观系数相乘所得的积,加上各方案在最差自然状态下的收益值与悲观系数的积,得出各方案的乐观期望值,然后据此比较各方案的结果并做出选择。

还是上个例子,设 ε=0.7,所以四个方案的乐观期望值为:

本地经营超市:480×0.7+15×(1−0.7)=340.5(万元)

本地新开商厦:600×0.7+(−10)×(1−0.7)=417(万元)

甲地经营超市:460×0.7+10×(1−0.7)=325(万元)

甲地新开商厦:510×0.7+5×(1−0.7)=358.5(万元)

通过计算可知,本地新开商厦的乐观期望值是 417 万元,高于其他方案。所以,它可作为选择的依据。

但是,当 ε 取其他值的话,可能会影响到决策中的选择。折中准则中的乐观系数的选取，是利用折中法决策过程中十分重要的环节。在解决同一问题的决策中，不同类型的决策者，对乐观系数会作出不同的抉择。

5.“最大后悔值”最小化准则

后悔值指在某种自然状态下，最佳方案结果值与各备选方案结果值之差。决策者在计算出各方案在不同自然状态下的后悔值后，找出每种方案的最大后悔值，并据此对不同方案进行比较，在各方案的最大后悔值中选择最小的方案作为实施方案。

按照最大最小后悔值准则，应选取在本地新开商厦作为决策的依据，因为在最大后悔值列中，它的后悔值最小，见表 4-7。

表 4-7　最大最小后悔值准则的决策表　单位:万元

可行方案＼自然状态	高需求	中等需求	低需求	最小后悔值
本地经营超市	600－480＝[120]	320－300＝20	15－15＝0	120
本地新开商厦	600－600＝0	320－320＝0	15－(－10)＝[25]	[25]
甲地经营超市	600－460＝[140]	320－280＝40	15－10＝5	140
甲地新开商厦	600－510＝[90]	320－290＝30	15－5＝10	90

6. 同等可能准则

当我们无法确知状态发生的概率分布，而且也不能断定何种状态最可能发生时，也可以假定各种状态发生的概率是相同的。即当有 n 种有限的自然状态时，假定每种情况发生的概率为 1/n，然后以此为权数计算各种行动方案的期望收益，选取期望收益最大的方案。

7. 最大可能准则

即先找出在何种状态下最可能发生，然后选取在这个状态下，能产生最大收益的那一种行动。

8. 完整情报的期望值准则

在存在不确定性的情况下，如果决策者能借助有效的预测和其他途径获得完整情报，就能确定哪一种状况将要发生，就能得到完整情报的期望值。当然，这要花费一定的费用和时间，所以完整情报的期望收益值和非完整情报的期望收益值之差决定了决策者为提高情报完备性与准确性而支付的成本的上限。

本章学习小结

1. 决策就是针对问题和目标，分析和解决问题的一个管理过程。由此可见，决策活动具有目标性、可行性、选择性、过程性、动态性。

2.决策是管理者从事管理工作的基础，它贯穿于计划、组织、领导、控制管理全过程中，组织的兴衰存亡常常取决于管理者特别是高层管理者的决策正确与否，决策能力是衡量一个管理者管理水平高低的重要指标。

3.制订决策的程序包括：发现问题或问题已出现；明确决策目标；拟订方案；方案的比较与选择；执行方案；检查处理。

4.主要的决策环境影响因素是信息的可得性和组织文化。决策环境从确定型环境、风险型环境、不确定型环境到模糊环境，信息的可得程度也不断下降。而组织文化则不仅影响着决策方式、决策准则，而且影响着决策方案的选取。

5.在决策过程中，组织文化、时间、环境、过去的决策、决策者对待风险的态度是影响决策的主要因素。

6.决策者的个性特点也是影响决策的重要因素。面对不确定环境下的决策，保守的决策者按照悲观准则，一切以谨慎为上，确保即使在最坏的情况下也能取得最好的结果；进取的决策者按照乐观准则，甘冒风险，力求获得最大的收益；稳健的决策者则按照最小后悔值准则，力求在各种情况下都能取得较好的结果。

7.不同类型的问题必须采用不同的决策方法。决策方法可分为主观决策方法、定量化决策方法和定性与定量相结合的决策方法。主观决策方法是决策者根据已知的情况和现有资料，直接利用个人的知识、经验和组织规章进行决策，简单易行、经济方便。定量化决策方法的核心是把与决策有关的变量与变量、变量与目标之间的关系建立数学模型，通过计算求得答案，以此供决策者决策参考。定性与定量相结合的决策方法则介于这两者之间。各种决策方法各有其优缺点，分别适用于不同的场合。

综合案例

诺基亚的决策

诺基亚公司是一家移动通信产品跨国公司，总部位于芬兰。在移动电话产品市场上，诺基亚已经多年占据市场份额第一的位置。2009 年，诺基亚公司手机发货量约为 4.318 亿部；2010 年第二季度，诺基亚在移动终端市场的份额约为 35.0%，领先三星和摩托罗拉的市场占有率 20.6%，8.6%；2010 年第一季度，在全球智能手机市场中，诺基亚以 44.3%的份额仍居首位，黑莓手机制造商 RIM 占据 19.7%的份额，位居第二；2009 年 8 月，国内手机市场份额排行中，诺基亚以 33.3%位居第一，三星和联想分别以 20.1%和

4.5%位居第二和第三。此外,它在通信网络设备制造(主要是GSM和WCDMA网络)及移动多媒体应用开发等领域的实力也处于世界前列,并可为企业级的用户提供无线连通解决方案。

诺基亚的优势主要集中在其市场份额和终端影响力方面,其终端遍布77%的国家和地区,而且在消费者心中树立了良好的品牌形象。

然而,研究机构加特纳在2011年年初发布报告称诺基亚的市场份额已经从2009年的36.4%降至2010年的28.9%。更令人担忧的是,这一下滑趋势并没有减缓的迹象。

在众多导致市场占有率下滑的因素中,竞争对手的迅速崛起无疑是最大原因,iPhone、Android等开始引领新一代智能手机的潮流,尤其是苹果公司的iPhone,不仅拥有人性化的设计和可靠的质量,而且其App Store中积累了大量的软件资源,这些对于用户具有强大的吸引力。而在2007～2010年,诺基亚逐渐失去在智能手机上的先发优势,其Ovi手机商店也一塌糊涂。

合作方案

为了阻止市场份额的进一步下滑,提升智能手机的竞争力,诺基亚公司加强了内部研发的投入,同时开始积极寻求外部的合作资源,其中就包括微软这样的重要合作伙伴。

微软公司在软件和操作系统方面具有强大的优势,近年来随着谷歌、苹果等公司的发展,其原有的商业模式受到了巨大挑战,进军互联网以及下一步的移动互联网是微软进一步创新和发展的方向。进入新市场很好的途径是寻求合作伙伴,产生协同效应,所以微软有与终端生产商合作的意向。

诺基亚通过与微软的协商和谈判,初步订立了合作方案。在微软方面,其搜索引擎必应为诺基亚全线设备提供搜索服务,并向诺基亚支付数十亿美元的资金,帮助其推广和开发windows Phone手机。诺基亚的内容和应用商店Ovi将被整合到微软在线商店Marketplace中。

而在诺基亚方面,其把windows Phone作为智能手机的主要操作系统,并基于该平台,在诺基亚处于市场领先地位的领域进行创新,如拍照等。同时在技术方面,诺基亚将向微软提供硬件设计和语言支持方面的专业技术,并协助windows Phone手机丰富价格定位,获得更多市场份额,并进军更多地区市场。此外,诺基亚地图将成为微软地图服务的核心部分之一。

内部反对

诺基亚公司的部分中小股东组成相关团体,强烈反对方案的执行。从合作意义角度讲,对微软的意义要远远大于对诺基亚自身。凭借诺基亚庞大的终端影响力，微软的移动业务部门将在短时间内获得较大的成长空间，使其手机操作系统得以与苹果的iOS以及谷歌的Android并肩成为三大操作系统。而对诺基亚，则很可能会沦为硬件制造商，失去内容和软件服务方面的巨大市场。

另外，从成长性角度讲，两家公司在各自领域都不是最具成长性和创新性的企业，都面临强劲竞争对手的挑战，这就导致两家的“联姻”并非强强联合，能否真正发挥各自优势，形成协同效应和竞争优势是值得怀疑的。

面对合作与不合作两种相反的声音，如何决策成为管理者面临的重要问题。

（资料来源：陈劲.《管理学》学习指导与案例.北京：中国人民大学出版社，2012）

问题

1.谈谈在该案例中更适合采用群体决策还是个人决策的方式。为什么？

2.你认为决策的六个步骤中，哪一个是管理者最容易忽视的？为什么？

自测题

一、单项选择题

1.假如各种可行方案的条件大部分是已知的，但每个方案执行后可能出现几种结果，方案的选择由概率决定。那么，这种决策属于（　）决策。

A.风险型　B.不确定型　C.确定型　D.非程序化

2.业务决策中，例如生产任务的日常安排、常用物资的订货与采购等诸如此类的经常重复发生，能按原已规定的程序、处理方法和标准进行的决策，属于（　）。

A.日常管理决策　B.程序化决策　C.确定型决策　D.风险型决策

3.某企业试图改变其经营方向，需要企业高层领导做出决策，这种决策属于（　）。

A.战略决策　B.战术决策　C.业务决策　D.程序化决策

4.在不确定型决策中，采用（　）可保证决策者至少可获得某一收益，不会有亏损。

A.小中取大准则　B.大中取大准则　C.最小后悔值准则　D.最大可能准则

5.对于企业一些重要经营项目的决策一定要进行可行性分析，这是基本的要求。在对可行性分析的工作思路上，张经理认为可行性分析要从项目的不可行性分析入手；王经理则认为可行性分析的大部分工作就是分析其可行性，在可行性分

析的初级阶段千万不能引导大家思考项目的不可行性。你认为以下四种判断中哪一种判断是正确的？（　）

A. 张经理主持分析论证的项目在实施过程中风险一定会更小些

B. 张经理和王经理的工作思路存在着差异，但不存在本质性的差异

C. 对重大决策应采用张经理的工作思路，对一般性决策则应采用王经理的工作思路

D. 王经理的工作思路不符合科学的决策过程要求

6. 你正面临是否购买某种奖券的决策。你知道每张奖券的售价以及该期共发行奖券的总数、奖项和相应的奖金额。在这样的情况下，该决策的类型是什么？（　）

A. 确定型决策　　B. 风险型决策　　C. 不确定型决策　　D. 冒险决策

7. 具有极大偶然性、随机性，又无先例可循且具有大量不确定性的决策活动，其方法和步骤也是难以程序化、标准化，不能重复使用的。这类决策属于（　）。

A. 风险型决策　　B. 不确定型决策　　C. 非程序化决策　　D. 例外决策

8. 如果你是总经理，当企业出现以下几件事需要做出决策时，你将把主要精力放在哪件事上？（　）

A. 原材料的采购　　B. 资金的安排

C. 组织结构的调整　　D. 生产计划的制订

9. 针对欧美国家对我国家电产品的配额限制，某公司决定在美国投资设立子公司，这种决策属于（　）。

A. 管理决策　　B. 战略决策　　C. 业务决策　　D. 程序化决策

10. 美国克莱斯勒汽车公司的总经理艾柯卡曾经说过："等到委员会讨论以后再射击，野鸡已经飞走了。"关于这句话，正确的理解是（　）。

A. 委员会决策往往目标不明确　　B. 委员会决策的正确性往往较差

C. 群体决策往往不能把握市场的动向　　D. 群体决策往往时效性较差

二、多项选择题

1. 集体决策比个人决策（　）。

A. 果断性差　　B. 决策成本低　　C. 决策质量高

D. 一贯性佳　　E. 开放性强

2. 风险型决策需要具备的条件（　）。

A. 决策者对未来可能出现何种自然状态不能确定

B. 具备一个决策者企图达到的明确目标

C. 存在两个以上可供选择的行动方案

D. 存在着不以决策者意志为转移的两种以上自然状态

E. 各个行动方案在各个自然状态下的损益可以计算出来

3. 决策的程序包括(　)。

A. 确定决策目标　　B. 拟订和评价备选方案

C. 选择决策方案　　D. 实施决策方案

4. 对决策备选方案的要求是(　)。

A. 实现的可能性　B. 相互排斥　C. 互相包容　D. 整体详尽

5. 按照决策的条件和后果分决策的类型有(　)。

A. 风险型决策　B. 确定型决策　C. 战略决策　D. 不确定型决策

三、判断题

1. 运用特尔菲法进行决策时,对专家成员的意见采用统计方法予以定量处理,所以说特尔菲法属定量决策。(　)

2. 战术决策是指属于日常活动中有关提高效率和效益、合理组织业务活动等方面的决策,多为程序化决策。(　)

3. 决策所做的若干个备选方案应是可行的,这样才能保证决策方案切实可行。这就是决策的科学性特征。(　)

4. 经常重复发生,能按原已规定的程序、处理方法和标准进行的决策,就是非程序化决策。(　)

5. 某企业生产某产品的固定成本为 14 万元,单位售价 2200 元,单位可变成本 1000 元,若企业目标利润为 10 万元,则企业应完成的经销量为 100 万件。(　)

6. "三个臭皮匠,顶个诸葛亮",说明群体决策在任何时候都优于个体决策。(　)

7. 制订备选方案通常包括两大方面的内容:一是落实决策总目标的各种次级目标及这些目标实现的途径;二是目标实现过程中的主要约束条件及其可控和不可控的程度。(　)

8. 分析方案着重是对每个备选方案的可行性、满意程度和可能产生的结果进行分析。(　)

9. 定性决策方法多应用于综合抽象程度较高的高层次战略问题的决策上。(　)

10. 非确定型决策是指决策事件未来的各种自然状态完全未知,各种状态出现的概率也无法估计,只能靠经验、直觉、判断能力做出的决策。(　)

四、简答题

1. 简述决策的类型。

2. 比较群体决策与个人决策的优劣。

3. 影响决策的主要因素有哪些?

4. 简述科学决策的过程。

5. 简述理性决策与直觉决策的关系。

五、决策题

1. 某企业生产机床,每台售价为 6 万元,单位变动成本为 4 万元,年固定成本为 200 万元。

试求:(1)盈亏平衡时的产量;(2)目标盈利为 50 万元时的产量;(3)产量为 150 台时的盈利。

2. 某企业准备今后五年生产某种产品,需要确定产品批量。根据预测估计,这种产品的市场状况的概率:畅销为 0.4,一般为 0.5,滞销为 0.1。产品生产提出大、中、小三种批量生产方案,请利用决策树决策。

表 4-8

损益值 / 自然状态 / 概率 / 方案	畅销	一般	滞销
概率	0.4	0.5	0.1
大批量(Ⅰ)	300	250	−120
中批量(Ⅱ)	250	200	−140
小批量(Ⅲ)	180	160	−150

3. 企业为产品更新换代设计了两个方案:一个方案是上新产品 A,须追加投资 400 万元,经营期为 5 年。若产品销路好,每年可获利 300 万元;若销路差,每年将亏损 20 万元。估计在此期间,产品销路好的概率是 0.7,销路差的概率是 0.3。另一方案是上新产品 B,须追加投资 200 万元,经营期为 5 年。若产品销路好,每年可获利 100 万元;若销路差,每年可获利 20 万元。估计在此期间,产品销路好的概率是 0.8;销路差的概率是 0.2。试问哪个方案总利润额大?

六、论述题

1. 试论述决策在管理中的地位和作用。

2. 试论影响决策的因素。

计 划

第5章

引导案例

科宁公司的中短期计划

科宁公司是美国创建最早的公司之一,主要经营玻璃制品的生产和加工。科宁公司成功制造了第一个电灯泡。科宁公司一直由其创始人科宁家庭掌管,并一直以制造和加工玻璃为重点。然而,科宁的这种经营战略也给它带来了许多问题:它的骨干产品——灯泡生产在30年前曾占领1/3的美国灯泡市场,而今天却丧失了大部分市场;电视显像管的生产也因面临剧烈的竞争而陷入困境。这两条主要产品线都无法再为公司获取利润。面对这种情况,公司既希望开辟新的市场,又不愿意放弃其传统的玻璃制品的生产和加工。因而,公司最高层领导制订了一个新的战略计划。计划包括3个主要方面:第一,缩小类似灯泡和电视显像管这种低产的部门;第二,减少因市场周期性急剧变化而浮动的产品的生产;第三,开辟具有挑战性又具有巨大潜在市场的产品。

计划的第三方面又包括3个新的领域:第一个领域是开辟光波导器生产——用于电话和电缆电视方面的光波导器和网络系统以及高级而复杂的医疗设备等,希望这方面的年销售量能达到40亿美元。第二个领域是开辟生物工艺技术,这种技术在食品行业大有前途。第三个领域是利用原有优势,继续制造医疗用玻璃杯和试管等,并开拓电子医疗诊断设备,希望在这方面能达到全国同行业中第一或第二的地位。

科宁公司还有它的次一级目标。例如,目前这个公司正在研发一条较复杂的玻璃用具生产线,并想在不发达国家扩展业务。很明显,科宁在进行着一个雄心勃勃的发展计划。公司希望通过提高技术、提高效率以获得更大的利润。

但是,在进行新的冒险计划中,科宁也碰到了许多问题。例如,如果科宁真要从光波导器和生物控制等方面获得成功的话，就必须扩大其经营领域。同时科宁给人的印象是要保持其原来的基础，而不是为了获取利润。

（资料来源：雷金荣．管理学原理．北京：北京大学出版社，2012）

从案例中可以看出，计划对企业的发展乃至成功发挥着至关重要的作用。计划是管理活动的首要职能，在整个管理活动中，它是一切管理活动的起点。预测组织外部环境，分析组织内部可能拥有的资源，明确组织未来一定时期的目标，选择完成这些目标的途径和采取的方案等活动是计划职能的主要内容。其中，预测是计划的基础，决策是计划的核心。

5.1 计划的含义和特征

5.1.1 计划概述

1.计划的含义

计划(planning)是为了实现组织目标而预先制订的行动安排，具体包括做什么、谁来做、何时何地做和怎么做。

从广义来说，计划是一个系统的设计，是研究社会的需要以及组织所有的资源的过程，明确组织在一定时期内所追求的目标，通过计划的制订、执行和检查过程，协调和合理安排组织中各方面的活动，有效地利用组织的人力、物力和财力等各种资源，取得最理想的经济效益和社会效益。可见，计划作为管理的基本职能，要求人们事先做好系统的分析和思考，在时间上和空间上统筹安排整个组织以及组织内部各部门、各岗位和所有人员的活动，对组织的各项资源和各种努力做出最佳配置和引导。

广义的计划不仅包含计划的制订过程，还强调计划的执行过程以及检查计划的执行情况，以便于计划的完成。计划工作的目的是通过计划的制订和组织实施来实现组织目标，因此，制订计划仅仅是计划工作的开始，更大量的工作将在计划执行期间开展。执行计划要求组织整体按时完成预定的计划工作内容，保证全面地、均衡地实现计划，以建立正常和稳定的活动秩序，保证组织稳步地发展下去。

如果说计划的制订主要是专业管理者的工作，那计划的执行则需要组织全体成员共同努力。在计划执行过程中能否很好地完成计划，除制订的计划必须可行外，主要取决于能否充分调动全体组织成员的工作积极性。因此，在计划管理过程中，必须考虑如何调动组织成员的工作积极性。目标管理就是一种充分发挥组织中不同成员在计划执行中的作用的管理方法，通过协调组织成员共同努力，保证实现计划的一种有效方法。

在执行计划的过程中，要不断地检查计划的完成进度和程度。有时计划活动所处的客观环境可能发生了变化，也可能因为人们对客观环境的主观认识有了改变，为了使组织活动更加符合环境特点的要求，必须对计划进行适时的调整。滚动计划是一种保证计划在执行过程中能够根据情况变化适时修正和调整的一种现代计划方法。

2. 计划的必要性

任何组织内的所有管理人员首先都要通过计划明确组织总体目标以及各个阶段目标，才能协调组织成员的活动，形成合力，最终实现目标。当然，计划工作过程有投入，也有由此而产生的包括物质上和精神上的收益，收益大于投入的计划工作才是有效益的。由此可见，计划工作具有首位性、普遍性、目的性和效益性。从计划工作的这些性质可知，计划工作具有以下作用。

第一，计划工作使组织能够应对变化，降低不确定性。组织环境的不确定性和瞬息万变使得计划工作成为管理必不可少的活动。计划工作迫使管理人员预测变化，考虑变化带来的影响，选择对策，采取措施，保证组织目标得以实现。虽然有些变化是不可预测的，随着计划期的延长，不确定性也会随之增大，但这并不能否认计划的作用。相反，周密的计划和科学的预测将使未来的不确定性和风险被降到最低限度。

第二，计划工作使组织活动协调一致，可充分利用组织成员或部门的优势来实现组织目标。周密的计划有利于使各部门的努力协调一致，有利于推动组织中的全体人员形成一股指向整体目标的合力，也有利于促使埋头于日常事务的主管人员去考虑未来。反之，缺乏计划的指引，组织中的成员和各个部分的努力将会各自为政，相互损耗，这样也就难以顺利实现预定的目标。

第三，计划工作可提高工作效率，使组织活动更加经济合理。计划本身的目的是以明确的目标引导共同的努力来代替分散的、需要协作的各种活动，以均衡协调的工作流程来代替各自随意行动，以科学的预测和正确的决策来代替随意主观的决定，从而使组织充分地利用资源，减少不必要的浪费，极大地提高组织的工作效率。

第四，计划工作可对组织活动进行有效的控制，但又不失正确与灵活性。通过计划工作明确组织目标和工作标准，组织活动也就有了前进的方向，也有了衡量组织活动是否正确的标准，以此来检查下属人员的任务完成情况。同时，通过计划工作使组织和环境实现动态平衡，从而灵活有效地控制组织活动。因此，计划是控制的基础，它为有效控制提供了标准。没有计划，控制工作也就无法有效实施。

5.1.2 计划的类型及其选择

1. 计划的类型

随着生产力的发展，组织规模在不断地扩大，形成了高度的分工与协作关系，这就要求每一个组织科学地制订各种计划才能协调与平衡多方面的活动，求得本组织的生存与发展。描述组织计划的最常见的方式是按照计划的作用性质、表现形式、时间跨度、专业领域、执行者的约束力大小等来分类。表 5-1 列出了按不同方法分类的计划方法。

表 5-1　　计划的类型

分类依据	计划类型						
作用性质	战略计划		战术计划			作业计划	
表现形式	宗旨	目标	政策	程序	规则	规划	预算
时间跨度	长期计划（5 年以上）		中期计划（1 年至 5 年）			短期计划（1 年以内）	
专业领域	业务计划		财务计划			人事计划	
执行者的约束力大小	指令性计划			指导性计划			

(1)战略计划、战术计划与作业计划

计划按照其作用性质，可分为战略计划、战术计划和作业计划，它们强调的是组织纵向层次的指导和衔接。战略计划一般是由高层管理人员负责，战术计划和作业计划往往由中层、基层管理人员甚至是具体作业人员负责，战略计划对战术计划和作业计划具有指导作用，而较好地完成战术计划和作业计划能够确保战略计划的实施。

①战略计划(strategic plan)，是指为组织确立总体目标和寻找组织所处环境中地位的计划。战略计划由组织的高层制订，涉及的时间较长，通常为 5 年甚至更长。它包括决定整个组织的主要目标及用于指导实现这些目标的方针政策，具有长远性、指导性和较大的弹性，需要考虑组织整体的各种情况，应谨慎制订以指导组织的全面活动。

②战术计划(tactical plan)，是指一种局部性的、阶段性的计划。它多用于指导组织内部某些部门的活动，以完成某些具体的任务，实现某些具体的阶段性目标。

③作业计划(operational plan)，是指某个部门或个人的具体行动计划，一般是必须执行的命令性计划。作业计划通常具有可重复性、个体性和较大的刚性。作业计划趋向于覆盖较短的时间间隔，如月计划、周计划、日计划就属于作业计划，同时作业计划假定组织目标已经存在，只是提供实现目标的方法。

(2)指令性计划和指导性计划

计划按照其对执行者的约束力大小,可分为指令性计划(specific plan)和指导性计划(directional plan)两大类,其中指令性计划一般是由上级主管部门向下级下达的具有严格约束力的计划,指令性计划一经下达,计划的执行者就必须遵照计划开展活动,并且要尽一切努力去完成计划。指导性计划可以是上级主管部门下达的,也可以是同级部门编制的,它对于计划执行者不具有严格的约束力,是一种参考性的计划。对于这种计划,计划执行部门可以根据本部门的具体情况,决定是执行计划还是需要对计划进行必要的修改,实际上计划执行者就是在指导性计划的指导下开展本部门的活动。

2. 计划的表现形式

按照计划的表现形式,可以将计划分为宗旨、目标、政策、程序、规则、规划和预算等几种类型。这几个计划的关系可以描述为一个等级层次。

(1)宗旨(purpose)

一个组织的宗旨是一个组织存在的基本理由。这种目的或使命,是社会对该组织的基本要求,我们称之为宗旨。换句话说,宗旨即表明组织是干什么的,应该干什么。例如,一个企业的基本宗旨是向社会提供有经济价值的商品或劳务;法院的宗旨是解释和执行法律;大学的宗旨是培养高级人才等等。

(2)目标(objective)

确定了组织的宗旨之后,为了实现它,就应该制订更为具体可行的目标。它具体规定了组织整体的战略目标及其各个部门的经营管理活动在一定时期要达到的目标,即具体成果,从而形成一个组织的目标体系。目标不仅是计划工作的终点,而且也是组织工作、人员配备、指导与领导工作和控制活动所要达到的结果。例如,一家企业的目标可能是通过生产一种家用娱乐设备而获得一定的利润;而制造部门的目标也许是要按既定成本,以及按既定的设计和质量,生产所需数量的电视机。这些目标是一致的,但是,由于制造部门不能单独完成公司的目标,所以这些目标又是不同的。

(3)政策(policy)

政策是行动的指南,它规定允许做什么和不允许做什么。政策的制订是规定组织行为的指导方针,它一般是以明文规定的形式出现。政策有助于将一些问题事先确定下来,避免重复分析,并给其他派生的计划以一个全局性的概貌,从而使主管人员能够控制住全局。制订政策还有助于主管人员把职权授予下级。

组织为了促使目标的实现,就要使其政策保持连续性和完整性,这样才能使政策深入员工的思想,形成一种持久作用的机制。但是为了保持政策的连续性,会遇到很多问题:由于政策的表述不够规范和精确,很容易使人们曲解政策的含义;由于组织所实施的是逐级授权的政策，造成了权力的分散，从而导致人们广泛地参与政策的制订和对政策的解释，这将使各级管理人员和员工对政策的理解不能达到统一；政策的影响性差，这很容易带来政策不稳定和不连贯的问题。由于环境的不断变化，而政策大多只是根据当初的具体情况制订的，当情况发生变化时，就不得不修改政策以适应变化了的情况。可见，制订政策和保持政策的连续性是一种比较困难的计划工作。

(4)程序(procedure)

程序也是一种计划，它规定了处理那些经常发生的问题的解决方法和步骤。程序是指导如何采取行动，而不是指导如何去思考问题。程序的实质是对所要进行的活动规定时间顺序，因此，程序也是一种工作步骤。制订程序的目的是减轻主管人员决策的负担，明确各个工作岗位的职责，提高管理活动的效率和质量。此外，程序通常还是一种经过优化的计划，是通过大量经验事实的总结而形成的规范化的日常工作过程和方法，并以此来提高工作的效果和效率。程序往往还能较好地体现政策的内容。

(5)规则(rule)

规则是一种最简单的计划。它规定了在某些具体场合和具体情况下，采取或不能采取某种具体行动。规则常常与政策和程序相混淆，所以要特别注意区分。规则和程序的区别在于前者是一种没有回旋余地的规定，没有自由处置权，而后者却正好相反。规则和程序都是直接指导行动本身，都要抑制思考，限制自由处置的权利，但规则只是对具体情况下的单个行动的规定而不涉及程序所包含的时间序列，也可以说程序就是多个规则按照一定的时间序列的组合。

(6)规划(program)

规划是为了实施既定方针所需的目标、政策、程序、规则、任务分配、执行步骤、使用的资源等而制订的综合性计划。它的作用是根据组织总目标或各部门目标来确定组织分阶段目标或组织各部门的分阶段目标。规划有大有小，大的如国家的科学技术发展规划；小的像企业中质量管理小组的活动规划等。规划有长远的和近期的，如我国国民经济发展的五年规划，以及企业的职工培训规划等。规划一般是粗线条的，纲要性的。大的规划往往派生出许多小的规划，而每个小的派生规划都会在一定程度上影响总规划，它们互相依赖、互相影响。由于计划工作质量总是取决于它的薄弱环节，所以，小规划不当或不周的后果会影响整个规划。这就需要特别严格的管理技能，以保证规划工作的各个部分彼此协调。

(7)预算(budget)

预算是一种“数字化”的计划，把预期的结果用数字化的方式表示出来就形成了预算。例如企业中的财务收支预算，也可称之为“利润计划”或“财务收支计划”。

预算可以帮助组织或企业的上层和各级管理部门的主管人员，从资金和现金收支的角度，全面、细致地了解企业经营管理活动的规模、重点和预期成果。例如，某企业的财务预算包括：利税计划、流动资金计划、财务收支计划、财务收支明细计划表和成本计划等，其中，财务收支明细计划表详细地规划出了企业各管理部门的重要收支项目的金额数量。预算工作的主要优点是促使人们去详细制订计划，去平衡各种计划；由于预算总要用数字来表示，所以它能使计划工作做得更细致、更精确。另外，预算也是一种控制手段，是控制的衡量标准。

案例

业务扩展中的化妆品公司

格拉斯纳经营自己的化妆品公司已有三年了，公司经营初见成效，格拉斯纳打算拓展产品，增添生产线，建立分销网络。

格拉斯纳这样向外界阐明她公司的业务："格氏化妆品公司准备生产一套高质量的化妆品系列，在美国东北部通过百货商店和专业商店销售给高收入的顾客，并成为意大利香水在美国市场上的前四位代理人中间的一个。"格拉斯纳对公司职工提出要求说，要在下一年度使公司的销售额达到300万美元。

格拉斯纳为扩展公司的业务去银行贷款，银行人士问她的经营有何独到之处，她回答说：第一，她只批发给独家经销她的产品的那些百货商店和专业商店；第二，如在圣诞节旺季到来的三个月之前来采购的话，她给那些商店在价格上打对折，甚至更优惠。格拉斯纳在公司内建立了一套制度，要求对所有来购货的订单都先核实信用，然后在装货起运之前才在价格上标出适当的折扣。公司的货运室管理人员被要求做到："绝对不可以在信用部门认可之前运走任何东西。"格拉斯纳在得到所需资金的贷款后便开始着手制订具体的计划。

（资料来源：http://www.ahut.edu.cn/jpkc/glx/books.htm）

问题

1.格拉斯纳在答复银行人士的提问时所说的两条属于公司的何种计划形式？

2.格拉斯纳对公司职工提出的下年度销售额达到300万美元是针对哪部分职工而规定的目标？

3. 影响计划有效性的权变因素

组织需要制订各种类型的计划，当制订和执行计划的环境条件不同时，必须制订与环境条件相适应的计划，才能充分发挥计划的有效性，保证组织有序运行、持续发展。通常，把影响计划有效性的因素称为计划的权变因素。

(1)组织层次

对于大型组织，组织中不同管理层次的管理者考虑的计划侧重点是不同的。一般情况下，在一名管理者由基层逐步提升到中层、高层管理岗位的过程中，他需要制订的计划主要由作业计划向战术计划、战略计划转变，计划逐渐趋向于战略导向。图 5-1 表明了组织的管理层次与计划类型之间的关系。而在小企业中，所有者兼管理者的计划角色兼有战略和作业两方面的性质。

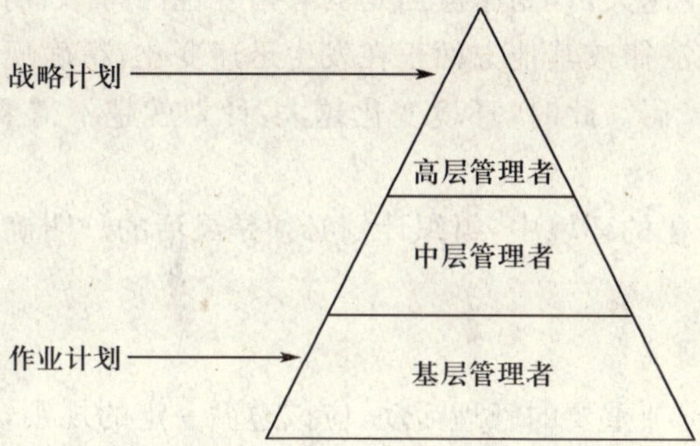

图 5-1 组织的管理层次与计划类型之间的关系

(2)组织的生命周期

组织犹如一个有生命的有机体，都要经历一个生命周期，具体有形成期、成长期、成熟期和衰退期四个阶段，如图 5-2 所示。在组织生命周期的各个阶段上，计划的类型并非都具有相同的性质，计划的时间长度和明确性应当在不同的阶段上进行相应的调整。在组织的形成期，管理者应当更多地依赖指导性计划，因为处于这一阶段要求组织具有很高的灵活性。在这个阶段上，目标是尝试性的，资源的获取具有不确定性，辨认目标很难，而指导性计划使管理者可以随时按需要进行调整。在成长阶段，随着目标更确定和资源更容易获取，计划也更具有明确性，因此管理者应当制订短期的、更具体的计划。当组织进入成熟期这一相对稳定的时期，可预见性最大，从而也最适于长期的具体计划。当组织从成熟期进入衰退期，计划也从具体性转入指导性，这时目标要重新考虑，资源要重新分配，管理者应制订短期的、更具指导性的计划。

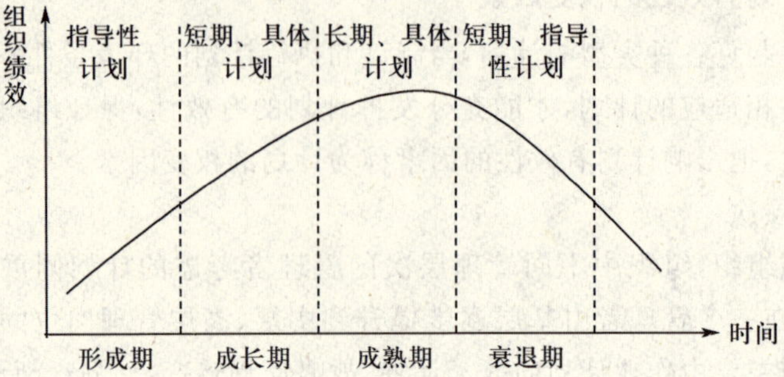

图 5-2　组织的生命周期对计划内容的影响

(3)环境的不确定性程度

环境的不确定性越大,计划越应当是具有指导性的,计划期限也应越短。如果在技术、社会、经济、法律或其他方面正在发生迅速变化,精确规定的计划反而会成为组织取得绩效的障碍。此时,环境变化越大,计划就越不需要精确,管理就越应当具有灵活性。

总之,在不断变化的环境中,组织计划必须是灵活的。明确计划是组织为生存和发展服务的手段。

4. 计划工作原理

计划工作作为一项重要的管理活动,应该遵循一定的规则,自然也应该有其基本的原理。同时,运用计划工作的原理应与具体的环境相结合。

(1)灵活性原理

计划必须具有灵活性,即当出现意外情况时,有能力改变方向而不必花太大的代价。所谓灵活性原理,就是计划中体现的灵活性越大,由于未来意外事件引起损失的危险性就越小。但是,对于执行计划,则一般不需要灵活性。例如,执行一个生产作业计划必须严格准确,否则就会发生组装车间停工待料或制品大量积压的现象。

对管理人员来说,当计划的时期长、任务重的时候,灵活性就显得很重要了。当然,灵活性也有一定的限度,具体如下:

①不能以推迟决策的时间为代价,来确保计划的灵活性。因为未来的不确定性是很难预测到的,为了保证计划决策的准确性,而等到具备了足够的信息,可以充分考虑未来可能发生的问题时,才进行决策,那势必会错失良机。

②计划需要付出一定的代价才能具备灵活性,有时由此得到的收益不能弥补其带来的费用成本,这就违背了计划的收益性。

③有些情况常常无法使计划具有灵活性。例如,企业销售计划在执行过程中

遇到困难，不能如期完成目标。如果允许其灵活处置，则可能危及全年的利润计划，从而影响到新产品开发计划、技术改造计划、供应计划、工作增长计划、财务收支计划等许多方面，以致企业的主管人员在经过反复权衡之后，不得不动员一切力量来确保销售计划的完成。

因而，具有灵活性的计划也称为“弹性计划”，即能适应变化的计划。

(2)限制因素原理

所谓限制因素，是指妨碍组织目标实现的因素，或者是，在其他因素不变的情况下，只改变这些因素，就可以影响组织目标的实现程度。管理人员越是能够了解对达到目标起主要限制作用的因素，就越能够有针对性地、有效地制订各种行动方案。有人把限制因素原理称为“木桶原理”，其含义是木桶能盛多少水，取决于桶壁上最短的那块木板条。根据限制因素原理，管理人员在制订计划时，应该明确在实现组织目标的过程中，起主要限制作用的因素，有针对性地提出解决方案。

(3)许诺原理

其内容为，任何一项计划都是对完成各项工作所做出的许诺，因而，许诺越大，实现许诺的时间就越长，实现许诺的可能性就越小。许诺原理涉及的是计划期限的问题。由于计划工作和它所依据的预测工作是很费钱的，所以，如果在经济上不合算的话，就不应当把计划期限定得太长。合理计划工作要确定一个未来的时期，这个时期的长短取决于实现决策中所许诺的任务所需的时间。按照许诺原理，计划必须有期限要求。如果主管人员失信许诺所需的时间长度比他可能正确预见的未来期限还要长，而且他不能获得足够的资源，使计划具有足够的灵活性，那么他就应当断然减少许诺，或是将他所许诺的期限缩短。例如，他所许诺的如果是一项投资的话，他就应该采取加速折旧、提存等措施使投资的回收期限缩短，以减少风险。

(4)改变航道原理

制订出计划之后，就要实施计划。作为计划的制订者，在实施计划的过程中，应按制订的计划进行活动，但不能被计划束缚住，而应该根据当时的实际情况做必要的检查和修正，以保证组织目标的实现。就好像在海中航行，目的地不变，一旦遇到障碍可以绕道而行。所谓改变航道原理，就是组织计划的总目标不变，但实现目标的进程(如航道)可以因情况的变化而随时改变。我们知道，未来的环境是不断变化的，尽管我们在制订计划时预测了未来可能发生的情况，并制订了相应的应急措施，但是因为：①计划不可能面面俱到，②环境是不断变化的，③计划没有变化快，所以，管理者要定期地对计划进行检查和修正。另外，改变航道原理与灵活性原理不同，后者是计划本身具有适应性，而前者是使计划执行过程具有应变能力。

5.1.3 计划的制订过程

制订计划是一个活动过程，而不是一次性的活动。随着组织内外部条件的不断变化，需要对计划进行修改，甚至更新，以致形成各种形式的可行计划。因此，计划活动是一个由若干互相衔接的步骤所组成的连续的逻辑过程，这一过程可分为如下五个步骤。

1. 分析组织内外环境，明确组织宗旨和使命

计划是为了组织的生存和发展而制订的，计划应保障组织的活动与环境的协调，了解组织环境的特点和组织内部拥有的资源和能力，明确组织可控和不可控的前提条件，在此基础上才能确定组织的目标。

组织环境为组织提供机会，但组织必须能够把握机会，具体包括洞察未来可能出现的机会、组织对机会的认识和把握机会的能力；根据对竞争对手的分析，确定自身的优势和劣势，确立本组织的竞争地位，明确期望得到的结果，等等。在估量机会的基础上，计划活动的第一步就是要为组织确立宗旨和使命。宗旨是社会和经济赋予组织的基本职能，它明确了组织何以立足于环境。使命是组织实现宗旨的途径，一个组织的使命能够使该组织区别于类似的其他组织。

组织高层管理者在确立组织宗旨和使命后，就要把它们告知组织内所有成员以及各种各样的相关利益群体，让参与计划的制订与实施工作的人员理解并接受组织的宗旨和使命，这将非常有利于计划的顺利执行和目标的实现。

2. 制订组织目标

从广义的目标(goals)来理解，组织目标是多种多样的，从组织层次看，组织目标也有等级层次之分。首先，组织要有适应环境的目标，即宗旨。其次，组织要有实现宗旨的途径，即使命。再次，组织要有完成使命所要达到的结果，即目标。目标是组织宗旨和使命的具体化。计划工作的第二步就是制订狭义的目标，即组织所要达到的结果。

目标对于组织是至关重要的，因为所有的努力和活动都是为了实现目标。目标有许多作用，它指明了组织前进的方向；作为行为标准与实际行动进行比较，还起到控制标准的作用；在既定环境中，目标决定组织应当扮演的角色等。适宜的目标，不仅可以协调组织成员的工作，还可激励组织成员保持较大的积极性，促使他们去努力实现目标。

对关键领域制订正确而有效的目标具有下列主要特征：目标应具体，切忌含混笼统；目标应可衡量，尽可能数量化或精确描述；目标应有完成时间期限；目标不应强调活动，而应强调成果；目标既应切实可行，又应具有挑战性；目标应尽可能由负责完成它的人来制订或参与制订。

3. 目标分解与目标结构分析

目标分解是将决策确定的组织总目标分解落实到各个部门、各个活动环节，将长期目标分解为各个阶段分目标的过程。通过分解，确定了组织的各个部门在未来各个时期的具体任务以及完成这些任务应达到的具体标准。目标分解的结果是形成组织的目标结构，包括目标的时间结构和空间结构。可以说，目标结构描述了组织中较高层次的目标（如总体目标与长期目标）与较低层次的目标（如各部门、各环节、每个人与各阶段目标）相互间的指导与保证关系。

目标结构的分析是研究较低层次的目标对较高层次目标的保证能否落实，即分析组织在各个时期的具体目标能否实现，从而能否保证长期目标和整体目标的达成。如果较低层次的某个具体目标不能充分实现，则应考虑能否采取有关补救措施，否则就应调整较高层次的目标要求，有时甚至可能导致至关重要决策的重新修订。

4. 综合平衡

首先，综合平衡是分析由目标结构决定的或与目标结构对应的组织各部分在各时期的任务是否相互衔接和协调，具体包括任务的时间平衡和空间平衡。时间平衡是要分析组织在各时期的任务是否相互衔接，从而保证组织活动顺利进行；空间平衡则要研究组织各个部门的任务是否保持相应的比例关系，从而保证组织的整体活动协调开展。

其次，综合平衡还要研究组织活动的进行与资源供应的关系，分析组织能否在适当的时间筹集到适当品种和数量的资源，从而能否保证组织活动的连续性。

最后，综合平衡还要分析不同环节、不同时间的任务与能力之间是否平衡，即研究组织的各个部分是否能够保证在任何时间都有足够的能力去完成规定的任务。由于组织的内外环境和活动条件经常发生变化，从而可能导致任务的调整，因此在任务与能力平衡的同时，还需留有一定的余地，以保证这种将会产生的调整在必要时有可能进行。

5. 编制并下达执行计划

完成上述各阶段任务之后，就应制订具体的计划方案。计划方案类似于行动路线图，是指挥和协调组织活动的工作文件，要清楚地告诉人们做什么（what）、何时做（when）、由谁做（who）、何地做（where）以及如何做（how）等问题。制订计划方案包括提出方案、比较方案和选择方案等工作，实质是决策的过程。

计划是面向未来的管理活动，未来是不确定的，不管计划多么周密，在实施过程中都可能因为内外部环境的变化而无法顺利执行，有的情况下甚至需要对预先制订的计划予以调整。僵化的计划有时比没有计划更糟。因此，在制订计划方案的同时，还应该制订应急计划，即事先估计计划实施过程中可能出现的问题，预先制订一套甚至几套备选方案，这样可以加大计划工作的弹性，使之更好地适应未来环境。

确定计划方案之后，计划工作并未完成，因为如果计划不能转化为实际行动和业绩，再好的计划也没有用处。因此，实施全面计划管理的组织，应把实施计划包括在计划工作中，组织中的计划部门应全过程参与计划的执行，以便了解和检查计划的实施情况，与计划实施部门共同分析问题，采取对策，确保计划目标的顺利实现。

【管理练习：验证计划的作用】

练习步骤：

(1)回顾个人时间的使用情况。运用表5-2如实记录你最近一周每天的时间使用情况。如果某一个时间段记不清做了什么，记为“不清”。

表5-2　　一周时间表

时间	上午		下午		晚上	
	事项	持续时间	事项	持续时间	事项	持续时间
周一	起床	7:50～8:00				
周二	起床	7点左右，约10分钟				

逐项询问：“这件事不做会有什么后果?”如果认为“不会有什么影响”，那么将这件事改为“可不做”。

(2)评估时间使用情况。运用表5-3对过去一周的时间使用情况进行汇总和评估分析。

表 5-3 一周时间汇总表

时间	周一	周二	周三	周四	周五	周六	周日	合计
睡眠	7 小时	8 小时	6 小时	7 小时	8 小时	12 小时	10 小时	58 小时
用餐								
上课								
自学								
作业								
锻炼								
社交								
社会实践								
娱乐								
清洁								
交通								
其他								
可不做								

对上表统计的时间，逐项询问："这件事能否花更少的时间来完成"，若"可能"，则在"合计"栏旁记上"可节省××小时"。将"可不做"和"可节省"的时间相加，除以一周时间(168 小时)减去必要的睡眠、用餐、清理、交通时间，可得到你过去一周的有效时间浪费率。

(3)学习时间管理方法。请在一天内阅读有关时间管理方面的书籍，对照书中的观点，反思自己在时间管理上存在的问题，并明确需要改进的方面。

(4)制订周计划。根据自己的实际情况，运用所学的计划管理知识和时间管理方法，制订未来一周计划表(注意改进自己需要改进的方面)。在制订周计划时，注意：

- 要将自己所注重的几方面活动都列入计划，并配置以一定的时间；
- 对每一项活动，不仅要明确内容，而且要明确目标值和时间安排，以便检验；
- 如果自身的预计能力较差，可以半天为单位而不是以小时或分钟为单位进行计划安排；
- 在每天的计划或一周计划中要留有一定的机动时间，以应对计划不周或情况的变化。

(5)执行一周计划。执行周计划并记录每天的计划执行情况(包括记录计划工作所用时间)，运用滚动计划法修改一周计划，再执行和记录，直至完成一周计划。

(6)验证和反思。运用表 5-2、表 5-3 这一周的时间运用情况进行统计分析，计算这一周的有效时间浪费率，将该比率与计划前一周的时间浪费率比较，将这一周计划所用的时间和有效利用时间的增加值进行比较，结合这一周所取得的成效，验证计划的作用。反思这一周的计划制订和执行过程，总结在计划制订和执行方面的经验教训。

（资料来源：邢以群. 管理学. 北京：高等教育出版社，2007）

5.2 目标管理

目标管理是一种系统管理方法，它与计划和控制工作有很大的关系。目标管理是具有活力的管理方法，下级人员通过设置目标来承担自己的义务，目标管理实际上是一种承诺管理。

目标管理（MBO，Management by Objectives）是由美国著名企业专家彼得·德鲁克（Peter Drucker）在1954年提出，经由其他一些人的发展，逐步成为欧美和日本许多国家所普遍采用的一种系统地制订目标并进行管理的有效方法。

我国改革开放以后，引入目标管理，并受到我国企事业单位、政府机关和各种社会组织的广泛关注。目标管理的最突出的特点是强调"成果管理"和"自我控制"。彼得·德鲁克认为，凡是组织的生存和发展依赖于员工的工作绩效和工作成果的结合，就都必须采用目标管理，对主管人员的评价应当依据他对实现组织目标的贡献来进行。由于目标管理被认为更适合于对管理人员进行激励和评价，所以常常被人们称为"对管理者的管理"。

5.2.1 目标管理的实质

目标管理不像传统的目标设定方法那样，完全由上级设定和分派目标给下级，而是采用参与方式来决定目标，即上级和下级共同参与目标的选择并对如何实现目标达成一致意见。目标管理的实质是员工参与制订目标，实行自我管理和自我控制，即在企业制订出一定时期内期望达到的目标后，由各部门和全体员工根据企业总目标要求，采取"自上而下"、"自下而上"相结合以及左右各部门相互配合的方式来协商确定各自的分目标，并将这种目标商定做法贯穿到组织的各单位及每个人，形成以企业总目标为中心的、上下左右紧密衔接和协调一致的目标体系。同时，在目标执行过程中要实行逐级授权，使执行者能够自行地确定实现目标的方法、手段，达到权责对称的自主、自我管理境界。另外，要将员工的自检和互检与上级的成果检查相结合，实行基于工作成果评价的管理控制制度。通过上述完整的目标管理过程，企业既贯彻了员工参与管理的思想，同时又建立了一套具体、可衡量的目标体系，从而实现了对员工行为的引导、激励和控制的有机统一。

目标管理法提出了一种新的目标设定逻辑，使组织内目标制订过程从单纯的自下而上转变为上下结合，并形成了一个通过协商的目标层级结构。在此结构中，某一层的目标与下一层的目标连接在一起，而且对每一位员工都提供了具体的个人绩效目标。这样，目标管理法就不仅保证了各层管理人员的实现组织目标的"意识"，而且也使得目标设定真正成为提高工作绩效的动力。目标管理法被认为是一种科学合理的现代管理方法，而不单单是计划或目标的设定方法。

5.2.2 目标管理的基本内容

我们把目标管理过程分成如下六个步骤或环节。其全过程可以用图 5-3 表示。

1. 目标管理的总目标制订

组织的管理人员在对经营环境调查分析的基础上，根据组织拥有的资源以及发展的需要，应首先确定组织未来运作的一个总目标。这个总目标是组织使命、宗旨在某一阶段需要完成的任务或是达成的状态。在制订总目标的过程中应注意：

(1)明确组织内部所拥有的资源，以及具备的优势。这包括可支配资源的数量和质量，组织存在的问题和劣势，组织的竞争优势等等。组织目标的设立应充分地考虑到组织的具体情况，不能制订超出组织经营能力的目标，而应"量力而行"。

(2)分析组织的外部环境及其变化趋势。政治环境、经济环境、社会环境、文化环境以及国际环境，都对组织目标的实现有一定的影响。在制订目标时，必须在环境分析与预测上，下足工夫，否则目标的实现就会遇到很多的障碍。

(3)设立的组织目标应该是可以量度的，即可以通过一些相关的指标来计量。

2. 建立目标体系

目标管理的第二步就是将总目标进行横向与纵向的分解，建立一套完整的目标体系。具体如下：

(1)根据组织结构体系，将总目标进行分解。使得每个组织层次、每个部门、每个员工都有各自的任务。这是一个自上而下的过程。

(2)每个层次、每个部门、每个员工应根据各自的分工情况和职责，结合上级下达的任务，制订自己的、完善的和具体化的目标，然后提交给上级批示。这是一个自下而上的过程。需要注意的是，目标的设定要略高于执行者的能力水平，目标的数目不宜过多，要尽量具体化、定量化，目标要有可比性。

(3)综合分析上级下达的工作任务和下级制订的工作目标，找出差异，通过上下级的沟通进行修改，经过几次这样的反复后，每个层次、每个部门、每个员工都拥有了各自的目标，并形成一个比较完善的目标体系。

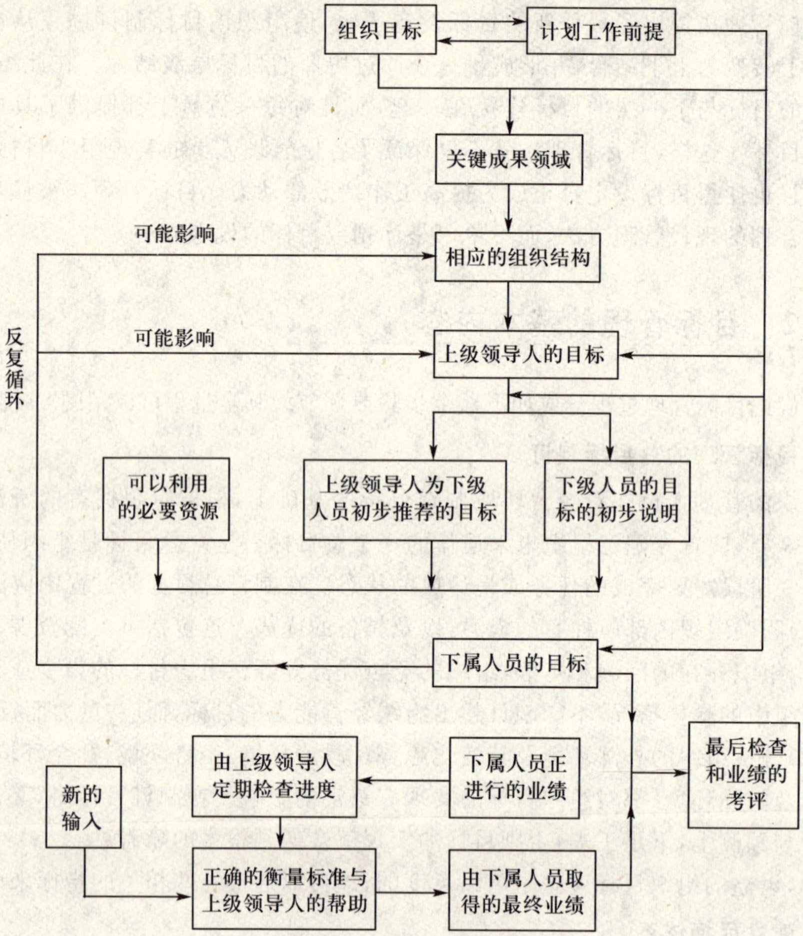

图 5-3　目标管理和评价的工作系统

3. 目标的实施

目标管理的核心就是强调"自我控制"。完成各级目标的制订后，管理人员就应该将权力下放给手下的员工，依靠员工的自我管理和控制完成既定的目标。目标管理并不等于管理人员放弃管理，而是通过指导、协助、提供情报、创造良好的工作氛围等方式，来帮助员工完成目标任务。

4. 目标成果的评价和奖励

将既定的目标作为评价工作的标准，定期检查和评价各级完成任务的情况。一般通过两种方式进行检查与评价，一种是各层次、各部门、各个员工的自我考评；另一种是组织的上级对下级进行考评。当然，也可以两种方式一起使用，先是自我评价，然后由上级复查。

经检查，对完成任务和实现目标的员工要给以奖励，而对未能按时、按标准完成任务和实现目标的员工要提出批评，甚至惩罚。总之，奖惩一定要严明。

5. 总结经验教训

上级和下级共同对上一阶段目标管理工作的成败进行总结，有助于发现问题，找出原因，总结经验，以提高将来目标管理的质量。特别是要对目标设立、“自我控制”、上级的管理等问题进行深入的总结。

6. 进入新的循环

经过目标成果检查、评价，确认任务已完成、目标已达到并进行经验总结后，目标管理可进入下一个循环阶段。

5.2.3 目标管理的评价

实践已经表明，当目标是在协商一致的基础上得以明确时，组织成员就具备了合作和协调的重要基础。否则，组织中的各个部门甚至每一个人都只按照自己的想法采取行动，这不仅形成不了合力，而且必然会产生许多矛盾和摩擦。实践证明，目标管理具有重要的推行价值。不过，目标管理法的成功实施，要求企业有相应的组织文化的支持，同时企业面临的环境必须是相对稳定和变化不大的。否则，上下左右密切配合的、较长时间的目标协商过程将降低企业对变化环境的反应速度。

1. 目标管理的优点

管理实践证明，目标管理有很多可取之处，其优点概括如下：

第一，导入目标管理有利于组织全面提高管理水平。现实可行的目标依赖于严密科学的计划工作，同样计划也必须以最终目标为依据才有意义。这就迫使管理人员为实现最终目标而进行计划，同时也促使他们考虑为实现目标所采用的手段，考虑与这些目标相适应的组织机构和人员。

第二，目标管理有利于改善组织结构。为了将目标落实到每个岗位上，人们必须明确组织结构的情况，从而有利于发现组织结构设计中所存在的缺陷。

第三，目标管理有利于激励人们的主动精神，诱发人们的责任感。通过实施目标管理，每一个职工都参与了为自己拟定目标的工作，他们不再是被动的接受者，而是有着明确目标的、能够掌握自己命运的、主动的目标追求者。

第四，目标管理有助于开展有效的控制工作。控制就是对进行着的业务活动加以衡量，发现计划实施过程中出现偏差并采取措施加以纠正，从而保证既定目标实现的过程。能否正确适当地衡量业务活动取决于所使用的标准，而一套明确的、可考核的目标，将是最好的控制标准。

第五，目标管理表现出良好的整体性。组成一个完整的目标链和目标体系之后，将企业的所有任务和目标连成一个有机的整体：目标自上而下层层进行分解，目标自下而上层层得以保证实现。

2. 目标管理的缺点

第一，目标难以制订。真正考核的目标是很难确定的，尤其是当他们有一定程度的弹性时，如随季节变化或者随年度变化的时候。一个组织的目标好定，但是真正让每一个管理人员和员工都定出数量化的目标有时却是很困难的。可能是下级不了解整体目标，不了解整体目标与他个人的关系；或者是组织本身的目标就含糊不清，使管理者无法配合制订等。

第二，强调短期目标。在多数实现目标管理的组织中，管理人员所确定的目标一般都是短期的，很少超过一年。强调短期目标的危险性是显而易见的，它极有可能以牺牲长期目标为代价。

第三，目标的商定很费时间。目标的商定要几上几下，目标的双向沟通、协商，以及协议的书面表达形式都需要更多的时间。

3. 应用目标管理的基础

目标管理是一种实用的管理方法，应该大力推广，但应用时必须具备如下基础条件。

第一，推行目标管理要有一定的思想基础和科学管理基础。所谓思想基础是指要教育员工确立全局观念、长远利益观念，这是因为目标管理容易强调短期利益、本位主义，如果没有一定的思想基础，设定目标时就可能出现不顾整体利益和长远利益的现象。所谓科学管理基础是指各项规章制度比较完善，信息比较通畅，能够比较准确地度量和评估工作成果，这是推行现代管理方法的基础。

第二，主管人员积极参与、协调和授权。在开始一项计划之前，主管人员必须真正了解所计划的内容以及可能会产生的问题和困难。在目标管理中，领导的重要职能是协调，首先表现在设置目标过程中的协调，其次表现在执行过程中的协调，要使员工的方向一致，目标之间要相互支持，这就需要领导者掌握一些协调的方法。另外，目标管理中的领导者应善于授权，因为这是个人自由地完成目标的前提。

第三，有效的前景调查和计划活动。目标管理的成功取决于在既定情况下对其具体问题、人性和实践的仔细研究。所以，实施目标管理之前必须考察整个管理结构的所有方面。

第四，目标管理要逐步推行，长期坚持。推行目标管理需要许多配套工作，如提高人员的素质，健全各种责任制，做好其他管理的基础工作，制订一系列有关的政策等等。这些都是企业的长期任务，所以目标管理也只能逐步推行。先试点，在此基础上总结经验，再进一步推广。所以，只有长期坚持，不断发展和完善，目标管理才能收到良好的效果。

5.3　计划管理方法与技术

制订计划的方法直接影响计划工作的效率高低和质量好坏。现代计划方法为制订切实可行的计划提供了手段，在计划的质量方面，现代计划方法可以确定各种复杂的经济关系，提高综合平衡的准确性，能够在众多的方案中选择最优方案，还能够进行因果分析，科学地进行预测；在效率方面，由于采用了现代通讯和计算机网络技术，大大加快了计划工作的速度，这使管理人员可以借助于许多量化的和科学的方法来进行计划。计划的方法多种多样，在此仅介绍几种常见的方法。

5.3.1　预测

在计划的实施过程中，组织内外部环境都可能发生变化，如果能够及时预测内外部环境的可能变化，对制订和实施计划来说将十分有利。所以，计划工作人员应设法预见计划在未来实施时所处的环境，对影响既定计划实施的各种环境要素进行预测，然后，在此基础上，设计可行的计划方案。

所谓预测(forecasts)，就是根据过去和现在的资料，运用各种方法和技术，对影响组织工作活动的未来环境做出正确的估计和判断。预测有两种，一种预测是计划工作的前提，比如对未来经营条件、销售量和环境变化等方面所进行的预测，这是制订计划的依据和先决条件；另一种预测是从既定的现行计划发展而来的对将来的期望，如对一项新项目所作的关于支出和收入的预测，这是对计划工作结果的预计。

预测的方法是多种多样的。概括地讲，可归纳为两大类：一是定性预测(qualitative forecasting)方法，主要靠人们经验和分析判断能力进行预测，如德尔菲法；二是定量预测(quantitative forecasting)方法，就是根据已有的数据和资料，通过数学计算和运用经济模型进行预测，如时间序列分析、回归分析等等。这些方法往往具有较强的专业技术特征，每一种方法都需要各自的情况、资料和数据，而且各种方法的复杂程度不同，应用条件和范围亦不尽相同，所以应当有选择地加以运用。

5.3.2　甘特图

甘特图(Gantt chart)是表示作业计划及其进展状况的最基本工具。它是一种线条图,左边纵轴表示要安排的活动,横轴则表示时间,线条则表示整个期间计划活动与实际完成的情形。这一工具简明直观,使管理人员很容易认清目前计划任务的进展情况,并实施有效的控制。

图 5-4 绘出了某一建设项目的甘特图,空白线框表示计划活动顺序,深色的线条则表示实际的进度,整个项目何时开始,何时完成一目了然,并能帮助管理人员及时发现实际进度偏离计划的情况,以便采取措施及时纠正。

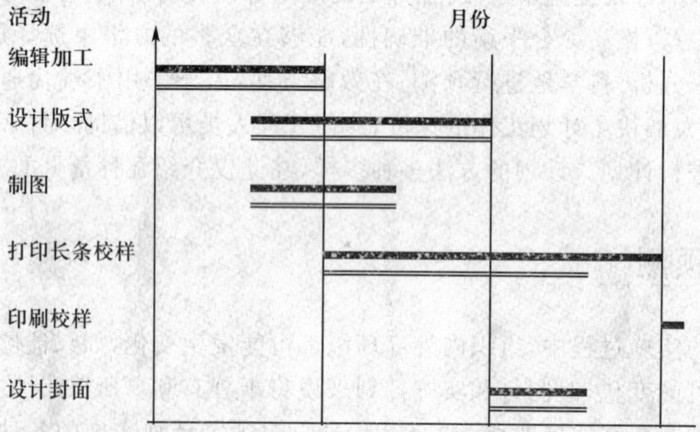

图 5-4　甘特图

5.3.3　滚动计划法

对于中长期计划而言,由于环境的不断变化,以及在制订计划时存在着众多的不确定因素,因而在计划实施一段时间之后,就可能出现计划与实际情况不符的状况。这时如果仍然按照原计划实施下去,就可能导致错误和损失。滚动计划法就是一种根据情况变化定期修订未来计划的方法。这种方法综合考虑了计划的执行情况、外界环境的改变情况以及组织的方针政策的变化,采用近细远粗的方式对实施中的计划进行定期的修订,并逐期向前推移,从而使短期计划、中期计划和长期计划有机地结合起来,不断地随时间推移而更新。图 5-5 所示的便是一个周期为五年的滚动计划方法。

由图 5-5 可以看出,在计划期的第一阶段结束时,要根据该阶段计划的实际执行情况和组织内、外部因素变化的情况,对原计划进行修订,并根据同样的原则进行逐期的滚动。

采用滚动计划法有利于在外界环境不断变化的情况下,使计划更加符合实际,更好地保证计划的指导作用,从而提高计划工作的质量;同时也有利于保证长期计划、中期计划和短期计划互相衔接，使各期计划基本保持一致；最后，它还使得组织的计划工作富有弹性，从而有利于提高组织的应变能力。

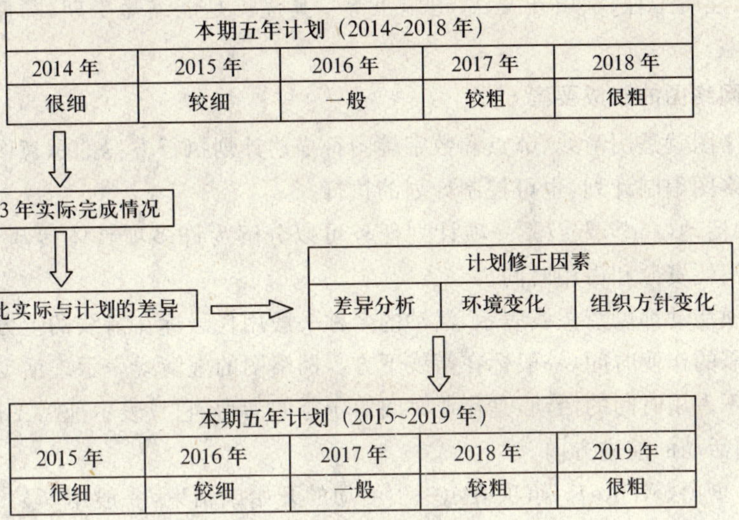

图 5-5 滚动计划法的编制过程

5.3.4 计划评审技术

计划评审技术（PERT，Program Evaluation and Review Technique）是50年代以来出现的一些计划控制方法。1958年，美国海军首次将计划评审技术应用于北极星武器系统的计划和控制工作，使北极星导弹工程的工期由原计划的10年缩短为8年。以后，该方法被逐渐引入民用项目，并得到了越来越广泛的应用。

计划评审技术是把一项工作或项目分成各种作业，然后根据作业顺序进行排列，利用所形成的网络对整个工作或项目进行统筹规划和控制，以便用最短的时间和最少的人力、物力、财力等资源去完成既定的目标或任务。

1. 计划评审技术的原理

计划评审技术是运用网络图（或表）的形式来组织生产和进行计划管理的一种科学方法。其基本原理是利用网络图（或表）表示计划任务的进度安排，并反映出组成计划任务的短期活动之间的相互关系。在此基础上，进行网络分析，计算网络时间，确定关键工序和关键线路，并利用时差不断改善网络计划，求得工期、资源与成本的综合优化方案。

2. 计划评审技术的应用范围

网络计划技术应用范围很广，特别适用于生产或工程项目，如新产品研制、设备维修、建筑工程、油田开发、管道施工等。其优点是能缩短工期，降低成本，提高经济效益。

3. 网络图的组成要素

网络图就是用箭线、节点和数字等图符描述计划执行方案的示意图，管理者可根据网络图编制计划，也可控制计划的执行。

(1)活动(activities)。一项计划任务可以分解为许多项具体活动。活动的特点是要消耗资源和占用时间。

每项活动都以箭头线表示，活动的名称一般用代号标在箭线的上方；完成这项活动所需的作业时间，一般标在箭线下方。网络图的虚箭线表示虚活动，即不消耗资源也不占用时间的活动，是作业时间等于零的活动，它只表示前后工序的衔接关系，指明活动的前进方向。

(2)事项(events)。事项表示一项活动的开始或结束，一般用"○"表示。事项的特点是不消耗资源，也不占用时间，只表示某项活动的开始或结束。事项是箭线的交结点，故又称结点。

网络图左方第一个结点称作网络的始点事项，它只表示这项计划任务的开始；右方最后一个结点称作网络的终点事项，它只表示这项计划任务的结束(完工)。介于网络始点事项和终点事项之间的结点，称做网络的中间事项，它的意义是双重的：既表示前一项活动的结束，又表示后一项活动的开始。

(3)线路(path)。线路是指从网络始点事项开始，顺着箭线方向，到网络终点事项为止，中间经过一系列由首尾相接的结点和箭线所组成的通道。

一个网络图可以有许多线路，每一条线路上各项活动的作业时间之和就是这条线路的作业时间。

作业时间最长的一条线路称作关键线路(critical path)，它的路长就是整个工程的工期。

4. 网络图绘制的规则

绘制网络图应当遵守的规则有：

(1)不允许出现循环线路。即箭线不允许从某个结点出发而又回到该结点；

(2)每一条箭线的头尾都必须有结点；

(3)结点编号不能重复使用，并应使箭尾结点的编号小于箭头结点的编号；

(4)相邻两个结点之间，只允许有一条箭线直接相连；

(5)一个网络图中只能有一个始点事项和一个终点事项。

5. 网络时间

网络时间包括两个部分，一个是指活动的延续时间，另一个是指每一个活动的开始或结束的时点。具体来说，包括作业时间、结点时间、工序时间和时差。

(1)作业时间。作业时间(TEI * J)是指完成某一项工作所需要的时间。确定作业时间有两种方法：

单一时间估计法：一般请有关人员，采用经验估计法，给每项作业估计一个作业时间。

三点估计法：通常将作业时间按三种情况进行估计。

a：最乐观的完成时间，是最顺利条件下的最短时间；

b：最保守的完成时间，是困难条件下的最长时间；

c：最可能的完成时间，是正常条件下的时间。

那么，作业时间 TEI * J $=(a+4b+c)/6$

(2)结点时间和活动时间：一个结点是上一个或几个活动的结束，也是下一活动或几个活动的开始。

结点最早开始时间 ES(i)：从该结点出发的各活动最早可能开工的时间。计算结点最早开始时间应从网络始点事项开始，由左向右，沿箭线方向逐一计算。如果结点前有几条箭线，就选其中最大值。

结点最迟结束时间 LF(j)：进入该结点的各活动最迟必须完工的时间。计算结点最迟结束时间应从网络终点事项开始，由右向左，沿箭线逆方向逐一计算。如果结点后有几条箭线，就选其中最小值。

(3)某活动的时差 S(ij) $=$ LF(j) $-$ ES(i) $-$ (TEI * J)，表示该活动可机动的时间。

6. 确定关键路线的方法

确定关键路线的方法有两种：

最长路线，从起点顺箭头方向到终点的几条线中，最长的路线是关键路线。

时差，总时差为零的活动为关键活动，其连接的线路就是关键路线。

根据这样一张网络图就可以确定出关键路线或关键作业，即对整个工期造成影响的那些作业。然后可以依据上述分析，重新调整和平衡人力、物力、财力等资源的分配，最终得到一个多快好省的方案。

现举一例来说明。某办公楼的建筑施工过程包括如下活动见表 5-4。

表 5-4　　建筑办公楼的 PERT 网络

活动	紧前活动	作业时间(周)
A 审查设计和批准动工	—	10
B 挖地基	A	6
C 立屋架和砌墙	B	14
D 建造楼板	C	6
E 安装窗户	C	3
F 搭屋顶	C	3
G 室内布线	D,E,F	5
H 安装电梯	G	5
I 铺地板和嵌墙板	D	4
J 安装门和内部装饰	I,H	3
K 验收和交接	J	1

图 5-6 画出了基于上表数据的 PERT 网络。(□表示的是结点最早开始时间，△表示的是结点最迟结束时间)

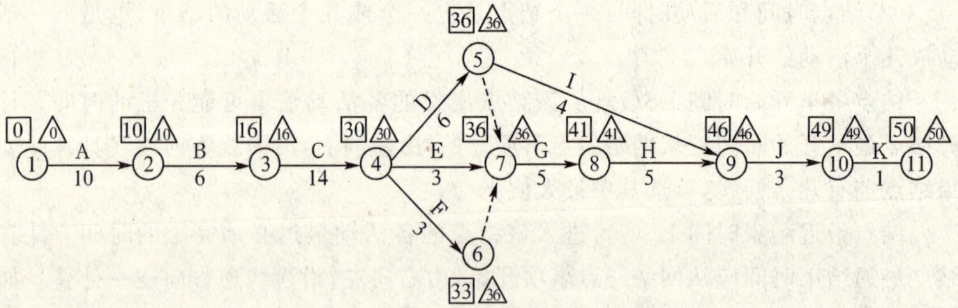

图 5-6　网络图

各个活动的时差为

$S_{1-2}=10-0-10=0$；$S_{2-3}=16-10-6=0$；$S_{3-4}=30-16-14=0$；

$S_{4-5}=36-30-6=0$；$S_{4-6}=36-30-3=3$；$S_{4-7}=36-30-3=3$；

$S_{5-7}=36-36-0=0$；$S_{5-9}=46-36-4=6$；$S_{6-7}=36-33-0=3$；

$S_{7-8}=41-36-5=0$；$S_{8-9}=46-41-5=0$；$S_{9-10}=49-46-3=0$；

$S_{10-11}=50-49-1=0$

利用最长路线和时差两种方法确定关键路线得出的结论是一样的。完成这座办公楼需要 50 周的时间，该网络的关键路线为：A-B-C-D-G-H-J-K，沿此路线的任何活动完成时间的延迟，都将延迟整个项目的完成时间。

采用网络计划方法有如下一些优点：

(1)它促使管理人员重视计划工作。如果不进行计划，不了解各个局部之间的相互配合关系，就谈不上网络分析。

(2)促使每一个下级对他所负责的项目去精心地计划。

(3)有利于管理人员集中注意力于关键问题上。

(4)它为管理人员提供了进行前馈控制的可能。管理人员为了避免延误，必须努力设法缩短花在某些分项目上的时间。

(5)便于管理人员采取措施进行方案控制，以通过局部的改进实现整体的优化。

当然，网络计划法也有其局限性，如强调时间因素而忽略费用因素等等。

本章学习小结

1.计划是管理的首要职能，它是组织为了实现目标预先制订的行动安排，具体包括决定要做什么、如何去做、何时何地去做和由谁去做。广义的计划不仅包含计划的制订过程，还强调计划的执行过程以及检查计划的完成程度，因而有利于计划的完成。

2.进行计划工作时，要考虑影响计划的权变因素，如组织层次、组织的生命周期、环境的不确定性。

3.制订计划的过程包括：分析组织内外部环境，明确组织宗旨和使命；制订组织目标；目标分解与目标结构分析；综合平衡；编制并下达执行计划。

4.目标管理被广泛地应用于业绩评价和员工激励活动中，其实质是员工参与制订目标，实行自我管理和自我控制。目标管理的基本内容：目标管理的总目标的制订；目标展开；目标的实施；目标成果的评价和奖励；总结经验教训；进行新的循环。实施目标管理应最大限度的发挥其优势，同时也要注意并克服目标管理的缺点。

5.计划评审技术是运用网络图(或表)的形式来组织生产和进行计划管理的一种科学方法。其基本原理是利用网络图(或表)表示计划任务的进度安排，并反映了组成计划任务的短期活动之间的相互关系；在此基础上进行网络分析，计算网络时间，确定关键工序和关键线路；利用时差，不断改善网络计划，求得工期、资源与成本的综合优化方案。

综合案例

联合利华的2020计划

2010年11月15日，日用消费品公司联合利华在伦敦、鹿特丹、新德里、纽约同时宣布实施全球“可持续发展计划”，明确提出将在2020年前将产品对环境的影响减少一半，帮助超过10亿人改善健康状况，并实现100%的农产品原料可持续采购。联合利华CEO波尔曼说：“业务增长并不一定要以增加对环境的影响为代价。”

“可持续发展计划”具体提出了50个社会、经济、环境目标。拥有多芬、奥妙、家乐、立顿等全球知名品牌的联合利华公司将通过直接的运营，以及与供应商、消费者的共同努力，将温室气体排放量、用水量和废弃物减半。

在联合利华的产品生命周期中，超过1/3的温室气体和超过一半的用水量产生于消费者使用过程中。因此，这项承诺将产生前所未有的影响。

联合利华还计划在2020年前实现以下主要目标：

• 100%实现农产品原料的可持续采购，2015年前实现100%的棕榈油可持续采购。

• 使亚非拉地区10亿人养成每天洗手的习惯，减少腹泻等疾病的发生率。

• 在印度等国家扩大生产低成本的家用净水设备，为5亿人提供安全饮水。

• 与雨林联盟等组织合作，改善发展中国家的生活，将超过50万小型农场主和小型供应商纳入联合利华供应链。

联合利华将在世界各地的方方面面贯彻可持续战略。这是因为人们期望每天使用的产品能改善他们的健康和生存状况，并且过上可持续的生活。所以，联合利华的目标是帮助发展中国家的人们在不以牺牲环境为代价的前提下提高生活质量，并且帮助发达国家的人们在维持生活质量的同时减少对环境的影响。

联合利华实现可持续目标与发展业务并不冲突。公司对于业务增长有着宏远目标，但这只有在减少对环境影响的前提下才能够实现，所以公司越来越多地把可持续发展带来的挑战视为推动商业进步的良好机遇。此外，品牌以可持续为优先考量的标准，与零售客户的业务合作得以拓展，并且可持续发展的目标也促使公司进一步创新、发展市场。在很多情况下，可持续发展将为公司节省开支。

自威廉利华在英国利物浦附近的工厂制造出世界上第一块健康香皂以来，联合利华建立之初的价值宗旨已经伴随着公司的发展成为其自身定位和商业运作的重要组成部分。

1995年，面对水域野生鱼类数量的下降，联合利华与世界野生动物基金会为可持续性渔业共同创立了国际水产品认证机制。

1996 年，联合利华开展了可持续农业计划活动，与农民和供应商开发了一系列后来成为可持续农业指标的项目。目前，联合利华已实现了 10%的农林业可持续采购。

2004 年，联合利华与绿色和平组织合作研发并使用天然环保的冷藏材料代替氟利昂制冷应用于冰激凌储存。到目前为止，联合利华已经将 50 万台冰柜的冷藏剂替换为环保冷凝剂。

2007 年，联合利华的 Small&Mighty 浓缩洗涤剂在欧洲上市。这使得人们能够实现在低水温下洗涤衣物，帮助人们减少了家庭开支，并成功地减少了包装的材料和数千万吨的二氧化碳的排放。

2007 年，联合利华旗下品牌立顿和 PG Tips 承诺在 2015 年前实现可持续茶叶采购，成为全球首家推行可持续茶叶采购的大型公司。目前，所有在欧洲西部的立顿黄牌和 PG Tips 茶包都得到了雨林联盟组织的认可。

2008 年，联合利华成为第一家承诺在 2015 年前实现可持续采购棕榈油的大型公司。目前，联合利华采购的棕榈油中的 30%得到了绿色棕榈联盟认证。

（资料来源：http://www.unilever.com.cn/aboutus/newsandmedia/perssre/eases/news2010/USLP—launch.aspx.）

问题

1. 试结合案例和教材中的模型，对联合利华公司的计划进行分层，并从时间、层次及广度等角度指出这一计划的种类。

2. 试分析案例中的目标具有哪些特点，并谈谈如何进行目标管理。

3. 试分析联合利华公司 2010 年“可持续发展计划”与之前的成果有怎样的联系，又有哪些提升。

自测题

一、单项选择题

1. 计划工作的核心是(　)。

A. 组织　　B. 决策　　C. 预测　　D. 领导

2. 公司政策规定工作人员享有假期，为实施这项政策公司编制了度假时间表，制订了假期工资率、支付办法，以及申请度假的详细说明，这属于(　)。

A. 规划　　B. 程序　　C. 策略　　D. 规则

3. 管理学家彼得·德鲁克认为，单纯强调利润会使经理人迷失方向以至于危及企业的生存，因此他提出，企业目标唯一有效的定义就是(　)。

A. 技术创新　　B. 信誉至上　　C. 创造顾客　　D. 质量优良

4. 目标的确定要建立在对企业内外部环境进行充分分析的基础上，并通过一定的程序加以确定，既要保证目标的科学性又要保证其可行性。这就是确定目标的(　)原则。

A. 现实性　　B. 可行性　　C. 程序性　　D. 权变性

5. 某企业生产某种产品，固定成本为 20 万元，单位可变成本为 100 元，每台售价 200 元，则该产品的盈亏平衡点产量是(　)。

A. 400 台　　B. 2000 台　　C. 4000 台　　D. 20000 台

6. 在当前飞速变化的市场环境中，人人常常会感到"计划赶不上变化"，有人甚至怀疑制订计划是否还有必要，对此，应当采取的正确措施是(　)。

A. 坚持计划工作的必要性，批判怀疑论者

B. "计划赶不上变化"不以人的意志为转移，应当经常修改计划

C. 如果形势变化快，可仅仅制订短期计划

D. 在变化频繁的环境中，更倾向于制订指导性计划和短期计划

7. 某君到一百货商店考察，随手翻阅了其规章制度手册，有三条特别引起他的注意：

——"我们只售高贵时髦的衣服和各种高级用具。"

——"货物售出超过 7 天，不再退还购货款。"

——"在退还顾客购货款前，营业员需注意检查退回的货物，然后取得楼层经理的批准。"

试问这三条规定各自是属于常用计划的哪一种形式？(　)。

A. 都是规则　　B. 都是政策

C. 分别是政策、程序、规则　　D. 分别是政策、规则、程序

8. 某生物制品企业运用原有技术优势，开发了一种固定资产投资极大的新产品，投产后非常畅销。几家竞争对手看到该产品的巨大潜力，也纷纷跃跃欲试。此时有资料证实，该产品可以通过完全不同的其他途径加以合成，而投资只是原来的几分之一。该企业顿时陷入一片恐慌之中。从计划过程来看，该企业最有可能在哪个环节上出了问题？(　)。

A. 估量机会、确立目标

B. 明确计划的前提条件

C. 提出备择方案，经过比较分析，确定最佳方案

D. 拟订派生计划，并通过预算使计划数字化

9. 某化工企业为了在竞争中处于有利地位，开发了某种投资很大的新产品，投产后非常畅销，企业领导也倍感欣慰。但不久便得知，由于该产品对环境有害，国家正在立法，准备逐步取缔该产品。企业顿时陷于一片阴影之中。从计划过程来

看，该企业最有可能在哪个环节上做得不够周到？（ ）

A. 估量机会、确立目标

B. 明确计划的前提条件

C. 提出备择方案，经过比较分析，确定最佳或满意方案

D. 拟订派生计划，并通过预算使计划数字化

10. “它是主管人员决策的指南，它使各级主管人员在决策时有一个明确的思考范围，它允许主管人员有斟酌的自由，它是一种鼓励自由处置问题和进取精神的手段。”在下列几种计划的具体形式中，最符合上述描述的是哪一种？（ ）

A. 目标 B. 政策 C. 规则 D. 策略

二、多项选择题

1. 计划工作的原理包括（ ）。

A. 限定因素原理 B. 许诺原理 C. 灵活性原理

D. 量化原理 E. 改变航道原理

2. 计划工作的基本特征有（ ）。

A. 目的性 B. 主导性 C. 普遍性

D. 首位性 E. 效益性

3. 目标管理对目标的要求是（ ）。

A. 目标要略高于执行者的能力水平 B. 目标的数目不宜过多

C. 目标要尽量具体化 D. 目标要定量化

E. 目标要有可比性

4. 计划至少应该包括（ ）三个方面的内容。

A. 组织决策 B. 组织目标 C. 组织战略

D. 各层次的具体计划体系 E. 组织控制

5. 影响计划重点内容的因素主要有（ ）四个方面。

A. 组织结构 B. 组织目标 C. 组织层次

D. 组织生命周期 E. 环境的不确定性

三、判断题

1. 依据权变原则，企业目标要根据外部环境的变化及时调整与修正。比较看来，企业的长期目标应保持一定的稳定性，短期目标应保持一定的针对性。（ ）

2. 计划的效益性是指从组织目标所做出的贡献中扣除制订和执行计划所需费用及其他因素后的总额，所以，在制订计划时，我们应该考虑包括计划的经济方面的利益和非经济方面的利益和损耗。（ ）

3. 强调短期目标容易产生企业的短期行为，因此，企业在发展过程中，要强调

企业的中长期目标。（ ）

4.德鲁克认为科学管理理论偏重于对职工思想与行为的研究，行为科学重视工作的效率，忽视人的主观能动性，而目标管理理论可以将二者有机结合起来。（ ）

5.长期计划往往是战略性计划，它规定组织在较长时期的目标以及为实现目标所应采取的措施和步骤。（ ）

6.网路图的优化就是对时间的优化。（ ）

7.计划工作不仅具有首位性、普遍性的特征，而且还带有明显的目的性。（ ）

8.指导性计划主要用于部署解决组织的重大事项，实现关系全局的核心指标。指令性计划则多用于复杂多变的外部环境下，灵活机动地处理组织的应变问题及一般问题。（ ）

9.甘特图可以使管理者非常便利地弄清每一项任务（项目）还剩下哪些工作要做，并可评估工作是提前还是滞后，亦或正常进行。（ ）

10.滚动计划法在制订时要本着“近粗远细”的原则。（ ）

四、简答题

1.对一个组织的管理来说，为什么必须进行计划工作？

2.计划有哪几种分类方法？

3.影响计划有效性的权变因素有哪些？

4.简述滚动计划法的原理。

5.简述计划评审技术的基本原理。

五、计算题

1.某工程项目各活动之间的关系及平均作用时间见表5-5。请绘制网络图，计算时间参数并确定关键路线。

表5-5

活动名称	A	B	C	D	E	F	G	H	I	J	K
先行活动	—	—	—	A	B	B	C	D、E	F、G、E	F、G、E	J
平均作业时间	18	20	15	24	20	11	13	25	10	22	10

2.某工程的作业程序及所需时间见表5-6。

表5-6

活动名称	A	B	C	D	E	F	G	H	I	J
先行活动	—	A	A	B	B	C	C	E、F	D、E、F	G
平均作业时间	4	8	2	3	5	6	8	15	4	6

求：(1)根据资料绘制网络图。

(2)计算最早开工时间和最迟完工时间。

(3)计算工序时差。

(4)确定关键路线与总工期。

六、论述题

1. 试比较个人决策和集体决策。

2. 如何评价目标管理制度？

战　略

第6章

引导案例

汇银家电拓展农村市场

2010年3月25日，汇银家电将正式登陆香港资本市场。汇银家电是一家有15年历史的家用电器及电子消费品综合零售连锁营运商及分销商，其核心业务包括零售、批量分销(包括向特许经营商的销售)及售后服务三部分，集团总部设于江苏省扬州市，其销售网络覆盖江苏、安徽两省的27个城市，拥有超过360个网点。最初汇银家电靠批发家电起家，具有一定规模后，董事长曹宽平试图前往上海、南京等大城市寻找机会，但通过考察他发现这些大城市的市场已经被国美、苏宁等巨头所占据，自己没有雄厚的资本，很难在大城市立足。于是，曹宽平决定采取"农村包围城市"的战略，先从农村市场做起。在农村市场，汇银家电采取蜂窝式扩张。在每一个进入的城镇，汇银家电首先开出自己的直营店，然后再以直营店为中心发展加盟店。发展三、四级市场是汇银家电模式的独特性，集团以自营门店和加盟连锁为构架，通过企业获得诸多知名品牌区域代理权来充实销售网络，从而实现"以品牌连锁为主导、以区域强势代理为利益链条，构建起遍布农村市场的电器连锁店"，同时配以专业人员、专业服务等增值手段，不断完善这一模式。在商品采购方面，汇银家电采取先付款后交货模式，这种模式与常规的利用供应商货款进行扩张的模式不同，赢得了供应商的支持。

(资料来源：赵向阳. 中国经营报)

在面对国内家电行业零售巨头对城市市场拥有绝对优势的情况下，汇银家电从农村市场入手，迅速扩张，而且为赢得供应商的支持，在采购环节采用先行付款模式，这些决策对汇银家电的发展起到了至关重要、根本性的作用，对企业未来长时间的发展起着方向性的指引作用，是企业的战略决策。

从20世纪50年代开始，组织面临的外部环境变得比以往更加庞大、复杂，难以预料，这使组织经常面临严峻的挑战，组织的管理者逐渐认识到，对组织的管理不仅要协调组织内部的各种关系，还要协调组织与外部环境的关系，这样才能使组织适应复杂多变的外部环境。正是在这样的背景下，组织管理开始重视战略管理。如果说目标是计划工作的基础，那么战略就是组织实现目标所采取的形式和方针。

6.1 战略概述

6.1.1 战略的提出

战略(Strategy)最早用于军事领域，是对战争全局的谋划和指导，是战争指挥者根据战争状况制订并采用的从战争准备到战争实施整个过程所涉及的方针、政策及方法。战略具有对抗含义，它针对竞争对手的优势和劣势，以及正在和可能采取的行动而制订。只要存在竞争，就需要制订战略，在竞争中获胜往往取决于优势，而优势地位的取得又要依靠长期的准备和持续努力，所有这些都离不开战略的指导。

在中国古代，伟大的军事家孙武是中国战略学的鼻祖，他在公元前360年撰写的《孙子兵法》是古代兵家学说的最高学术成就，影响了很多的军事家、政治家，在世界军事史上占有一定的地位。古代兵家的“战”与“略”先是分开使用的，“战”指战斗、交通和战争，“略”指筹略、策略、计划等。随着历史的演进，到战国及秦汉时代“战”与“略”开始混合使用，明代军事学家茅元仪编《武备志》时，提到的战略是指对战事的谋划，到清代末年，北洋陆军编撰的《军语》中把“战略”解释为“筹划军国之方略也”，并演化为现代的含义。

在西方，“战略”一词源于古希腊语“strategos”，意为军事将领或地方行政长官。公元579年，东罗马皇帝毛莱斯的*Stratejicon*(拉丁文)，被一些人认为是西方第一部战略著作。还有一些人认为具有战略意义的概念首次出现在法国人颜尔特1772年写的《战术通论》一书中，该书提出的“大战术”相当于现代所说的战略。在19世纪，瑞士人约米尼(Jomini)提出“战略是在地图上进行战争的艺术，它所研究的对象是整个战场”，而在“地面上实际调动军队的艺术”就是战术，将战略与战术区分开来。同时代的德国人克劳塞维茨(Clausewitz)在《战争论》中提出，战争由一系列战斗组成，而"战略就是为了达成战争目的而对战斗的运用"。当代法国人塔威尔把战略定义为："制订作战计划的艺术；指导军队进入决定性的或者战略性的位置并前进的艺术；侦察军队主力应驻扎的地方，以赢得战斗胜利的艺术"。毛泽东同志在《中国革命战争的战略问题》中提出："战略问题是研究战争全局的规律性的东西。""凡属带有要照顾各方面和各阶段性质的，都是战争的全局，研究带全局性的战争指导规律，是战略学的任务。"

用于组织管理时，战略是指为实现组织或企业长远目标所选择的发展方向、所确定的行动方针以及资源分配方针和资源分配方案的一个总纲。战略是指导全局和长远发展的方针，指明组织发展的方向、重点和组织内部资源分配的优先次序。战略是为了实现组织的总目标，对所要采取的行动方针和资源使用方向进行的总体规划。战略是一个总方向，它涉及组织向哪里发展的问题。

6.1.2 组织战略的概念

战略一词进入经济领域，最早见于1958年美国赫希曼的《经济发展战略》一书，而后经济发展战略迅速引起各国的重视，一致被认为是各国经济发展必须首先要解决的问题，在此基础上，各种样式的发展战略相继出台。

企业战略一词被广泛使用的时间并不长，最早由美国学者艾戈·安索夫(Igor. Ansolf)于1965年在其《企业战略论》一书中提出，他认为："所谓企业战略是企业为达到全公司目的的一种关键性活动计划，是根据战略决策编制的"，是"因做什么而发展"，或者"因做什么而保全活动"，即在企业经营中明确"做什么，才能指导经营的全局"。

另一美国学者纽曼(Newman)则认为："企业战略是确定长远的主要任务，以及完成这一任务而采取的主要行动"。

在组织中，战略的概念至今仍没有统一。明茨伯格(H. Mintzberg)从计划(Plan)、谋略(Ploy)、模式(Pattern，或称范式)、定位(Position)和视角(Perspective，或称思维模式)五个角度对战略进行说明：①战略是计划，是某种有意识的行动过程，是处理某一形势的指导方针。战略在被应用之前预先形成并且是有意识和有目的地被开发的。德鲁克认为战略是"有目的的行动"，而摩尔认为战略是"对行动的设计"。战略处理领导者如何为组织建立方向的问题。②战略是谋略，战略作为计划可能是一般的，也可能是特定的，特定意义上的计划就是谋略，其目的是用智慧战胜对手或竞争者。例如一家公司可能对外界宣布要扩张工厂生产量，以打消其竞争者建新工厂的念头，但实际上这家公司可能进行生产的扩张，也可能并不进行扩张。这里真正的战略是将公司准备扩张生产的消息宣扬出去，而不是扩张本身，这就是谋略。③战略是一种在一系列行动里显现出来的模式。模式在没有事先考虑的情况下得到发展，或者尽管目的存在，但没有被实现。④战略是一种定位，是在组织的环境中对组织进行定位的方法。通过对外部环境的寻求来定位组织，战略成为组织和环境之间的媒介力量。⑤战略是一种视角，不仅包括选择的定位，还包括根深蒂固的认知世界的方式，战略是存在于相关者大脑里的抽象观念。战略作为视角是一个被组织成员共享的思维方式，这种共享通过其目的或行动来进行。

奎因(James Brian Quin)认为战略既可以是一种模式，也可以是一种计划。战略把组织主要的目的、政策、活动等按一定顺序结合成一个整体，包括：①战略是由企业可以达到的最主要目标指导约束经营活动的政策，是可以在一定目标下执行活动的程序。②战略需要围绕概念及推动力来进行。③战略需要处理可预见和不可预见的突发事件。④在企业中战略分成不同层次。

总之，组织战略是指把战略的思想和理论应用到组织管理当中，组织为了适应变化激烈、充满挑战的环境，为了寻求长期的生存和稳定的发展而制订的总体性和长远性的计划和选定的奋斗目标。它是以最有效的方式努力提高组织相对于其竞争对手的实力，是对人力和物力资源的使用规划方向，以最大限度地实现组织的目标。

6.1.3 组织战略的特征

组织战略具有全局性、长远性、抗争性、稳定性和假设性的特征。

(1)组织战略的全局性，是关系组织生死存亡全局的问题，而不是局部的目标。组织战略以组织全局为研究对象，来确定组织的总体目标，规定组织的总体行动，追求组织的总体效果。

(2)组织战略的长远性，指组织战略的着眼点是组织的未来而不是现在，是为了谋求组织的长远利益而不是眼前利益；是关系组织今后一个较长时间的奋斗目标和前进方向，而不是暂时的或眼前的利益。

(3)组织战略的抗争性，指组织在竞争中为战胜竞争对手，迎接环境的挑战而制订的一整套行动方案。战略的抗争性有时是十分残酷和激烈的，其中竞争主要是对手之间为争夺客户的斗争，表现出十分强烈的抗争性。

(4)组织战略的稳定性，是指组织战略一经制订，就具有相对的稳定性，除非发生制订该战略的基础条件发生了重大变化，否则是不能随意改变的。当然这并不排除当组织内外客观环境发生某些变化时，为适应新变化而作的部分修正，以使战略更适应于客观发展需要的情况。但当突发事件发生,如战争、重大自然灾害、人为伤害、政府更替等,都会威胁到组织战略的稳定性。

(5)组织战略的假设性,是指组织战略的建立是在对总体环境预测基础上的组织战略方案选择,其选择依据多为假设性结论。战略的管理过程也是不断地建立假设性结果,执行假设性方案,修正假设性途径的过程。

6.1.4 战略管理的重要性

从20世纪50年代开始,组织外部环境变得复杂、变化频繁、难以预料,使组织经常面临许多严峻的挑战。在这种环境下,组织管理的某种失误所导致的不仅仅是经营成果上的损失,更多的时候是面对生死存亡的考验。组织仅靠生产管理时的内部控制式管理,已无法应付未来的挑战,不能保证自身的生存和发展,必须对面临的环境进行深入分析,并采用与环境相适应的新的管理方式,以谋求组织的生存和发展。正是在这样的背景下,战略管理受到广泛的重视。

近年来,国内外一些有名的大公司倒闭的消息时有所闻,究其原因,大多数并非由于公司内部管理的混乱,而是战略的失误造成。不仅组织需要战略,一个城市、一个国家也需要有其发展战略。除了长期竞争需要制订战略并进行战略管理外,涉及长远发展、全局部署的管理活动也需要制订战略。战略管理就是针对战略所进行的管理,战略管理是围绕战略进行分析、选择、实施和评估而采取的一系列手段与措施的全过程。战略管理在组织管理中具有重要的作用。

(1)战略管理有利于组织明确方向。战略为组织指明了总方向,对组织今后一段时间的蓝图进行规划,使组织在发展过程中具有明确的目标,同时战略也对组织发展过程中的行为进行严格的约束和规范。

(2)战略管理有利于组织资源的合理配置。战略管理是为了实现组织的总目标对所要采取的行动方针和资源使用方向的一种总体规划,使组织的资源在其经营业务之间协调运用,从而取得更好的经营效果。

(3)战略管理有利于组织管理者增强战略意识。在国内,随着市场经济、全球经济一体化时代的到来,管理者面临的组织环境更加复杂多变,过去在高度集中的计划体制下的管理模式必将被淘汰,新的环境要求当代管理者必须具备敏锐的战略眼光与意识,国际市场的竞争也要求组织必须很好地进行战略管理。

(4)战略管理有利于组织扬长避短,取得竞争优势。组织要想在市场中生存和发展,就需要采取措施取得竞争优势,趋利避害,以便在竞争中获胜,这是组织战略管理的指导思想,同时也是组织实施战略的目的。战略选择是在对组织及其环境系统分析的基础上进行的,有利于组织在竞争过程中发掘自身优势。

6.2 战略管理过程

要完成制订战略这项重要而又困难的管理任务，应当遵循一定的程序，进行系统分析，充分发挥想象力和创造性，并依据一定的原则。战略管理过程包括从战略计划到战略实施直到最后战略评估的全过程，如图 6-1 所示，总共包括四个阶段。下面具体考察战略管理过程的各个阶段。

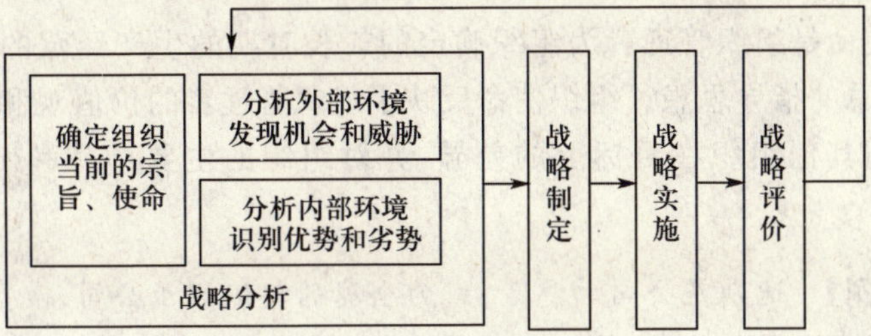

图 6-1 战略管理过程

6.2.1 战略分析阶段

战略分析是战略管理过程的起点和首要环节，可以为战略的正确选择提供决策依据，在战略管理过程中有非常重要的地位。组织管理者在本阶段首先需要明确组织宗旨和使命，在此基础上运用环境分析的方法进行组织外部环境分析，发现市场机会，明辨市场中存在的威胁，并通过对组织内部资源的评估，认识组织自身的优势和劣势，从而确定组织的核心竞争力。

1. 确定组织愿景与使命

每一个组织都有自己的宗旨，组织的宗旨是指组织中最基本的、使组织区别于其他组织的经营目的，是组织经营哲学的体现。组织的宗旨使处于相同环境的组织在经营活动上具有不同的出发点和目的。管理者必须清楚自己从事的是什么样的事业，这可以用愿景陈述（vision statement）和使命陈述（mission statement）来进行描述。在此基础上，组织的全体成员才能树立共同的理想，相互增进理解，达成共识，促进团队合作，同时也能使组织外各类与组织有关系的集团和个人获得对组织的基本了解。

组织的愿景是对组织发展方向的全面陈述，它应该回答组织将成为一个什么类型的组织，要占领什么样的市场位置，具有什么样的发展能力等问题。愿景要求组织的高层领导凭借直觉和创造力，洞悉组织现有业务中将要发生的变化、将要出现的市场机会，客观对待所要面临的市场、竞争、技术等环境，客观对待自身的资源与能力，提出可行而且具有吸引力的概念。对公司愿景的宣传，能够唤起公司成员的共鸣。

【案例】 台湾固网的愿景：秉持优良的技术及经营经验，建置世界性的宽带数据服务基础架构。以宽带多媒体智能网络所提供的数字服务，提升企业对内、外的相对能力。将台湾建设成为数字化、信息化、智能化、网络化的新地区，在未来发光。

组织的使命是组织管理者为组织确定的较长时期的生产经营的总方向、总目的、总特征和总的指导思想。组织使命反映了组织管理者的价值观和组织的形象，揭示了组织与其他组织在目标上的差异，并对组织的主要产品和服务范围进行界定。

【案例】 迪斯尼公司的愿景：成为全球的超级娱乐公司。

迪斯尼公司的使命：使人们过得快活。

华为公司的愿景：丰富人们的沟通和生活。

华为公司的使命：聚焦客户关注的挑战和压力，提供有竞争力的通信解决方案和服务，持续为客户创造最大价值。

整体而言，使命较为抽象，愿景较为具体。从所涉及的时间来看，使命较为长期，往往代表企业所追求的远大理想，愿景往往代表一段时间内企业所希望变成的状态。企业使命代表企业努力的方向和在根本价值上的执著与坚持，愿景是企业阶段性的期许。

2. 分析环境

环境分析是战略管理过程的关键环节和要素。组织环境在很大程度上规定了管理者可能的选择。成功的战略大多是与环境相适应的战略。组织战略的制订、实施与评价的过程，是对组织环境分析、利用的过程，是组织发现、利用机会，回避风险的过程。环境分析包括组织外部环境分析和内部环境分析。外部环境分析主要是认识外部环境给组织带来的机遇与威胁，以及组织在产业中的竞争位势。组织内部环境分析主要包括组织资源分析和组织竞争优势分析两个方面。详细的组织环境分析见第三章内容，这里仅简单进行描述。

组织的外部环境分析主要包括宏观环境分析、产业环境分析、竞争环境分析。组织的宏观环境分析通常进行 PEST 分析，即政治和法律力量(P)、经济力量(E)、社会文化力量(S)和技术力量(T)。产业环境分析常常使用波特(Michael E. Porter)提出的"五种力量模型"进行，使用战略集团分析进行产业内分析。竞争环境分析运用波特对竞争对手的分析模型进行。通过分析，管理者可以评估环境中哪些机会可以利用，以及组织可能面临的威胁。

组织的内部环境分析中的资源分析常常运用波特的价值链分析进行，竞争优势分析可以用格兰特(Grant)的以资源为基础的五步战略分析法进行分析。通过分析可以使管理者认识到，组织在资源和能力方面可能受到的限制。

除此之外，可以运用SWOT分析法对组织进行机会和威胁、优势和劣势综合分析。SWOT分析的内容详见第三章内容。

6.2.2 战略制订阶段

通过对组织内、外部环境的分析，确立了组织战略目标后，需要把组织的优势与劣势和环境中的机会与威胁相结合，这样才能使组织未来的发展与其所处的环境相适应。战略需要分别在组织的不同层次设立。在这一环节组织将寻求恰当的定位，以便获得领先于竞争对手的相对优势。在进行战略制订时需要注意以下几个方面：

(1)组织的优势与劣势和组织环境中的机会与威胁常常是互相联系、互相转换的。优势在某种情况下可能变成劣势，劣势在一定环境下亦能成为优势。一个组织可能有很好的技术(优势)，可是由于它规模小，现盈利能力差，不能对技术进行投资(劣势)，而另一个组织拥有大量的资金(优势)，却没有合适的技术进行投资(劣势)。

(2)组织的优势应该与环境中的机会相对应。将组织的优势与环境的机会相结合，有助于组织的优势得到充分发挥。

(3)组织应认识到其自身的弱点在环境中的威胁面前显得特别脆弱。假如某个组织在进货的渠道上过分地依赖某一个供货商(劣势)，那么对方的谈判能力就很强，使组织失去自身原有的买家优势，而且一旦该供货商破产，则直接影响到组织的正常生产。

(4)组织应利用其优势来克服环境中的威胁。组织在复杂多变的环境中，应该制订战略使自身的优势得到充分发挥，避开自身的缺点，以克服环境中存在的或是潜在的威胁。

在前述分析的基础上，组织可以对各个层次需要的战略进行备选方案设计，每一备选方案都应进行详细论述，备选方案的多少应该合理，如若太少选择，比较的余地较小，太多选择又会造成资源的浪费。制订备选方案后，还要对各备选方案进行评价，以选定一套相对满意的战略方案，在此基础上还需要制订与战略相适应的政策和计划。

6.2.3 战略实施阶段

战略实施是将战略制订阶段选定的战略转化为行动和结果。这种转化需要运用包括计划、组织、领导和控制在内的所有管理职能。无论战略制订得多么有效，如果不能恰当地实施仍不可能保证组织的成功。

战略实施碰到的首要问题是组织保证。“战略决定结构”应作为战略实施阶段所依据的原则，不同的战略要求不同的组织结构与之相适应。如，总成本领先战略，一般要求一种集权按职能划分部门的专业化分工体制。

在战略实施过程中，最高管理层的领导能力是影响战略的非常重要的因素，但中层和基层管理者执行计划的主动性也同样重要。根据战略实施计划，管理者进行组织实施，在实施过程中可以通过招聘、选拔、处罚、调换、提升乃至解雇职员以确保组织战略目标的实现。

在战略实施过程中，战略与组织文化的关系以及战略对组织文化的影响也受到较多关注。组织文化作为组织特有的价值观念、管理风格、思维和行为方式的体现，对组织的成功起着重要的作用，不同的战略不仅要求有不同的技能和组织结构，也要求组织的文化能够与之相适应。差别化战略所要求的往往是一种鼓励革新、发挥个人积极性和勇于冒风险的精神；而总成本领先战略则要求一种勤俭节约、遵纪守法和注重细节的办事作风。同组织结构一样，文化本身并无好坏之分，它是实施战略、取得竞争优势的一种手段。

6.2.4 战略评价阶段

战略实施之后，需要对战略实施的效果进行评价，包括对战略实施的过程进行跟踪检查，明确各项活动进展正常与否以及预期实施成果的实现情况等。战略评价阶段用来衡量战略执行效果好坏的指标体系是战略评价标准，战略评价标准以战略制订时确定的各种预期成果为基础进行制订，可以有定量标准和定性标准。

通过对战略的评价，不但可以明确战略实施的效果，而且可以在必要的时候对原来的战略目标进行调整，以保证组织的战略跟上环境的变化。对战略的一般调整有三种情况：局部性调整，这类调整保持总体战略不变，只在具体战术上进行适当调整；职能性调整，由各职能部门在战略实施过程中提出调整方案，报组织高层管理审核、批准；总体性调整，通过战略评价，发现现有战略不能与变化了的组织环境相适应，则对组织的总体战略进行调整。战略管理的过程是一个动态的过程，在组织发展的过程中，对其制订的战略会在实施过程中，根据不同情况进行调整，目的是更好地适应外部环境，以实现组织的目标。

6.3　战略的层次

如果企业只生产单一产品或提供单一服务，那么管理当局只须制订单一的战略计划就可以了。但事实上许多企业是多元化的，这些企业往往还拥有多种职能部门。在组织中的战略主要存在三种类型，公司层战略（Corporate-level strategy），经营层战略（Business-level strategy）以及职能层战略（Functional-level strategy），如图 6-2 所示。

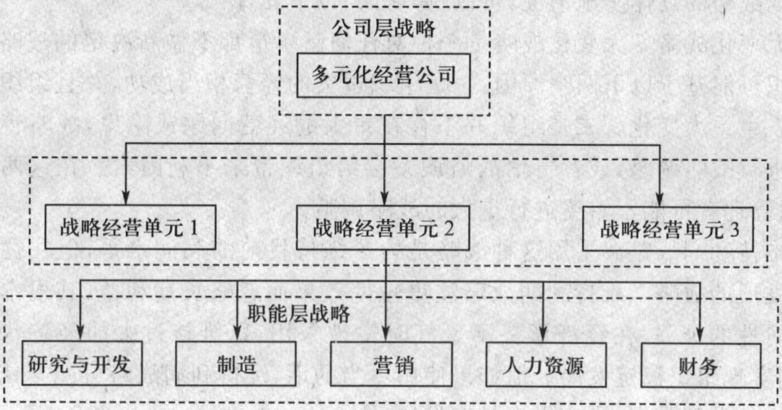

图 6-2　多业务公司战略关系

6.3.1　公司层战略

公司层战略也称为组织总体发展战略，是组织高层管理部门为实现组织目标而制订的方向和计划。如果一个组织从事多种业务，就需要制订公司层战略。公司层战略解决组织应该进入哪些事业领域，以及这些事业间存在怎样的联系等决策问题。如果某组织从事的业务种类单一，那么它的公司战略也可能就是业务战略。如果组织拥有一种以上的业务就需要公司层战略。

公司层战略为了解决组织内所有业务种类间的关系，考虑以下问题：

（1）业务涉及范畴及组合情况。包括决定是否有新增业务的需要，确认现有业务涉及的领域，决定是否有该适时退出的业务活动，现有业务的组织方式是否有利于增加组织效益，各项业务所需要的战略指导等内容。

（2）中心业务。包括明确各业务在组织内的层次性，根据组织的目标、自身的优势及环境的机会明确组织要重点发展的业务，调整各业务间的支持力度。

(3)资源在各业务间的分配。由于资源的有限性,组织必须将其拥有的资源在各业务之间进行优化配置,这样才能有效保证获得较大效益。

公司战略主要有稳定型战略、增长型战略和收缩型战略几种类型。

1. 稳定型战略

稳定型战略也称为维持型战略,是指组织遵循与过去相同的总体发展战略目标,保持一贯的成长速度,同时不改变基本产品或经营范围。其主要特征是没有什么重大变化,或者维持一种温和程度的增长,或者维持现状。

(1)稳定型战略类型

根据战略的具体实施情况,可以将其分为以下几种:

①无变化战略。无变化战略是一种对任何新事情都不做新决定的战略。采用它的组织可能基于以下两个原因:一是组织过去的经营相当成功,并且组织内外环境没有发生重大变化。二是组织并不存在重大的经营问题或隐患,战略管理者没有必要进行战略调整,或者害怕战略调整会给组织带来不利因素。在这两种情况下,组织管理者可能不希望进行重大的战略调整。

②维持利润战略。采用这种战略是为了维持目前的利润水平,但往往牺牲组织未来发展的战略。维持利润战略注重短期效果而忽略长期利益,其根本意图是渡过暂时性的难关,在经济形势不景气时常被采用,以维持过去的经济状况和效益,力图实现组织稳定发展。但如果使用不当的话,维持利润战略可能会使组织整体竞争实力受到伤害,影响组织长期发展。

③暂停战略。在经过一段较长时间的快速发展后,组织可能会遇到一些问题使得效率下降,这时就可以采用暂停战略,即在一定时期内降低组织的目标和发展速度。暂停战略可以让组织充分积聚能量,为今后的发展做准备。

④谨慎实施战略。如果组织外部环境中某些重要因素难以预测或变化趋势不明显,组织的战略就要有意识地降低实施进度,步步为营。它是组织巩固资源的临时性战略,直到组织外部环境好转再改变战略。

(2)稳定型战略的适用条件

采取稳定型战略的组织,一般处在市场需求及行业结构稳定或者较小动荡的外部环境中,组织面临的竞争挑战和发展机会都相对较少。不过,也有些组织在市场需求以较大的幅度增长或外部环境提供了较多的发展机遇的情况下,采取稳定型战略。其往往是由于资源状况不足,难以抓住新的发展机会,不得不采用稳定型战略。组织采用稳定型战略的外部环境及适用条件如下:

①外部环境。外部环境的相对稳定性会使组织更趋向于稳定战略。影响外部环境稳定性的因素很多,大致包括以下几个方面:

a. 宏观经济状况。宏观经济在总体上保持总量不变或总量低速增长,势必影响组织所在行业的发展，组织无法以较快的速度增长，使得产业内的组织倾向于采用稳定型战略，以适应外部环境。

b.产业的技术创新度。如果组织所在的产业技术相对成熟，技术更新速度较慢，组织采用的技术和生产的产品无需较大调整就能满足消费者的需求，同时也能和竞争对手抗衡，这样使得产品系列及其需求保持稳定，从而使组织采用稳定型战略。

c.消费者需求偏好变动。消费者的需求偏好决定产品系列稳定度，如果消费者的需求变动较少，组织可以采用稳定型战略。

d.产品生命周期或行业生命周期。对于处于行业或产品成熟期的组织，产品需求、市场规模趋于稳定，产品技术成熟，新产品的开发难以取得成功，以产品为对象的技术变动频率低，同时竞争对手的数目和企业的竞争地位趋于稳定，这时提高企业的市场占有率、改变市场的机会很少，因此较为适合采用稳定型战略。

e.竞争格局。如果组织所处行业的进入壁垒非常高，或由于其他原因使组织面临的竞争格局相对稳定，竞争对手之间很难有较为悬殊的业绩改变，则组织采用稳定战略可以获得最大的收益。

②组织内部实力。当外部环境较好，行业市场需求增长时，组织能够获得有利的发展机会，但这不意味着所有的组织都适于采用增长型战略。这时如果组织资源不充分，如面临资金不充裕、研发力量薄弱或缺乏人才等情况时，无法满足增长型战略的要求。在这种情况下，组织可以采取以局部市场为目标的稳定型战略，以使组织有限的资源能集中在自己有优势的细分市场，维护竞争地位。

当外部环境相对稳定时，资源较为充足的组织可以在更为广阔的市场上选择自己的资源分配点，采取稳定型战略；资源较为稀缺的组织应当在相对狭窄的细分市场上集中自身的资源，以求稳定型战略。

当外部环境不利时，如行业处于生命周期的衰退阶段时，资源丰富的组织可以采用一定的稳定型战略；对于资源不够充分的企业，如果它在某个特定的细分市场上有独特的优势，可以考虑采用稳定型的战略。

(3)稳定型战略的优缺点

稳定型战略的优点主要有：

①组织的经营风险相对较小。采用稳定型战略的组织基本维持原有的产品领域和市场，如可以采用原有的生产领域、渠道，避免开发新产品的巨大资金投入及开发失败的巨大风险。

②可避免因发展过快导致的弊端。在行业迅速发展的时期，许多组织无法看到潜伏的危机而盲目发展，结果造成资源的巨大浪费。

③组织获得较好的休整期。组织可以在此期间积聚更多的能量，为今后的发

展做好准备。从这个意义上说，适时地采用稳定型战略是增长型战略的酝酿阶段。

稳定型战略的缺陷主要表现为采用稳定型战略会使组织的风险意识减弱，甚至可能形成惧怕风险、回避风险的组织文化，大大降低组织对风险的敏感性和适应性，在无形中增加了潜在风险的危害性和严重性。

稳定型战略的优点和缺点都是相对的，组织在具体的执行过程中必须权衡利弊，准确估计风险和收益，并采取适当的风险防范措施。只有这样，才能充分发挥稳定型战略的优势。

案例分析

菲亚特公司的战略管理

菲亚特公司是意大利境内最大的私营企业，意大利人自豪地称之为“意大利工业的骄子”。早在19世纪末，菲亚特就开始制造汽车。多年来，菲亚特公司在意大利国内建立了稳固的市场，并长期占据这个市场，以此为根基，向其他一些地区稳步渗透。经过多年的发展，特别是第二次世界大战的快速发展，菲亚特公司成为世界汽车工业界举足轻重的大企业。

菲亚特公司的发展离不开历届意大利政府的保护，历届政府坚持向进口汽车征收高额税款，使得菲亚特公司的廉价汽车拥有巨大的市场。

菲亚特汽车王国的奠基人吉奥瓦多·阿戈内利是一名意大利骑兵军官。退伍后，他与其他一些贵族合伙，于1899年建立了意大利都灵汽车制造厂。后来把工厂全名几个单词的开头字母组成了FIAT(菲亚特)，成为今天这个举世皆知的品牌名称。

在阿戈内利领导下，菲亚特公司陆续开发出菲亚特小轿车以及大客车、大卡车等各种产品。不过，尽管菲亚特公司生产能力很强，产品品种丰富，但相对于当时大多数普通意大利消费者来说，使用家用轿车仍然是一件可望而不可即的事。

虽然轿车一时还不能进入家庭，但政府部门和军方却是一个庞大的市场。阿戈内利凭借自己的贵族身份和家族关系，逐渐与意大利政府官员及军方人士建立起密切的来往。在他与多方努力下，那些难以走入寻常百姓家的菲亚特汽车，逐渐进入了各级政府机关和军队。

第一次世界大战使菲亚特公司出现了第一次繁荣。凭借与政界的密切关系，菲亚特公司从政府那里得到了数额惊人的订单，不但为军队提供汽车，还提供枪炮和其他军用物资。政府不仅在订货上照顾菲亚特公司，而且还制订了对进口汽车征收高额关税的贸易保护主义法案，使菲亚特公司得以独步于意大利汽车市场。第一次世界大战结束后，阿戈内利把菲亚特公司建成综合性汽车王国。菲亚特公司通过自创和收购，先后拥有了自己的钢铁厂、油漆厂、玻璃厂、电子厂以及其他与汽车制造有关的子公司，真正成为一个自成体系的汽车王国。此外，公司还生产火车车厢、拖拉机和建筑机械等产品。

第二次世界大战后期，政治上随风倒的阿戈内利暗中与盟军建立了联系，为盟军提供情报、资金和物资。1945 年第二次世界大战结束之际，阿戈内利也死了。但由于他在第二次世界大战后期做出了与盟军合作的姿态，美国占领军不仅让阿戈内利的得力顾问瓦雷塔继续留任主持工作，而且还从“马歇尔计划”的援助金中抽取大笔资金帮助菲亚特公司重建。

（资料来源：李海林，刘蓓. 世界顶级企业战略管理经典模式. 经济科学出版社. 2004）

菲亚特公司发展过程中采取了稳定型战略。多年以来，它通过与历届意大利政府保持良好关系，得到了政府强有力的支持，确保了公司长期以来在意大利国内汽车市场的主导地位，从总体上保持了公司的稳定发展。

2. 增长型战略

增长型战略也称为发展战略，扩张战略，成长战略。它是指组织采取扩大规模、扩大市场份额、增加雇员、提高收益等措施来增加经营层次的战略。

案例

四季酒店的扩张

1961 年，当在建造第一座酒店时，夏普根本不懂酒店业。其唯一的专业经验就是建造公寓和房屋。他仅仅是一个建筑商，而这座酒店则是他要建的另一栋建筑。

1961 年，一家汽车旅馆在加拿大多伦多落成，并且很快大获成功，这便是四季酒店历史上的酒店“头胎”。建造它时，年轻的建筑师伊萨多·夏普(Isadore Sharp)30 岁，子承父业，距离从瑞尔森科技学校（现已升格为大学）建筑专业毕业将近 10 年。距离接管承包商父亲马克思·夏普的马克思·夏普父子公司，签订住宅、公寓楼合同，绘制建筑图纸，然后盖出实实在在的房子，也差不多同样时长。这期间，夏普积累了大量建筑运营商经验，包括租赁员工、负责销售以及融资。

真正涉足酒店业，要追溯到1955年。与新婚妻子的旅行经历，以及恰好承接汽车旅馆建造项目，让夏普有了建造汽车旅馆的念头，觉得它不难成功并且利润可观。不过，从动念到付诸实践，又经历了漫长的过程，因为要游说投资人、物色地址和建筑师、筹备开业宣传等，时间一晃就是五六年。但当第一家以“四季”命名的汽车旅馆终于举办开业典礼，它以出乎意料的速度收获成功。

从未想过有朝一日会大规模进入酒店业的夏普，在此前的近10年里，建造了众多楼宇，但1961～1970年约10年时间里，马克思·夏普父子公司一共才开张3家酒店。相比单纯地承接建筑项目，建好一幢又一幢房子，开设一家又一家新店是个庞杂的工程，因此也要求更长的运作周期。夏普回忆道：“甚至在第一家四季酒店取得成功以前，我就在为建造第二家酒店寻找合适的地点。”

首战告捷予以夏普非凡自信。两年之后，也就是1963年，命名为花园酒店的第二家店在多伦多开张。紧接着一个更为漫长的新店筹备期之后，夏普的第三家酒店落在了伦敦，而且还是一家五星级酒店。它来得颇为不易，期间包括长达4年的试探、讨论、谈判，然后是约两年的建造期，最终开业是在1970年。

以伦敦酒店为起点，优异于人的服务让其很快打败了周边的众多五星级酒店。这不但是四季酒店集团(简称四季)第二个10年的辉煌战绩，也是整个四季历史上极具标志性的事件——夏普具备了转型的基础，从建筑运营商转向酒店运行商。但确切地说，这时候的四季创始人，大多数时候还认为自己是建筑运营商。真正开启第一次转型的契机，是在此后约4年温哥华酒店资金吃紧时。当时，四季同时投资喜来登中心、卡尔加里酒店、温哥华酒店3家，资金链在突遇通货膨胀后告急。多方权衡，夏普卖掉了喜来登中心的股份，用以解救资金超支的温哥华酒店。那一阶段，四季旗下相继新添了10家加拿大酒店，同时开启了美国市场，而1979年华盛顿四季酒店开张——这是第一家以“四季”品牌命名的酒店，也正式开启了四季自主品牌经营之路。

到第三个10年，四季品牌开始大展拳脚，在美国十几座城市都有四季酒店的身影。约在20世纪80年代末期，四季已经不满足于酒店运营商角色了，它的新目标是转型为一家高端酒店管理型公司。如愿以偿发生在1992年收购丽晶酒店，这促成了四季第二次成功转型。此后，整个专注于扩张的20世纪90年代，以及21世纪前10年，无论是北美、欧洲、亚洲，还是酒店、度假村、公寓物业(这在当时仍是一个新兴概念),这个定型一直未变。

(资料来源:中国经营网,商学院,http://biz.cb.com.cn/12716612/20121017/420063.html)

(1)增长型战略类型

增长型战略主要有集中战略、一体化战略、多元化战略三种类型。

①集中战略

组织集中于一类或一个产业,投入所有资源进行优势发挥。大多数组织在建立初期都选择集中战略,以提高产品的知名度,创建品牌,增加销量,占取市场份额,培养顾客忠诚度。随着组织产品和市场的变化,需要适时地进行战略调整和演化,常常转变为市场开发战略、新产品开发战略等。市场开发战略主要是在销售现有产品的时候,注重新市场的培育和开发,不断地扩张销售地域或开发不同的顾客群。新产品开发战略则注重对组织产品的不断调整,可以根据市场需求来设计新产品,也可以通过新产品来引导消费市场。

集中型战略集中组织的优势资源进行发展,有利于组织优势的充分发挥。但随着组织的不断发展和多元化的组织之间相比较,集中单一产品或服务的战略风险也可能不断增加,一旦组织的产品或服务的市场萎缩,就会面临困境。

案例

家乐福的增长战略

家乐福自从1995年进入中国市场以来,一直保持着在中国市场的扩张。2010年6月家乐福谈判收购河北保龙仓商业连锁经营有限公司,这是家乐福进入中国市场以来第一笔收购业务。相对于增长缓慢的全球零售市场,中国的零售市场呈现出勃勃生机。中国市场已经成为这些跨国零售巨头发展的引擎。家乐福全球业绩报告显示,其2009年全年营收960亿欧元,同比下降1.4%。但在中国市场,2009年第四季度门店销售额增长3.1%,全年增长1.8%。在第十七届中国天津投资洽谈会上,家乐福(中国)公司北方区负责人陈鹏透露了其大规模的扩张计划:“预计2010年底,人们就会看到在河北省新增十几家家乐福门店。”

(资料来源:根据网上新闻整理)

家乐福的扩张一直集中于零售市场,这有利于家乐福充分利用自身已有的零售资源(包括人力资源、卖场布置、采购经验等),但集中于零售市场也会因为市场的原因等而面临困难,如 2008 年经济危机使其原来占其主要营收的欧洲市场业绩下降。

②一体化战略

一体化战略是指组织充分利用自身在产品、技术、市场上的优势,根据供应链的方向,使组织不断地向深度和广度发展的一种战略,包括纵向一体化战略、横向一体化战略和混合一体化战略。

a.纵向一体化战略,也称为垂直一体化战略,是指在生产或经营过程相互衔接、紧密联系的组织之间实现一体化。按物流的方向又可分为:后向一体化战略和前向一体化战略。

后向一体化战略。组织的产品在市场上拥有明显的优势,可以继续扩大生产,打开销售局面,但是由于协作供应商的原材料,供应跟不上或成本过高,影响组织的进一步发展。在这种情况下,组织可以依靠自身力量,扩大经营规模,由组织自身生产材料或配套零部件,也可向后兼并供应商,或与供应商合资兴办企业组成联合体,统一规划和发展。

前向一体化。从物流角度看,是朝与后向一体化相反的方向发展。一般是指生产原材料或半成品的组织,根据市场需要和生产技术可能的条件,充分利用自身在原材料、半成品方面的优势和潜力,扩大生产,由自身制造成品,或与成品企业合并组建经济联合体,不断成长和发展。

b.横向一体化战略,也称为水平一体化战略,是指组织把兼并处于同一生产经营阶段的企业作为其长期活动方向,以促进组织实现更高程度的规模经济和迅速发展的一种战略。组织通过横向一体化战略把产品推广到其他地方或向当前市场提供更多的产品和服务,以实现增长。

c.混合一体化战略。混合一体化是指在不同产业部门、不同产品市场且相互之间没有特别的生产技术联系的组织之间的联合,包括产品扩张型、市场扩张型和无关联扩张型三种类型。

案例分析

重钢的并购战略

2009 年 11 月 7 日,重钢矿产开发投资有限公司与某投资有限公司及其全资子公司亚洲钢铁控股有限公司"联姻",签订控股权投资框架协议重钢矿投公司将以不超过 2.58 亿美元(约 17.5 亿元人民币)的对价投资亚洲钢铁，获得后者增发的60%的股权。

2010年5月，重庆钢铁集团收购澳大利亚铁矿的项目，得到国家发展改革委确认和澳大利亚政府无约束条件的批准，重庆钢铁集团将以较低成本获得每年600万吨以上的高品位铁精矿。本次合作项目中，位于西澳大利亚的伊斯坦鑫山磁铁矿项目推断资源总量达17.8亿吨，其一期开发投入约20亿美元。这一项目的实施，还需取得国家发改委、商务部以及澳大利亚外商投资委员会的批准。

重钢集团董事长董林表示，重钢集团每年需铁矿石原料约500万吨，其中400万吨来自澳大利亚和巴西，一旦铁矿石进口价猛烈波动，就会对企业造成较大冲击。“若能成功开发海外铁矿，不仅可满足重钢的矿石需求，还可以通过铁矿石贸易，帮助国内兄弟企业规避进口铁矿石涨价风险，并为重钢创造新的利润增长点。”

（资料来源：新浪网）

通过对上游原材料的收购，可以减少企业在原材料上付出的成本，使自己的产品获得更多的价格优势，同时也可以对原材料的质量进行控制，从而保证自身产品的质量。

③多元化战略

多元化战略也称为多角度战略、多种经营战略，是指组织在现有业务领域基础之上增加新的产品或服务的战略。根据组织现有业务领域和新业务领域之间的关联程度，可分为相关多元化战略和不相关多元化战略。

a.相关多元化战略，是指进入与组织现在的业务在价值链上拥有竞争性的、有价值的“战略匹配关系”的新业务。战略匹配可以使组织及其业务之间能够分享技术，对共同的供应商形成更强的讨价还价力量，联合生产零件和配件组织，分享共同的销售力量，使用共同的销售机构和同样的批发商或者零售商，进行售后服务的联合等。相关多元化是一种有吸引力的战略，它将存在着不同的经营业务价值链之间的战略匹配关系转变成竞争优势。

b.不相关多元化战略，也称为集团多元化战略，是组织通过收购、兼并其他组织的业务，或者在其他行业投资，把业务领域扩展到其他行业中，新产品、新业务与现有的产品及业务之间没有关系，这种战略主要从财务上考虑现金流或降低风险。

组织面临以下因素时可以实施多元化战略：在组织外部，原有业务领域市场容量有限；组织想要获得更高增长率，而行业市场集中度高；需求多样性和不确定性；组织内部有剩余资源；主营业务利润增长缓慢；现有行业逐步衰退。

案例

雅戈尔的多元化战略

雅戈尔集团股份有限公司自1999年以3.2亿元参股中信证券9.61%而成为后者第二大股东开始,其多元化战略执行得相当坚定。2010年初,公司斥资6.88亿元入股苏宁电器,一年来对外投资金额达到41.02亿元。目前,雅戈尔已形成服装、股权投资和房地产三大业务核心,09年主营业务收入122.78亿元,同比增长13.9%,实现净利润32.64亿元,同比增长106.18%。数据显示,其对外投资占自有资金比例始终高于行业平均水平,且维持总体增加态势。2007年,其对外投资占所有者权益比重超过100%,经过2008年在现金流压力下适当回吐后,2009年这一比例又重新接近100%,与此相应,公司的投资收益占利润总额的比例也大幅增加,2007、2008和2009年,其投资收益占利润总额的比例分别为75%,95%和48%,以优势服装主业,加上高收益的对外投资回报,使雅戈尔的净资产收益率12年来始终大幅高于行业平均水平。2009年,其净资产收益率高达22.5%。今天,雅戈尔品牌不仅意味着男式衬衫和西服连续多年在国内市场占有率第一和销售额的稳定增长,它还意味着更具意义的企业战略符号——多元化。其销售利润率长期大幅高于行业水平的事实,证明了其多元化战略的成功和由此而产生的强大获利能力。

(资料来源:新浪网)

雅戈尔通过多元化使在其服装市场的销售量并没有极大增长的情况下,使公司的总体业绩大幅得到提升,除了进行投资外,雅戈尔还进军房地产行业,这些对雅戈尔来说是不相关多元化,不相关多元化对公司来说往往具有较大的风险。

(2)增长型战略的适用条件

组织在以下情况可以考虑采用增长型战略:

①组织有能力获得充分的资源。采用增长型战略需要较多的资源投入,从组织内部和外部获得资源显得十分重要。资源既包括资本资源,也包括人力资源、信息资源等。通过对组织资源的充分性进行评价,如果组织在实行增长战略的过程中由于某种原因暂时受阻,也有能力保持自己的竞争地位,则组织具有充分的资源来实施增长型战略。

②预计未来阶段宏观环境和行业微观环境较好。如果宏观和行业微观环境的走势都较为乐观,消费品的需求者和投资品需求者都会有一种理性的预期,认为未

来的收入会有所提高，因而其需求幅度将会有相应增长，保证了组织增长型发展战略的需求量。

③高新技术组织。增长型发展战略必须符合政府和行业组织的政策法规和条例等的约束。世界上大多数国家都鼓励高新技术的发展，因而一般来说这类组织可以适当考虑使用增长型战略。

(3)增长型战略的优缺点

增长型战略的优点主要有：

①组织可以通过发展扩大自身价值，这体现在经过扩张后的市场份额和绝对财富的增加。这种价值能够增强组织员工的荣誉感，为组织进一步发展提供动力。

②组织能通过不断变革来创造更高的生产经营效率与效益。通过增长型发展，组织可以获得崭新机会，使组织总是充满生机和活力，避免组织的老化。

③增长型战略能保持组织的竞争实力，实现特定的竞争优势。如果竞争对手都采取增长型战略，如果组织还在采取稳定或紧缩型战略，那么就很有可能在未来实现竞争优势。

增长型战略的缺点主要有：

①在采用增长型战略获得初期的效果后，容易导致盲目的发展和为了发展而发展，这必将破坏组织的资源平衡。为避免这种情况出现，组织在作每一个战略决策之前，必须重新审视和分析组织的内外部环境，判断组织的资源状况和外部机会。

②过快的发展可能降低组织的综合素质。这主要是由于组织新增机构、设备、人员太多而未能形成一个有机的相互协调的系统所致。针对这一问题，组织管理者可以设立一个战略管理的临时性机构，负责统筹和管理扩张后组织内各部门、人员之间的协调，等各方面的因素都融合在一起时，再考虑取消这一机构。

3. 收缩型战略

收缩型战略也称紧缩型战略，是指组织从目前的战略经营领域和基础水平收缩和撤退，且偏离起点战略较大的一种经营战略。与稳定型战略和增长型战略相比，紧缩型战略是一种消极的发展战略。组织实施紧缩型战略一般只是短期的，其根本目的是使组织渡过困难后转向其他的战略选择。

(1)收缩型战略的类型

收缩型战略主要有转向战略、放弃战略和清算战略三种类型。

①转向战略。转向战略是指当组织现有经营领域的市场吸引力小，失去发展活动而趋向衰退，组织市场占有率降低，经营活动发生困难，或者组织发现更好的领域和发展机会时，从原有领域脱身，转向其他领域的战略。

②放弃战略。放弃战略是组织采用转向战略无效时采取的另一种紧缩战略，

是指将组织的一个或几个主要部门转让、出卖或停止经营。部门可以是一个经营单位,一条生产线或者一个事业部。

③清算战略。清算战略也称为退出战略,是指卖掉其资产或停止整个组织的运行而终止组织的存在。显然,只有在其他战略都失败时才考虑使用清算战略。但在确实毫无希望的情况下,应尽早地制订清算战略,以减少损失。在特定的情况下,清算战略是一种明智的选择。

(2)收缩战略的优缺点

紧缩型战略的优点主要有:

①能帮助组织在外部环境恶劣的情况下,节约开支和费用,顺利地渡过不利处境。

②能在组织经营不善的情况下最大限度地降低损失。在许多情况下,盲目而且顽固地坚持经营无可挽回的事业是不明智的,会给组织带来致命的打击。

③能帮助组织更好地实行资产的最优组合。如果不采用紧缩型战略,组织在面临一个新的机遇时,只能运用现有的剩余资源进行投资,必然影响组织在这一领域的发展,如果采取适当的紧缩型战略,组织可以将不良运作处的资源转移部分到该领域,以实现组织长远利益的最大化。

紧缩型战略的缺点主要有:

①实行紧缩型战略的尺度较难以把握,如果盲目使用紧缩型战略,可能会扼杀具有发展前途的业务和市场,使组织总体利益受到伤害。

②实施紧缩型战略会引起组织内外部分人员不满,导致员工情绪低落。

案例

家乐福的退出

2005年,家乐福宣布退出经营了十年之久的日本国市场,同年退出了墨西哥市场。2006年,家乐福宣布退出韩国市场。三年后,家乐福又宣布退出进入不足一年的俄罗斯市场。2010年,家乐福先是退出了意大利南部市场,此后,又关闭了在比利时的21家门店。

(资料来源:新浪网)

6.3.2 经营层战略

经营层战略是组织中特定业务单位制订的发展方向和计划,是对某项业务进行竞争方式选择的过程，通常是各业务部门、分部或子单位的战略。主要是为了合理安排组织所有业务种类的关系，实现组织在该层次的目标，保证组织总体战略利益的实现。

经营层战略常常采用适应战略和竞争战略。

1. 适应战略

适应战略框架是雷蒙德·迈尔斯（Raymond E. Miles）和查尔斯·斯诺（Charles C. Snow）在研究组织经营战略的过程中提出的。

（1）战略分类

适应战略分为四种类型：防御者战略（Defender strategy）、探索者战略（Prospector strategy）、分析者战略（Analyzer strategy）和反应者战略（Reactor strategy）。

①防御者战略。组织管理部门非常关心稳定性，并且努力创造和维护最适应稳定的组织形式的环境。防御者战略向细分市场提供一组有限的产品或提供某些服务。防御者努力奋斗以防止竞争者进入自己的细分市场，倾向于采用以竞争性价格和高质量的产品或服务作为竞争手段。防御者较少受其细分市场以外的发展和变化趋势的诱惑，而是通过市场渗透和有限的产品开发获得成长。经过长期的努力，真正的防御者能够开拓和保持小范围的细分市场，使竞争者难于渗透。

②探索者战略。探索者战略与防御者战略相反，组织努力创造和维护一种动态的环境。探索者战略追求创新，致力于发现和发掘新产品和新市场机会。探索者战略取决于组织管理层开发和俯瞰大范围环境条件、变化趋势和实践的能力，并且必须具有较强的灵活性。由于组织强调新产品和市场，所以组织通常使用多种技术、灵活的生产方式，避免长期投入一种单一的工艺技术，以免组织在转换产品和市场时需要重新对生产方式进行设计。

③分析者战略。分析者战略试图使风险最小化和利润机会最大化，试图把防御者战略和探索者战略在一个组织中结合起来。组织在确认新产品、新市场的同时也保持一些传统的核心产品和用户，力求平衡生产过程中稳定性与灵活性之间的冲突，一方面支持与现存的核心产品及技术相关的稳定因素，同时也努力适应由新产品、新技术所带来的动态变化。分析者模仿探索者的创新思想，紧跟具有创新精神的竞争对手。同时分析者必须具有快速响应领先的竞争者的能力，并保持其稳定产品和细分市场的经营效率。

④反应者战略。反应者战略是当其他三种战略实施不当时所采取的一种不一致和不稳定的战略模式。它实际上是战略的失败，是对出现问题的仓促反应。反应者总是对环境变化和竞争做出不适应的反应，导致绩效不佳，在承诺某种特定战

略时表现得犹豫不决,这直接影响组织未来良性发展。

(2)战略与环境的适应

表6-1给出了组织的形式、环境的稳定程度和组织与环境相适应的程度之间的关系。根据组织环境稳定性的不同,防御者、分析者和开拓者战略各自适合的位置如表6-1所示。当组织处于高度稳定的环境中时,应该采用防御者战略以使组织与环境适应,即防御者战略在稳定的环境中运作时,组织与环境的适应程度最高,而开拓者与分析者战略在同样的环境中适应程度就低;当组织所处的环境稳定程度低时,应该采用开拓者战略达到与环境高适应,而分析者战略与防御者战略在这种情况下组织与环境的适应程度较低;分析者战略在中度稳定的环境中,组织与环境适应程度较高。

适应战略模型强调了组织与环境相一致的重要性,帮助组织理解其采用的战略在外部环境中所处的战略地位。

表6-1　　适应战略与环境的适应程度

环境稳定程度	高			中			低		
战略类型	防御者	开拓者	分析者	防御者	开拓者	分析者	防御者	开拓者	分析者
组织与环境的适应	高	中	低	低	中	高	低	高	中

2. 竞争战略

竞争战略是在公司战略确定业务组合后,主要解决其中的每一项具体业务应当选择什么样的竞争策略,建立什么样的竞争优势和怎样建立竞争优势,怎样建立与竞争战略相应的核心竞争能力,竞争战略由迈克尔·波特提出。

竞争战略的基础是产业分析,波特认为行业的竞争情况由五种基本的竞争力量决定:进入者威胁、替代品威胁、买方的议价能力、供应方的议价能力和产业内对手的竞争强度。要对抗这些竞争力量,组织需要建立自己的竞争优势。波特提出两种在某个产业超出竞争对手的“通用”竞争战略:低成本战略和差异化战略。任何类型和规模的组织甚至非盈利组织都可以采用这两种战略。同时,波特还认为组织在产业中的竞争优势还与其竞争范围有关,即与组织或事业部目标市场的宽度有关。在采用任何一种竞争战略之前,组织或事业部必须选择要生产的产品种类范围、要采用的分销渠道、要服务的消费者类型、产品销售的地理区域以及参与竞争的相关产业的部署等。根据获取竞争优势的类型和战略目标的范围不同,组织可以采用的基本竞争战略有三种:成本领先战略、差别化战略、集中化战略。如图6-3所示。

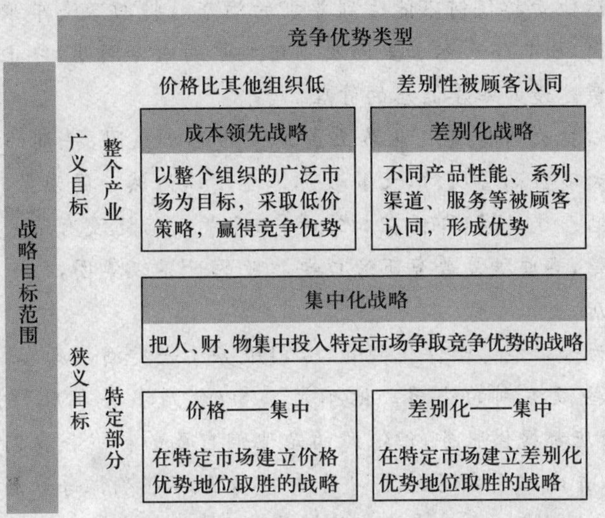

图 6-3　迈克尔·波特三种竞争战略的关系

案例

四季酒店的竞争战略

“只有一件事你能控制，就是你的态度。”——伊萨多·夏普(四季酒店创始人)。

早在 20 世纪 70 年代初期，跨越欧美同时在多伦多、伦敦的经营，让四季酒店得以比较传统酒店和最高级酒店的经营差异。两相比较，夏普认识到自己真正想要做什么——建造世界最顶级的酒店集团。

那时假日酒店集团已在美国公路市场上创建了一个帝国。先是推出标准间，然后打出了“最慷慨的酒店”广告，成为第一家向顾客免费提供婴儿床、狗窝、饮料和冰块的酒店。万豪酒店集团则占领了另一个新市场，在城郊结合区，它填补了汽车旅馆和旧市区酒店的空白。

夏普相信，四季酒店也能做得一样好，甚至更好，前提是必须做到与众不同。“环顾四周，许多豪华酒店都是独立运营商在经营。他们轻而易举得到这些酒店，但却不能与时俱进。而那些大名鼎鼎的竞争对手，都同时经营着一流、二流、三流的各式酒店。这意味着，四季酒店将会成为美国第一家专注于高端市场的连锁酒店集团。”“我们将不再满足每个群体的需求，我们将专注化，只建设高质量的中等规模酒店，不管建在什么地方都要被认为是最好的。”之后他卖掉任何不能达到要求的酒店。将四季汽车旅馆租赁给另外一家运营商，出售了卡尔加里以及贝尔维尔的四季酒店，终止了以色列内坦亚市其父亲建造的四季酒店的管理。

夏普决心把公司打造成世界上最顶级的酒店集团，早期的投资人穆拉伊和埃迪和大多数高管反对，大多数员工也不以为然。因为当时的四季，海外只有伦敦酒店这一家，即便在加拿大，四季的酒店还没有统一命名。与之对比鲜明的是，那些被夏普夸下海口要打败的世界级集团，每一家都拥有成百上千的酒店。

夏普认为如果能够专注化经营，专门服务于一类酒店顾客，四季酒店肯定会击败那些做不到的公司。他确定了“以优质服务取胜”的竞争战略。“虽然每家酒店都提供服务，但依照的是他们自己的标准。我们要以一种不同的方式做，并以此闻名遐迩。”夏普要求，如果不能确保每家酒店的每一天都能提供最上乘的服务，四季酒店就不能建立起世界级的声誉。

为此，夏普专门就服务事宜向麦当劳取经。在麦当劳新雇员的训练基地，夏普了解到麦当劳差不多每个月都要变动其电视广告，但是给新员工展示的录像，却至少已经有15年的历史了。克洛克说：“我们对待汉堡包的态度比其他任何公司都认真。”这让夏普突然意识到，一旦你有一些东西已被人们认定，你就无需反复提及；意识一旦形成，就牢牢扎根了。

与此同时，市场的竞争激发四季想了许多新点子，比如，引进健身中心以及无烟楼层；把每个房间设计得都比竞争对手的标准间稍稍大一点，而且拥有更安静的水暖设备，更好的淋浴喷头，以及为顾客量身定做舒适的床垫；提供护发啫喱、电吹风、化妆镜，房间里面配置睡袍；在食物中引进低脂肪、低糖的高级烹饪术。四季酒店开始重视一切细节，提供大量贴心服务，枕头的舒适度要满足每一个人，还有舒适的餐巾纸、每天新鲜的花束。

为了提高服务质量，夏普提倡有奉献精神的员工优先使用，“以更好的服务为目的”，重视任何阶层的员工。夏普对管理人员说：“现在，你们在管理中的挑战，就是要实现成为最顶级酒店的目标，这就要求你们到金字塔的最底部，激励薪酬最少的员工，让他们自己认识到，他们不再是普通的工作人员，而是代表着公司为顾客服务，累积我们的顾客群。”“我们需要员工有能力，并且愿意应对任何突发状况，他们应该是那些能够及时出现在现场，解决甚至预见问题的人。而这意味着肩负责任的同时拥有权力。”

具体的执行过程却是漫长的。有些管理人员照做了，因为他们认同并相信夏普的战略会有收获。另外一些人则认为，难度较高的目标会挫伤员工的积极性。还是有些总经理和高级管理人员并不认同。他们有的是不想培养那些可能成为他们的竞争对手、目前职位还较低的员工，有的是仍然视员工为一项开支。

夏普感受到自己的想法难以被很好地执行。他想要的最理想状况，是能够全员动员。这意味着不只是部分经理，而是全部经理都必须成为行为榜样，必须通过经理们的行动来传达一种理念：要致力于质量以及客户关系的提升，要把基层员工放在利润之前。公司上下必须步调一致。

到了1980年，情况仍不容乐观。为了打造一个不断提供优质服务的团队，夏普认为第一步是在全公司自上而下灌输一个明确目标，但首先需要成文的价值观，还有一些能作为基本准则的东西凝聚人心，可以让每个员工清楚公司期待他们怎么做，并以此为出发点，所有人都能问自己："这项交易、这个决议、这次行动是否与我们的价值观契合？"

夏普在每家酒店成立一个计划委员会，和他们一起讨论如何做到关爱下属，带着真诚和尊重对待每一个基层员工。同时，夏普每次酒店巡视都不断地复述、澄清、延伸服务宗旨。让每一层级的员工关注到一点：员工要取悦顾客。让所有经理明确一点：管理者要取悦员工。

夏普提出，对待一线员工就像精英团队中的成员，让一线员工设立更高目标——零错误。这样做，不是说错误可避免，而是错误发生后不要互相指责，更重要的，在于鼓励员工超出自己的职责把工作做得更好，比如遇到麻烦时，将埋怨转化为新的服务机会，这样，顾客记得的不是埋怨而是成果，并向着令顾客百分之百满意的目标靠近。

强制贯彻信念，这是一个痛苦的过程，为了顺利实现目标，夏普不得不裁掉一些高层领导——酒店总经理以及办公室高层。虽然他们中有一些人非常专业，但是公司的价值观必须凌驾于任何事物之上。

专注高级酒店品质，明确以服务制胜，为保证服务，要贯彻"员工要取悦顾客、管理者要取悦员工"价值观，这就是四季"黄金法则"诞生的路线。如今，它已浓缩成"待人如己"四个字，作为四季的价值核心。

而基于此建立起来的信任关系，不仅解决了最初的大症结，还慢慢塑造了员工的态度，让他们慢慢从自我保护、自我关注，转变为关注公司整体。现在，每家酒店的每个部门，都会选出一位员工代表。每月或每季度，这些非管理层的员工与总经理会面，总经理们将通报酒店的运营数据，并且告诉他们做得是好还是差。然后，这些代表们会告诉总经理，他的同事们有哪些可以使工作进展得更好的想法，比如，避开潜在危机、把握顾客的喜恶、建议系统流程化，它们几乎涵盖一切有助于或有碍于工作的内容。总经理会将想法汇总给部门经理，由部门经理给员工布置任务。这样，员工几乎不会感到他们在盲目工作，或者经理不关注他们。

贯彻核心价值方面，夏普自己也身体力行。在巡视各家酒店时，他花在客户上的时间与在一线办公室的一样多。他对员工的抱怨给予的关注，如同对待顾客的抱怨一样。在酒店升级的时候，公司首先升级员工的设施。当一项报告显示伦敦酒店员工对工作环境设施有所不满时，公司在3个月内就铺设了新地板，布置了新储物柜，安装了新淋浴设备。

（资料来源：中国经营网，商学院，http://biz.cb.com.cn/12716612/20121017/420063.html）

(1)成本领先战略

这种战略的主导思想是通过在内部加强成本控制，在研究开发、生产、销售、服务和广告等领域内把成本降低到最低限度，以低成本取得行业中的领先地位，组织凭借其成本优势，可以在激烈的市场竞争中获得有利的竞争优势。

成本领先的优势有利于建立起行业壁垒，有利于组织采取灵活的定价策略，将竞争对手排挤出市场。为了成功地实施成本领先战略，所选择的市场必须对某类产品有稳定、持久和大量的需求，产品的设计要便于制造和生产，要广泛地推行标准化、通用化和系列化。典型的例子是洋快餐连锁店。如肯德基和麦当劳快餐店进行大批量、标准化的大规模工厂化生产，使每片肉、每片洋葱、每个圆面包和每根炸土豆条看起来都一模一样，并且在精确的加工时间内从全自动化的流程中生产出来。这样降低了单位产品的成本，获得了竞争优势。

组织在实施低成本战略时，一般从两个方面考虑：一是考虑实施战略所需要的资源和技能，如持续投资和增加资本的能力、科研与开发能力、市场营销的手段、内部管理水平。二是组织落实的必要条件，如严格的成本控制、详尽的控制报告、合理的组织结构和责任制以及完善的激励管理机制。在实践中，要考虑组织所在的市场是否是完全竞争的市场，该行业的产品是否是标准化的产品，大多数购买者是否以同样的方式使用产品，产品是否具有较高的价格弹性，价格竞争是否是市场竞争的主要手段等。如果组织的环境和内部条件不具备这些因素，组织便难以实施成本领先战略。要通过低成本战略获得竞争优势，价值链上的累积成本就必须低于竞争对手的累积成本。达到这个目的有两个途径：一是比竞争对手更有效地开展内部价值链活动，更好地管理推动价值链活动成本的各个因素，即控制成本驱动因素；二是改造公司的价值链，省略或跨越一些高成本的价值链活动。

选择成本领先战略也具有一定风险，如果竞争对手的竞争能力过强，采用成本领先的战略就有可能处于不利的地位。主要表现在以下三方面：

①竞争对手开发出成本更低的生产方法。竞争对手利用新的技术，或更低的人工成本，形成新的低成本优势，使得组织原有的优势成为劣势。

②竞争对手采用模仿的办法。当组织的产品或服务具有竞争优势时，竞争对手往往会采取模仿的办法，形成与组织相似的产品和成本，给组织造成困境。

③顾客需求的改变。如果组织过分地追求低成本，降低了产品和服务质量，会影响顾客的需求，结果会适得其反，组织非但没有获得竞争优势，反而会处于劣势。

(2)差别化战略

差别化战略是使组织在行业中别具一格，具有独特性，提供与众不同的产品和服务，满足顾客特殊的需求，形成竞争优势，以形成对“入侵者”的行业壁垒，并利用差别化带来的较高的边际利润，补偿因追求差别化而增加的成本的战略。组织形成这种战略主要是依靠产品和服务的特色，而不是产品和服务的成本。但是差别化战略并不是说组织可以忽略成本，只是强调这时的战略目标不是成本问题。组织可以从许多角度来寻求差别化：独特的口味、可靠的服务、备用零件、物超所值、工程设计和性能、名望和特性、产品可靠性、高质量的制造、技术领导地位、全系列的服务、完整系列的产品、居于同类产品线高端的形象和声誉等等。近年来，我国电冰箱市场上的竞争，大多采用差别化战略。随着电冰箱市场逐渐从卖方市场转向买方市场，各冰箱生产厂家在改进产品设计、增加产品功能、改善售后服务以及延长保修期等方面不断推陈出新，从产品的生产到售后整个过程都以用户为中心。电冰箱的花样不断翻新：增大冷冻室容积、表面喷漆改喷塑、抽屉式冷冻室、增加蓄冷器、立式压缩机改卧式压缩机等等。

差别化的核心是取得某种独特性，这种独特性如果购买者认为有价值，则可以持续下去，但是容易被复制的差别化不能产生持久的竞争优势，因此最具有吸引力的差别化方式是使那些竞争对手模仿起来难度很大或代价高昂的方式。实际上，资源丰富的公司都能够及时地仿制几乎任何一种产品特色与属性，因此组织必须将持久的差别化同自身独特的内部能力、核心能力和卓越能力紧密相连。如果组织拥有竞争对手不易模仿的核心能力和卓越能力，组织的专有技能能够用来开展价值链中存在差别化的潜在活动，那么组织就有了持久差别化的基础。一般来说，如果差别化的基础是新产品革新、技术的卓越性、产品质量的可靠性以及系统的客户服务，那么，差别化所带来的竞争优势就能够持续更长的时间，就能够变得更强大。

差别化是一个十分有效的竞争战略，但是并不能保证差别化一定能够创造有意义的竞争优势。如果组织所强调的独特特色或者能力在购买者看来并没有多大的价值，那么组织的差别化就不能获得积极的市场反应。另外，如果竞争对手能够很快地复制所有或者绝大部分组织所提供的有吸引力的产品属性，那么组织为差别化所做出的努力也注定会失败。快速被模仿意味着组织实际上没有获得真正的差别化，造成每次组织采取新的行动使组织的产品同竞争对手的产品区别开来的时候，竞争对手的品牌都能够发生类似的变化。因此，通过差别化建立竞争优势，组织必须找出独特的核心能力，从而使竞争对手模仿起来很困难。最后，组织还应该认识到，并不是所有的顾客都愿意支付产品差别化后形成的较高价格，如果购买者满足于基本的产品，认为“附加”的属性并不值得支付更高的价格，在这种情况下低成本战略就可以击败差别化战略。

(3)集中化战略

集中化战略，又称聚焦战略，是指把经营战略的重点放在一个特定的目标市场上，为特定的地区或特定的购买者集团提供特殊的产品或服务。集中化战略与其他两个竞争战略不同。成本领先战略与差别化战略面向全行业，在整个行业的范围内进行活动，适宜于大型的组织；而集中化战略则是针对特定的细分市场，适用于中小型的组织。这一战略依据的前提是：组织业务的专一化能够以更高的效率、更好的效果为某一狭窄的战略对象服务，从而在某一方面或某一点上超过那些有较宽业务范围的竞争对手。

组织一旦选择了目标市场，便可以通过产品差别化或成本领先的方法，形成差别化集中或低成本集中两种变化形式。从这个意义来说，采用集中化战略的组织就是特殊的差别化或特殊的成本领先组织。由于这类组织的规模较小，采用集中化战略的组织往往不能同时进行差别化和成本领先的方法。采用集中化战略的组织要想实现成本领先，可以在专用品或复杂产品上建立自己的成本优势，这类产品难以进行标准化生产，也就不容易形成生产上的规模经济效益，难以具有经验曲线的优势。采用集中化战略的组织要实现差别化，可以运用所有差别化的方法去达到预期的目的。与差别化战略不同的是，采用集中化战略的组织是在特定的目标市场中与实行差别化战略的组织进行竞争，而不在其他细分市场上与其竞争对手竞争。在这方面，重点集中的组织由于其市场面狭小，可以更好地了解市场和顾客，提供更好的产品与服务。

组织实施集中化战略的关键是选好战略目标。组织要尽可能地选择那些竞争对手最薄弱的目标和最不易受替代产品冲击的目标。同时注意以下前提条件：①购买群体在需求上存在的差异；②在组织的目标市场上，没有其他竞争对手试图采用集中化战略；③组织的目标市场在市场容量、成长速度、获利能力、竞争强度方面具有相对的吸引力；④本组织资源实力有限，不能追求更大的目标市场。如果以上前提条件满足，组织不管是以低成本为基础的集中战略还是以差别化为基础的集中战略，都具有较强的竞争优势。

组织实施集中化战略能在目标市场上保持一定的竞争优势，获得较高的市场份额，但也可能会面临以下风险：

①以较宽的市场为目标的竞争者采用同样的集中化战略，或者竞争对手从组织的目标市场中找到了可以再细分的市场，并以此为目标进行集中化战略，从而使原来采用集中化战略的组织失去优势。

②技术进步、替代品的出现，价值观念的更新、消费者偏好变化等多方面的原因，目标市场与总体市场之间在产品或服务的需求差别变小，组织原来赖以形成集中化战略的基础不存在。

③在较宽的范围经营的竞争对手与采取集中战略的组织之间在成本上的差异日益扩大，抵消了组织为目标市场服务的成本优势，或抵消了通过集中化战略而取得的产品差别化，导致集中化战略的失败。

6.3.3 职能层战略

职能层战略是在经营层战略指导下，按照专业职能将经营层战略进行具体落实和具体化，是将组织的总体战略转化为职能部门具体行动计划的过程。根据这些行动计划，职能部门的管理人员可以更清楚地认识到本职能部门在实施总体战略中的责任和要求。对企业而言，通常包括市场营销、财务、生产、研究与开发、人力资源等职能领域。

1. 市场营销战略

市场营销战略是企业根据战略规划识别、分析、评价外部环境所提供的市场机会，结合企业内部资源状况，确定目标市场，选择相应的市场营销策略组合，并予以有效实施和控制的过程，包括目标市场战略、市场地位确定战略、市场竞争战略、营销组合战略等。其步骤包括分析市场机会、选择目标市场、策划营销战略、设计营销方案和组织、执行及控制营销活动等。它是企业职能层战略中最重要的战略。

2. 财务战略

企业财务战略的主要任务是在对现有的资金市场充分认识的基础上，根据企业财务的实际情况，选择企业的投资方向，确定融资渠道和方法，调整企业内部财务结构，保证企业经营活动对资金的需要，以最佳的资金利用效果来帮助企业实现战略目标。企业的财务战略主要包括四个方面：①筹资战略，选择有利的渠道和方法，力求降低资金成本，提高借入资金的使用效果。②投资战略，在发展过程中如何分配资金，发掘市场最具有潜力的产品；同时为发挥资金效益，合理运用流动资金。③利润分配战略，根据市场金融状况和企业财务状况确定分配政策，处理好集体利益和个人利益、短期利益和长期利益的关系。④财务结构战略，结合企业经营的状况，拟定有利于企业长远发展的资本结构，并在安全性、灵活性和有效性中寻求最佳结合点。

3. 生产战略

生产战略是企业根据所选定的目标市场和产品特点构建其生产系统时所应遵循的指导思想，以及在这种指导思想下的一系列决策、规划及计划。生产战略的作用在于在生产领域内取得某种竞争优势以支持企业的经营战略，而不局限于处理和解决生产领域内部的矛盾和问题，是关于生产系统如何成为企业立足于市场并获得竞争优势的战略计划，是为实现生产系统在企业中的有效性规定了明确的内容、程序、原则和模式。生产战略作为一种职能战略，往往受企业经营方向、经营目标以及企业经营战略的制约，这种制约作用主要表现在以下的三个方面：

(1)企业经营业务方向的制约。生产消费产品、高技术产品和生产资料的企业，分别以市场为导向、以技术为导向等，各自对生产战略的要求是不同的，因而生产战略所处的地位也不同。

(2)企业经营目标的制约。比如一些企业把未来几年业务的增长速度作为企业经营的主要目标，那么企业就会采取薄利多销，努力寻求价格-成本优势，生产系统进行大批量生产，往往容易忽略创新，导致在创新方面的优势大大减退；而另外一些企业并不明确规定业务的增长速度，把注意力放在开发新产品或提高质量等方面，却有可能会削弱对交货期的保障能力。

(3)企业经营战略的制约。采用多元化经营战略或集中化战略，对生产战略有极大的影响。前者在产品特色、质量、品种等方面寻求优势，但可能因产品缺乏标准化、达不到规模经济等原因而失去成本方面的优势。而后者恰好相反。

4. 研究与开发战略

企业要根据其总体战略来选择研究开发的方式，根据企业的外部环境以及内部条件来决定应该如何向研究开发活动分配企业的资源。企业的研究开发策略主要有四种：即进攻型策略、防御型策略、技术引进策略及部分市场策略。进攻型策略通过开发或引入新产品，全力以赴地追求企业产品技术水平的先进性，抢占市场，在竞争中保持技术与市场的强有力的竞争地位；防御型策略又叫追随策略，企业不抢先研究和开发新产品，而是在市场上出现成功的新产品时，立即对别人的新产品进行仿造或者加以改进，并迅速占领新市场；技术引进型战略利用别人的科研力量来开发新产品，通过直接购买高等院校、科研机关的专利或者科研成果来为本企业服务，或通过获得专利许可进行模仿，把他人的开发成果转化为本企业的商业收益；部分市场策略，也叫依赖型策略，企业用自己的技术满足特定的大型企业或者母公司的订货要求，不再进行除此以外的其他技术创新和产品的研究开发，只要不失去为之服务的特定的大企业，可以不必为追求各种创新事业而冒险，也能够安全稳定地经营。

5. 人力资源战略

企业的人力资源战略，主要包括人力资源的开发、培训和使用三方面的内容。他们之间是相互关联的，不能截然分开。培训是人力资源开发的基本方法之一，人力资源的使用过程是岗位培训的过程，这三者是有机结合的。人力资源战略的制订和实施，就是采用一定的手段和方法，确定由人力资源开发、培训和使用三方面内容构成的中长期总体规划，为企业的战略目标服务。企业人力资源战略所要解决的，不是个别岗位和层次上的人力资源选用，或渴望变化带来的人员安排使用问题，其基本着眼点是根据本企业中长期发展目标，从总体上规划人力资源队伍的发展目标，制订相应的实施方案与措施，有计划地逐步加以贯彻和实施。

6.4 战略管理方法

在进行战略制订时通常都需要对组织未来进行预测，如果组织的未来环境可预测时，通常可以用 SWOT 分析法、组合分析方法进行战略分析和选择。SWOT 分析法在第三章已经学习过，组合分析是很多组织制订公司战略时最常用的工具之一。在组合分析中，高层管理人员把所有产品线和事业部视为一系列投资，期望获得利润回报。BCG 发展矩阵、GE 业务筛选模型是应用较多的两种业务组合分析方法。

6.4.1 BCG 发展矩阵

美国波士顿咨询集团(Boston Consulting Group，简称 BCG)在 1970 年创立了"市场增长率-相对市场份额矩阵"，后来在许多国家传播，并得以不断发展完善。"市场增长率-相对市场份额矩阵"也称为波士顿发展矩阵，也简称 BCG 发展矩阵，是现今采用得最普遍的一种业务组织分析法，如图 6-4 所示。该矩阵方法是按每种产品的销售增长率(公司前后两年销售总量之比)和相对市场份额(本公司产品市场份额与该产品主要竞争对手的市场份额之比)将公司的产品分为四种类型，根据它们在矩阵中的位置而采取相应的策略。

图 6-4 中纵坐标上的市场增长率表示该业务的销售量或销售额的年增长率，用数字 0%～20%表示，市场增长率超过 10%就是高速增长。横坐标的相对市场份额表示该业务相对于最大竞争对手的市场份额，用于衡量公司在相关市场上的实力。用数字 0.1～10 表示(0.1 说明该公司销售量是最大竞争对手销售量的 10%，10 说明该公司销售量是最大竞争对手销售量的 10 倍)，并以相对市场份额 1.0 为分界线。在具体运用中，这些数字范围可以根据不同行业的特点和历史经验进行修改。利用 BCG 发展矩阵进行分析时，首先计算公司每种产品的相对市场份额和销售增长率，然后将产品定位在矩阵图中的相应位置，最后进行分析。

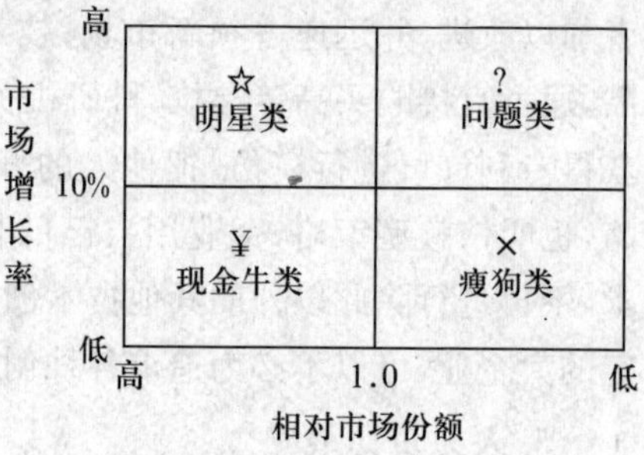

图 6-4　BCG 发展矩阵

图中市场成长率——相对市场份额矩阵分为四个方格，分别代表企业业务的四种类型：明星业务、问题业务、现金牛业务和瘦狗业务。

1. 问题业务

问题业务是指市场成长率高、相对市场份额低的业务。这往往是一个企业的新业务，为发展问题业务，企业必须增加设备和人员，以便跟上迅速发展的市场，并超过竞争对手，这需要大量的资金投入。这时企业必须慎重回答“是否继续投资，发展该业务”这个问题。只有那些符合企业发展长远目标、企业具有资源优势、能够增强企业核心竞争能力的业务才能继续投资谋求发展。

2. 明星业务

明星业务是指市场成长率高、相对市场份额高的业务，这类业务往往是由问题业务继续投资发展起来的，公司既有发展潜力，又有竞争力，是高速成长市场中的领导者，未来可能成为公司的现金牛业务。但这并不意味着明星业务一定可以给企业带来滚滚财源，由于市场还在高速成长，企业必须继续投资，以保持与市场同步增长，才可能击退竞争对手。一个公司如果没有明星业务，就失去了希望，但如果公司的明星业务过多，也可能会使公司高层管理者无法正确估计形势，做出错误的决策。这时必须具备识别行星和恒星的能力，将公司有限的资源投入在能够发展成为现金牛的恒星上。

3. 现金牛业务

现金牛业务，也称为金牛业务，指市场成长率低、相对市场份额高的业务，是成熟市场中的领导者，它是企业现金的来源。由于市场已经成熟，企业不必大量投资以扩展市场规模，同时作为市场中的领导者，该业务具有规模经济和高边际利润的优势，可以给企业带来大量财源。企业往往用现金牛业务来支付账款并支持其他三种需要大量现金的业务。如果一个公司只有一个现金牛业务，则其财务状况会比较脆弱。如果市场环境一旦变化，企业该项同金牛业务的市场份额下降，公司就不得不从其他业务中抽回现金来维持现金牛业务的领导地位，否则现金牛业务可能就会变弱，失去优势，甚至成为瘦狗业务。

4. 瘦狗业务

瘦狗业务是指市场成长率低、相对市场份额低的业务。一般情况下，这类业务常常是微利甚至是亏损的。瘦狗业务存在的原因更多是由于感情上的因素，虽然一直微利经营，但像人对养了多年的狗一样恋恋不舍而不忍放弃。其实，瘦狗业务通常要占用很多资源，如资金、管理部门的时间等，很多时候维持瘦狗业务是得不偿失。

通过波士顿矩阵，可以分析一个公司的投资业务组合是否合理。如果一个公司没有现金牛业务，说明它当前的发展中缺乏充足的现金来源，则公司不能或较难采取扩张战略；如果没有明星业务，说明公司未来的发展缺乏希望，公司在未来一个时期内较难形成新的现金牛业务。如巨人集团在将保健品业务发展成明星业务后，急于开发房地产业务，在当时的市场环境下，保健品和房地产都是明星业务，但由于巨人集团没有能够提供源源不断现金支持的现金牛业务，导致企业不得不从本身还需要大量投入的保健品业务中抽取资金来支援房地产业务，导致最后两类业务都没有做好，企业全面陷入困境。

在明确了各项业务在公司的不同地位后，需要进一步为每种产品确定目标和策略，通常采取四种不同策略：①发展策略。继续大量投资，目的是扩大产品的市场份额，有时可能会不惜放弃近期收入来达到这一目标。这一策略主要针对有发展前途的问题业务，问题业务要成为明星业务，市场份额必须有较大增长。发展策略同样适用于明星中的恒星业务。②维持策略。投资维持现状，目标是保持业务单位现有的市场份额。主要针对强大稳定的现金牛业务，因为这类业务能够为企业挣得大量现金。③收获策略。实质上是一种榨取，目标是在短期内尽可能地得到最大限度的现金收入，而不考虑长期影响。主要针对处境不佳的现金牛业务，这类业务前景黯淡，企业又需要大量现金。收获策略适用于没有发展前途的问题业务和瘦狗业务。④放弃策略。目标在于出售和清理某些业务，将资源转移到更有利的领域。这种策略适用于无利可图的瘦狗业务和问题业务，这类业务往往都是赔钱业务。

应该注意，随着时间的推移，一个产品或业务在 BCG 发展矩阵中的位置会发生变化。成功的产品或业务都有一个完整的生命周期,从问题类开始,转向明星类,然后成为现金牛类,最终成为瘦狗类,走到生命周期的终点。企业在进行产品或业务分析时,应该不仅仅注意其在 BCG 矩阵上现在的位置,还要注意它未来可能变化的位置,对每一种产品或业务都应该综合考虑其过去以及将来的情况,然后作出合理判断。

6.4.2 GE 矩阵

通用电气公司(GE)在 20 世纪 70 年代开发了吸引力/实力矩阵(简称 GE 矩阵)。该矩阵也进行产业吸引力和业务实力之间的比较,不过波士顿矩阵用市场增长率来衡量吸引力,用相对市场份额来衡量实力,而 GE 矩阵使用数量更多的因素来衡量这两个变量,如表 6-2 所示。由于该矩阵使用多个因素,可以通过增减某些因素或改变它们的重点所在,使矩阵容易适应高层领导的具体意向或某些产业特殊性的要求。

GE 矩阵可以根据产品或业务在市场上的实力和所在地市场的吸引力对该产品或业务进行评估,也可以表述一个公司的产品或业务组合,判断其强项和弱点,当需要对产业吸引力和业务实力作广义而灵活的定义时,可以以 GE 矩阵为基础进行战略规划。GE 矩阵分析,需要找出内部和外部因素,然后对各因素加权,得出衡量内部因素和市场吸引力外部因素的标准。行业吸引力取决于外部环境因素,如市场容量、市场增长率、行业竞争结构、进入壁垒、行业盈利能力等;业务实力取决于企业内部的各项可控因素,如市场占有率、品牌知名度、生产能力、生产效率、研究与开发力量、单位成本、质量与管理素质等。

表 6-2　通用电气公司多因素业务经营组织模型

		权数	定值(1-5)	值
行业吸引力	总体市场大小	0.2	4	0.8
	年市场成长率	0.2	5	1
	历史毛利率	0.15	4	0.6
	竞争密集程度	0.15	2	0.3
	技术要求	0.15	3	0.45
	通货膨胀	0.05	3	0.15
	能源要求	0.05	2	0.1
	环境影响	0.05	1	0.05
	社会/政治/法律	必须是可接受的		
		1		3.45

（续表）

		权数	定值(1-5)	值
业务实力	市场份额	0.1	4	0.4
	份额成长	0.15	4	0.6
	产品质量	0.1	4	0.4
	品牌知名度	0.1	5	0.5
	分销网	0.05	4	0.2
	促销效率	0.05	5	0.25
	生产能力	0.05	3	0.15
	生产效率	0.05	2	0.1
	单位成本	0.15	3	0.45
	物资供应	0.05	5	0.25
	开发研究实绩	0.1	4	0.8
	管理人员	0.05	4	0.2
		1		4.3

GE 矩阵的具体分析步骤如下：

(1)定义各因素。选择要评估业务实力和市场吸引力所需的重要因素，在 GE 内部，分别称之为内部因素和外部因素。确定这些因素的方法可以采取头脑风暴法、名义小组法等，不能遗漏重要因素，也不能将微不足道的因素纳入分析中。

(2)估测内部因素和外部因素的影响。从外部因素开始，若一因素对所有竞争对手的影响相似，则对其影响进行总体评估，若一因素对不同竞争者有不同的影响，可比较它对自己业务的影响和重要竞争者的影响。采取五级评分标准(1——毫无吸引力、2——没有吸引力、3——中性影响、4——有吸引力、5——极有吸引力)。使用 5 级标准对内部因素进行类似的评定(1——极度竞争劣势、2——竞争劣势、3——同竞争对手持平、4——竞争优势、5——极度竞争优势)，应该选择一个总体上最强的竞争对手做对比对象。

(3)对外部因素和内部因素的重要性进行估测，得出衡量实力和吸引力的简易标准。有定性、定量两种方法可以选择。①定性方法。审阅并讨论内外部因素，以在第二步中打分为基础，按强、中、弱三个等级来评定该产品或业务的实力和产业吸引力如何。②定量方法。将内外部因素分列，分别对各因素赋予不同的权值，然后将权数与所评估的产品或业务在实力和吸引力方面的得分(介于 1 和 5 之间)相乘得到某一产品或业务项目在某一因素下的期望值，再把各因素的期望值相加，就得到反映该产品或业务的产业吸引力或业务实力的数值，其数值的最高分为 5。

(4)将该产品或业务标在 GE 矩阵上。矩阵坐标横轴为产业吸引力，纵轴为业务实力。

(5)对矩阵进行诠释。通过对产品或业务在矩阵上的位置进行分析,公司就可以选择相应的战略措施。

如图6-5所示,通过GE矩阵分析,将企业的业务分成三大类型,其中扩张类业务,处于矩阵的左上角区域,企业具有较强的竞争地位,所处行业也很有发展前途,应采取扩张战略;维持类业务,处于矩阵中部阴影区域,企业竞争地位和行业前景处于中间状态,宜采取维持战略;回收类业务,处于矩阵右下角区域,企业竞争能力和行业吸引力都很低,应采取回收战略。

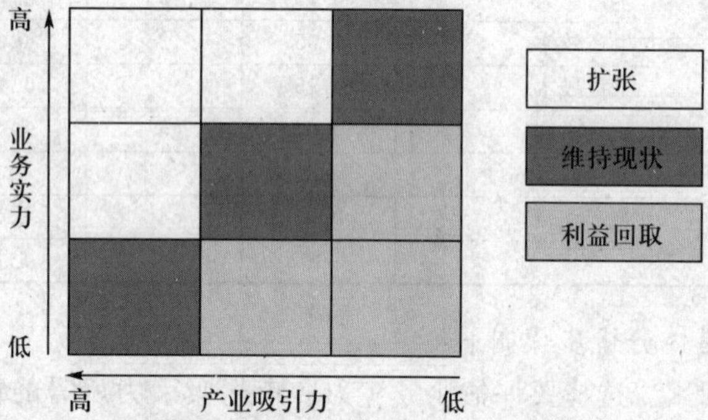

图6-5

GE矩阵不但能比较全面地对战略事业单位的业务组合进行规划分析,而且可以针对企业实际情况进行改进,具有较广的应用价值。

在实际的战略管理中,有两类企业不适合采用上述矩阵来分析企业的总体战略。一类是刚刚开始进行多种经营的单一产品系列的企业,另一类是主要经营业务与次要经营业务密切相关的主导产品系列的企业。对于前一类企业来讲,由于原有的经营业务与新生的经营业务在规模上和重要程度上都处于不稳定的状态,企业即使充分地考虑到产品/市场综合发展的各种条件,也很难用投资组合矩阵充分地表明这类企业中不同经营业务之间的相互关系。而对于后一类企业来说,由于其主要经营业务与次要经营业务在资源分配、竞争优势和协同作用上通常都是有区别的,需要分别研究。

本章学习小结

1.组织战略是指把战略的思想和理论应用到企业管理当中,组织为了适应变化激烈、充满挑战的环境,寻求长期生存和稳定发展而制订的总体性和长远性的计划和选定的奋斗目标。

2.组织战略具有全局性、长远性、抗争性、稳定性和假设性的特征。

3. 战略过程包括:战略分析、战略制订、战略实施、战略评价四个阶段。

4. 组织战略主要包括三个层次:公司层战略、经营层战略以及职能层战略。

5. 公司层战略是组织高层管理部门为实现组织目标而制订的方向和计划,主要有稳定型战略、增长型战略和收缩型战略几种类型。

6. 经营层战略是组织中特定业务单位制订的发展方向和计划,是对某项业务进行竞争方式选择的过程,通常是各业务部门、分部或子单位的战略,有适应战略和竞争战略。

7. 职能层战略是按照专业职能将经营层战略进行具体落实和具体化,是将组织的总体战略转化为职能部门具体行动计划的过程。

8. 进行战略分析的工具包括 SWOT 分析,BCG 矩阵,GE 矩阵。

综合案例

雪碧的茶冒险

在没打任何广告的情况下,可口可乐新款口味的“冰+茶味”雪碧上市,2010 年 3 月初它已出现在学校的小卖部、超市的货架以及写字楼内的自动贩卖机,为了掩人耳目,它甚至连瓶子都和雪碧一样绿,区别是比雪碧颜色更为青嫩,酷似苹果汽水。

直到 3 月 25 日,雪碧冰茶味才正式在上海举行了新品上市发布会。可口可乐公司宣称,新品冰茶雪碧在保留雪碧冰爽口感的同时加入了清新的绿茶风味,是首次将“混搭”概念带入传统含气饮料行业。此外,雪碧还发布了它全新的品牌口号“透心凉,炫灵感”。

在发布会现场,雪碧代言人周杰伦穿上一身充满玄机的刺猬装,衣服上镶满声控的 LED 灯,造型夸张程度堪比 Lady Gaga。

“雪碧冰茶味汽水是可口可乐公司突然想到的一个灵感。”可口可乐大中华区高级市场总监嘉景荣说。这是他和研发中心的同事们坐在一起讨论雪碧延伸产品的可能性时迸发的一个灵感。

可口可乐公司一直觊觎着中国茶饮料的巨大商机。碳酸饮料在全球的市场份额正在逐渐下降,根据可口可乐公司最新公布的 2009 年第四季度财务报告,中国市场销量的增长是 29%,其中雪碧的增长率不过 18%。而在中国,茶饮料每年的增长率超过 50%。

这家饮料巨头曾在中国推出过多款茶饮料产品,其当前正在大力推广的“原叶茶”在口感和推广方式上,都跟康师傅或统一没有太大分别。

一年以前,可口可乐开始改变了做茶饮料的思路——“茶”冒险计划正式列入了它的日程。此前,可口可乐在中国曾经推出过两款新口味的雪碧,2003 年推出了雪碧冰薄荷,2005 年推出了生姜味道的雪碧,但这两款雪碧的销量并不激动人心,后者甚至早已销声匿迹。这让可口可乐对这次雪碧的“茶”冒险计划更为谨慎,尤其是在找到符合中国人偏好的清新茶风格之后。

在中国,多数消费者偏爱的是绿茶口味的茶饮料,这是嘉景荣率领的市场部门做了大量前期的市场和消费者调研后得出的结论。市场和研发几个部门的同事经常坐在一起开会讨论,而通过其后大量的消费者口味测试,可口可乐最终确定,冰茶选择用绿茶口味。

在研发的过程中,最为困难的是如何把汽水和茶的味道完美融合,既不干扰汽水的口感,又能充满茶的清香,这就需要对茶的风味做大量调整,同时还要维持雪碧固有的含气量,让原有的雪碧消费者感觉不到变化。除了产品研发过程之外,在产品上市前,可口可乐也在多个不同城市做了产品概念、口味、包装的消费者测试。

这是可口可乐全球创新与技术中心研发的第一款在中国首推的含气饮料新品。为了加强本地研发创新能力,这个饮料巨头投入了 9000 万美元,新研发中心是原先上海研发中心总面积的 5 倍,也是可口可乐公司全球六大研发中心之一。

在这个不对外开放的研发机构中,有专门的包装实验室、产品实验室以及口味测试实验室等,几乎每种饮料都有一间单独的研发实验室,其中,茶饮料的实验室是咖啡、果汁等等所有实验室中面积最大的。

“诸多单独的研发实验室保证了多种饮料可以同时进行研发,大大缩短了本土创新产品的研发时间。”可口可乐公共事务及传讯总监助理王妍凤对《第一财经周刊》介绍。这个研发中心里面就像一个小联合国,拥有世界先进设备和超过 100 位专家。“在研发中心里面,有不少奇奇怪怪的设备,都要几百万美金。”最让人印象深刻的是口味测试房间,这是一间几乎全白的房间,不仅是墙壁,还包括桌椅等物品,为的是保证在口味测试的过程中不被颜色干扰判断。

新产品雪碧冰茶味将在全国开展 1500 万人次赠饮,这也是迄今为止可口可乐中国系统最大的一次新产品上市赠饮活动。这家公司还和“7-11”连锁便利店合作,买“7-11”的午饭或晚饭(最低 10 元、一荤一素)加一元即可买到原价 3 元的雪碧冰茶味一瓶。而在沃尔玛,雪碧冰茶味 2 月底就上架了,每周六日都会试饮促销。雪碧冰茶味甚至已经进入了“正一味”等为数不多的餐厅。

“从各地的一些直接反馈来看，订单量已超出预期。”对比起可口可乐过去的茶饮料产品，这似乎是一个不错的开始。

（资料来源：霍然，高嵩．雪碧的茶冒险．第一财经周刊）

问题

试分析可口可乐推出新产品雪碧冰茶味所采用的战略。

自测题

一、单项选择题

1. 某品牌电视因在电视机上加装“VCD”播放器而大受欢迎，这属于（　）。

A. 差异化策略　B. 无差异化策略　C. 集中策略　D. 成本领先策略

2. 下列不属于基本战略的是（　）。

A. 成本领先　B. 多元化　C. 特色优势　D. 集中化

3. 差异化战略属于（　）。

A. 公司战略　B. 职能战略　C. 经营战略　D. 品牌战略

4. 无变化战略属于（　）。

A. 收缩型战略　B. 稳定型战略　C. 扩张型战略　D. 一体化战略

5. 通过相对市场份额和市场增长率两个影响因素来对公司的产品或从事行业进行分析，这种方法是（　）。

A. BCG 发展矩阵　B. BCC 发展矩阵　C. BGG 发展矩阵　D. BCD 发展矩阵

二、多项选择题

1. 公司层战略包括（　）。

A. 稳定型战略　B. 增长型战略　C. 集中化战略　D. 差异化战略

2. 下面各种战略属于职能层战略的是（　）。

A. 防御型战略　B. 市场营销战略　C. 人力资源战略　D. 分析型战略

3. 公司采用差异化战略时可以在下面哪些方面进行差异化（　）。

A. 产品外观　B. 产品设计　C. 产品服务　D. 产品功能

4. 当公司不是很有名，面对竞争对手的市场份额较高时，公司可以进行（　），以使公司具有竞争优势。

A. 市场扩张　B. 提供符合细分市场的产品

C. 提升产品价格　D. 服务差异化

5. 企业的财务战略主要包括（　）。

A. 筹资战略　　B. 投资战略　　C. 利润分配战略
D. 财务结构战略　　E. 税收战略

三、判断题

1. 公司的战略是公司高层领导的事，与公司的基层员工没有关系。（ ）

2. 为了保持公司的可持续竞争优势，公司必须进行战略性思考，并采用差异化战略。（ ）

3. 战略管理是关注公司长远的发展，所以在制订战略时不需要进行环境分析。（ ）

4. 在制订职能层战略时，职能部门不用考虑公司层战略对职能战略的影响。（ ）

5. 公司战略制订者可以采用 BCG 等多种工具进行战略分析，但最终制订的各层次战略应该保持一致。（ ）

四、简答题

1. 组织战略具有哪些特征？
2. 低成本战略如何保持竞争优势？
3. 差异化战略如何保持竞争优势？
4. 简述职能层战略的内容。
5. 简述增长型战略的缺点。

五、论述题

1. 结合你熟悉的企业情况，对战略管理的过程进行分析。
2. 如何设定战略目标？
3. 用 BCG 矩阵对某一企业的战略制订进行分析。

第三篇

组织职能篇

组织设计

第7章

引导案例

通用公司的组织结构变革

当杜邦公司刚取得对通用汽车公司的控制权的时候，通用公司只不过是一个由生产小轿车、卡车、零部件和附件的众多厂商组成的“大杂烩”。这时的通用汽车公司由于不能达到投资人的期望而濒临困境，为了使这一处于上升时期的产业为它的投资人带来应有的利益，公司在当时的董事长和总经理皮埃尔杜邦以及他的继任者艾尔弗雷德斯隆的主持下进行了组织结构的重组，形成了后来为大多数美国公司和世界上著名的跨国公司所采用的多部门结构（Multidivisional Structure）。

在通用公司新形成的组织结构中，原来独自经营的各工厂，依然保持着各自独立的地位，总公司根据它们服务的市场来确定其各自的活动。这些部门均由企业的领导，即中层经理们来管理，它们通过下设的职能部门来协调商品从供应者到生产者的流动。这些公司的中低管理层执行总公司的经营方针、价格政策和命令，遵守统一的会计和统计制度，并且掌握这个生产部门的生产经营管理权。公司设立了执行委员会，并把高层管理的决策权集中在公司总裁一个人身上。执行委员会的时间完全用于研究公司的总方针和制订公司的总政策，而把管理和执行命令的负担留给生产部门、职能部门和财务部门。同时总裁和执行委员会之下设立了财务部和咨询部两大职能部门，分别由一位副总裁负责。财务部担负着统计、会计、成本分析、审计、税务等与公司财务有关的各项职能；咨询部负责管理和安排除生产和销售之外的公司的其他事务，如技术、开发、广告、人事、法律、公共关系等。职能部门根据各生产部门提供的旬报表、月报表、季报表和年报表等，与下属各企业的中层经理一起，为该生产部门制订“部门指标”，并负责协调和评估各部门的日常生产和经营活动。同时,根据国民经济和市场需求的变化,不时地对全公司的投入产出做出预测,并及时调整公司的各项资源分配。

公司高层管理职能部门的设立,不仅使高层决策机构(执行委员会)的成员们摆脱了日常经营管理工作的沉重负担,而且也使得执行委员会可以通过这些职能部门对整个公司及其下属各工厂的生产和经营活动进行有效的控制,保证公司战略得到彻底的和正确的实施。这些庞大的高层管理职能机构构成了总公司的办事机构,也成为现代大公司的基本特征。

另外,在实践过程中,为了协调职能机构、生产部门及高级主管三者之间的关系和联系,艾尔弗雷德·斯隆在生产部门间建立了一些由三者中的有关人员组成的关系委员会,加强了高层管理机构与负责经营的生产部门之间广泛而有效的接触。实际上这些措施进一步加强了公司高层管理人员对企业整体活动的控制。

(资料来源:姜桂娟.管理学基础.北京:北京大学出版社,2011)

一个组织的管理活动,首先通过计划活动,明确了组织所要达到的目标,并安排了实现目标的途径。在此基础上,就要对包括人、财、物和信息在内的各种资源在一定的空间和时间范围内进行有效的配置,尤其要明确各自的权力和责任,建立一种既分工又协作的集体活动的结构。设计和维持这种结构的工作,同时还根据组织内外诸因素的变化,不断对组织结构做出调整和变革,这些就是管理的组织职能所要完成的任务。

7.1 组织概述

为了实现目标和计划,任何一个组织都要把所拥有的人、财、物、信息等资源有效地配置起来,将总体的任务分配给组织的每一个部门乃至每一个成员,建立起它们之间既有分工又有合作的关系,这种关系就形成了一种框架或结构。组织工作的目的,就是要建立这样一种能产生有效的分工合作关系的结构。

7.1.1 组织的含义

所谓组织(organization),是由两个或两个以上的个人为了实现共同的目标组合而成的有机整体。组织具有明确的目标和精心设计的结构,它是构成要素彼此协调的活动系统,是同外部环境保持密切联系的社会实体。巴纳德认为“组织不是集团,而是相互协作的关系,是人们相互作用的系统”。哈罗德·孔茨则把组织定义为“正式的、有意识形成的职务结构或职位结构”。由此可见，作为组织成员的人、组织目标和组织结构是构成组织必不可少的三个要素。

按组织的形成方式分类，有正式组织和非正式组织。正式组织是为了达到共同目标而设计和建立的，具有明确职责关系和协作关系的群体，其组织制度和规范对成员的行为起到正式的约束作用。非正式组织是人们在共同工作或活动中，由于具有共同的兴趣和爱好，以共同利益和需要为基础而自发形成的团体。

在正式组织的管理活动中，管理者对非正式组织的影响必须予以足够的重视。管理者有时利用非正式组织能够取得意想不到的益处，而有些情况下非正式组织则有可能会对正式组织的活动产生阻力。管理者必须认识到正式组织中的非正式组织的存在，避免与之冲突和对立，一般应策略性地加以利用和指导。

7.1.2 组织工作的内容

作为一项管理职能，无形的“组织”工作是指为了有效地实现组织的共同目标，确定组织成员及其任务和彼此之间的关系，对资源进行合理配置的活动过程。

从逻辑上来说，组织工作(organizing)的内容包括组织结构设计、人员配备、组织力量的整合和组织变革。

开展组织工作，首先要明确实现目标所必须开展的各种类活动，这关系到组织中的职位或岗位的分析与设置。其次，将同类或相近的活动进行组合，形成管理部门或单位，即进行部门化。再次，根据对组织活动的分类和组合方式的不同，形成各种不同的组织结构类型。组织结构为组织中的分工和协作奠定了基础，有助于明确每个人所承担的任务及应当取得的成果。合理有序的组织结构不仅排除了由于分工不明确所造成的障碍和混乱，还形成使组织中的决策和沟通得以实现的神经网络。以上是组织工作的三项重要内容。

组织结构是由各种类型的职位作为基本元素进行组合所构成的，因而组织结构常常被称为职位结构。在建立起这种职位结构，并明确各职位的职责和建立职责制度后，下一步骤是为组织中的各职位配备适当的人员，这就是管理中的人员配备工作或人力资源管理工作。

在组织工作中，明确岗位职责以及部门职责都要牵涉到职权配置的问题。此时，必须从纵横两个方面考虑岗位的职责内容和部门职责的协调与整合。在组织结构基本建立、组织中的职权配置基本完成的基础上，应当进一步明确和协调组织结构中上下左右的相互配合关系，通过对各部分、各层次和各种要素和力量的协调与整合，使组织形成一个精干高效的有机整体。

上述“有机”的含义是指，由许多不同的部分构成组织整体后，作为一个整体的组织就升华成为一种有生命的存在集体。组织整体的性质将不再等同于任何一个部分的性质,部分要以整体的存在为目的,任何一个部分的独立存在都将不再具有意义。这就犹如人是由躯干、四肢等部分所组成的,但整体的人并不同于其中任何一个部分,人体的任何一个部分的单独存在都是没有意义的,组织也是同样的道理。

最后,应当强调的是,组织工作是一个动态的活动过程。通过组织工作建立起来的组织结构不是一成不变的,而是随着组织内外部要素的变化而变化。任何组织都是社会系统中的一个子系统,它在连续不断地同外界环境之间进行着能量、信息等的交换,外界环境的变化必然会引起组织目标的改变。当原有的组织结构不再适应实现组织目标的要求时,组织结构就必须进行相应的调整和改变。组织必须具有环境适应性,必须通过能动地适应环境的变化去维持自己的生存和成长。对于市场经济体制下的工商企业来说,适者生存,优胜劣汰,不能适应环境变化的企业将难以逃脱被淘汰的命运。

本章的其余各节将分别讨论上述过程中的各个主要环节。只是由于近年来,人们对于人力资源的重要性的认识不断深化,这一领域的工作受到了前所未有的重视,因此,这部分内容将在下一章介绍。

7.2 组织结构设计

组织结构设计就是利用构建组织的要素来设计组织系统,其主要任务是设计组织结构和明确组织结构中部分与部分、部分与整体之间的相互关系,提供组织结构系统图和职务说明书。

7.2.1 组织结构设计的任务

完全相同的要素构成的事物,其表现有可能完全不同。例如,石墨与钻石是由完全相同的碳原子构成的,但两者的性质却有天壤之别,石墨软滑,钻石坚硬。造成这种差异的根本原因是原子间排列结构的不同,石墨是层状结构,而钻石是网状结构。与此类似,同样数量的一队士兵会由于排兵布阵的不同,而表现出完全不同的战斗力。一个组织也是如此,由于系统内部分工和协作关系的设计不同,组织的效能会表现出巨大的差异。

组织结构(organization structure)就是表现组织内部分工排列顺序、空间位置、聚集状态、联系方式以及各要素之间相互关系的一种模式,其表现的框架结构就是组织结构系统图。组织结构的定义包含以下三方面的关键要素:第一,组织结构决定了组织中的正式报告关系，包括职权层级的数目和主管人员的管理幅度；第二，组织结构确定了将个体组合成部门、部门再组合成整个组织的方式；第三，组织结构包含确保跨部门沟通、协作与力量整合的制度设计。

上述三要素能在组织结构的纵、横两向发挥作用。具体地说，前两个要素规定了组织的结构框架，即纵向的层级；第三个要素则是关于组织成员之间的相互关系。一个理想的组织结构应该鼓励成员在必要的时间和地点通过横向联系提供共享信息和组织协调。

7.2.2 组织结构设计的原则

在长期的管理实践活动中，人们逐渐认识到由人构成的组织群体要高效而有序地工作，就必须遵循一定的原则，组织结构设计也符合这样的规律。因此，在组织结构设计过程中要注重以下原则，以便为组织的生存和发展奠定良好的基础。

1. 目标统一原则

组织结构的设计和组织形式的选择必须有利于组织目标与任务的实现。组织目标层层分解，部门目标层层设置，直到每一个部门和每一个人都了解自己在组织总目标实现中的具体目标和应完成的具体任务，这样建立起来的组织结构才是一个有机整体，才能为保证组织目标的实现奠定基础。

2. 统一指挥原则

统一指挥原则就是组织中每一个下属只能接受一个上级的指挥，并向这个上级负责。统一指挥原则可排除组织中更高级别的主管人员或其他部门的主管越级指挥或越权发布命令的现象，有利于组织的政令统一、高效率地贯彻执行各项决策，避免多头领导而造成的混乱。但是，在实际管理活动中，这一原则有时过于刻板，使组织缺乏必要的灵活性，造成同层次的不同部门之间的横向沟通困难。因此，在组织结构设计和沟通方式设计时应采取适当的措施予以弥补。

3. 管理幅度原则

管理幅度是指一个管理者直接指挥的下属数目。管理幅度原则就是要求一个管理者要有一个适当的管理幅度。管理幅度过大，不利于监督和指挥；管理幅度过小，造成管理成本上升，甚至资源浪费。一个组织的各级管理者究竟选择多大的管理幅度合适，应视实际情况而定。

4. 责权一致原则

责权一致原则是指在赋予每一个职务责任的同时，必须赋予这个职务自主完成任务所需的权力，权力的大小需要和责任相对应。没人愿意承担没有职权对应的职责，即使职权太小，职责承担者的积极性、主动性也会受到束缚，甚至无法承担相应的责任；相反，只有职权而无任何责任，或责任程度远远小于职权，将会导致滥用权力，产生官僚主义等。在实际组织设计时应尽量避免这两种倾向。

5. 精干高效原则

在组织设计中，所谓精干高效是指在能够保证组织活动正常开展的前提下，尽可能减少管理层次，简化部门机构，并配置少而精的主管人员。坚持这个原则的优点是：第一，组织精干，反应敏捷，协调工作量小，工作效率高；第二，节省人员的费用开支和组织的管理费用。

6. 分工协作原则

由于组织规模的扩大，管理问题日益复杂化，很需要将有专业知识和技能的人员纳入到管理系统中来。分工协作原则就是指在组织设计时，按不同专业和性质进行合理的分工，并规定各个部门之间或部门内部的协调关系和配合方法。这是提高组织效率的有效手段。

7.2.3 组织结构设计的内容

1. 职务分析与设计

组织可以看做是由各种各样的职务、职务间的关系及其相互作用所构成的具有特定功能的有机体。如果把组织的营运看做是一场戏剧的话，这些职务就相当于戏剧中的角色。这场戏是喜或是悲，是起伏跌宕或是索然无味，很大程度上就取决于这些角色的安排与表演。因而，从分工和协作的意义上讲，组织结构实际上是一种有意识地形成的职务结构或角色结构。

(1)职务分析

职务分析是对每种工作做出明确界定，并确定完成这种工作需要有什么行为的过程，为这种工作收集所有与它相关的信息并进行评价的系统工程。要使组织中的每一个职务存在并有意义，必须使之满足这样几个特征，即：具有明确而能够检验的目标，这是一个职务之所以存在的理由；具有明确的职责，也就是必须清楚该职务所承担的任务或活动；具有明确的职权，以使占据该职务的管理者有可能去实现其目标。职务工作内容的确定，应该既要考虑工作效率的要求，同时兼顾工作人员能从中体验到的内在工作满足（这是调动人的积极性的一个重要因素），以便在任务和人员两方面要求的相互平衡中，确定出职务的合理广度与深度。

①明确职位要求

一个职位的要求主要包括如下一些问题，即该职位要做些什么；如何做；要求有哪些技能和知识背景；该职位的任务是否可以通过其他方式实现等等。为了获得这些问题的答案，就必须通过观察、调查、系统分析等手段对职位进行详细的分析。职位要求应当既满足实现组织目标的要求，同时也能满足个人的需要。

②候选人应当具备的条件或资质

组织职位的人选必须具备一定的资格。如前所述，要成为一个有效的管理者，必须具备各种必要的管理技能，这种技能包括技术技能、人际技能、概念技能等，各项技能的相对重要性因职位在组织中的层次不同而有所差异。除了这些技能之外，还有一些个性特征也是十分重要的。这些特征包括：从事管理工作的欲望、与人沟通的能力、正直和忠诚的品质以及过去从事管理工作的资历等。

职务分析的结果形成的书面文件就是职务说明书。职务说明书要求能简单而明确地指出该管理职务的工作内容、职责与权力、与组织中其他部门和职务的关系，要求担任该项职务者所必须具备的基本素质、技术知识、工作经验、处理问题的能力，达成的目标或预期的成果等。

根据组织环境和职位的不同，职务说明书也会各不相同。在一个非常正规且稳定的组织中，职位要求可能会规定得非常具体和明确；而对于一个处于多变、不稳定的环境中的组织而言，其职位要求就可能会相对概括和简略，而且要求也可能经常地进行重审和修订。

(2)职务设计

职务设计(job design)就是将若干工作任务组合起来构成一项完整的职位。现实中有些职务是常规性的、经常重复的，有些则是非常规性的；有些职务要求广泛、多样的技能，另一些只要求范围狭窄的技能；有些职务规定了非常严格的程序，另一些则具有相当的自由度。总而言之，职务因任务组合的方式不同而各异，而这些不同的组合则形成了多种职务设计方案。从历史上来看，职务设计经历了如下一些变迁和发展。

①按照职务专业化(job specialization)分工的原则设计职位

在20世纪上半叶以前，职务设计是与劳动分工、工作专业化意义相同的，管理者力求将组织中的工作设计得尽可能简单、狭窄、易做。亚当·斯密曾这样描述过一家大头针制造厂的劳动分工情形：一个人抽钢丝，另一人拉直，第三个切割，第四个削尖，第五个磨顶以便接上钉头；而钉头的制作又需要两三项单独的作业；接上钉头又是另一项作业。如此将大头针的制造划分为各种独特的、专业化的操作，分别由专门的人员来承担，使得劳动生产率比传统的方式(即一个人从头到尾负责制作整根大头针)提高200多倍。这就是专业化分工的巨大吸引力。时至今日，大量的工作仍然是在按照专业化分工的原则进行。生产工人在装配流水线上从事简单、重复的工作，办公室职员坐在计算机前从事范围狭窄的、标准化的任务，甚至护士、会计及许多其他的职业工作都是按照同样的原则组织起来的。

专业化分工有许多好处，如有利于提高人员的工作熟练程度，有利于减少因工作变换而损失的时间，有利于使用专用设备和减少人员培训的要求，以及扩大劳动者的来源和降低劳动成本等。但职务设计得过于狭窄，就不可避免地会带来负面的影响，诸如在流水线上每天上千次地旋紧螺栓这样的工作，其枯燥、单调、乏味造成了人们在生理、心理上的伤害，导致了员工的厌烦和不满情绪，工作之间的协调成本上升，从而影响了总体的工作效率和工作质量。早期，人们在职务设计方面，基本上都是致力于通过提高专业化和分工的程度来取得规模经济效益和高效率。后期的努力则转向了如何克服由于过度的专业化和分工而产生的各种弊端上。

②职务扩大化(job enlargement)

这是为了克服由于过度的分工而导致的工作过于狭窄的弊端而提出的一种职务设计思想。它主张通过把若干狭窄的活动合并为一件工作的方式来扩大工作的广度和范围。以装配收音机为例，原先由每个人只负责一两项简单的操作，如将某个电容器插在焊孔上，现在改由每个员工装配一个部件甚至整台收音机。这样在一定程度上拓宽了职务的内容，降低了工作的单调程度。

③职务轮换(job satisfaction)

与职务扩大化相似的做法是，让员工定期地从一项工作更换到另一项工作上去。如在仓库工作的工人，可以在卸货、出货、记录、盘点等多项职位上定期轮换。这样有利于促进员工技能的多样化，在一定程度上减少了工作的单调和枯燥的感觉。日本有些企业在中、低层的管理职务上进行定期或不定期的职务轮换，以更好地培养和激励管理人员。其缺点是：增加培训成本，还会导致生产效率下降；大量的工作人员安置在他们经验有限的岗位上，会出现日常决策与业务处理问题增加现象；非自愿地对员工进行职务轮换，可能使那些聪明而富有进取心的员工积极性受挫，因为他们喜欢在其所从事的专业中寻找更大的、更具体的责任。

④职务丰富化(job enrichment)

职务扩大化是指工作的横向扩展，职务丰富化则是指从纵向上充实和丰富工作内容，也即从增加员工对工作的自主性和责任心的角度，使其体验工作的内在意义、挑战性和成就感。在强调劳动分工的时代，一般主张在管理人员和作业人员之间进行明确的职责划分，由管理人员来决定工作的内容和工作的方法，而一般人员只需俯首听命即可。职务丰富化设计，就是要将部分管理权限下放给下级人员，使其在一定程度上自主决定工作的内容、工作的方法、工作的进度等等。

⑤工作团队(work team)

上述几种方式均是依据个人来进行职务设计的。当职位设计是围绕群体而不是个人时，就形成了工作团队。近年来，工作团队代表了一种日益盛行的职务设计方案，越来越多的组织采用这一方式来安排工作以期提高组织的竞争力。工作团队有多种类型，自主管理工作团队是其中最具代表性的一种。这种团队享有相当大的自主权，除了安排工作进度、决定工作方法之外，团队甚至可以自主挑选成员、自主考评工作绩效以及决定对于团队成员的奖惩。

2. 管理幅度与部门化

(1)管理幅度与管理层次

如果一个组织的最高管理者可以指挥和监督一切活动而无需借助于他人的帮助，那么，一个组织只有一个管理者就行了。但管理者做不到这一点，因为人类存在着身体的、生理的、心理的和社会的种种限制，每一个管理者所能直接指挥和监督的下属人数总是有限的。这个限度就称为管理幅度或管理跨度(span of control)。

当组织规模较小时，一个管理者可以直接管理每一个成员的活动，而无需借助他人。当规模的扩大导致了管理工作量超出了一个人所能承担的范围时，为了保证组织的正常运转，管理者就必须委托他人来分担自己的一部分管理工作。随着组织规模的进一步扩大，受托者又不得不进而委托其他的人来分担自己的工作，依此类推，而形成了组织的等级制或层次性管理结构。

由以上分析可知，尽管组织通常表现为层次的结构，但层次的产生并非是理所当然的。只是由于存在着管理幅度的限制，或者说因为管理者所能有效监督的下属人数是有限的，才形成了这种层次性的管理结构。从一定意义上来讲，组织层次是一种不得已的产物。它的存在本身是带有一定的副作用的。首先，层次多意味着费用也多。层次的增加需要更多的管理者，管理者又需要辅助人员，每个人员都需要一定的设施和设备的支持，同时也加大了部门之间的协调工作量，所有这些都意味着费用的增加。其次，层次的增加将加大沟通的难度和复杂性。信息经过不同层次从上而下传达时，不可避免地会产生曲解和遗漏，由下往上的信息流动同样也会变得更加复杂和困难。另外，众多的层次将使得计划和控制活动更为复杂。一个在最高层显得清晰完整的计划方案会因为逐层分解而变得模糊不清，失去协调性。随着层次和管理者人数的增多，控制活动会更加困难，尽管此时由于计划的复杂化和沟通的困难而使得控制显得更为重要。

显然，当组织规模一定时，管理层次和管理幅度之间存在着一种反比例的关系。管理幅度越大，管理层次就越少；反之，管理幅度越小，则管理层次就越多。这两种情况相应地对应着两种类型的组织结构形态，前者称为扁平式结构，后者则称为高长式或锥形结构。一般来说，传统的企业结构倾向于高长式，偏重于控制和效率，比较僵硬。近年来由于现代通讯技术和计算机网络的广泛应用，企业组织结构有一种由高耸向扁平演化的趋势，扁平型结构被认为比较灵活，容易适应环境，组织成员的参与程度也相对较高。高长式与扁平式组织结构如图 7-1 所示。

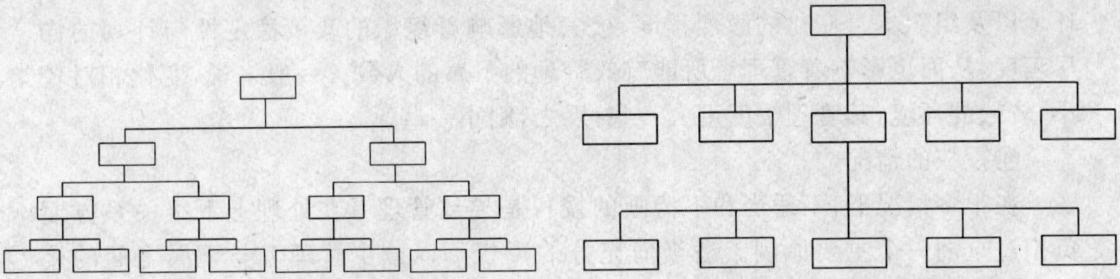

高长式(窄幅度)组织

优点:便于监督,便于控制,上下级迅速沟通

缺点:上级对下属工作时间过多,组织层次多,信息传递速度慢,管理成本过高。

扁平式(宽幅度)组织

优点:上级采用授权,节约管理费用,组织灵活,决策速度快

缺点:管理幅度宽,主管人员负担重,容易出现决策失误。

图 7-1 高长式组织与扁平式组织比较

多年来,许多学者和管理者对管理幅度这一问题进行了研究。早期,人们试图寻求一个广泛适用的最佳管理幅度值,但现在一般认为这种普遍最佳的管理幅度是不存在的。从客观上讲,管理者能有效监督的下属人数的确是有限度的,但具体的人数取决于特定条件下的各种因素的综合作用。因此,找出特定情景下影响管理幅度的各种具体因素,考察哪些因素使得管理者在处理上下级相互关系中消耗了过多的时间,哪些措施有利于减少这些时间,将会有助于确定在这种情况下的适当的管理幅度,这要比追求一个普遍适用的最佳管理幅度值更有价值,也更有现实意义。

一个管理者能够有效管理的下级的人数受到多种因素的影响。在这些因素中,固然有些因素是属于个人方面的因素,如有的人理解问题较快,有的人善于与人相处,有的人则容易得到人们的尊敬等。但除了这些个人因素之外,影响管理者管理幅度的还有以下一些因素:

①上下级双方的素质与能力

素质较高、训练有素的下级不需要过多的监督和指导,因而与其上级的接触次数和接触时间都比较少,从而可以使其上级的管理幅度大一些;同理,能力较强的管理者所能够有效管理的下级人数相对要多一些。

②计划的完善程度

良好的计划有助于下属明确自己所承担的任务以及应当取得的成果,有助于了解自己与他人之间的关系,可以有效地减少上级用于指导的时间,从而有利于增加管理幅度;反之,则要求较多的上级指导,而会使得管辖人数减少。

③组织环境的不确定性

有些组织所处的环境变化较快,有些组织则存在于相对比较稳定的环境之中。

环境以及组织本身变化的激烈程度，极大地影响着组织的政策稳定性与计划的详尽程度，从而也影响着管理者所能有效管理的下属的人数。一般来说，变化相对较小、较慢的环境，其管理幅度可大一些；反之，则小一些。

④授权的情况

在很多情况下，不适当和不清晰的授权是导致管理者在处理上下级关系方面负担过重的一个主要原因。适当而充分的授权可以减少管理者与下属之间的接触，节省管理者的时间和精力，锻炼和提高下属的能力和积极性。相应地，所管辖的下属人数也可以多一些。

⑤沟通手段和方法

组织中所用的沟通手段或方法的有效性在很大程度上影响着管理幅度。如果所有的指示、计划和命令都必须面对面传达，如果所有的机构变动和人事问题都必须口头交代，则管理者将许多时间用于上下级关系方面，因而其所能有效指挥和监督的下级人数也将是很有限的。采用适当且高效的沟通方式和手段将有助于管理幅度的扩大。

⑥面对问题的种类

主要面临常规性、日常性问题的管理者可以有较大的管理幅度。而经常面对复杂多变或方向性、战略性问题的管理者则管理幅度要小一些。另外，如果所管辖的下属人员的工作比较相似或基本相同，则管理宽度也要大一些；如果下属的工作各不相同，则管理幅度相对就要小一些。

⑦个别接触的必要程度

许多场合下，管理者必须依靠和其下属的面对面的个别接触才能解决问题。这种场合持续越久，则管理者的精力和时间的消耗也就越多，从而能够有效管辖的下属的人数也就越少。

此外，下属人员的空间分散情况、下属人员承当责任的意愿以及面对风险的态度等因素也不同程度地影响着管理幅度的大小。

(2)部门化

部门化(departmentalization)是指按照一定的方式对为了完成目标所必须进行的各项活动加以组合，使之形成便于管理的单位或部门的过程。

一定意义上来讲，正是由于管理幅度的存在，当组织规模扩大到一定程度时，才产生了部门划分的必要性。在对整个部门组织的工作进行充分细致的分析和明确的分类后，进行科学的组合就形成了通常所指的部门。部门是指组织中主管人员为完成规定的任务有权管辖的一个特定的领域。部门的划分是组织的横向分工，其目的在于确定组织中各项任务分配与责任的归属，以便有效地达到组织的目标。划分部门的方法较多，下面是常用的几种方法。

①职能部门化(functional departmentalization)

根据职能划分部门是应用最广泛的方法之一,几乎所有类型组织的结构中都可以找到它的影子。因为任何一个组织存在的目的都是要创造某种他人所需要的物品或劳务,所以可以说生产(创造或增加物品或劳务的效用)、销售(寻找愿意按一定价格购买物品或接受服务的顾客)和财务(资金的筹措、保管和运作)是所有的组织的基本职能。因此,以这些基本职能为依据便可以将组织划分为生产部门、销售部门、财务部门等。当然,由于各种组织的活动领域不同、同一职能在不同组织中的重要程度可能不同,现实中这些职能部门在不同类型的组织中会有不同的具体名称。

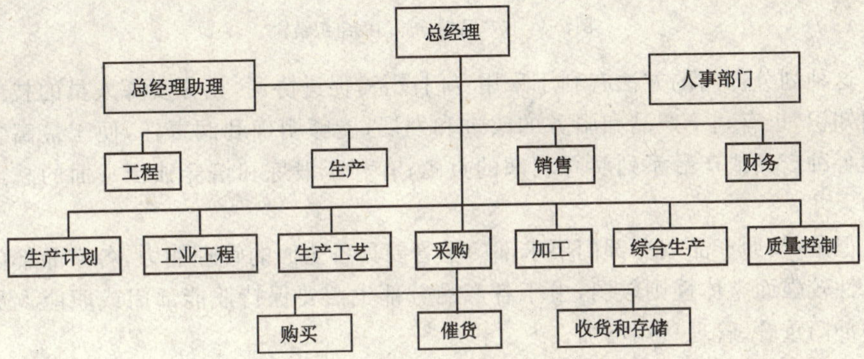

图 7-2　按职能划分部门的组织结构

按照职能划分部门有利于确保组织的主要基本活动得到重视,遵循专业化原则,有利于提高人员使用的效率,同时也简化了培训工作;由于最高主管要对最终成果负责,从而为高层管理者实施严格控制提供了手段。

但是,这种方法容易使人们过度局限于自己所在的职能部门而忽视组织整体目标,造成部门间协调比较困难;由于只有最高主管才能对最终成果负责,因而对各部门的绩效和责任很难进行评价;这种结构不利于培养综合全面的管理人才;组织适应环境变化的能力较差。

②产品部门化(product departmentalization)

按照产品划分部门是根据产品或产品系列来组织业务活动。许多多元化经营的大企业采用这种划分部门的方法。这种方法最早是从按照职能划分部门的企业中发展起来的。随着企业规模的扩大,管理工作变得越来越复杂,部门主管的工作负担也越来越重,管理幅度的限制使得他们难以通过增加直接下属的办法来解决问题,因而此时按照产品来重新组织企业活动就成为必要的任务。在这样的结构下,有关某产品或产品系列的生产、销售、服务等职能活动方面,该产品分部的主管拥有充分的职权,同时也必须在很大程度上为该产品的利润负责。

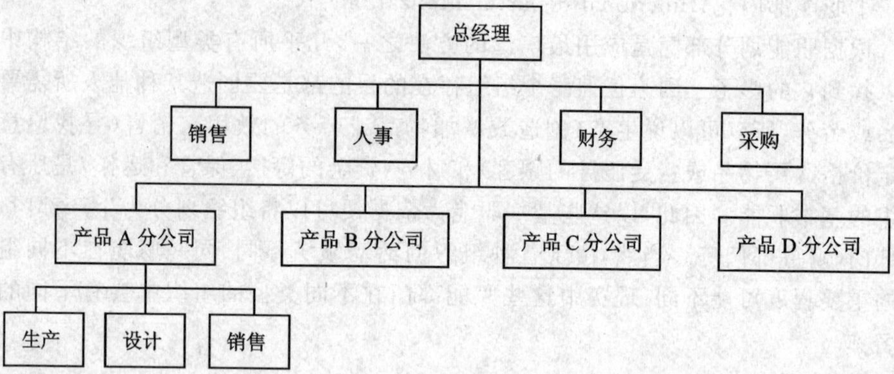

图 7-3　按产品划分部门的组织结构

这种划分部门的方法有利于采用专门设备，促进协调，充分发挥人员的技能和专门知识，也有利于产品和服务的改进和发展；能够明确利润责任，便于最高主管把握各种产品或产品系列对总利润的贡献；有利于锻炼和培养独当一面的总经理型的人才。

但是，按照产品划分部门要求部门主管要具备全面的管理能力，各产品部门的独立性较强而整体性则较弱，由于各产品分部也需要保持职能部门或职能人员而使得部门重叠、管理费用增加。

③地区部门化(geographic departmentalization)

这种方法是经营活动在地域上比较分散的企业所常常采用的一种部门划分的方法。其做法是将某一地区的业务活动集中起来，并委派相应的管理者，形成区域性的部门。

按照地域划分部门，有利于鼓励地方参与决策，促进地区活动的协调；有利于管理者注意当地市场的需要和问题；生产的当地化有利于降低运输费用，缩短交货时间，有利于培养能力全面的管理者。

这种方法的主要缺点有，由于机构重复而使得费用增加，总部对地方控制的难度较大，要求管理者具有全面的管理能力。

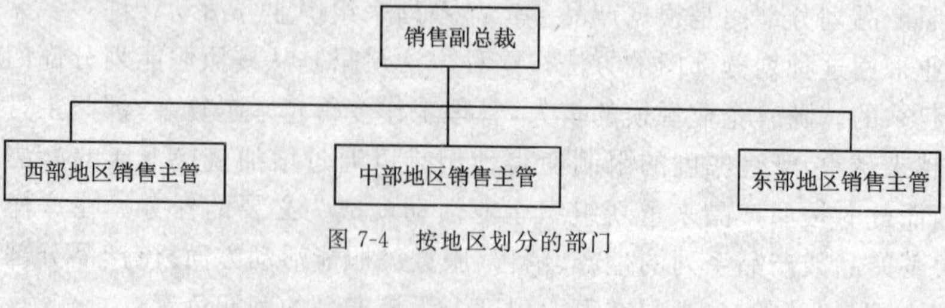

图 7-4　按地区划分的部门

④顾客部门化(customer departmentalization)

许多组织按照自己所服务的顾客来划分部门。这种方法是将与某一特定顾客有关的各种活动结合起来,并委派相应的管理者以形成部门。采用这种方法的目的是为了更好地满足特定顾客群体的要求。

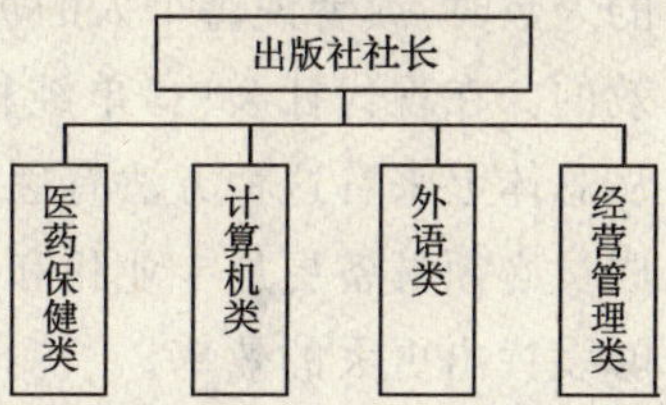

图 7-5 按照服务对象划分的部门

采用这种方法有利于重视顾客的需要,增加顾客的满意程度,并有利于形成针对特定顾客的技能和诀窍。不足之处主要有,按照顾客组织起来的部门常常要求特殊对待而造成部门间协调困难,管理者必须熟悉特定顾客的情况,以及有些情况下很难轻而易举地对顾客进行区分。

⑤过程部门化(process departmentalization)

有些组织按照技术或设备安排业务活动,例如制造业企业中设立的铸造车间、粗加工车间、精加工车间和成品组装等,就都是按照这种原则组织起来的。

这种方法有利于充分利用专有设备,发挥专业技术人员的特长,便于设备维修和材料供应。不足之处是容易强调局部利益而忽视整体目标。

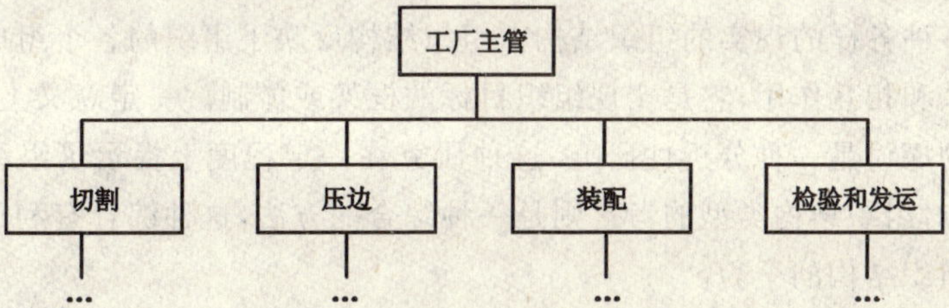

图 7-6 按照产品生产过程划分部门的组织结构

⑥按照时间划分

根据时间来组织业务活动是最古老的划分部门的方法之一,多见于组织的底层。在许多组织中,由于经济的、技术的或其他的一些原因,正常的工作日不能满足要求,而必须采用轮班的做法。例如,医院、工厂、消防队等,均采用这种方法来进行组织。

采用这种方法有利于连续、不间断地提供服务和进行生产,有利于使设备、设施得到最充分的利用。缺点在于夜间可能会缺乏监督,人员容易疲劳,协调和沟通有时会比较困难。

⑦按照人数划分

单纯地按照人数来安排业务活动是一种最原始、最简单的划分部门的方法,早期的部落、氏族和军队普遍采用这种方法来进行组织。当最终成果只是取决于总的人数时，或者说每个人的贡献都是单纯无差别的简单劳动时，采用这种方法是有效的。在现代社会中，单纯根据人数来划分部门的方法一般局限于基层等场合。从总体上来看这种方法有逐渐被淘汰的趋势。当代科学技术的发展要求组织中的成员必须具备更加专业化和多样化的知识和技能，由各种专业人员构成的群体能够发挥出更大的效率。

除了以上介绍的基本方法外，还有一些方法如按市场销售渠道划分、按工艺划分等等。总之，设计组织的横向结构，即划分各层次的业务部门，是为保证组织目标实现而对工作进行安排的一种手段。在实际运用中，每个组织都应根据自己的特定条件，选择能取得最佳效果的划分方法。在很多情况下，常常采用混合的方法来划分部门，这种混合划分部门的方法，通常能更有效地实现组织的目标。

7.3 组织结构的基本形式

部门的划分反映了对组织活动的分工和安排，其目的是为了通过实施这些活动而高效率地实现组织的目标。对上述的各种部门化方法的单独或综合的应用，便形成了各种各样的现实的组织结构。组织结构反映了组织的各个组成部分之间的相互联系和相互作用，它是实现组织目标的框架或体制。一定意义上来讲，有关部门划分的探讨是一种分析性研究，这种研究在一定程度上揭示了组织结构形成的机理；而对组织结构类型的考察则是一种综合的方法，这种综合有利于我们从总体上把握组织结构的全貌。

7.3.1 几种典型的组织结构形式

1. 直线型组织结构

直线型组织结构，也称为简单结构(simple structure)，是最简单、最古老的一种组织结构。其特点是：组织中各种职务按垂直方向直线排列，各级主管对下属拥有直接的领导权，每一职位只能向一个直线上级请示与汇报，组织中不设专门的职能部门。这种组织结构优点是：权力集中、权责分明、命令统一、行动快捷。其缺点是：在组织规模较大的情况下，权力集中在高层管理者，往往因为个人的知识和能力有限而影响对管理问题深入、细致地考虑；组织成员只注意本部门的工作，忽视了横向沟通与协调的作用，因而难于培养全能型、熟悉组织全面情况的管理者。一般地，这种结构只适用于没有实行专业化管理的小型组织。

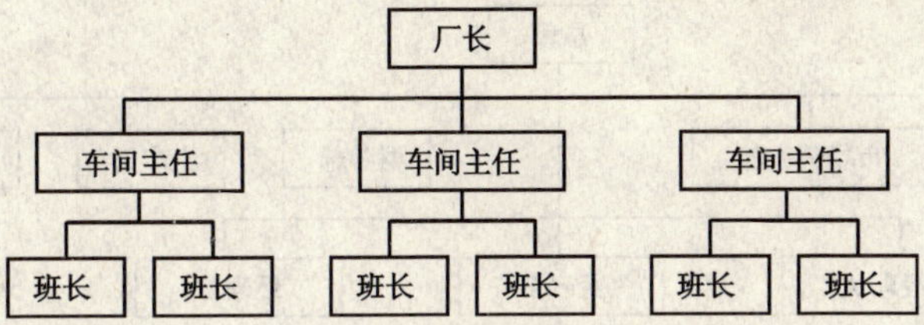

图 7-7　直线型组织结构

2. 直线职能型组织结构

直线职能型组织结构是从直线型结构发展而来的，其特点是：直线部门人员在自己权责范围内有决定权，有权指挥和命令下属人员，而职能部门人员仅发挥参谋的作用，只对下属提供建议和指导，没有指挥和命令的权力。这种结构的优点是：既保证了统一指挥，又有利于发挥专家的辅助作用；职能高度集中、职责明确、工作效率高，组织有较高的稳定性。其缺点是：下级部门的主动性受到限制；各部门自成体系，不重视信息的横向沟通；直线部门与职能部门之间容易产生矛盾，协调难度大；整个组织适应性较差，缺乏灵活性。这种结构对规模大、决策复杂的大型组织不适用，只适合于中小型组织。

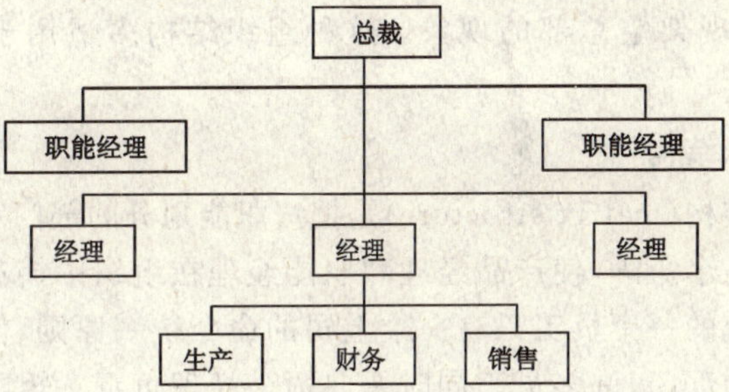

图 7-8　直线职能型组织结构

3. 事业部制组织结构

事业部制结构也称分部式结构（divisional structure），它是在产品部门化基础上建立起来的。组织的高层领导下设立多个事业部，各事业部都有自己的产品和特定的市场，能够完成某种产品或服务的生产经营全过程。事业部制组织结构实行分权化管理，在企业统一政策的领导下每个事业部负责本部门的生产、销售等全部活动，形成各自的利润负责中心，且有较大的生产经营权限。

事业部制组织结构有许多优点：由于每个事业部可规划自己的未来发展，也能灵活自主地适应市场出现的变化，因而更能适应环境的需要；组织最高层摆脱了日常管理事务，有利于集中精力做好长远规划和战略决策；事业部经理负责领导一个

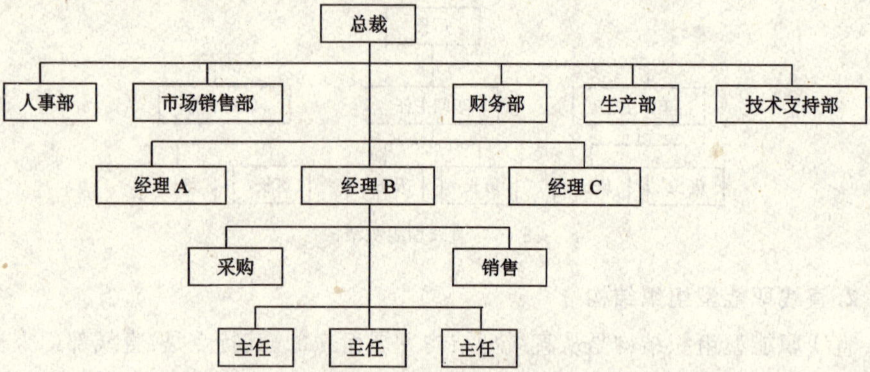

图 7-9 事业部制组织结构

独立经营的部门，相当于一个完整的企业，有利于接受各种考验，培养全面的管理人才；具有高度的产品前瞻性，消费者对产品的意见和建议能及时反映到分部，对产品做出适当改进，以适应市场需要。应用事业部组织结构的不足之处在于：职能部门分散，一些资源不能充分共享，造成了人员和设备的浪费；不同的事业部之间沟通关系较差，相互支援较差；各事业部考虑问题往往从本部门出发，他们之间独立的经济会引起激烈的竞争，甚至发生内耗；由于忽视整个组织的利益，协调控制比较困难，可能出现架空总部的现象。这种组织结构多适用于规模较大的公司组织。

4. 矩阵型组织结构

矩阵型组织结构（matrix structure）是把按职能划分的部门和按产品划分的部门综合起来组成一个矩阵，使产品经理和职能经理在组织中拥有同样的职权。这种结构打破了传统的一个员工只有一个上司的命令统一原则，使一个员工属于两个甚至两个以上的部门，许多员工同时要向两个经理负责。矩阵式结构往往是企业存在某些约束条件时采用的。为完成某一项目，由各职能部门抽调人员组成项目经理部，当项目完成后，各类人员另派工作，此项目经理不复存在。

矩阵型结构的优点是：具有较大的互动性，能克服职能部门相互脱节的现象；专业人员和专用设备能够得到充分利用；各行各业人员可以在完成同一任务的过程中相互学习、相互帮助，有利于人才的培养；实现集权与分权优势的结合。其缺点是：由于实行的是横向、纵向双重领导，容易造成冲突或相互推卸责任；组织关系复杂，对项目负责人要求较高；需要花费大量时间举行会议，集中解决问题，造成决策迟缓。

当具备下列条件时，采用矩阵式结构是恰当的。首先，环境的压力来自于两个或两个以上重要方面。这些压力意味着对环境的反应必须要有一个双重的结构来达到权力的平衡。其次，组织所处的环境是复杂且不确定的。外界经常性的变化和企业内各单位之间的高度依赖性，需要组织在水平方向和垂直方向上都极为有效地进行联系。再次，在使用内部资源（人员、设备、资金、信息）时，需要考虑规模经济的因素。

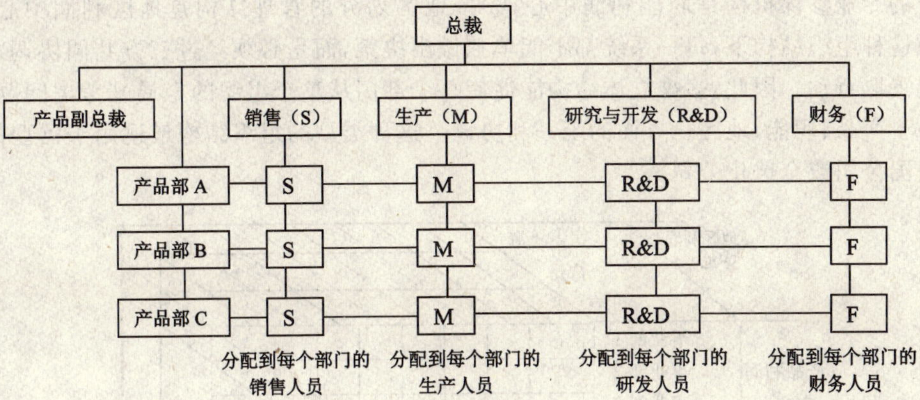

图 7-10　矩阵型组织结构

案例

摩托罗拉公司的矩阵制组织结构

摩托罗拉公司不仅重视研发投资，在新产品的研发速度上也超越同行许多。英特尔公司花费两至三年的时间完成研究项目，摩托罗拉通常只要一年半即可完成。这种成效主要得益于公司采用的矩阵制组织结构。从组织整体来看，摩托罗拉采用了多国矩阵制组织形式，即将地区部门化与产品部门化相结合。具体地说，它包括四个地区类的业务组织，分别为欧洲与中东地区、日本地区、亚太地区、美洲地区；四个产品类的业务组织分别为半导体、通信器材、一般系统技术、政府系统技术。两者交叉的结果，构成矩阵制组织结构。这种模式同时被用于研发课题的推动之中，并产生了极好的效果。以半导体事业群为例，有一个著名的“G9”组织，它由四个地区的高级主管、事业群所属的四个高级主管以及1个专门负责研究开发的高级主管共同组成，是一个跨地区、跨产品、跨研发业务的“9人特别小组”。该小组直属一位副总裁指挥，其任务是定期召开会议，研究追踪各类产品的生产、销售及研发情况。

（资料来源：赵丽芬. 管理学概论. 上海：立信会计出版社，2001）

5. 多维立体结构

多维立体结构是矩阵型组织结构和事业部制组织结构综合发展的产物。这种结构形式由三个管理系统组成:①按产品划分的部门是产品利润中心;②按职能划分的专业参谋机构是职能利润中心;③按地区划分的管理结构是地区利润中心。在这种组织结构下,每一系统都不能单独做出决策,而是必须经过三方共同协调才能采取行动。因此,多维立体结构能促使每个部门从整个组织的全局来考虑问题,易于产品、职能、地区三方面的统一和协调。这种类型的组织结构最适用于巨型的跨国公司或全球化公司。

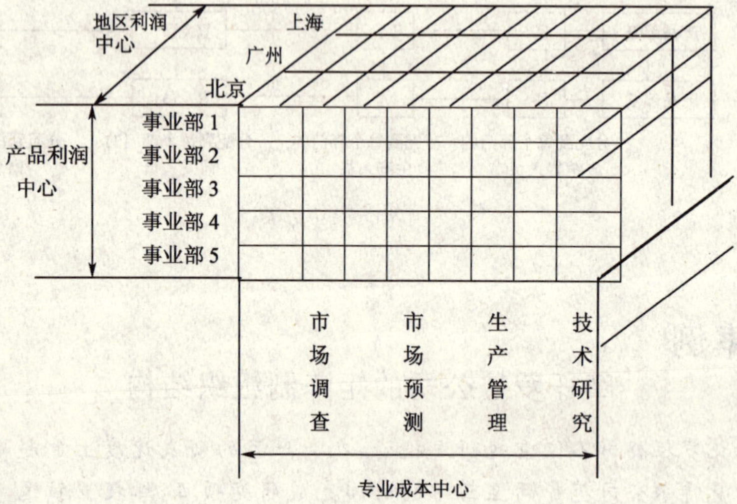

图 7-11　多维立体结构示意图

6. 网络结构

近20年来,人类社会面临着各方面的巨大变化,科学技术正以空前的速度向前发展,国内外市场竞争更为激烈,企业体制在发生巨变。企业为适应环境变化和提高内部运行效率,创造出了一些新的组织结构,网络结构(network structure)就是其中之一。

“网络组织”是一种全新的组织形式。这种新形式是由传统的“命令和控制”型组织向“以信息为基础”型组织的一种转变。传统的等级制以及与它相关的计划、控制和人力资源系统适合于对事务进行预测和管理。相反,新的网络形式则适合于用来利用不确定性,而不是减少不确定性。它强调在一个不断变化的环境中的柔性调整。

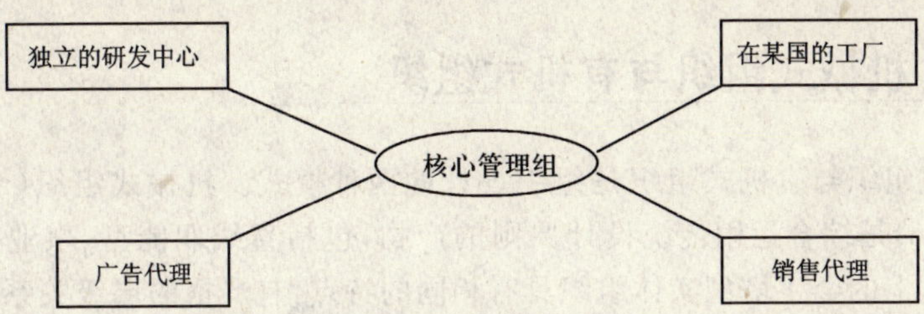

图 7-12 网络组织结构

网络结构中的人员、决策权限、角色和领导关系是临时根据特定的项目或事件组成的，一旦需要，可能随时改变。因此，网络结构具有快捷的优势，能对变化的事件做出快速的反应。网络结构比较适合于变化迅速且剧烈的环境，在这种环境中，战略优势取决于创新能力。

案例

组织结构设计

我国北方某公司原来是一个生产经营产品品种比较单一、市场需求比较稳定的中小企业。近年来，它陆续收购了许多小公司，规模急剧扩大，而内部管理却十分混乱，于是公司总经理下定决心进行企业改革，其重大举措之一就是重新设计组织结构，具体内容包括：

(1)在公司内按产业组建了 3 个分公司；

(2)总公司是独立法人，而各分公司则不是，它们不能注册登记；

(3)在总公司按专业化管理要求设立了人事、财务等职能部门；

(4)各分公司在总公司的领导下，自主经营、独立核算。各分公司之间的关系是商品交换关系。

(5)各分公司均按专业化管理要求，设立人事、财务等职能部门，有自己的工厂。每一分公司都设有 1 名经理和 1～2 名副经理。

问题

(1)你认为该公司设计的组织结构属于哪种类型？请绘制出该公司的组织结构图。

(2)该公司的组织结构有哪些优缺点？适用什么范围？

(3)该公司在选用这种组织结构时应注意哪些问题？

7.3.2 机械式组织与有机式组织

机械式组织与有机式组织是组织设计的两种模式。机械式组织(mechanistic organization)是综合运用传统设计原则的产物,包括直线职能型、事业部制等,它与传统意义上的金字塔型实体组织具有相同的特点:有严格的层级关系、高度复杂化、高度正规化、高度集权化,有正式的沟通渠道。有机式组织(organic organization)则是综合运用现代设计原则的产物,包括直线型、矩阵型、多级立体型等。有机式组织结构与现代意义上的扁平型实体组织具有相同的特点:强调纵向及横向的合作、职责不断调整、低度正规化、低度集权化,存在非正式沟通渠道。

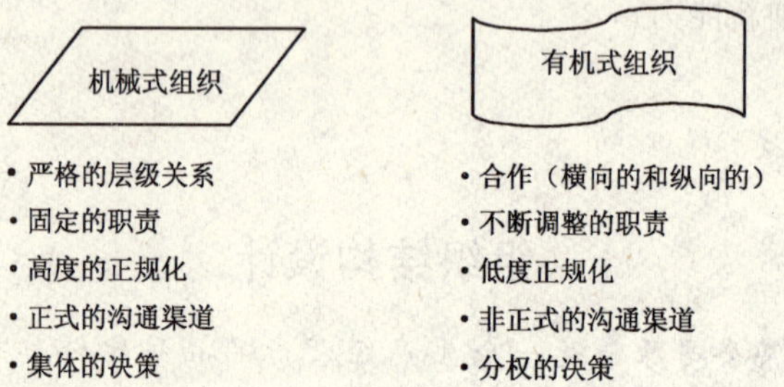

图 7-13 机械式与有机式组织的对比

机械式和有机式的这两种模式,是一个连续的统一体的两端,二者不是纯粹的相互替代关系。纯粹的机械式组织和纯粹的有机式组织几乎是不存在的。对于管理者来说,能够认识到这两者的差异是十分重要的。同时,管理者还应意识到,市场的动荡更加需要一种有机式组织结构。管理者必须根据权变的原则,综合分析影响组织结构设计的多种权变因素,在二者之间权衡,以采取最适用的组织结构以取得最高的组织效率。总之,任何组织都必须根据所面临的内外部环境和所追求的目标,决定一种最适合于自己的组织结构。普遍适用的最好的组织结构是不存在的。

表 7-1　　组织设计选择表

结构类型	优点	适用的条件
直线型	快速、灵活、经济	小型组织;发展的初期;简单、动态的环境
职能型	专业化的经济性	单一产品或服务的组织
事业部制型	对结果的责任感	大型组织;多种产品或多个市场的组织
矩阵型	专业化的经济性与对结果的责任感	有多个产品或规划、需要依靠职能专长的组织
网络型	快速、灵活、经济	工业企业;发展的初期;有许多可靠的供应商;需要海外低廉的劳动力

对于开展专业化经营的大型组织，事业部制结构较适用，其本质上是机械式结构。

当员工人数较少，或者组织处于创建时期、动态环境的情况下，直线型结构较好。这种结构易于管理，具有对不能预见的环境变化做出迅速反应的灵活性。

当组织有多种产品规划，需要职能部门辅助时，利用矩阵结构可以取得专业化优势，同时注意克服其存在的问题。

网络结构是计算机技术革命的产物，它对于刚开业的制造企业是一种特别有效的手段，可以使风险和投入大大地降低。管理当局必须熟练地发展和维持与供应商的关系，以取得优势。

就组织而言，它们应该同时具有机械式和有机式结构的特点。但最基本的出发点是，组织的基本结构应该促进必要的信息沟通。组织的运作环境也是会改变的，因此有必要定期检查，以确保组织结构与环境相适应。为了弥补正式结构中的一些缺点，也可以建立一些非正式的机制，通过这样一些非正式的手段，管理者可以了解组织的一些具体动态。

案例分析

M公司的组织结构

一个全球性的大型组织是否能够像一个小型的本地公司那样经营呢？许多组织对这一问题的回答是否定的，但对M公司的管理者来说则是可以做到的。这是一家总部位于瑞士，在电力制造、高速机车和机器人领域居世界领先地位的跨国公司。

M公司创建于1988年，是由一家名叫阿瑟的瑞典工程集团公司与一家名叫布玻维利的瑞士公司合并而成的。合并之时，公司管理层正面临成为一家世界级全球公司的挑战。尽管他们认识到大规模创造了很多机会，但同时也意识到大规模也会成为一种拖累。试图保持对全球业务的集中控制只会导致无效，而且，扁平式组织所鼓励的横向交流也是获得小型组织的灵活性所必需的。

为达到他们的目的，M公司的管理者开展了许多组织设计工作。总部的人员从2000多削减到了不足180人。公司分成1300个分公司和5000个中心，每一个单位都关注于一个特定的客户群和市场，促使每个单位的职权、职责和任务都被下放到尽可能低的层次。M公司重构的一个最引人瞩目的措施就是它采用了双重指挥链。M公司有大约250名经理，他们领导着250000名员工，每一位经理与地区公司董事会一起负责业务运营。此外，

M公司还有大约60名全球业务经理，他们分属于8个部门。这种结构使得地区公司经理利用来自其他国家的信息和技术变得更为容易，并且将有益的经验输送到组织其他部分也变得更容易。

M公司通过十多年的实践表明，在今天这种动态的环境中，大型组织同样可以繁荣，但它要求将组织结构柔性化，以便迅速适应外部变化环境的竞争压力。

问题

(1)你是倾向于将M公司的组织结构描述为机械式的还是有机式的？请解释并举例支持你的观点。

(2)技术和通信如何影响M公司的组织结构？

7.3.3 影响组织结构设计的因素

一个组织的结构类型是根据其目标的需要和组织环境特点而选定的。随着社会发展和组织环境的变化，组织结构也在不断更新和发展。组织结构设计必须考虑的因素有战略、环境、技术与组织规模等。

1. 组织战略与组织结构

组织结构是实现组织目标的手段，而战略目标是组织的重要目标。因此，组织结构与组织战略是紧密联系在一起的，组织结构要服从于战略，能够为战略的实施，从而为组织目标的实现提供必要的支持。如果最高管理层对组织的战略做出重大调整，那么就必须修改组织结构，以此来适应和支持战略的变革。

组织战略选择的不同，从两个方面影响组织结构，一是不同的战略要求开展不同的业务活动，这会影响管理职务的设计；二是战略重点的改变，会引起组织工作重点的变化，从而引起各部门与职务在组织中重要程度的改变，因此要求对各管理职务以及各部门之间关系作出相应调整。

2. 组织环境与组织结构

环境因素与组织结构之间也存在着特定的关系。比较早的关于环境与组织结构之间关系的分析是由汤姆·伯恩斯和G. M. 斯托克在英国进行的。他们研究的第一步是确定两种极端的环境形式，即稳定的和不稳定的。然后，他们对各种环境下的组织结构进行了分析。结果他们发现，在稳定的环境下对应着的是机械式结构，而不稳定环境下则对应着有机式机构。

美国的保罗·劳伦斯和乔依·娄斯奇在上述基础上进行了进一步的研究，他们同意上述的环境因素影响组织结构的观点，但是又指出，这种影响在同一组织中的不同部分之间也是不同的。他们认为，组织的每一个子单位都各有其相应的外界环境，都以各自特有的方式来适应着环境。

组织外部环境对组织内部结构产生的影响可以反映在三个不同的层次上，这就是职务与部门设计层次、各部门关系层次、组织结构总体特征层次。任何组织都是社会大系统中的一个子系统，一个组织与其他社会子系统之间也存在分工问题，不同分工决定了组织内部工作内容、所需完成的任务、所需设立的职务和部门都不一样。组织外部环境会对组织的职务和部门设计产生影响。环境不同，对组织中各项工作的完成以及组织目标的实现也产生影响。因此，组织外部环境将影响到组织内各部门间的关系。外部环境是否稳定，对组织结构的要求也是不一样的。稳定环境中管理部门与人员的职责界限分明、工作内容和程序都有明确的规定、各部门的权责关系固定、等级结构严密；而多变的环境则要求组织结构灵活、各部门的权责关系和工作内容需要经常做适应性的调整、等级关系不甚严密。

3. 组织结构与技术

技术可以认为是将组织的输入变为输出的转化过程。组织中往往存在着多种技术，但在其中起支配作用的称为核心技术。这里的技术当然既包括制造业中的装配线和机器设备，也包括服务性组织中的各种转化过程。较早对这一问题进行比较系统的研究的是英国的乔安·伍德沃德(Joan Woodward)，她调查了南英格兰的 100 家制造业企业，收集了关于这些企业的历史、制造过程、类型和程序、财务数据等，期望发现组织的规模和结构之间的关系，但未能如愿。她又对造成组织结构上的差异的其他解释进行了研究。结果发现了组织结构与技术之间存在着一定的关系。她首先把各种类型的组织所对应的技术分成了三个大类：

(1)单件或小批生产技术。这种产品一般属于定制，常常是小批量生产。例如船舶、大型发电机组等产品的生产。

(2)大批量或集中生产技术。这类产品通常是采用装配线方式，由零件组合成部件或成品。如汽车、家电的生产都属于这种类型。

(3)连续流程性生产技术。通过机器系列或流程性转化装置将原材料转化为成品，经过这一流程材料的成分发生了改变。如化学工厂、石油精炼厂等。

将这些技术类型按照复杂性程度加以排列，则单件或小批生产复杂性最低，而连续流程性生产技术是最复杂的。伍德沃德发现组织结构的特征与生产技术类型之间存在着一定的对应关系。随着技术复杂性的增加，组织结构的层次也随之增多，管理幅度变窄，同时参谋职位也减少了，组织趋向于瘦高型。但是，当技术复杂性进一步增加时，管理幅度先是增加，随后减少。这主要是由于在连续流程性技术的场合，大多数工作都实现了自动化的缘故。职工人数减少，但所要求的技能却提高了。在进一步的分析中，伍德沃德发现，在两个端点的场合（单件小批，连续流程性生产），组织结构常常是趋向有机式的。而中间区域（大批量或集中生产技术）则非常趋近于机械式结构。她还发现，组织的成功与否与实际结构同典型结构的符合程度有关。例如，成功的连续流程型组织非常趋近于有机式组织模式，而不太成功的则没那么相似。

伍德沃德的研究表明，技术对于组织结构有着重要的影响。

4. 组织的规模

组织的规模是影响组织结构的另一个因素。这里用一个组织的正式雇员的人数来表示其规模。英国伯明翰阿斯顿大学的一个小组的研究人员相信伍德沃德的研究之所以未能发现组织规模和结构的关系，是因为她所选择的研究对象组织都相对较小。这样，他们决定进行更广泛的研究，以确定规模和技术分别对组织结构的影响以及两者的交互作用对组织结构的影响。结果他们发现，技术确实影响着小企业的结构特征，这可能是因为小企业的所有活动基本上都是以其核心技术为中心。但在大企业中，这种技术与结构的对应关系却不明显，主要是因为大企业的活动并非完全以技术为中心。该研究还发现，与小型组织相比较，大型组织的职位专业化程度要更高，并具有更多的标准程序、规则、规章制度等，同时分权的程度也更高。

组织的规模不是永远不变的。有的小企业转瞬即逝，有的永远长不大，有少数却突然地变成了巨人。大型组织有时也会通过减员或分裂而变小。尽管不存在明确的规律来解释规模的变化，但一般的可以用一个四阶段的组织生命周期来描述：形成阶段、成长阶段、成熟阶段和衰退阶段。

在组织的不同生命周期阶段，主管人员都面临着大量的组织结构问题。一般来说，当组织由一个阶段发展为另一个阶段时，它将变得更大、更机械、更分权，专业化程度也将更高，计划工作量也将更大，参谋职位将更多，组织的构成单位在地理上将更为分散，控制系统变得更加复杂。如此，组织的规模和结构便清楚地联接了起来，但这种连接因为组织的生命周期的存在而表现为动态的。

随着网络时代的到来，组织的规模将不是以其实体规模而是以其虚拟规模度量。因此，虚拟组织的影响将越来越大，虚拟组织的设计也将是未来的管理者面临的一个课题。

7.4 权力配置

案例

图书馆的组织结构

某小城市的图书馆共有员工18人。其中馆长1人和馆员11人，馆员中有5人是图书馆专业的硕士毕业生，其余为非专业人员。馆长为该图书馆设计了一种组织结构，确定了每个人的任务，制订了许多规章制度，并采用集中决策方法。馆长直接管理的有3人：1名助理；1名负责图书编目和技术服务的副馆长；1名负责日常工作和参考资料编辑的副馆长。两名副馆长常常跟馆长抱怨，馆长在做出重要决策时，即使这些决策会影响到两名副馆长各自管理的部门，馆长也从不与他们商量。对此馆长回答说："我们只是一个很小的图书馆，我熟悉馆内的所有事情，知道下一步将发生什么事和应该怎样去做。所以协调馆内工作最好的办法，就是由我一人做出决策。"

（资料来源：孙晓琳. 管理学. 北京：科学出版社，2006）

从这个案例中，分析馆长、副馆长、馆长助理具有何种职权？他们应该具有何种职权？该馆职权集中与分散的程度如何？该馆长应如何处理好集权与分权的关系？这些问题都涉及一个组织的结构设计问题。任何设计合理的组织结构，一定要使组织结构的各个要素能协调地为组织目标的实现做出贡献，并要求组织的全体成员能和协一致地进行工作。为此，需要整合组织中的各种力量，建立高效的信息沟通网络，处理好组织不同成员之间、直线主管与参谋之间以及高层管理人员之间的各种关系，使分散在不同层次、不同部门、不同岗位的组织成员朝同一方向、同一目标努力。

7.4.1 权力、职权和指挥链

1. 权力的来源

权力（power）是指个人或群体影响其他的个人或群体行为或思想的能力。职权是权力的一种，就是职务范围内的权限。管理者要想利用他所率领的下属人员去完成各项工作任务，就必须拥有包括指挥、命令等在内的各种权力。管理者必须拥有职权才能正常履行其职责。在组织的管理活动中，影响他人行为的权力包括以下几种。

①法定权(legitimate power)。也称为制度权或法理权。法定权是指管理者由其在组织中所担任的职务授予的权力。法定权是下级基于习惯、社会意识和某种责任感所引起的服从,但这种服从不能导致较高的工作效率和个人满意的感觉,下级接受这种权力还因为只有这样才会得到领导者的赞扬,得到大家的接纳和认可,满足安全和亲和的要求。个人的领导风格经常影响管理者如何运用法定权。

②强制权(coercive power)。也称为惩罚权,指能够给人们带来不愉快或不情愿的后果的权力。它来自下级恐惧感,即下级感到领导者有能力惩罚他,使他产生痛苦,不能满足某些需求。强制权虽然可以使下级基于恐惧而顺从,但这种顺从是表面的、暂时的,而内心则不一定受到影响。为了维持这种顺从,领导者必须时常监督下级是否照他的指示去做。如果发现下级不遵循行为规范,为了维持恐惧一定要加以惩罚,而监督与惩罚的成本都很高昂。

③奖赏权(reward power)。指能够为他人带来某种期望的后果或好处的权力。它来自下级追求满足的欲望,即下级感到领导者有能力奖赏他,使他觉得愉快或满足某些需求。奖赏权是采取奖励的办法来引导人们做出所需要的行为。其效果当然要比惩罚好,可以增加领导者对下级的吸引力,也能引起满意并提高工作效率,但这种办法的激励作用要视奖励值的大小和公平性如何而定。奖赏权不利的一面是容易引起本位主义,使下级缺乏整体和长远观念,过分使用这种权力还容易形成人们对金钱的依赖心理。

④专长权或专家权(expert systems)。这是因为人们拥有某种特殊的知识或技能而对他人所产生的影响力。它来自下级的尊敬,即下级感到领导者具有某种专门的知识、技能和专长,能帮助他,为他指明方向,排除障碍,达到组织目标和个人目标。专长权一般都能引起公开和私下的顺从,内心的信服,使下级感到满意,由此而来的影响力也比较持久。

⑤个人影响权。也称为感召权(referent power)。这是由被人们信仰和崇拜而产生的权力。例如,一些宗教领袖、战斗英雄、电影明星等就常常拥有这样的权力。

组织中的管理者所拥有的权力主要就是职权,当然也可以不同程度地同时拥有其他几种权力。职权是在组织中的某一职位上做出决策的权力,它只与组织中的管理职位有关,而与占据这个职位的人员无关。原先占据某一职位的主管一旦离职,其所拥有的职权也就随之消失。

2. 指挥链

正如人类依靠遍布全身的神经系统来控制身体的运动一样,组织主要依靠职权来操纵其各个组成部分。职权从组织的大脑——最高管理层出发,途经各个管理层次,一直贯穿到组织的基层而形成一条条由上至下的权力线,这种权力线通常被称为“指挥链”或“命令链”(chain of command)。指挥链自上而下分布形成系统，其形如金字塔，组织的最高主管高居塔顶，之后每经过一个层次便发生一次职权的分裂，如此进行而将指挥链延伸至组织的最底层，形成了一个遍布于整个组织之中的职权网络。正是这个职权网络，才使得组织具有了高度的行为能力。

一般认为，构建完善的指挥链系统必须遵循两条基本原则。其一是统一指挥原则(unity of command)，要求组织中的每一个成员必须和一个上司，而且只能和一个上司建立起一种明确的报告关系。换个角度来说，就是组织中的每个成员都只能接受一个上司的指挥。如果两个或两个以上的上级同时对一个下级、一个部门或一项工作行使权力，组织中就不可避免地会出现混乱的局面。其二是连续分级原则，主张从组织的最底层职位到组织的最高顶点之间的每一条职权线都应当是明确而不间断的。组织中由最高职位至每一个下属职位的职权线越是清晰，决策责任也就越明确，组织中的沟通也就会越有效。这一原则说明，在组织中每一项决策最终都必须有人为之负责。

案例

护士长的辞职

10月的某一天，产科护士长黛安娜·波兰斯基给医院的院长戴维斯博士打来电话，要求立即做出一项新的人事安排。从黛安娜的急切声音中，戴维斯能感觉到发生了什么事。他告诉她马上过来见他。大约5分钟后，黛安娜走进了戴维斯的办公室，递给他一封辞职信。

“戴维斯博士，我再也干不下去了，”她开始申述：“我在产科当护士长已经四个月了，我简直干不下去了。我怎么能干得了这工作呢？我有两个上司，每个人都有不同的要求，都要求优先处理。要知道，我只是一个凡人。我已经尽最大的努力适应这种工作，但看来这是不可能的。让我给您举个例子吧。请相信我，这是一件平平常常的事。像这样的事情，每天都在发生。

“昨天早上7:45，我来到办公室就发现桌上留了张纸条，是达纳·杰克逊(医院的主任护士)给我的。她告诉我，她上午10点钟需要一份床位利用情况报告，供她下午在向董事会作汇报时用。我知道，这样一份报告至少要花一个半小时才能写出来。30分钟以后，乔伊斯(黛安娜的直接主管，基层护士监督员)走进来问我为什么我的两位护士不在班上。我告诉她雷诺兹医生(外科主任)从我这要走了她们两位，说是急诊外科手术正缺人手，需要借用一下。我告诉她我也反对过，但雷诺兹坚持说只能这么办。你猜，乔伊斯说什么?

她叫我立即让这些护士回到产科部。她还说,一个小时以后,她会回来检查我是否把这事办好了!我跟你说,戴维斯博士,这种事情每天都发生好几次的。一家医院就只能这样运作吗?"

(资料来源:崔卫国,刘学虎.管理学故事会.北京:中华工商联合出版社,2005)

问题

1.这家医院的正式指挥链是怎样的?有人越权行事了吗?

2.戴维斯博士能做些什么来改进现状?

3.黛安娜可以利用哪些权力来使自己更好地处理冲突的要求?

7.4.2 集权、分权与授权

1.集权与分权

集权和分权是用来描述决策权在组织中或在指挥链上分布情况的一对概念,集权(centralization)指决策权高度集中于高层管理岗位;分权(decentralization)也叫做职权的分散,指决策权分散于中基层管理岗位。集权和分权反映了职权在指挥链上分布的两种极端现象。在现实中,既不存在绝对的分权,也不存在绝对的集权。因为绝对的集权意味着职权全部集中在一个人手中,因而不存在下级管理者,这实际上等于组织不存在;绝对的分权也是不存在的,因为这意味着没有高层管理者,而没有高层管理者的组织是不能生存的。但是一个组织要想存在,必须具有某种程度的分权。集权和分权是两个彼此相对,互相依存的概念。说一个组织是集权或是分权,这意味着或者是在同它自身的过去比较,或者是在同其他的组织比较。影响集权与分权的,除了管理者的偏好等主观因素外,还有许多客观因素,主要包括:职责或决策的重要性程度、下级管理者的素质、组织的规模大小、所在组织的文化、控制技术的发展程度,以及外部环境的影响等。

(1)组织中集权的倾向及存在的弊端

几乎所有的组织都普遍存在集权的倾向。从组织发展的历史来看,如果组织是在自身较小规模的基础上发展起来的,则显示出明显的集权化倾向。一方面,当组织随着事业的发展而不断壮大、规模增大的时候,最高主管仍愿意保留大部分权力,因为一旦失去这些权力,他们便会感觉丧失控制力。另一方面,组织也可以通过合并其他组织的形式成长,合并后的组织很可能显示出权力的分散,为了确保组织总体政策的统一,保证政策的执行效率,合并后的组织必然要求加速集权化的过程。此外,组织中个性较强和有自信心的领导者,往往希望有足够的权力使组织按照自己的意愿运行,并以此提高自己在组织中的声望和地位。

以上原因都加速了组织的集权化过程。但是过分的集权存在着其固有的弊端,主要有以下几点:

①不利于合理决策,降低决策质量。在过度集权的管理体制下,大规模组织中的最高领导者很难再一一把握基层的情况,往往会因为过多的层次而影响决策的正确性与及时性。

②不利于调动下属的积极性。由于实行高度的集权,决策权主要集中在高层管理者手中,中、基层管理者只能按照上面的命令和规定的程序行事,没有任何决策权、发言权和自主性,因而他们的积极性和创新性受到压抑,导致工作热情不高,也不利于培养中、基层管理者成为全面的管理人才。

③阻碍信息交流,降低组织的适应能力。在高度集权的组织里,由于最高管理层与中、基层之间存在着多级管理层次,信息传递的线路较长,因而信息的交流比较困难,常出现下情难以上达现象。另外,过分的集权可能使各部门失去适应和调整的能力,从而减弱组织整体的应变能力。

④助长组织中的官僚主义。过分集权的体制,势必会制订许多烦琐的办事程序和规章制度,这极易助长官僚主义作风,使组织显得无活力和生气。

(2)分权的意义以及影响分权的因素

职权分散化以后,组织的决策权不再完全集中在最高管理层,而是适当下放到中、基层管理单位,使他们有一定的自主权,可根据各自面临的实际情况做出决策,增强了决策的灵活性与及时性。职权分散化也使最高管理层摆脱了日常程序性的事务,有利于实行分级决策和分层负责,从而实现上下级合理的分工与协作。另外,职权分散后,需要中层管理人员独当一面地工作,因而他们有更多的锻炼和积累经验机会。

影响分权的因素,也是衡量分权与集权程度的标志,主要有以下四个方面:

①决策的重要性。组织中较低管理层做出的决策涉及的费用越多,则分权程度越高。

②决策的数量。组织中较低管理层做出决策的数目越大或频度越高,则分权程度越高。

③决策的范围。组织中较低管理层决策的范围越广,涉及的职能越多,分权程度越高。

④决策的审核。上级对组织较低管理层做出的决策审核程度越低,这个组织的分权程度越大。

除此之外,高层主管对一致性的方针政策的偏好、组织的规模、组织的历史、获取管理人才的难易程度、组织营运的分散化、外部环境等因素也影响着组织的分权程度。因此,任何组织都要根据组织的实际需要来决定集权和分权的程度,以保持二者相平衡。

2. 授权

(1)授权的含义和必要性

对于现代组织来说,分权是必需的。职权(authority)在组织中的各个职位上的分配或配置,亦即指挥链的建立,是通过授权来进行的。授权意味着在上下级之间建立起某种形式的职权关系。具体而言,授权就是管理者将自己的部分决策权或工作负担转授给下属的过程。授权可以说是组织规模扩大的结果。没有人能够承担实现组织目标所必需的一切任务,同样也没有人能够行使所有的决策权力。由于存在着管理幅度的限制,管理者必须将职权授予下属,以使他们在各自的职责范围内进行决策。

授权是一个过程。进行授权的第一步就是要将任务委派给接受授权的下属,并明确应当取得的成果。这一步骤是要使下属明确他将承担什么任务,这些任务应当完成到什么程度或应当取得什么样的成果。下一步是将完成任务所必需的职权授予下属。通过这两个步骤,管理者将任务和职权分配给了下属,但到此并没有结束,上级主管仍然负有确保完成任务的责任。因此,授权的第三步就是要使下属承担起完成任务、取得成果和正确行使职权的义务。也就是要下级认可或同意由上级所授的任务和职权,并做出完成任务的承诺。授权的这三个步骤是不可分割的。只是要求某人完成某一任务而不授之以相应的职权,或者授予职权但却不清楚最终要取得什么成果,都不能算是真正的授权。

在授权过程中,责任是不可下授的。这称为授权的绝对性原则。上级管理者即使授权于下属去完成某项任务,但仍然对该项任务的完成负有最终责任。这也是许多管理者不愿授权或不敢授权的原因之一。

组织中有时会出现职权分裂的情况。当解决一个问题或做出一项决策必须需要两个或更多的管理者的职权才能实现时,就认为解决这一问题的职权是分裂的。例如,在某企业一个横跨两个车间的生产过程中,如果将工序做一点小小的变动就有可能大幅度降低生产成本,但两个车间主任无论谁都无法单独做出决定。此时,就只有两人的共同上司,分管生产的副厂长才能解决问题。在副厂长这里,解决这一问题的职权是完整的,但对两位车间主任而言,他们处理这一问题的职权均是分裂的。当职权分裂的问题牵涉到许多管理者时,常常需要通过会议来协调解决。例如,许多城市为了解决一些老大难问题,常常采用联合办公的形式,这实际上就是在解决职权分裂的问题。有些场合下,尽管职权分裂的问题出现在基层,但只有到最高层才有解决该问题的完整的职权。组织中不可能完全避免职权分裂的现象,但如果同一问题一再重复发生,则有可能就是授权不当的征兆,这时可能就有必要进行一些组织上的变革。

管理者对下属授权并不是永久地失去了这部分职权,他可以随时收回授出去的职权。组织的变动或改组总是意味着职权的收回和重新授出。当发现下属不能胜任或负担过重时,也需要将授出去的部分或全部职权收回并进行重新授权。

管理者必须从思想上认识授权的必要性和重要性。为了实现组织的目标,为了维持组织的成长,授权是管理者不可回避的选择。但是授权不当也常常造成许多管理问题。为了进行有效的授权,管理者必须注意以下几方面的素质与能力培养。第一,要善于接受不同意见,能够听得进他人的意见,而且能够欣赏和接受下属所做出的不同于自己的决策。第二,要信任下属并敢于放手。在某些问题上,或许上级管理者的确比下属更高明,更有经验,但即使如此也不应越俎代庖。正如在国际贸易中存在着经济上的"比较利益"规律一样,组织中也存在着"管理上的比较利益"规律。也就是说,如果管理者能够集中精力于那些最有利于实现组织目标的工作,同时将其他工作委派给下属去做,尽管管理者会比下属做得更好,但这时他对组织整体的贡献将会是最大的。第三,要允许别人犯错误。谁都难免犯错误,应当把下属的错误看作是一种投资,一种人才投资。当然,通过对组织目标和方针政策的解释和说明,通过耐心指导和循循善诱,有助于下属避免那些特别严重的或重复性的错误。最后,要善于控制。由于管理者的责任不会随着授权而消失,所以必须确保所授出的职权确实是在为实现组织目标而使用。必须对下属的工作绩效心中有数,而要做到这一点,只有将目标、方针和计划作为判断的标准和依据。因此,计划工作不周,害怕失去控制,是管理者不能充分授权的重要原因。

(2)授权的过程

①下达任务

授权的目的在于完成任务、实现目标,所以,授权过程始于下达任务。所谓任务,是指授权者安排受权者去做的工作,它可能是要求受权人写个报告或计划,也可能是要求其担任某一职务承担一系列职责。授权者要下达明确的任务和所要实现的目标,以及相应的要求和完成时限。

②授予权力

在明确了任务之后,就授予其相应的权力,即授予受权者相应的开展工作或指挥他人行动的权力,如有权调阅所需的情报资料,有权调配有关人员等。要做到权责对等,并使责任与一定的利益挂钩。授权要特别注意明确权力界限和职责,还要注意在授权的同时给予下级充分的信任,全力支持,放手使用。

③监控与考核

在授权过程中,即下级运用权力推进工作的过程中,要以适当的方式与手段进行必要的监督与控制，以保证权力的正确运用与组织目标的实现。在工作任务完成后，要对授权效果、工作绩效进行考核与评价。

(3)授权的艺术

在组织管理活动中，大多数授权的失败并不是由于对授权的本质和原则不了解，而是没有把授权的原则巧妙地运用到实践中去，即没有掌握有效授权的艺术。管理者有效授权应掌握以下授权艺术。

①接纳意见

管理者授权下属执行任务，下属的决策也许与管理者的想法不一致，但懂得授权的管理者不仅不会加以干涉，反而会接纳下属意见。事实上，处理问题的方法往往不止一种，而管理者所采用的方法也不一定就是最好的方法。善于接纳下属的意见，并鼓励下属按自己的方法去完成任务，是管理者应掌握的授权艺术。

②肯于放手

授予下属权力，并将任务和目标交代清楚后，就不应再加干预。属于下属职权和工作范围之内的事，由下属自己决定。

③允许犯错

金无足赤，人无完人。授权后，管理者紧盯着下属，害怕他们犯错误，就不可能做到真正授权。下属犯了错误，应该耐心指出，查明原因，并从中吸取经验和教训，帮助下属提高认识与处理问题的能力，才能达到授权的真正目的。

④用人不疑

授权本身就意味着上下级之间的相互信任关系。管理者一旦把权力授予下属，就应该充分信任他们，在授权范围内，对下属的工作不干预、不插手、不包办代替。否则，频频地过问下属的工作，这种做法除了使管理者自己无法专心考虑重要问题之外，还会严重地影响下属的自尊心和工作的积极性。

7.4.3 职权的分化——直线与参谋

1. 直线与参谋的相互关系

指挥链的存在使得组织能够行动自如。指挥链上的每一个点都意味着管理职位，占据这些职位的管理者对于直接下属都行使着监督、指挥和命令的职权。一般地，人们把指挥链上这种上下级之间的命令与服从的职权关系称为直线职权(line authority)，因为在这种情况下，从上级到下级之间有一条直通的职权线。应当说，直线职权是职权关系的最一般、最普遍的形态。

随着组织规模的扩大和外界环境的日益复杂，管理工作也变得越来越艰巨和困难。管理者的决策工作需要考虑的因素也越来越多，并需要高度的专业知识，仅仅依靠个人能力来进行决策便显得力不从心。在这种情况下，管理者进行决策时，就必须依靠各个领域的专业人员或专家来出主意、想办法、提供咨询和建议。这些专业人员或专家便是组织中的参谋，其拥有的职权就是参谋职权(staff authority)。直线主管与参谋人员之间的这种建议和咨询的关系便是参谋职权关系。显然，直线职权是一种决策的权力或者说是指挥和命令的权力，而参谋职权则仅限于提供咨询和建议。

区分直线和参谋有时被认为是一种部门划分，这种认识实际上是有问题的。有人认为，凡是从事与组织基本目标直接相关的活动的人员或部门属于直线人员或部门，对上述活动起辅助作用的人员或部门就是参谋人员或参谋部门。按照这种观点，生产和销售部门一直被划归于直线，而采购、核算、人事、后勤以及质管等活动均被划为参谋。这种观点极易引起混淆和矛盾。例如，采购部门会声称，没有采购就谈不上生产和销售，怎么能认为采购活动与实现组织的目标没有直接关系呢？当然，被归为参谋或辅助部门的其他部门也必定会提出同样的问题。由此可见，将参谋和直线与部门等同起来是不妥当的。

从组织整体的角度来看，有的部门与其他部门之间或许的确是一种直线与参谋的关系。但是，必须明确的是，区分某一部门或某一职位是参谋还是直线的标志，是他们与其他的部门或职位之间的职权关系，而不是该部门和职位的活动内容。任何一个职位都有可能既行使直线职权，也行使参谋职权。例如，对于企业的主要生产经营活动而言，公关部经理的工作一般是建议性的，因而通常被认为是行使参谋职权。但在公关部内部，他与部下之间的职权关系则是直线关系。

因此，直线与参谋是两类不同的职权关系。直线关系是一种指挥和命令的关系，授予直线人员的是决策和行动的权力；而参谋关系则是一种服务和协助的关系，授予参谋人员的是思考、筹划和建议的权力。

2. 直线与参谋的矛盾

直线与参谋的矛盾会造成组织效率低下。这种矛盾常表现出两种情况，一是坚持了统一命令原则，但参谋作用不能充分发挥；二是参谋作用发挥不当，破坏了统一命令原则。

直线人员对参谋作用的敌视和忽视会导致参谋的不满。当专门从事研究和咨询的参谋人员被告知决策只是直线的管理职能，他们的作用只是支持性的、辅助性的，他们会感觉到受到了挫折甚至侮辱，从而产生对直线人员的不满。有时候，参谋们借助于上级直线主管的支持，却以指挥者的姿态发布命令，强迫别人接受自己的观点，这样可能引起直线管理人员的不满，激化了直线与参谋的矛盾。

引起直线与参谋矛盾的另一个可能原因是参谋人员过高估计了自己的作用。如果正确的建议被采纳，参谋人员会以为所取得的成果是自己的功劳，忽略了直线人员所起的作用；相反，如果建议在实施过程中遇到问题，产生了不良后果，参谋人员会迫不及待地推卸自己的责任，声明造成这种结果的原因是直线人员误解或没有完全按照他们的建议去做。因此，这种成绩归功于参谋，失误怪罪于直线，导致直线漠视参谋的建议和作用。

3. 直线与参谋矛盾的解决

(1)向参谋人员提供必要的条件。就是向参谋人员提供必要的工作条件，特别是有关的信息情报，使他们及时了解直线部门的进展情况。

(2)明确职权关系。直线人员只有认识到设置参谋、充分利用参谋人员的专业知识是现代组织复杂活动所必需的，才能充分发挥参谋的作用，充分吸收建议中合理的成分，对行动的后果负责；对参谋人员来说，认识到参谋存在的价值和作用在于协助和改善直线的工作，而不是削弱他们的职权，努力提供好的建议，说服直线人员接受，并且在方案实施后取得成绩不居功自傲，而是认识到直线的合理决策作用。

(3)授予必要的权力。明确了参谋人员的必要性之后，为了确保参谋人员充分发挥作用，必须授予他们必要的职权，允许他们可以就各自的专门领域直接向直线部门发布指示，使参谋人员在特定领域中行使直线职权的权力，即所谓的职能职权。职能职权是一种赋予个人或部门的，对某些特定的程序、业务、政策等进行控制的权力，使得参谋在某种范围内具有一定的决策、监督和控制权。应当引起注意的是，为了不至于削弱直线主管的职权，职能职权的应用必须适度，必须只限于那些确实需要专门知识和技能的复杂问题。职能职权的产生还意味着对于统一指挥原则的一定程度的破坏，意味着多头指挥，因此必须注意避免职能职权的过度使用和滥用。

7.5 组织变革

组织变革指组织面对外部环境和内部条件的变化而进行改革和适应的过程。组织存在于一定环境中且都有其追求的目标，在不断协调外部环境与内部条件的过程中，组织才能实现其目标。组织的内部条件必须适应外部环境变化的要求，而组织的内部条件本身也是在不断的发展和变化的。在这一动态的过程中，当组织的内部条件与外部环境出现不和谐时，就产生了变革的需要。

环境对组织的影响程度是巨大的，外部环境因素作用于组织，对其管理活动及其生产经营活动都可产生影响；组织可以反作用于环境，可以改变甚至创造适应组织发展所需要的新环境，前提是组织必须已具备影响环境的实力。

现代组织面对的是一个动态的、变化不定的大环境，在这种环境条件下，一种组织结构、组织制度在当前是合适的，但是过一段时间，在新的环境因素下，可能它们就不适应了。为了适应环境的变化，为了更有效地利用资源，最大限度地实现组织目标，组织必须不断地进行变革。可以说，组织变革是组织保持活力的一种重要手段。从组织的发展历史看，每次组织变革都使组织的管理和效率发生一个飞跃。

7.5.1 组织变革的动因

在全球化和信息化日益发展的今天，由于组织面对的是一个动态的、不稳定的环境，一个组织要能够生存、发展、壮大，并不断地趋于成熟，不断取得成功，就必须根据外部环境和内部条件的变化而适时调整其目标与结构。从这个意义上讲，不仅老化的组织需要变革，实际上，处于每一个成长阶段的组织都需要考虑变革问题。促使组织变革(organization change)的动因可以归纳为外部动因和内部动因。

1. 组织外部环境的变化

从系统的观点看，任何组织都是一个开放系统，它属于社会大环境中的一个子系统，因此，它无力控制外部环境，而只能主动适应外部环境。它通过与其所在的环境不断地进行物质、能量、信息的交换而生存与发展。组织外部环境的变化是组织变革的重要动因。比如，对于企业来说，主要包括以下几个方面：

(1)经济环境的变化对组织的影响

主要是全球经济一体化所带来的影响。各国合作生产已经成为新的全球模式，“全球的相互依赖”的经济格局已经形成。

首先，引起企业经营战略的变化。国际化经营要求企业都要修正或制订新的发展战略。由于组织服从于战略，企业战略的变化必然导致组织的变化。

其次，世界经济一体化使远程协调控制工作越来越重要。如何将远距离的人员很好地协调起来，使之达到企业共同的目标，是企业组织工作面临的新任务。

最后，全球性经营导致了不同文化的接触与交流。不同文化背景的企业员工的思维方式、价值观念有很大区别，容易造成冲突。这些对沟通、人员培训、选拔、授权等组织工作提出了新挑战。

(2)知识与技术的进步对组织的影响

知识经济社会的到来为企业生产经营活动带来了持续而深远的影响。

首先，信息知识取代资本成为价值增长的决定因素。企业正在转变为以信息或知识为基础的组织，人们在组织中的地位更多取决于其知识的掌握和更新。

其次，组织工作的重要任务是战略性地开发和利用知识资源。由于信息自身时效性、真实性的要求，组织结构将变得更加扁平，权力更加分散，决策更加迅速。

再次，知识经济加速了高技术企业的发展。高科技企业具有人才密集、产品生命周期短、竞争激烈、风险大等一系列新特征。

最后,信息技术的普遍应用正在改变传统的组织管理模式。计算机取代了企业大量中层管理人员的工作,减少了企业的组织层次。

(3)企业竞争优势的新来源

环境的剧烈变化,在很大程度上改变了企业传统的竞争方式,迫使企业本着创新的思想寻找新的竞争优势来源。企业竞争优势的新来源基础分别是:速度/时间、灵活性、质量/设计、信息技术、联盟/网络、技能更新、服务增值等。

另外,组织变革的外部动因还包括:政府法律条文的变化、消费者市场对企业更直观的挑战等。

2. 组织内部条件的变化

内部条件的变化也会形成对变革的需要,这些内部条件可能最初产生于组织的内部运营,也可能产生于外部变化的影响。

(1)组织技术的发展

当一个组织的业务技术变得更加复杂时,它的专业化与协作水平要求就高,整个管理工作就变得复杂。主要表现在特别重视职能部门的建设,而对人员的要求最好是精而专,不在于人数多。

(2)内部运营机制的优化

横向协调机构和综合性的管理部门需要建立和加强,在组织运行的某些方面需要开放和放活,而另外一些方面需要综合和集中。

(3)组织中人员与设备的调整

劳动力队伍的组织很少是静止的,在一个老年经理人员比例不断增大的平稳组织中,可能需要对职务进行重组,以便留住位居低层的、有进取心的年轻管理者。另外,组织中新设备的引进,可能需要对员工的工作进行再设计,还要对他们进行培训以操作新的设备,或者要求在他们的正式的小组内形成新的相互协作方式。

除此之外,组织变革的内部动因还包括:组织运行政策和目标的改变,组织成员对工作的期望与个人价值观念的变化等。

7.5.2 组织变革的阻力

组织内的变革需要一种催化剂,把起催化剂作用的并承担变革过程管理责任的人称为变革推动者(change agents)。作为变革推动者的管理者,应当有动力去发动变革,以使组织的效果得到改进。然而,变革可能对组织成员构成一种威胁,促使其反对改革现状,从而形成阻力。

1. 变革中的阻力

组织的变革会因为以下方面的原因产生阻力。

(1)个体层次

在中央集权的组织中,在其他所有事情均等,仅对权力进行分配的情况下,个人受到控制的程度越高,就会对变革表现出越强的抵制,这是因为,他们会觉得自己缺乏对所遇到的事情的控制。变革中个体阻力来源于人类的基本特征:

①习惯。个体往往依赖于习惯和模式化的反应做出决策,习惯成为变革的一个阻力。

②安全。变革可能给个体带来不安全感,因而会对变革产生阻力。

③经济因素。变革必然导致新的工作岗位和规范产生,工作任务和规范的改变可能引起经济收入下降。

④对未知的恐惧。变革会产生未知的事物,可能导致个体的不适应性。

⑤选择性信息加工。个体会有意对信息进行选择性加工,以保持自己以往对世界的整体性认识,而忽视对自己构建起来的世界形成挑战的、会成为组织变革的动力的信息。

个体层次阻力的大小,可能由个性因素和个人以前类似的变革经历所共同决定。员工在经历了以前的组织变革后形成的态度,对此有非常重要的影响。例如,科特和施莱辛格(1979)认为,这种态度和四个方面的原因的共同影响有关,即相互之间缺乏信任而误解组织变革的目的、对变革的容忍程度较低、狭隘的利己主义以及由于某人在组织中的不同地位所决定的对相同的变革过程的矛盾的评价。

(2)群体层次

在群体层次的分析上,强调维持现状的群体在群体结构、组成和工作关系方面的许多内在因素都能引起阻力的产生。这些因素具体包括:群体的凝聚力、社会行为准则、决策参与程度和自主行为的独立性。此外,组织权力和权威的分配,也会影响不同环境下阻力产生的程度。主要的影响因素有:

①组织群体惯性。即使个体想改变他们的行为,群体规范也会成为约束力。

②组织已有的专业知识。组织中的变革可能会威胁到专业整体的专业技术知识。

③组织已有的权力关系。任何决策权力的重新分配,都会威胁到组织长期以来形成的权力关系。

(3)组织层次

最后,在组织层次的分析上,产生阻力的各种相互关联的因素,组成了复杂的、千变万化的状况,而且,还处于一种不断变化的过程之中,并根据个人优势地位的不同而表现出巨大的差异。主要因素包括:

①组织结构惯性。组织有其固有的机制保持其稳定性,当组织面临变革时,结

构关系就充当起稳定的反作用力。

②组织的变革点。组织由一系列相互依赖的子系统组成,一个子系统的变革必然会影响其他子系统。

③组织已有的权力分配。组织中控制资源的群体常常视变革为威胁,他们倾向于保持原本状态。

2. 降低组织变革阻力的策略

(1)教育与沟通。通过与员工们进行沟通,帮助他们了解变革的理由,澄清他们的错误认识,这样会使阻力自然减退。

(2)参与。在变革决定之前,需要将持反对意见的人吸引到决策过程中来。如果参与者能以其专长为决策提供有益的意见,他们的参与就能降低阻力,使阻力变为动力。

(3)促进与支持。变革推动者可以通过提供一系列支持性措施减少阻力。

(4)谈判。为了降低潜在的阻力,以某些有价值的东西换取阻力的减少。

(5)操纵与合作。操纵是将努力转移到施加影响上,如有意扭曲事实而使变革显得更有吸引力,使员工接受变革;合作是通过"收买"反对派的领袖人物参与变革来降低阻力。

(6)强制。直接对抵制者使用威胁力和控制力。

7.5.3 组织变革的内容

组织变革是各类组织对于管理理念、工作方式、组织结构、人员配备、组织文化等多方面进行不断调整、改进和革新的过程。管理者对组织变革的内容主要包括三个基本方面:组织结构、任务和技术、人员。

结构变革包括改变组织的复杂性、正规化、集权化程度、职务再设计及其他因素;任务和技术变革包括工作过程、方法和设备的改造等;人员变革是指员工工作态度、期望、认知和行为的改变。

1. 以组织结构为重点的变革

即通过改变组织结构形态、信息沟通渠道和方式、管理的规章制度、成员的工作环境等途径实现组织变革。管理者要对组织的正式设计、分配职权、分权化程度及职务设计等活动负有责任,但这些决策不是一旦做出就一成不变的。变化的环境条件要求管理者作为变革的推动者,适时地根据需要对结构进行调整。

一个组织的结构是由其复杂性、正规化和集权化程度共同决定的。管理者可以对这些结构要素的一个或多个加以变革。例如,可将几个部门的职责组合在一起，或者精简某些纵向层次，拓宽管理幅度，以使组织扁平化和减少官僚机构特征。为提高组织的正规化程度，可以制订更多的规章和制度。而通过提高分权化程度，则可加快决策制订的过程。

另一个方案是对实际的结构设计做出重大的改变。这可能包括职能型向事业部制结构的转变，或者形成一种矩阵结构、混合型结构等。管理者可能考虑重新设计职务或工作程序，或者修订职务说明书、丰富职务内容或实行弹性工作制。

以组织结构为中心的变革是人们采用较多的变革方式，其优点是操作起来相对容易，且效果比较明显。

2. 以任务和技术为重点的变革

组织面临的周围大环境变化了，组织的任务也随之发生变化，其发挥的职能也要变化。这时的组织变革就是明确新任务、突出新任务，根据新任务调整职能，彻底转变职能和明确新职能。

管理者也可以对其用以将投入转换为产出的技术进行变革。今天，许多技术变革通常涉及新的设备、工具和方法的引进，以及实现自动化与计算机化等。产业内竞争的力量，或者新的发明创造，常常要求管理者当局引入新的设备、工具或操作方法。近年来，最明显的技术变革来自于管理当局努力扩大计算机化和自动化的应用范围。现在有许多组织都安装有复杂的管理信息系统。

3. 以人员为重点的变革

即通过改变成员的态度、价值观念、需求层次和种类、行为方式等途径实现组织变革。这种方式的变革，要求组织的管理者针对员工的不同特点和所处的不同状态，有目标、有计划、有步骤地进行深入细致的教育、引导和培训，改变他们看问题的角度与方式，激发他们的工作热情，引导其需求的偏好和兴趣，提高他们的岗位技能和工作效率。因此，这种变革一般需要较长的时间，并对组织的管理者具有极高的素质要求，其效果迟缓但具有持久性。

组织发展（organizational development）有时泛指各类变革，但通常更侧重仅以改变人员及人际工作关系的本质和性质的各种方法或方案。贯彻这种变革方法的共同主线是，它们都设法带来组织人员内部或相互关系的改变，具体可参考以下方法。

（1）敏感性训练，是通过非结构化的群体互动来改变人的行为的一种方法。该群体往往由一位职业行为学者和若干参与者组成，职业行为家为参与者创造表达自己思想和情感的机会。

（2）调查反馈，是对组织成员的态度进行评价，确定其态度和认识中存在的差异，并使用反馈小组得到的调查信息帮助消除其差距的一种方法。

（3）过程咨询，是依靠外部咨询者帮助管理者对其必须处理的过程事件形成认识、理解和行动的能力。咨询者帮助管理者更好地认识他们的周围、其自身内部或与其他人员之间正在发生什么样的事情。

(4)团队建设,是使工作团队的成员在互动中了解其他人是怎么想和怎么做的。通过高强度的互动,团队成员学会形成相互信任和开诚布公的处世方式。

(5)组际发展,试图改变不同工作小组成员之间的相互看法、认知和成见,各个小组考察存在差异的原因,并努力制订解决办法以改进小组间的关系。

7.5.4 组织变革的程序

1. 卢因的三步模型

库尔特·卢因(Kurt Lewin)认为,成功的组织变革应该遵循以下三个步骤:解冻现状;移动到新状态;重新冻结新变革,使之持久。

现状可以视为一种平衡的状态,要打破这种状态,必须克服个体阻力和群体的压力,因此解冻是必要的。一旦变革付诸实施,要想成功,就需要重新冻结新形式,这样才能长时间维持它。如果不采取最后这个步骤,变革就可能是短命的。而员工也会试图回到以前的状态。重新冻结的目的是通过对推动力和约束力进行平衡,使新状态更为稳定。

2. 组织变革的一般程序

(1)诊断组织状态

组织变革的第一个步骤是根据组织的表现和运行现状准确地确定出组织所处的生命周期阶段,依据组织的生命周期理论和现实情况,认真寻找组织在运行和发展过程中存在的问题。要特别注意组织外部环境和内部条件的变化,将出现的问题进行分类,按其重要性和急迫性进行研究,找出产生这些问题的根源和解决这些问题需要改变的因素,并初步确定出组织变革的具体目标。

(2)选择变革重点

对组织状态做出诊断后,接着根据确定出的组织变革目标,结合本组织的实际情况,确定变革的突破口和重点。依次考虑组织的结构、职能和任务及人员方面所应采取的变革,可以将三种方式有机结合,循序渐进推行组织变革。

(3)分析限制因素

为了使组织变革获得成功,还应分析变革的限制因素,即组织变革有哪些制约环节,需要具备什么条件。上级主管部门是否支持,组织内部是否具备变革的条件是两个必须考虑的限制因素。另外,还要分析组织是否能够承受变革的成本和代价,选择实施变革的最佳时机。

(4)制订变革方案

该方案包括变革的目标、组织存在的严重问题和根源、变革的方式、变革的步骤和完成这些步骤的详细时间表等内容。方案的制订要理由充分、思考周密、便于实施,要广泛征求各方面的意见并对方案进行反复的论证和修改。

(5)全面实施变革

在变革计划的实施过程中,如果发现变革方案计划和实际情况有较大出入,可对其做出相应的调整,以保证变革的顺利进行。

(6)组织变革的效果评价

变革者评价行动计划的效果,以收集到的原始资料为参考点,对随之发生的变革进行比较和评价。

本章学习小结

1.为了实现组织的目标和计划,对组织进行既有分工、又有协作的结构设计和维持,使组织的各种资源在一定的空间和时间范围内进行有效的配置,这就是管理的组织职能。从逻辑上来说,组织工作的内容包括组织结构设计、人员配备、组织力量的整合和组织变革。

2.组织结构设计就是利用构建组织的要素来设计组织系统,其主要任务是设计组织结构和明确组织结构中部分与部分、部分与整体之间的相互关系,提供组织结构系统图和职务说明书。

3.进行组织结构设计的首要任务是职务设计与分析,职务工作内容的确定,应该既要考虑工作效率的要求,同时兼顾工作人员能从中体验的内在工作满足,以便在任务和人员两方面要求的相互平衡中,确定职务的合理广度与深度。其次是确定管理幅度和组织部门,是组织形成高效有序的分工协作整体。

4.常见的组织结构类型包括直线型、直线职能型、事业部制型、矩阵型、多维立体型以及网络等组织结构类型。组织管理者必须根据权变的原则,考虑组织所处的环境与自身发展的模式,综合地选择结构类型。没有一种类型是最优的、适合于所有情况的,管理者必须进行权衡。遵循权变的设计方法,要认清两种基本结构类型的组织——机械式和有机式,综合分析多种因素,选择具有适当程度的机械式或有机式结构。

5.影响组织结构设计的因素有组织战略、组织所处的环境、组织的技术水平、组织规模及组织生命周期等。这些影响因素在不断变化,组织管理者应根据因素变化的具体情形与组织发展的需要,遵循组织结构设计的一般原则,合理地选择组织结构的类型。

6.组织的外部环境和内部条件的变化构成了促使组织变革的两大力量。组织变革不可避免地会受到人们的抵制和反对，管理者可以通过各种措施来减少变革的阻力，促进变革的成功。管理者所能变革的领域或对象不外乎三种选择，即结构、技术和人员。一般地，组织变革的过程可以看作有三个阶段：(1)解冻阶段；(2)变革阶段；(3)重新冻结阶段。

7.权力是指个人或群体影响其他的个人或群体行为或思想的能力。在组织的管理活动中，影响他人行为的权力包括以下几种：法定权、强制权、奖赏权、专长权或专家权、个人影响权(感召权)。

8.指挥链自上而下分布形成系统，其形如金字塔，组织的最高主管高居塔顶，之后每经过一个层次便发生一次职权的分裂，如此进行而将指挥链延伸至组织的最底层，形成了一个遍布于整个组织之中的职权网络。正是这个职权网络，才使得组织具有了高度的行为能力。

9.影响集权与分权的，除了管理者的偏好等主观因素外，还有许多客观因素，主要包括：职责或决策的重要性程度、下级管理者的素质、组织的规模大小、所在组织的文化、控制技术的发展程度，以及外部环境的影响等。

10.分权是一个组织向下属各级组织进行系统授权的过程，是形成组织内部各组织单元间权力关系的基本手段。与分权相对应的是集权。为了充分发挥集体的力量，就要在组织内部进行分工，这就要求进行分权；为了保持组织行动的统一性，就需要一定程度的集权。因此，对于一个组织而言，分权与集权都是必要的。

11.授权就是管理者将自己的部分决策权或工作负担转授给下属的过程。授权可使管理者从日常事务中解脱出来，专心处理重大问题；可提高下属的工作积极性，增强其责任心，并增进效率；可增长下属的才干，有利于管理人员的培养；可充分发挥下属的专长，以补救授权者自身才能的不足。

12.一个组织中存在着三种不同性质的权力：直线权力、参谋权力与职能权力。直线权力是组织中上级指挥下级工作的权力，表现为上下级之间的命令权力关系，它是管理者所拥有的特殊权力；参谋权力是组织成员所拥有的向其他组织成员提供咨询或建议的权力，属于参谋性质；职能权力则是某一人员或部门根据高层管理者的授权而拥有的对其他部门或人员直接指挥的权力，它是一种有限的权力，只有在被授权的职能范围之内有效。

13.在一个组织中，要正确处理直线权力与参谋权力、直线权力与职能权力之间的关系。直线权力与参谋权力之间的关系应是“参谋建议，直线指挥”；直线权力与职能权力之间的关系则应是“直线有大权，职能有特权”。

综合案例

IBM矩阵式的组织结构

近些年来，IBM、HP等著名的外国企业都采用矩阵式的组织结构。尽管我们在管理学的教科书上看到过对矩阵组织优劣的探讨，但很难有切身的感受。下面我们来听听叶成辉先生对IBM公司的矩阵组织的亲身感受。

1987年，加州伯克利大学电子工程专业出身的叶成辉在美国加入IBM旧金山公司，成为一名程序员。因为不喜欢编程等技术类工作，梦想着做生意、当经理(比较喜欢跟人沟通)，他便主动请缨到销售部门去工作，经过差不多5年时间的努力，获得提升，成为一线的经理。随后，叶先生回到IBM香港公司，做产品经理。由于个人“斗志旺盛”，业绩不错，而且“官运亨通”，差不多每两年他都能蹦一个台阶，后来，叶成辉成为IBM存储部门的亚太区总裁以及IBM的全球副总裁(现为EMC全球高级副总裁，大中华区总裁)。

从旧金山到中国香港，再到广州到北京；从普通员工到一线经理，再提升到现在做三线经理；从一般的产品营销，到逐步专注于服务器产品，再到产品经理，17年来，叶成辉一直在IBM的“巨型多维矩阵”中不断移动，不断提升。他认为，IBM的矩阵组织是一个很特别的环境，“在这个矩阵环境中，我学到了很多东西。”IBM是一个巨大的公司，很自然地要划分部门。单一地按照区域、业务职能、客户群落、产品或产品系列等来划分部门，在企业里是非常普遍的现象，从前的IBM也不例外。后来，IBM公司把多种划分部门的方式有机地结合起来，其组织结构形成了“活着的”立体网络——多维矩阵。IBM既按地域分区，如亚太区、中国区、华南区等；又按产品体系划分事业部，如PC、服务器、软件等事业部；既按照银行、电信、中小企业等行业划分，又按销售、渠道、支持等不同的职能划分等，所有这些纵横交错的部门划分有机地结合成为一体。对于这个矩阵中的某一位员工比如叶成辉经理而言，他既是IBM大中华区的一员，又是IBM公司AS/400产品体系中的一员，当然还可以按照另外的标准把他划分到其他的部门里。

IBM公司这种矩阵式组织结构带来的好处是什么呢？叶成辉先生认为，非常明显的一点就是，矩阵组织能够弥补对企业进行单一划分带来的不足，把各种企业划分的好处充分发挥出来。显然，如果不对企业进行地域上的细分，比如说只有大中华而没有华南、华东、中国香港、中国台湾，就无法针对各地区市场的特点把工作深入下去。而如果只进行地域上的划分，对某一种产品比如AS/400而言，就不会有一个人能够非常了解这个产品在各地表现出来的特点，因为每个地区都会只看重该地区整盘的生意。再比如按照行业划分，就会专门有人来研究各个行业客户对IBM产品的需求，从而更加有效地把握住各种产品的重点市场。

叶成辉说："如果没有这样的矩阵结构，我们要想在某个特定市场推广产品，就会变得非常困难。"比如说，在中国市场推广AS/400这个产品吧，由于矩阵式组织结构的存在，我们有华南、华东等各大区的队伍，有金融、电信、中小企业等行业队伍，有市场推广、技术支持等各职能部门的队伍，以及专门的AS/400产品的队伍，大家相互协调、配合，就很容易打开局面。"首先，我作为AS/400产品经理，会比较清楚该产品在当地的策略是什么。在中国，AS/400的客户主要在银行业、保险业，而不像美国主要是在零售业和流通业；在亚太区，AS/400的产品还需要朝低端走，不能只走高端；中国市场上需要AS/400的价位、配置以及每个月需要的数量等，只有产品经理，才能做到非常清楚。从产品这条线来看，我需要跟美国工厂订货，保证货源供应。从产品销售的角度看，AS/400的产品部门需要各相关地区的职能部门协助，做好促销的活动；然后需要各大区、各行业销售力量把产品销售出去。比如，我需要在媒体上做一些访问，就要当地负责媒体公关的部门协助。再如，我认为'莲花宝箱'(为中国市场量身定制的AS/400)除了主打银行外，还要大力推向中小企业市场，那么就需要跟中国区负责中小企业的行业总经理达成共识。当然，'莲花宝箱'往低端走，还需要分销渠道介入，这时，就需要负责渠道管理的职能部门进行协调。从某种意义上讲，我们之间也互为'客户'关系，我会创造更好的条件让各区、各行业更努力推广AS/400。"叶成辉说。

任何事情都有它的"两面性"。矩阵组织在增强企业产品或项目推广能力、市场渗透能力的同时，也存在它固有的弊端。显然，在矩阵组织当中，每个人都有不止一个老板，上上下下需要更多的沟通协调，所以，"IBM的经理开会的时间、沟通的时间，肯定比许多小企业要长，也可能使得决策的过程放慢。"叶成辉进一步强调，"其实，这也不成为问题，因为大多数情况下还是好的，IBM的经理们都知道一个好的决定应该是怎样的。"另外，每位员工都由不同的老板来评估他的业绩，不再是哪一个人说了算，评估的结果也会更加全面，"每个人都会更加用心地去做工作，而不是花心思去讨好老板。同时运用不同的标准划分企业部门，就会形成矩阵式组织。显然，在这样的组织结构内部，考核员工业绩的办法也无法简单。在特定客户看来，IBM公司只有"唯一客户出口"，所有种类的产品都是一个销售员销售的；产品部门、行业部门花大气力进行产品、客户推广，但是，对于每笔交易而言，往往又是由其所在区域的IBM员工最后完成;等等。问题是,最后的业绩怎么计算?产品部门有多少贡献,区域、行业部门又分别有多少贡献呢?叶成辉说:"其实,IBM经过多年的探索,早已经解决这个问题了。现在,我们有三层销售——产品、行业和区域,同时,我们也采取三层评估,比如说经过各方共同努力,华南区卖给某银行10套AS/400,那么这个销售额给华南区、AS/400产品部门以及金融行业部门都记上一笔。当然,无论从哪个层面来看,其总和都是一致的。比如从大中华区周伟锟的立场来看,下面各分区业绩的总和,大中华区全部行业销售总额,或者大中华区全部产品(服务)销售总额,三个数字是一样的,都可以说明他的业绩。

在外界看来,IBM这架巨大的战车是稳步前进的,变化非常缓慢。叶成辉认为,这其实是一种误会。对于基层的员工,对于比较高层的经理,这两头的变化相对比较小,比较稳定。比如说一名普通员工进入IBM,做AS/400的销售,差不多四五年时间都不会变化,然后,可能有机会升任一线经理。再比如亚太区的总经理,也可能好多年不变,因为熟悉这么大区域的业务,建立起很好的客户关系,也不太容易。所以,外界就觉得IBM变动缓慢。"但是,在IBM矩阵内部的变化还是很快的。中间层的经理人员差不多一两年就要变化工作,或者变化老板、变化下属,这样就促使整个组织不断地创新,不断地向前发展。"叶成辉说,"我在IBM公司10多年,换了10多位老板。每位老板都有不同的长处,从他们那里我学到了很多。其实,IBM的每位员工都会有这样的幸运。矩阵组织结构是有机的,既能够保证稳定的发展,又能够保证组织内部的变化和创新。所以,IBM公司常常流传着一句话:换了谁也无所谓。

问题

1. 从理论上来说矩阵组织有哪些优势和不足?你认为这种优势在IBM公司有哪些体现?

2. 通过阅读案例材料你有何感受?

自测题

一、单项选择题

1. 管理层次较多而管理幅度较小的组织结构的优点是(　　)。

A. 缩短上下级距离,密切上下级关系

B. 信息纵向流通快,管理费用低

C. 管理严密、分工明确、易于协调

D. 被管理者有较大的自主性,积极性和满足感。

2. 当代管理机构变革的一大趋势是( )。

A. 管理层次复杂化　　B. 组织结构扁平化

C. 管理幅度日益减少　　D. 锥型结构更受欢迎

3. 易导致多头领导,不能实行统一指挥的组织形式是( )。

A. 直线制　　B. 职能制　　C. 直线职能制　　D. 事业部制

4. 考评管理人员的协作精神主要通过向( )获取信息。

A. 关系部门　　B. 上级部门　　C. 下属部门　　D. 主要领导

5. 银行设立商业信贷部属于( )。

A. 职能部门化　　B. 用户部门化　　C. 地区部门化　　D. 过程部门化

6. 实行集中控制与分散经营的组织形式是( )。

A. 直线制　　B. 矩阵制　　C. 事业部制　　D. 职能制

二、多项选择题

1. 组织结构的基本形式有( )。

A. 直线型　　B. 直线职能型　　C. 事业部型

D. 矩阵型　　E. 网络型

2. 组织结构具体包括以下内容( )。

A. 职能结构　　B. 层次结构　　C. 部门结构

D. 职权结构　　E. 技术结构

3. 组织设计的原则有( )。

A. 专业化分工原则　　B. 统一指挥原则　　C. 管理幅度原则

D. 权责对等原则　　E. 权责对等原则

4. 管理幅度设计的影响因素有哪些( )。

A. 工作能力　　B. 工作内容和性质　　C. 工作条件

D. 工作环境　　E. 工作质量

5. 组织设计工作的最终成果是( )。

A. 组织计划　　B. 专业分工　　C. 组织系统图

D. 职务说明书　　E. 委员会管理

三、判断题

1. 电影院的观众是拥有特定的共同目标的群体,所以,他们是一个正式组织。

( )

2. 当外部环境处于剧烈变化状态时,企业可以通过建立一些临时性的部门、通畅的信息传递、分权程度的提高,发挥员工的潜力,减少外部环境对企业造成的

不利影响。 (　)

3. 小批量生产的产品具有差异化的特点，常常根据顾客的要求进行设计和生产，对企业人员技术水平要求较高，技术权力要求分散，适于采用分权式组织形式。 (　)

4. 究竟采取扁平型或是高耸型组织结构，主要取决于组织规模的大小和组织领导者的有效管理幅度等因素。因为在管理幅度不变时，组织规模与管理层次成正比。规模大，层次多，则呈高耸型结构；反之亦然。 (　)

5. 管理者对组织变革的主要内容包括组织结构、任务和技术、人员。 (　)

四、简答题

1. 什么是组织工作？其主要内容有哪些？

2. 组织结构设计应遵循的原则是什么？

3. 高耸型结构和扁平型结构是如何形成的？各有什么特点。

4. 简述直线职能型组织结构、事业部型组织结构、矩阵型组织结构的优点和不足。

5. 简述机械式组织与有机式组织的特点。

6. 请您简述管理者的权力及其构成。

7. 简述影响分权的因素。

8. 如何正确发挥参谋的作用？

9. 作为一位企业的领导在正确运用权力时应注意的问题有哪些？

10. 领导者是不是应该也只能够把自己做不好的工作授权给他人去做？对于授权后的工作，领导者是否还拥有某些方面的权力？

五、论述题

1. 论述组织结构设计的主要内容。

2. 论述影响组织结构设计和组织变革的因素。

3. 谈谈你对直线职权、参谋职权和职能职权的理解。

4. 试述职权矛盾产生的原因和解决途径。

第四篇

领导职能篇

领　导

第8章

引导案例

员工第一，顾客第二

在企业里，经常喊的一句口号是“客户是上帝”，那么也就有了“顾客第一”、“员工第二”的思想。但美国罗氏旅游公司的老板森布鲁斯先生却以“顾客第二”的营销之道，在短短15个春秋内就把原先只不过是费城地区的一家小旅社，发展成为年营业额达15亿美元的世界三大旅游公司之一。

森布鲁斯先生的经营高招就在于：别人尽力讨好顾客，他则把重心放在公司雇员身上，做到“员工第一”。他认为作为一个公司的老板，在市场观念上自然应该是“顾客第一”，但“攘外必先安内”，在经营管理上，则必须做到“员工第一”。因为公司市场行为的全部过程自始至终都体现着员工参与的主导作用，在这种思想主导下，他放在首位的是激发雇员的忠心和进取心，给大家营造出一个快乐舒心的工作环境，进而产生最佳的工作成果。本着“员工第一”的经营理念，让员工安心、舒心，让员工发挥出最大的能量，创造出最大价值，于是罗氏获得了成功，这也是企业成功的经验。

（资料来源：根据 http://www.bosshr.com/shownews_29281.html 整理）

不同的企业家有不同的经营之道，有的奉行“顾客第一”，有的奉行“员工第一”，不同的在于他们的领导风格。毫无疑问，所有的组织都需要领导，领导是任何社会组织共有的现象，不论组织规模大小都存在领导活动，即领导活动的普遍性。无论在任何社会中，一个国家也好，一个组织也好，其兴衰成败都与领导水平的高低关系极大。领导是管理科学研究的重要内容，是管理活动中的一项重要职能。从古至今，国内国外的管理实践表明，领导者对组织的生存与发展具有极大的影响作用。因此，如何理解和把握领导活动的科学性与艺术性，选择和培养什么样的领导方式，是领导者在开展领导活动过程中必须解决好的问题。

8.1 领导的影响力

8.1.1 领导与领导者

1. 领导的概念

领导（Leadership）作为一项管理职能，是管理工作中的行为活动过程。国内外一些著名的管理学者对领导的概念解释如下：

孔茨（Koontz）认为，领导是一种影响力，是引导人们行为，从而使人们情愿地、热心地实现组织或群体目标的艺术过程。

特瑞（Terry）认为，领导是影响人们自动为达成群体目标而努力的一种行为。

罗伯特（Robert）认为，领导是在某种条件下，经由意见交流的过程所实现出来的一种为了达成某种目标的影响力。

斯托格狄尔（Stogdill）认为，领导是对组织内群体或个人施行影响的活动过程。

斯蒂芬 P. 罗宾斯（Stephen P. Robbins）认为，领导是影响人们实现目标的行为过程。

以上概念的表达形式虽不尽相同，但彼此间有着本质的共同之处。概括起来，领导的概念有三层含义：首先，它揭示了领导的本质，即影响力。这种影响力能够引导人们的行为。其次，领导是一个过程，是引导人们行为的动态过程，且应是具有艺术性的过程。最后，领导是一项目的性非常强的行为活动，它的目的在于使人们情愿地而非无奈地、热情地而非勉强地为组织目标而努力。综上所述，领导是指个体对他人施加影响，带领和指导他人活动以实现组织目标的行为活动过程。

2. 领导者的概念

如果说领导是指个体对他人施加影响，带领和指导他人活动以实现组织目标的行为活动过程，那么施加这种影响的人就是领导者（leader）。

领导者可以是任命的，也可以是众人推举的；领导者一般指个人，但也可是集体。领导者的职责就是通过指导、协调、激励和沟通等作用的发挥来影响组织成员的行为，使组织成员为实现组织目标而努力工作。

在领导活动中，执行具体决策方案和为实现组织目标而努力的行动者为被领导者（follower）。在实现组织目标的过程中，被领导者的追随程度、工作的积极和能动程度决定领导活动的成败。因此，被领导者也是领导活动中的基本要素。从领导与被领导的关系看，作为主体的领导者与客体被领导者不是对立的，而是相互依存的，领导者在影响被领导者的同时，也会受到被领导者的影响。因此，要想成为一名优秀的领导者，必须重视领导者与被领导者相互依存的关系，充分利用各种交流与沟通方式接受被领导者的信息反馈，保持领导者影响力的强势状态。可见，领导与被领导是一种相互影响、相互交流的动态过程，领导者要充分开发和利用互动资源，以保持领导者和被领导者在实现组织目标过程中的一致性。

3. 领导者的作用

领导者在组织的领导活动中固然有很多作用，但其主要作用归结起来有以下三个方面。

(1)决策

决策是领导者的基本职能，也是领导者在领导活动中必须发挥的重要作用，领导者的领导能力强弱、水平高低往往在决策中得到充分体现。决策，尤其是战略性决策就是给组织谋事。在任何组织中，无论利用科学决策方法，还是凭经验，都需领导者对组织的生存与发展战略、重大事项等做出正确决策，并以此保证组织目标的实现。

(2)用人

决策正确，还必须保证决策执行结果和预期结果相吻合。领导者做决策，但不是决策的具体执行者，而是由下属来贯彻和执行决策，即领导目标靠下属来实现，古人的“贤主劳于求贤，而逸于治事”思想充分反映了领导活动基本特征。于是，要保证预期结果和执行结果一致，就存在领导者选择什么样的人来执行决策的问题，即如何用人问题。

在领导工作中，如何用人是一门艺术或说是艺术化领导活动。领导目标依靠下属来实现是领导活动最为重要的一种特征，不懂用人艺术的人难以成为领导者，更不可能成为优秀的高层领导者。古今中外的用人之道众多，虽说不同的领导者在用人之术上有共性的内容，但因人、因事和因时而异也是领导者追求事业成功过程中必须考虑的因素。古人“治平尚德行，有事赏功能”的用人之道即反映“因时用人”的原理。

(3)激励与协调

组织功能能否正常发挥，组织目标能否如期实现，常取决于组织成员受激励的程度及组织内外的协调状况。人是组织的第一构成要素，作为组织的成员，不论其处于哪个层位都需适宜的激励，作为领导者则应采取相应的激励措施来满足下属的合理需求，使他们自愿地为实现组织目标而努力奋斗。

组织内部由于职责分工、工作衔接、收益分配及思想认识的差异，会出现各种矛盾和冲突，而领导者的协调与沟通往往可起到化解矛盾，避免冲突，使组织内部趋向和谐而产生巨大的“组织效应”。

组织除通过自我调整主动适应外部环境外，还需协调与其外部环境之间的各种关系。领导者通过树立良好的个人形象及组织形象，进行卓有成效的“外交”活动，来取得环境中各方面的理解与支持，使组织对环境保持良好的适应状态，甚至具备改变环境的实力。

8.1.2　领导的影响力

领导的本质是影响力，影响力是指一个人在与他人的交往过程中，影响和改变他人的心理和行为的能力。影响力来源于权力(power)，领导者的权力是影响他人行为的力量，这种力量的作用可能是强制性的，也可能是来自领导者自身的人格感召力，具体表现为下属的自愿服从与自愿归依。领导者对个人和组织的影响力来自两方面：一是职位权力(又称为制度权力)影响力；二是非职位权力(又称为个人权力)影响力。

1. 职位权力

职位权力是由于领导者在组织中担任一定的职务而获得的权力，是由上级或组织制度所赋予的权力，具有很强的职位特性，如法定权、强制权和奖赏权(详见7.4)。这样的权力随职务变动而变动，在职就有权，不在职就无权。人们往往出于压力和习惯不得不服从这种权力。职位权力是管理者实施领导行为的基本条件，没有这种权力，管理者就很难有效地影响下属，实施真正的领导。

2. 非职位权力

非职位权力(个人权力)是指与组织的职位无关的权力，主要有专长权和个人影响权(详见7.4)。这些是由于领导者的个人经历、地位、人格特殊品质和才能而产生的影响力，例如，领导者具有高尚的品德，丰富的经验，卓越的工作能力，良好的人际关系；领导者善于体贴关心他人，令人感到可亲、可信、可敬，不仅能完成组织目标，而且善于创造一个激励的工作环境，以满足群众的需要，等等。它可以使下属心甘情愿地、自觉地跟随领导者。这种权力不随职位的消失而消失，而且这种权力对人的影响是发自内心的、长远的，下属的影响比职位权力更具持久性。

在领导者的权力中，法定权、强制权和奖赏权属于职位权力，而专长权和个人影响权是个人权力。领导就是利用各种权力来影响下属行为的活动过程，要想成为优秀的领导者，仅有前三种权力是不够的，必须注重个人权力的日常修炼与积蓄，使职权和个人权力有机结合，相得益彰。

8.1.3 领导与管理

1. 领导与管理

领导是管理活动的重要组成部分，在组织的各层次、各领域和各项管理职能行使中都存在领导。但在实际的管理活动中，有些人认为领导和管理是同一回事，而又有人认为领导和管理是有本质区别的，如领导学理论研究者认为领导和管理有严格的区别。

美国哈佛大学教授约翰·科特在其《变革的力量——领导与管理的差异》中分析并指出了领导与管理的区别。他认为：

首先，管理的计划和预算过程趋向于注重几个月到几年的时间范围，强调微观方向，注重风险的排除及合理性；而领导过程中经营方向的拟定着重于更长的时间范围，注重宏观方面、敢冒一定风险的战略以及人的价值观念。

其次，具有管理行为的企业组织的人员配备趋向于注重专业化，挑选或培训合适的人担任各项工作，要求服从安排；而领导行为则注重于整体性，使整个群体朝着正确方向前进，并且投入进去，实现所确定的目标。

再次，管理行为的控制和解决问题常常侧重于抑制、控制和预见性；而领导的激励和鼓舞侧重于授权、扩展，并不时创造出惊喜来激发群众的积极性。

最后，领导与管理的根本区别体现在他们各自的功用不同，领导能带来有用的变革，而管理则是为了维持秩序。

约翰·科特虽指出了领导与管理的区别，但也认为要达到组织的最佳效果，领导与管理具有同等的重要性。

2. 领导者与管理者

领导是管理活动的重要组成部分，领导者与管理者又是什么关系呢？这也是管理活动中常被人们混为一谈的内容。管理者是被组织任命的，他们对下属的影响力来自于职位权力。领导者可以是任命的，也可以是群众推举的，因而，除职位权的影响力外，领导者对下属还有个人权力的影响力。

人们常提出“所有的管理者都是领导者吗?”这样的问题，从管理学视角出发，期望所有的管理者都是领导者，但在实际管理活动中确实有些管理者难以让人信服，而不能称其为领导者。在教材中论述该类问题，目的就是让即将步入管理岗位的学生注重专业知识与技能学习，个人能力与综合素质培养，为将来成为优秀的管理者和有效的领导者奠定扎实的基础。

8.2 领导特征理论

8.2.1 特征理论

特征理论(trait theories)主要是20世纪30年代左右的研究成果,所以也被称为早期领导理论。特征理论的研究重点是区别领导者和非领导者的个性特征,如身体、长相、社会地位、语言感染力和社交能力等,以便利用领导者应具备的普遍性特征来物色领导者。尽管研究者提出的领导特征有些是有道理的,但在实际应用上还是有很大的局限性,甚至无法应用。另外有效的领导者也不都具备特征理论确定的特征。

后来的特征理论研究者把和领导相关的素质结合到领导特征中,使领导特征显得较为适用。如可克帕特瑞克(S. A Kirkpatrik)和罗克(E. A Lock)的有效领导“六特征”内容如下:

(1)上进心。指奋发向上、积极进取之心,具有充足的精力,对工作执着的精神和创新意识。

(2)领导欲望。强烈的影响和领导他人的欲望和敢于承担责任的精神。

(3)坦诚正直。与同事和下属能坦诚相待、言行一致,彼此建立友好的信任关系。

(4)自信。要使下属确信组织的目标或具体决策的正确性,首先要显现出自信。

(5)智慧。具有大量收集、加工和解释有用信息,制订战略、做出正确决策和解决实际问题的才智。

(6)业务知识。具备有关公司和行业领域方面的丰富知识和专业技术,不仅能够做出正确决策,而且知道如何执行决策。

又如,德鲁克认为,一个有效的领导者,必须具备以下五项主要习惯:

(1)要善于处理和利用自己的时间,把认清自己的时间花在什么地方作为起点。必须了解时间是一项限制因素,时间的供给永远没有弹性,时间永远是短缺的。他们记录自己的时间,管理自己的时间,减少非生产性工作所占用的时间,善于集中自己的零星时间。

(2)注重贡献,确定自己的努力方向。他们并非为工作而工作,而是为成果而工作。

(3)善于发现和用人之所长,包括他们自己的长处、他们上级的长处和下级的长处。

(4)能分清工作的主次,集中精力于少数主要的领域,在这少数主要的领域中,如果能有优秀的成绩就可以产生卓越的成果。

(5)能作有效的决策,他们知道一项有效的决策必是在“议论纷纷”的基础上形成的判断,而不是在“众口一词”的基础上做出判断。

8.2.2 领导者的素质

1.政治素质

组织中的领导者应具有正确的政治方向,遵守国家的法律法规,正确处理好国家、单位、员工三者之间的关系,有强烈的事业心、责任感和创业精神。

2.业务素质

作为企业的领导者,除掌握一门专业技术外,应掌握管理现代企业的专业知识,如下:

(1)经济学的基本理论与方法,了解和熟悉市场动态及特点。

(2)管理学的基本原理、方法以及会计、统计、国际贸易、金融、经济法、财政税收等基本知识,并了解国内外企业管理的动态及发展方向。

(3)掌握有关生产技术的基础知识,了解本行业的科学技术发展趋势、熟悉产品的性能和用途等。

(4)懂得心理学、社会学、行为科学等方面的知识,以充分了解下属的需求心理,协调好人与人之间的关系,充分调动下属的工作积极性。

3.能力素质

能力素质主要体现在以下方面:

(1)决策能力。管理就是决策。决策能力一般由三个因素组成:一是能做出正确决定的能力;二是使别人相信其决定正确的能力。三是把决策付诸实践的能力。

(2)组织、指挥能力。首先领导者能够选择适当的组织形式,建立精干有效的组织机构,实行科学的分工与授权,从而把一切资源有效地汇集到实现组织目标的轨道上来。其次要求领导者能够在复杂多变的环境条件下,善于运用组织的力量协调人力、物力和财力,以期获得最佳效果。

(3)控制能力。领导者在执行决策的过程中,遇到意想不到的疑难或碰上未能预料的突发事件时,能够有效地加以控制,及时解决问题。

(4)协调内外关系的能力。领导者能妥善处理好各种复杂关系,同时密切注意组织内部与外部关系的协调,为组织争取良好的外部发展条件。

(5)创新能力。领导要能善于审时度势,对组织内外环境的变化及时进行分析和判断,提出新的思路和方案,开创工作的新局面。

(6)知人善任的能力。要既有知人之明,又有善任之能,从而做到人尽其才、才尽其用,职能相称,各得其所。

4. 心理素质

良好的心理素质是影响领导效能的一个重要因素,主要包括:

(1)坚强的意志。领导者在带领下属完成组织目标的过程中,常常要经历多种磨难和坎坷,只有具备坚忍不拔的毅力、百折不挠的精神,才能成为成功的领导者。

(2)自我控制能力。善于控制自己的感情,保持心境平稳,不盲目悲观和乐观,沉着冷静。

5. 身体素质

领导者具有健壮的体魄、充沛的精力,才能胜任十分繁重的领导工作。

8.3 领导行为理论

由于特征理论的应用具有很大的局限性,在解释领导的有效性上出现了困难,为了寻求最佳的领导行为,许多研究机构和人员把研究的重点转向领导者的行为研究,试图从领导者工作行为的特点来说明领导的有效性,并逐步形成领导的行为理论(behavioral theories of leadership)。行为理论的研究者们希望其不仅能说明领导的本质,而且还具有不同于特征理论的使用价值,即研究出决定领导行为的关键因素后,可把人们培养成有效的领导者。美国一些大学的学者在这方面开展了系统性的研究,并取得了对管理学及领导学发展有重大意义的研究成果。

8.3.1 领导行为连续体理论

美国爱阿华大学的科特·列文(Kurt Lewin)和他的助手是最早对领导行为进行研究的学者,他们提出集权式、民主式和放纵式三种领导方式(leadership styles)。集权式(autocratic style of leadership)就是权力高度集中在领导者手中,下属无权参与决策甚至工作方法的选择。民主式(democratic style of leadership)指领导者允许下属参与决策和组织目标的制订,并授权予下属。民主式领导方式可进一步分为咨询式和参与式。咨询式指领导者听取下属的建议或意见,但决策由领导者自己制订。参与式指允许下属直接参与决策,并给下属提供决策参考建议。放纵式(laissez-faire style of leadership)指领导者在决策和具体工作上给下属完全的自由。实践证明放纵式是最不可取的领导方式,而集权和民主领导方式都可使领导者取得有效的领导。

在爱阿华大学的研究成果基础上，罗伯特·坦宁鲍姆(Robert Tannenbaum)和怀恩·施密特(Warren Schmidt)提出了领导行为连续体(Continuum of leader Behavior)模型。他们认为在集权和放纵领导方式间还有多种可选择的领导行为方式，模型中列举了七种有代表性的领导行为方式，如图 8-1 所示。

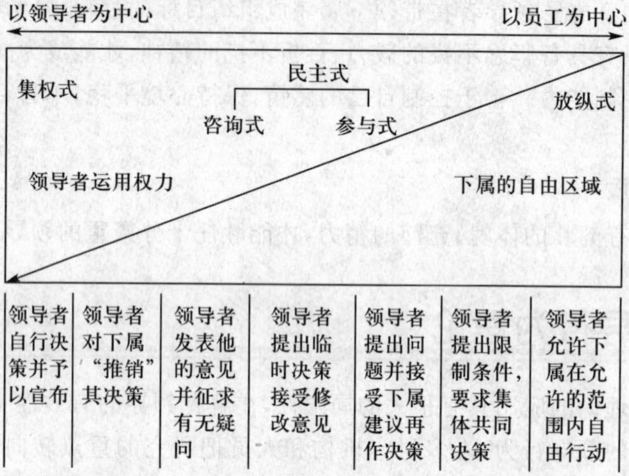

图 8-1

根据领导行为连续体理论，选择何种领导行为方式，坦宁鲍姆和施密特提议要根据领导者自身情况、员工的情况和企业的处境而定。但在长期经营一个企业的过程中，即使初期或发展过程中采用了以老板为中心的领导行为方式，随着企业的成长与发展，也应逐渐向以员工为中心的领导方式过渡，因为以员工为中心的领导方式能起到激励员工、调动员工参与企业管理的积极性，可促进企业健康发展的作用。

类似于领导行为连续体理论的其他研究成果也不少，如美国密西根大学社会调查研究中心的研究人员就领导行为和生产效率、雇员满意程度等方面的关系提出以雇员为中心和以生产为中心的领导行为理论，他们赞同管理者采用以雇员为中心的领导行为，这种行为可带来较高的生产效率和工作满意度。

8.3.2 领导行为四分图

1945 年美国俄亥俄州立大学工商企业研究所在斯多基尔和沙特尔两教授领导下开展了对领导行为的研究。他们用高度概括的方法，开始对一千多种描述领导行为的因素进行筛选、归并，最后概括为两类主要领导行为：一类称作组织型(initiating structure)，即由领导确立组织目标，并为自己和下属设计工作任务，通过对下属的严格要求，确保组织目标的实现；另一类为关心型(consideration)，领导和下属的相互关系体现为互相信任，互相尊重，领导关心并考虑下属的意见和感情，通过参与管理来调动其积极性，在下属个人目标实现的同时，也达到实现组织目标的目的。

组织型和关心型是两种不同的领导行为，将两种领导行为作为两个维度互相结合可形成代表四种基本领导方式的模型，即领导行为四分图。具体如图 8-2 所示。

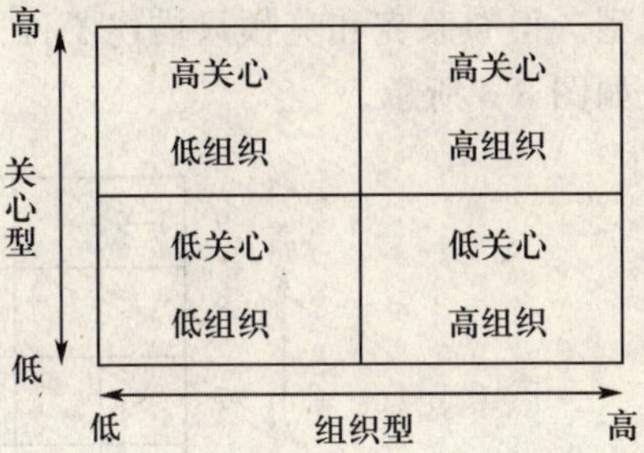

图 8-2

从图中可以看出四种结果：

(1)高组织低关心人的领导者，最关心的是工作任务；

(2)低组织低关心人的领导者，对组织对人都不关心，一般说来这种领导方式效果较差；

(3)低组织高关心人的领导者，大多数较为关心领导者与下级之间的合作，重视互相信任和相互尊重的气氛；

(4)高组织高关心人的领导者，对工作对人都比较关心。

研究结果证明，上述两类行为的组合可构成不同的领导行为方式，一般情况下，组织和关心两维方向上都高的领导者(high-high leader)，比任何一维或两维都低的领导者的工作效率高，下属的满意程度也高。但到底哪种领导行为效果好，结论是不肯定的。例如，有人认为在生产部门中，效率与“组织型”之间的关系成正比，而与“关心型”的关系成反比；而在非生产部门中情况恰恰相反。一般说来，“高组织型”与“低关心型”带来更多的旷工、事故、怨言和转厂。许多其他的研究也证实了上述的一般结论，但也有人提出了相反的证据。这是因为他们在进行分析时，没有考虑到领导所面临的环境。

用四分图研究领导行为是从两个角度考察领导方式的首次尝试，为研究领导行为指出了一个新的途径。但在实际的管理工作过程中，情况会千变万化，单从主导和关心两个方面的因素考虑领导行为方式，有时会出现相悖情况，所以需考虑环境背景因素。

8.3.3 管理方格理论

在俄亥俄州立大学的四分图和密西根大学社会调查研究中心的以人为中心和以生产为中心的领导行为理论基础上，布莱克(Robert Blake)和莫顿(Jane Mouton)于 1964 年提出了管理方格理论(managerial grid)。他们用一张纵横九等分的方格图组成一个两维矩阵，横坐标表示管理者对生产的关心程度（concern for production），纵坐标表示对人的关心程度（concern for people），图内共有 81 个小方格，每一小方格代表一种领导方式，在评价领导者时，可根据其对生产的关心程度和对职工的关心程度，在图上寻找交叉点，这个交叉点的方格就是他的领导倾向类型。但布莱克和莫顿只描述了位于四个顶角和中心区域的五种主要的领导方式，如图 8-3 所示。

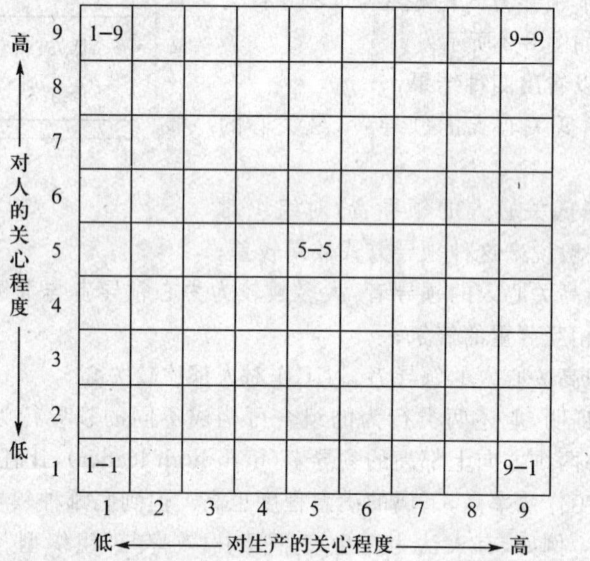

图 8-3

五种基本领导风格分别如下：

(1)贫乏型管理（impoverished management）：位于 1-1 处，指管理者对生产和人都很少关心，力图以最小的投入来完成所做的事情；

(2)任务型管理（task management）：位于 9-1 处，指管理者对生产高度关心，管理绩效主要来自对生产的组织与管理，而对人则很少关心；

(3)乡村俱乐部型管理（country club management）：位于 1-9 处，与任务型正好相反，指管理者营造友好、轻松的组织氛围和工作环境，以此来协调人与人之间的关系并满足员工的需求，但对生产则很少关心；

(4)折中型管理（middle of the road management）：位于 5-5 处，指管理者在关心人和关心生产两者间追求平衡，即通过人的需求和工作完成的平衡来追求组织绩效。

(5)团队型管理（team management）：位于 9-9 处，指管理者利用组织目标中的共同利益，在组织成员间形成互敬互信、依靠群体的协作精神，利用组织成员对组织的忠诚来完成工作任务。该种领导方式对生产和人的关心都有高标准的要求。

管理方格理论认为，在任何情况下 9-9 的领导方式是最有效的，但研究者并未给出有力的实例证据。另外，对于什么能使管理者成为好领导者的问题，管理方格理论也没给出具体的答案。

《管理方格》一书出版后长期畅销，对管理界的理论和实践都产生了很大的影响，并为管理者正确评价自己的领导行为，掌握较佳的领导方式提供了帮助。目前，很多企业仍把管理方格理论作为培训管理者的内容之一。

8.4 领导权变理论

领导行为理论没有考虑组织及其环境变化情况，可在现实的社会经济生活中，任何一个组织都必须面对不断变化的环境，适时做出调整与变化。所以无论不同组织间，还是同一组织的不同发展阶段，采用何种领导行为方式应视组织的情况变化而变化。如在建筑企业宜采用集权式领导，而在软件公司则宜采用民主式领导；又如一个企业在其创业起步阶段，宜多用集权式领导，而到其发展壮大后又宜多采用民主的分权和放权式领导。

20 世纪 40 年代，一些从事管理学研究的学者们已开始结合组织与环境变化来研究领导方式，而且至今仍在继续探索这一课题。考虑环境变化因素的领导理论被称为领导权变理论（contingency theory of leadership）或领导情景理论，即某种领导方式在实际工作中是否有效，将取决于具体的领导环境。领导活动是一种动态的过程，其有效性将随着领导者的特点及环境的变化而异。下面将介绍四种被认为比较成功，且普遍接受的领导权变理论。

8.4.1 菲德勒模型

菲德勒（Fred Fiedler）提出了第一个较完整的领导权变理论模型，并受到许多人的肯定和认同。菲德勒认为并不存在一种普遍适用各种情景的领导方式，然而在不同的情景下都可以找到一种与特定情景相适应的有效领导方式，所以，在他的模型中提出领导活动是否有效，主要取决于领导方式与领导者控制和影响组织的程度的合理匹配。菲德勒模型中包含了两种基本领导风格和三种权变因素，三种权变因素中的不同情景相互组合又形成八种明显不同的环境，只有在领导方式与环境类型相适应时，才能获得有效的领导。

1. 两种领导风格

菲德勒确认了两种领导风格：一种为任务导向型（task oriented），即类似于领导行为四分图中以工作为中心的主导型结构行为，另一种为关系导向型(relationship oriented)，和以下属为中心及关心型的行为相似。他还认为，领导风格是领导人个性的反映，一旦形成后基本上不大会改变。所以，一个领导人的领导风格究竟是任务导向型还是关系导向型是可以确定的。

菲德勒使用了一种名叫LPC(Least-Preferred Co-worker Questionnaire)的问卷表来测定一个人的领导风格，所谓LPC即最不喜欢的合作者。问卷中包含了16对意义完全相反的形容内容，如愉快和不愉快、冷漠与热情、讨厌与喜欢等，在相反内容之间有1到8个得分区，在每一对内容间，8分都在积极的方面，1分在消极方面。菲德勒认为如果一个人回答问卷内容，多选积极方面的内容，即得分高时，说明该答卷人对合作者之间的关系很重视，该人的领导方式多为关系导向型，反之为任务导向型。

2.三种权变因素

通过LPC把一个人的基本领导风格确定后，需研究领导环境即情景，以使领导者和领导环境能够很好匹配。菲德勒的研究提出影响领导效果的"权变因素"有三种，即领导者与下属的关系、工作任务的结构与领导人所处职位的固有权力。

(1)上下级关系(leader-member relation)。是指领导者和其下属成员群体间关系的性质。如双方互相信任、互相尊重、互相支持和友好相处，则上下级关系是好的；反之，关系则是差的。

(2)任务结构(task structure)。是指群体工作任务规定的明确程度。当任务是例行性的、程序化的、明确和容易理解的，则任务结构属于明确的或高的；反之，任务复杂而又无先例的、没有标准程序的或含糊不清的，则属不明确的或低的任务结构。

(3)职位权力(position power)。是指赋予领导人的与职位相关联的权力。如果领导者对下属的工作分配、奖惩及职务升降有决定权的话，其职位权力则是强的；反之，职位权力则弱。

3.领导风格与权变因素的组合

菲德勒及其助手开展了大量的调研工作后，根据三种权变因素的不同组合，构建了八种不同的情景类型(见图8-4)，其中从三种权变因素条件齐备的最有利的情景，过渡到三种权变因素条件都缺的最不利情景。他们发现对于各种情景，只要领导风格与之相适应，都能取得良好的领导效果。处于有利的情景(1、2、3)及最为不利的情景(8)时，采用"任务导向型"的领导方式效果较好；对处于中间状态的情景(4、5、6、7)，则采用"关系导向型"的领导方式效果较好。领导者可在八种不同的情景中寻找自己的位置，并考虑适宜的领导方式。

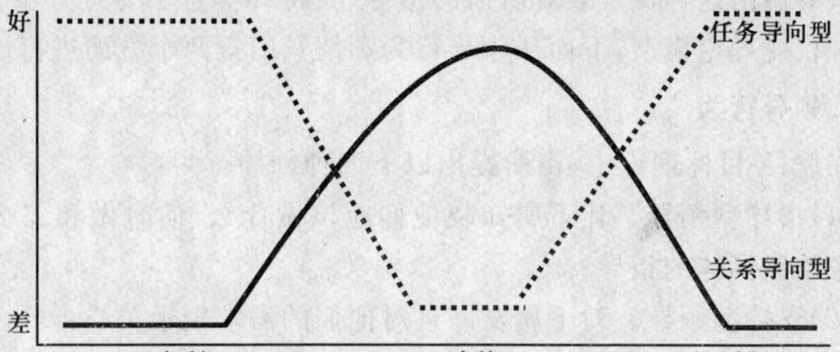

领导者所处的情景环境	有利			中等			不利	
八种情景	1	2	3	4	5	6	7	8
领导与下属的关系	好	好	好	好	差	差	差	差
任务结构	高	高	低	低	高	高	低	低
职位权力	强	弱	强	弱	强	弱	强	弱

图 8-4

根据菲德勒的观点，由于领导风格是和该领导的个性相联系的，所以领导者的风格基本上是固定不变的。当一个领导者的领导风格与情景不相适应时，菲德勒认为解决办法只有两个，即要么改变情景，使之与领导风格相适应；要么更换领导者。例如，当一领导者所处的环境属情景类型 4 的时候，有效的领导方式应是关系导向型，如该领导者风格属任务导向型时，此领导者应改变其情景条件，或者要求适当增强其职权及其他一些手段。总之，此模型有助于领导者认识情景因素的重要性，对领导者在领导行为方式和领导环境的有机结合方面起到指导作用。

8.4.2 途径-目标理论

途径-目标理论(path-goal theory)是由罗伯特·霍斯(Robert House)等提出和发展的，是当前普遍接受的领导权变理论模型之一。该理论提出领导者的主要职能就是帮助下属实现他们的目标，并在下属实现目标的过程中给以必要的指导和支持，以保证个人目标和组织目标的同步实现。途径-目标理论的实质就是一个有效的领导者应给下属指明途径并帮助他们实现工作目标，甚至包括扫清道路中的障碍。

根据途径-目标理论，领导者的行为应受到其组织内成员的欢迎，甚至做到成员把领导者的行为视为他们目前或将来可获得满足的源泉。领导者行为的激励作用应达到如此程度：领导者使下属的要求通过其良好的表现得以满足，并同时为下属提供要做出这种良好表现所需的指导、支持和奖赏。为进一步说明途径-目标理论这种权变理论模型,下面从领导行为和情景因素两个方面进行论述。

1. 领导行为

在途径-目标理论中,霍斯提出以下四种领导行为:

(1)指导型领导。让下属知晓他们应该做什么,何时做和怎么做,并对如何完成任务给以具体的指导;

(2)支持型领导。对下属友好且对他们的需求表示关心;

(3)参与型领导。在做出具体决策前,与组织成员共同磋商并采纳他们的建议;

(4)成就型领导。设置具有挑战性的目标并给以激励,期待下属发挥出最高水平并取得最佳工作绩效。

与费德勒的观点形成鲜明的对比,霍斯认为领导者的领导方式是可变的。换句话说,途径-目标理论认为同一位领导者在不同情形下,可表现出任何一种或者全部以上这些领导风格。

2. 情景因素

途径-目标理论提出两类情景可变因素,并认为采用什么样的领导方式应视情景因素而定。两类情景因素分别是下属的个人特点因素和工作环境中的可变因素。

(1)个人特点

个人特点指涉及下属个性的可变因素,主要包括控制轨迹、个人经验和对事物的感知能力等。控制轨迹指人们对自己的行为所造成的结果的一种认识,即对结果主要受外因还是内因控制的认识。

(2)环境因素

环境因素指非下属可控制的环境可变因素,主要包括任务结构,职权制度以及工作群体的情况。

领导行为方式和情景因素结合的途径-目标理论模型如图 8-5 所示。

这种理论认为下级的特点和环境两个变量决定着领导的方式。下级接受领导方式的程度,取决于这种领导方式能否满足下级的需要。如果下级觉得有能力完成任务,很需要荣誉和交往,他们不喜欢指令性领导方式,就应选择支持性领导方式。如果工作任务是常规性的,目标和达到目标的途径都是一目了然的,在这种环境下,领导人还去发号施令就会引起下级的不满。但是如果工作任务变化性很大,下级经常干些自己不熟悉和没把握的事,这时领导者如能及时告诉他们目标和达到目标的途径,而采用指令性的领导方式,下级会高兴的,因而也是适宜的。

这个理论的核心是:领导者影响着介乎行为与目标之间的途径。领导者是通过规定职位与任务角色,清除实现业绩的障碍,在设置目标方面谋取群体成员的支援，促进群体的内聚力和协作力，增加满足实现个人业绩的机会，减轻压力和外界的控制，使期望目标明确化，以及采取另外一些满足人们期望的措施。

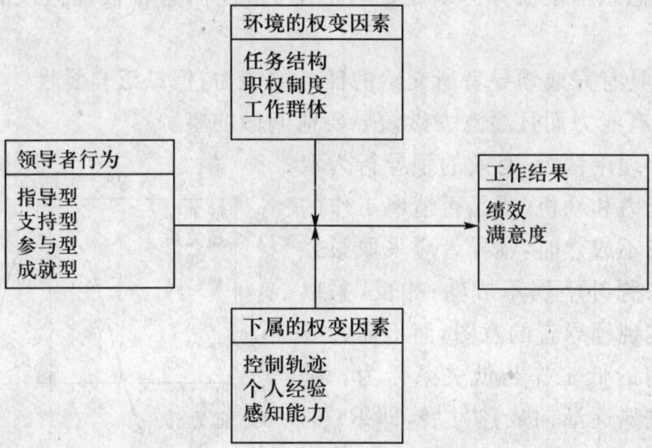

图 8-5

8.4.3 情景领导理论

情景领导理论(situational leadership theory)也称为领导生命周期理论，由卡曼(A. K. Korman)于 1966 年首先提出，其后由何塞(Paul Hersey)和布兰查德(Ken Blanchard)予以发展。该理论在管理学界获得强烈反响，世界财富 500 强的企业中有很多家将该理论模型列入管理人员培训内容，每年有上百万的各行各业的管理者学习该理论的基本内容。

该理论模型和俄亥俄州立大学的领导行为四分图相类似，即把领导者的行为分为工作行为和关系行为两类，但又加上了第三个因素，即下属的成熟度。所以情景领导理论是把研究重点放在下属成熟度上的领导权变理论。这里所谓的成熟度不是用年龄或生理状态来衡量的，而是指心理和工作的成熟度，即指人们对自己的行为承担责任的能力与愿望的大小。心理成熟度与做事的愿望或动机有关，如果一个人能自觉地去做工作，而无须外部的激励，则认为他有较高的心理成熟度。任务成熟度是相对于一个人的知识和技能而言的，若是一个人具有无须别人的指点就能完成其工作的知识、经验和能力，那么他的工作成熟度就高，反之则低。作为领导者可根据下级的不同成熟度来调整自己的领导行为方式，由此可见，该理论就领导者的领导风格的观点与菲德勒的观点不同。

何塞和布兰查德把下属的成熟度自低到高分成四个等级，即不成熟、初步成熟、比较成熟、成熟。分别用 R1、R2、R3 和 R4 表示：

R1：下属缺乏接受和承担任务的能力和愿望，他们既不能胜任工作又不愿接受工作。

R2：下属愿意承担任务但缺乏足够的能力，他们有积极性但没有完成任务所需要的技能。

R3：下属具有完成领导者所交给的任务的能力，但缺乏自觉性。

R4：下属有能力而且愿意去做领导要他们做的事。

情景领导理论认为，有效的领导行为取决于下属的能力和动机（或是否情愿工作的态度），当下属不成熟时，领导者应采取很强的工作行为来弥补下属不成熟；相反，采取让下属自由实现领导者的意图，而不需领导者做多少事情的低工作与低关系行为。随着下属由不成熟逐渐向成熟发展，即 R1 向 R4 发展，领导者的领导方式也应该按照下列顺序逐渐推移：命令式（S1）—指导式（S2）—参与式（S3）—授权式（S4）。这样，领导者的工作行为、关系行为和下属成熟度构成情景领导理论模型（见图 8-6）。

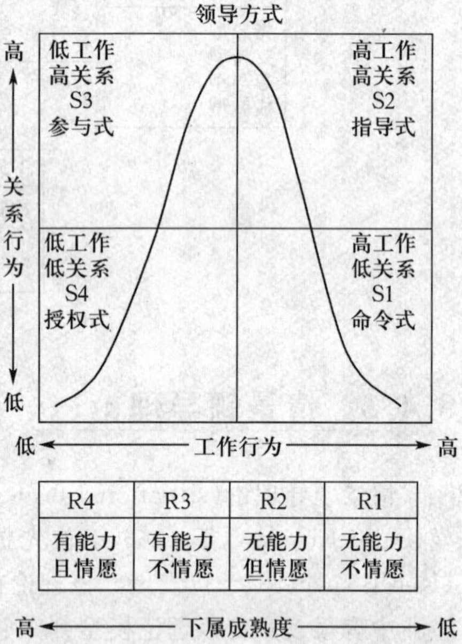

图 8-6

命令式（S1）：在下属不成熟的情况下，采用高工作低关系方式，即领导者给下属进行具体分工并明确命令下属干什么、如何干和何时干等。

指导式（S2）：当下属稍成熟时，采用高工作高关系方式，即决策虽由领导者做出，但在决策下达过程中宜采用说明的方式让下属了解所做出的决策并接受。在决策任务执行中，领导者给予下属指导和帮助，并注意保护和鼓励下属的积极性。

参与式（S3）：当下属较成熟时，采用低工作高关系方式，领导者可以不下达命令，也不加以指点，由下属自己决定和控制整个工作过程，独立地开展工作，但领导者要起到监督的作用。

授权式（S4）：当下属高度成熟时，采用低工作低关系方式，即领导者应充分地授权下属，由下属自己决定何时、何地和如何完成工作任务。

总之，情景领导理论提供了一个有用而易于理解的模型，该理论再次说明了并不存在一种万能的领导方式能适合各种不同的情景，领导者应把组织内的工作行为、关系行为和下属的成熟度结合起来考虑，随着下属成熟度的不同，领导行为也要随之加以调整，才能达到有效的领导。

8.5 领导艺术

8.5.1 决策艺术

领导者在做决策时，除需遵循科学的决策程序外，还必须讲求决策的艺术。

(1)对信息的确认。决策是建立在正确的信息基础之上的，因此在做决策之前，必须注重对信息，尤其是重要信息的确认与去伪存真工作。对信息的确认可以通过咨询、调查、考察等多种渠道来进行。对信息确认的经验也非常重要，平时注重留主去次、去伪存真经验的积累。

(2)广泛征求意见。对决策方案的形成及选择，必须充分征求包括有关专家、相关部门主管人员和群众的意见。这样一来，既可以做到集思广益，群策群力，获得更多的信息、有创意的思路和方案，开阔自己的思路和眼界，使自己考虑问题较为全面与深入，从而使自己所做的决策更为科学与完备，又可以树立自己民主工作作风的形象，此外还有利于上下级统一思想认识，从而使决策方案得以顺利实施。

(3)充分重视反面意见。没有反面意见、一致通过的决策，往往是有问题的决策。“真理有时会掌握在少数人手里”，所以，领导者必须充分重视反面意见。除了在会议上鼓励和支持发表反面意见外，必要时，领导者还可以采用私下个别谈话的方式征求反面意见。

(4)重视经验，又不局限于经验。自己和他人的经验对于处理同类决策问题是十分有益的，经验一般可以作为处理同类决策问题的基础，应该予以充分地借鉴。但经验毕竟是过去的，他人经验的背景与自己所要决策的问题所处的背景多多少少存在着这样或那样的不同。因此，在决策中，既要借鉴有益的经验，又要充分考虑到经验背景的可比性，必须在经验的基础上有所创新，切不可原封不动地套用经验。

(5)决策意向的吹风。领导者在对决策问题有一意向方案时，为了在更大的范围征求意见，或是测试他人对这一意向方案的支持度与承受力，可以采用吹风的方式，发布信息，然后再根据收集到的反馈信息，调整决策方案，或是做出对这一意向方案实施或放弃的决策。

(6)决策方案的试点。对于那些涉及面宽的、争议较大且一时难以把握正确与否的重大问题的决策，可以采用对中选方案小范围试点的方式进行运作。这样做，既可以降低因决策失误带来的风险，又可以为中选方案的修正与大范围的全面实施积累经验。

8.5.2 用人艺术

(1)善于发现人才。不断发现和启用新人是组织保持生机与活力的关键所在。正所谓千里马易找,但是伯乐难寻,在任何组织中都会存在这样或那样的人才,关键是领导者能否做到慧眼识才。领导者要想发现人才,就必须做到深入基层,有针对性地与人接触,深入了解;不偏听偏信对一个人的评价;不以老眼光固定对一个人的看法,即不以一时一事论英雄,对任何人都应持“士别三日,当刮目相看”的观点;在组织中建立岗位竞争机制,营造员工积极向上的气氛,给人才以招聘、毛遂自荐、试用等脱颖而出的机会,所谓“千里马既是识出来的,更是跑出来的”正是这个道理。

(2)用能人,不用完人。金无足赤,人无完人。但凡能人往往会存在这样或那样的毛病与缺点,作为领导者不应求全责备。只要工作需要,这个人具有业务能力与岗位要求的相关能力,具有良好的职业道德,敬业勤业,具有基本的做人品行,领导者就应考虑使用。事实上,在现实中并不存在所谓的完人。当然,当能人的毛病与缺点有碍于工作时,领导者应予以指出,使其收敛或是改正,以有利于其更好地开展工作。

(3)用人所长,避其所短。尺有所短,寸有所长。有的人业务能力强,但有些骄傲;有的人原则性强,办事果断,但与别人的协作能力弱一些;有的人能团结同事,协作能力强,但缺乏主见;有的人组织能力强,但业务能力弱。人才是由其长处所决定的,领导者用人首先要考虑一个人的长处,才可能充分发挥人力资源的效用。“智者取其谋,愚者取其力,勇者取其威,怯者取其慎”是古人对充分发挥人力资源效用的精辟概述。所以在用人中必须注重弃人所短,用人所长,因其材以取之,审其能以任之。

(4)疑人不用,用人不疑。领导者选用人才时,需要对人才加以多方面考核。对于那些能力有限、德行不好、综合素质不高的,自己对其顾虑重重的人选,要果断地不予录用。否则,会一直使领导者分心,最终还有极大可能要为其“收拾残局”,并给工作带来重大损失;而对那些基本条件具备,特长突出的人选,则要大胆地予以录用,授之以权,委之以任,给予充分的信任,使其能够自主地、大胆放手地开展工作。以信任换忠诚是领导者在用人上应铭记的训言。

(5)培养、爱护人才与激励人才。领导者对人才要加强指导与培训,及时指出他们的缺点,以使他们迅速成长起来,胜任工作岗位职务。领导者要积极地为他们开展工作创造有利条件,及时与充分地肯定他们的成绩,并允许他们在工作中犯一些错误,同时还要帮助分析问题的症结、指出前进方向并帮助其树立信心,改正错误。此外，还要通过激励机制的建立与实施，给予成绩突出的人以大力的表彰、物质奖励和晋级提拔，使其更加努力工作，并通过其示范作用，在组织中形成比学赶超、积极向上的氛围，从而使组织充满活力。

(6)尊重人才，但不迁就人才。尊重人才就是指领导者重视和重用人才，尊重人才的人格、工作方式、做事方法、生活方式，给予人才充分的信任。只有尊重人才，才能有效地调动起人才的工作积极性，使上下级之间相互尊重、信任与合作，同心同德、协调一致地做好工作。但尊重人才并不意味着一味地迁就他们的缺点与错误。搞一团和气，只会助长他们的脾气和缺点，使他们积小错为大错，反而对他们有害。因此，从关心与爱护人才的角度出发，领导者对待人才该坚持原则的就要坚持原则，该批评指正的就要批评指正。当然在其过程中更需讲究方式方法。此外，还必须通过岗位竞争机制、培训制度培养，人才后备力量，以保持对在位人才的竞争压力，促使他们积极向上、改正缺点与错误。

(7)用人适度。主要体现在三个方面：一是在工作岗位人员的配置上，同一团队成员的能力需拉开层次，同一层次人才的使用不要集中，不拉开层次，能人就会感到屈才，就会不稳定，同类、同水平的人才集中，会浪费人力资源，增加人力资源的使用成本，还容易因相互的不服气，而产生内耗，反而降低人才使用的效能；二是在工作岗位的人选安排上，要选择最合适的人，而不一定是最优秀的人，最优秀的人的能力水平可能高于该工作岗位的要求，选最优的人，就会造成大材小用、浪费人力资源和人力资源的使用成本，就会使组织的能级层次不合理、不稳定；三是在工作岗位的人员配置与任务安排上，不勉为其难于能力差的人员，那样不仅起不到人才培养作用，还会给工作带来损失。

8.5.3 授权艺术

(1)集权有道。大权独揽，小权分散；统一指挥，分级管理。领导者要掌握对重大问题的决策权，如经营战略、人事、财务的决策权，而将重大问题的执行权和非重大问题的决策权与执行权授予副手或下级部门负责人。如此，才能保证领导者对组织或团队重大问题的控制，才能从繁杂的事务性工作中解脱出来，更有效地履行其应尽的职责。同时，也才能使副手或下级部门负责人具有履行职责所必须的权力和工作的积极性。

(2)分权有序。一是要逐级授权，上级领导只对直接下级授权，而不干扰下级的再授权。二是要考虑到下级的能力，若其能力尚处于成长过程中，就要考虑逐步授权。

(3)授权有章。授权要有规章制度，不得随意授权。所授出的权力的性质与大小要与下级履行职责的性质与范围相称，而且一般要以书面形式加以明确，并当众宣布。

(4)用权有度。对所授出的权力要保持控制，要制订明确的考核办法、报告制度与监控机制，以防止权力授空，或下级滥用职权。对临时性的授权，一当工作事项结束，就应立即收回所授之权。一旦发现下属不合理或滥用职权，就应及时加以指正，必要时则收回所授之权。

(5)信赖有加。“将能而君不御”，将权力授给有能力正确行使权力的人，领导者就应给予下属充分的信任，而不要干预下属在工作中的用权(除了必要的监督与纠偏以外)，要鼓励与支持下属大胆用权，放手开展工作。

(6)授权培训。在授权之前，需对下属进行必要的培训和交代，使他们明确授权的意义和要求，了解自己的目标、职务、责任和权力的具体内容以及它们之间的关系，以便下属明确领导的意图，有效地使用权力。

8.5.4 协调艺术

协调艺术是一门学问，是领导者必须掌握的实用艺术。协调方法和技巧的运用发展到高级阶段，就形成协调艺术。协调的艺术体现归结起来主要有以下几个方面：

(1)虚怀若谷。作为一名领导者，一是不可擅权，不能把领导分工当做个人权力。二是不可傲才，不能自以为是个人能力强才当上领导的，应意识到是集体和组织培养的结果。三是不要“落寡”，要有群体意识，要把协调共进作为领导者必须具备的一项基本素质。虚怀若谷，海纳百川是协调艺术运用的基础。

(2)以诚相待。一要开诚布公，使别人对自己感到可信、可亲。二要替别人着想，多想想上级、同级和下属。三要平等待人，特别是对下属，要平等待人，与人为善，与人为友。

(3)循循善诱。领导者要搞好协调，既要善于改变对方的意见，又要保全对方的面子，实事求是地做好转化工作。也就是说，在改变对方意见的同时，还应采取相应办法表示对对方的肯定与尊重，使之乐于接受协调又不在思想上留后遗症。

(4)刚柔相济。刚柔相济也就是要做到原则性与灵活性的统一。讲究协调艺术，一方面要以柔为主，但另一方面也要讲原则，柔要以刚为基础，刚要寓于柔之中。

(5)朴实无华。协调要注重形式，但不能搞形式主义。它应更注重内容，要实实在在，讲求实效。领导者进行协调时一定要心胸宽，态度好，方法得当，注重实效。

(6)因势利导。因势利导就是要求领导者巧妙地运用智慧，诱发事物内部矛盾及矛盾的各个方面的积极因素，使其作用得到充分发挥；同时，巧妙地抑制、削弱或转换事物内部矛盾及事物各方面的消极因素,使其转化为有利因素,促使事物向好的方向发展。

8.5.5 处事艺术

处理事务是领导者的本职,不同人处事的效果不大相同。有的领导者习惯于事必躬亲,事无巨细,眉毛胡子一把抓。而明智的领导者只抓大事不问琐事,把自己从繁杂琐细的事务中解脱出来,充分表现出处事果断、精明干练的现代领导者气派,上级欣赏,下级敬佩。究其原因,就在于领导者处理事务的艺术水平不同,以下两个方面的要求有助于提高领导者处事的艺术水平。

(1)领导者要干领导者的工作。决断和发动是现代领导者的基本职能和基本原理。把它应用于领导活动的实践,那就是只管两头不管中间,又可叫抓大事不问琐事的领导方法。什么是"只管两头不管中间"呢?根据这一理论,领导者通过信息的输入、输出进行领导,即领导者只给执行部门(下属)输入决策指令,并了解输出情况(执行情况),至于执行部门(下属)如何去执行及其具体执行过程,领导者可以不问。把这一理论应用于领导活动中,领导者必须坚持两个原则:一是领导者要干自己的事;二是不干别人能干的事。

(2)领导者要专心于正业。正业是领导者的主要工作。只有抓住了主要工作,专心于正业,才能使领导步入有条不紊的轨道。虽然领导者每天要面对各种各样的问题,但是只要掌握正确的领导艺术,关键的问题就迎刃而解。第一步,就是把问题找出来,进行分类处理;第二步,运用 A、B、C 分类法,分清问题的轻重缓急。优秀的领导者工作的时候就是抓住关键,掌握重点,集中精力解决重点问题,因而工作效率高,成绩优秀。

本章学习小结

1. 领导是管理活动的一项重要职能,领导的概念中包含了影响力、领导活动过程和实现组织目标三层含义。领导者是领导活动的主体,作为领导者要合理利用领导权力,充分发挥领导者的作用。在正式组织中,期望所有管理者都是领导者,但实际上管理者未必都能成为领导者。

2. 领导理论的研究和发展经历了早期针对领导者的特性进行研究的领导特征理论、领导行为理论到领导权变理论三个阶段,反映出管理学界在领导理论研究方面的成长与发展。在领导行为理论研究方面,通过多种领导行为的概括总结,产生了领导行为连续体、四分图和管理方格等理论。领导行为理论的研究成果对现在或未来的领导者在领导行为方式选择和培养方面都具有积极的指导作用。领导权变理论对领导者根据组织成员和组织环境的变化或不同,审时度势地选择或改变领导方式起到有益的指导作用。

3. 管理是科学,也是一门艺术。领导活动同样也具有科学和艺术二重性特征。要想成为优秀的领导者,开展有效的领导活动,必须理解领导工作的艺术性,并能掌握和运用有关决策、用人、授权、协调和处事等方面的艺术方式。

综合案例

联想集团柳传志的领导艺术

柳传志是中国现代企业制度建设的拓荒者、思想家。他让联想从一家国有小型作坊变成一家具有清晰产权体系、具有卓越品牌价值的公司。他用自己的理念带出了一支优秀的经营管理团队,培养了一批年轻的企业家。柳传志独特的管理才能和领导艺术帮助他完成了联想集团一个又一个前进的目标。他的领导艺术呈现出以下的特质:

1. 理想化影响

作为一个领导者,柳传志能给追随者提供愿景和使命感。他通过以下四个步骤完成了转换型领导的愿景建设:

1984 年,当时典型做生意的办法有三种:一是靠批文,二是拿评价外汇,三是走私。联想属于国企,拿到批文后进口一台 XT 机器能卖 4 万多元。"我们不想这样做","不长本事的事情我们不做"。柳传志立意高远,一心要形成产业,做贸易只是权宜之计。立意高,才可能制订出战略,一步步地按照立意去做,立意低,只能蒙着做,做到什么样就是什么样子。制订战略是领导行为之一,制订战略的主要内容包括确定长远目标,大致分为几个阶段,选什么道路到达,行进中需要不需要调整,沿着既定的方向,不断地达到短期目标,最终达到预期的长期战略目标。

柳传志得知所里有一项技术叫联想汉字系统,发明者就是科学家倪光南,他一腔热血,三顾茅庐,将倪光南请来,进而获取了联想的第一桶金。他的行动和激励始终有办法让下属相信,跟着柳传志干联想一定能成功。这个"信"字很重要。信了,才会一呼百应,团结进取,百折不挠,实现共同愿景的传播。

愿景建设的关键在于激励变革和坚持。在早期和信通(中关村有名的"两通两海")合作之后,联想掌握了关键环节——汉卡的生产和销售,而这时的联想代理的AST PC一个月销售几百台，柳传志决定要自己生产，“因为我们是计算所的人，总觉得我们自己有这个能力做”。而在当年国家取消了高科技产品进口许可制度的大环境下，联想面对业绩下滑，柳传志迅速调整组织结构，将进口和销售两个业务合并到一个部门，组建成电脑事业部，果断地坚持推出自己的产品——国内第一款经济型电脑，创下了一个月内销售5500台的奇迹。印证了拿破仑的名言“英雄只是比别人多勇敢五分钟”。

2. 鼓舞性激励

与追随者交流和对他们的高度期望，使得柳传志能够促使团队成员为群体、组织和社会的利益而放弃他们的个人私利。这样的领导往往不是那种最有魄力的领导，而是那种具备了很好的情商，爱才惜才的，能够在不同的个性层面达到理想的均衡状态的“多元化”管理者。当公司达到一定的规模以后，柳传志认为他应该退到“制片人”的角色，而主持、策划都鼓励由年轻人自己搞。柳传志最想要的人就是一种能做领导或具有领导力的人。在给从柳传志手中接过联想大旗的年轻统帅杨元庆的信中说道：他心目中的年轻的领导核心首先是要有“德”，即忠诚于联想的事业，也就是说个人利益要服从于联想的利益。柳传志有句名言“办公司就是办人”，为了留住联想内部的精英，柳传志非常有创造性的几度分拆，为其追随者创造最合适的平台。

柳传志在决策上也强调集体决策，逐步培养每个人的主人翁意识，事情怎么决定有三个原则：同事提出的想法，柳传志自己想不清楚，在这种情况下，肯定按照人家的想法做；当他和同事都有看法，分不清谁对谁错，发生争执的时候，柳传志采取的办法是，按同事说的做，但是，要把忠告说清楚，最后要划清责任，成败与否要有个总结。第三种情况是，当柳传志把事情想得很清楚，他就坚决地按照所想的做。而第二种情况很重要，不独断专行，尊重他人意见，但是分清职责，从而激发员工对组织的愿景产生承诺，真正成为愿景的一分子。

3. 智慧型激励

智慧型激励包括激励员工变得有创造力和创新性。这种类型的领导支持员工尝试新方法，集思广益，以创新性的方式处理企业问题。

柳传志一贯的作风都是脚踏实地，强调必须把脚下的泥土踩实了再往前跑。同时，他又鼓励年轻人多创新，只有创新，企业才会发展。柳传志知人善用，在面临业绩不佳的情况下，大胆重用29岁的杨元庆出任总经理。上任后，柳传志支持和鼓励杨元庆着手对联想的组织结构、销售模式进行大胆改革，在全国建立起一个完善快速的渠道网络。这一系列的革新措施既应对了危机，又得到了回报。

从长足发展的角度来看，联想激励每一个富有创新精神的员工。在产品研发方面，IT人素来以基于对消费者熟悉的产品进行创新而自豪。联想人也不例外。在联想收购IBM PC事业部之后，一个关键的挑战就是如何既保持Thinkpad的品牌价值，又在此基础上不断创新与提升。为了吸引年轻客户，柳传志接受并尊重事业部提出的对联想用户提供红色和黑色两种选择，对Thinkpad形象做出大胆突破，这一小动作也足以证明一个开明的企业领导对员工的创新的重视。

联想无论是做业务还是做事的时候，特别注重"带人"。柳传志的做事风格被外界称为"发动机文化"。就是他作为联想的一把手，是一个大发动机，他希望把副手们(各个子公司和主要部门的负责人)都培养成同步的小发动机，而不是齿轮。建立一个好的班子，有一套制订正确战略的方法，有一支坚强的能征善战的队伍，这就是我们常说的管理的三个要素。在柳传志总结出的管理三要素"建班子、订战略、带队伍"中，"带队伍"就充分体现了智慧型激励的实质。带队伍要做好三件事：一是赋予员工更具创新性的使命，使追随者倍感组织对其的信任和期望，发挥其潜力。二是提高员工的能力，可以通过各种方式，如在岗培训，甚至离职学习。柳传志要求领军人物德才兼备，"才"就是要求是个学习型的人，要善于总结，善于把理论的东西拿去实践，善于把实践加以总结。三是使机器有序、协调、效率高。

4. 个体化关怀

柳传志堪称中国企业家中的教父级人物，他不仅缔造了PC行业的传奇，更以知人善用、胸怀宽广的智慧而为人楷模。他把员工分为三个层面：普通员工应该要有责任心；到了中高层这个层面，要求还要有上进心；到了最高层，提出要有事业心。对于不同层面的员工，柳传志给予或是高关怀或是高指导。在业内，柳传志对爱将杨元庆、郭为的提携被传为佳话。1997年，执掌联想科技、在香港扭亏一战中立下战功的郭为，开始与北京联想崛起的杨元庆，为了市场份额而窝里斗。柳传志经过再三考虑，想到"分拆"是最好的方法。指导杨元庆和郭为分别掌控联想电脑和神州数码，充分体现柳传志惜才爱才，及其作为一个领导者的职责是引导而非运营的授权理念。

作为中国企业的教父级人物，柳传志可以说是具有转换型领导风格的。虽然对他的一些做法，业内人士褒贬不一，如联想分拆是为了解决人事争端，事后证明这种分拆造成了内耗；又如联想在IT业陷入低潮时，开始了多元化投资，其赖以成名的PC领域也增长乏力，并采取快刀斩乱麻的大裁员，影响了品牌。但总地来说，柳传志在处理企业问题时，不仅仅是从经营的角度去考虑，而更多地体现一种政治谋略。柳传志的领导艺术同时也证明了中式的管理智慧融入领导行为学中具有科学依据的转换型领导模式是可行的。

（资料来源：http://www.cs360.cn/dbnews/2116346.html）

问题

1. 你如何评价柳传志的领导方式和艺术？它对联想集团的发展起了什么作用？

2. 作为公司的高层领导者，应该具备哪些素质？

自测题

一、单项选择题

1. 领导行为连续体理论指出：有效的领导方式应是（ ）。

A. 独裁式　　B. 民主式　　C. 放任式

D. 根据领导者、下属、处境不同灵活运用各种方式

2. 根据情景领导理论，领导风格随着下属成熟度的不同而不同。对于高度成熟的下属，应采取（ ）的领导风格。

A. 高工作，高关系　B. 低工作，低关系　C. 高工作，低关系　D. 低工作，高关系

3. 根据管理方格图，最理想的领导风格为（ ）。

A. 血汗工厂型　　B. 乡村俱乐部型　　C. 团队型　　D. 贫乏型

4. 任务导向型领导行为在下述因素中最关心的是（ ）。

A. 下属的意见、感情　　B. 职工满意程度

C. 工作群体的团结　　D. 下属执行情况

5. 随着下属人员的成熟度由较低转为较高，管理者的领导风格以及其他相关的管理措施应作以下哪一种调整？（ ）

A. 管理者可以赋予下属自主决策和行动的权力，管理者本人只起监督作用。

B. 管理者应通过双向沟通方式与下属交流，对下属工作给予更多的支持而不是直接指示。

C. 管理者应改进沟通以便更加有效地指导和推进下属的工作。

D. 管理者应采取单向沟通方式进一步加强对下属工作的检查、监督，使他们继续发展。

6.（ ）是指组织内部各领导职位所固有的合法的、正式的权力。

A. 专家权　　B. 奖赏权　　C. 法定权　　D. 强制权

7. 以下关于权力的表述不正确的是（　）。

A. 权力关系存在于人与人的关系中，但这种关系是不平等的

B. 权力关系不是管理-服从关系

C. 权力是一种支配力或影响力

D. 权力具有强制性

二、多项选择题

1. 领导的非职位权力有（　）。

A. 惩罚权　　B. 奖赏权　　C. 法定权

D. 专长权　　E. 感召权

2. 非德勒模型中的三种权变因素是指（　）。

A. 领导行为　　B. 上下级关系　　C. 任务结构

D. 下属成熟度　　E. 职位权力

3. 以下属于领导权变理论的是（　）。

A. 领导系统模式　　B. 管理方格理论　　C. 非德勒模型

D. 途径-目标理论　　E. 情景领导理论

4. 情景领导理论认为，根据被领导者成熟程度的不同，可以采取的领导方式有（　）。

A. 命令式　　B. 指导式　　C. 参与式

D. 民主式　　E. 授权式

5. 以下哪些是管理方格理论中主要的领导类型？（　）

A. 任务型　　B. 乡村俱乐部型　　C. 折中型

D. 团队型　　E. 贫乏型

三、判断题

1. 管理者就是领导者，领导者就是管理者。（　）

2. 领导必须有追随者，没有追随者的领导就不能称其为领导。（　）

3. 管理方格图理论由美国著名行为科学家布莱克和莫顿提出，根据该理论，如果管理者对职工、生产都极为关心，努力使员工的个人目标与组织目标最有效地结合，建立个人与组织命运共同体的领导方式属于折中型管理。（　）

4. 领导行为四分图是俄亥俄州立大学的研究者提出的关于领导行为理论，该理论认为可以从“抓组织”和“关心人”两个方面将领导行为分为“低组织，高关心人”，“高组织，高关心人”，“低组织，低关心人”，“高组织，低关心人”四种类型，并且认为只有最后一种领导行为能够取得高绩效。（　）

5.根据途径目标理论，如果下级有能力完成任务，需要荣誉和交往，则采用支持型领导方式。（　）

6.能力强的人，工作成绩一定会好。（　）

7.奖赏权力是指提供奖金、提薪、升职、赞扬、安排理想工作和给予下属其他任何令人愉悦的东西的权力。（　）

四、简答题

1.领导的概念包含哪几层含义？

2.简述领导和管理有哪些不同？

3.简述领导行为四分图理论。

4.简述领导行为四分图的基本内容。

5.简述管理方格理论的基本内容。

五、论述题

1.试述领导权力的构成。

2.试述领导生命周期理论的主要内容。

激　励

第 9 章

引导案例

一切悲剧都源于不当激励

2005 年诺贝尔经济学奖获得者罗伯特·奥曼认为，企业管理中很重要的一点便是向人们提供正确的激励机制。他认为股票期权并不是对高管最好的激励方式，因为经理人为了让股票价格能涨上去，会采取一些冒险行动，做出一些高风险的投资。如果股价上涨，他们可以兑现股票期权；如果股票下跌，他们也不在乎，因为他们什么都没失去。所以股票期权其实是鼓励经理人去冒险。在奥曼看来，一切悲剧都源于不当的激励，比如金融危机是因为各国错误的经济刺激政策所致，目前人类对自然界的严重破坏也是因为不当的激励机制所驱使。他认为，只有提供合适的激励机制，才能驱动人们在满足自己需求的同时，去做正当的事情。

（资源来源：刘雪慰. 一切悲剧都源于不当激励. 商业评论网 ，2013－2－20。http://www.ceconline.com/hr/ma/8800066208/01/）

激励是管理活动过程中不可或缺的环节，是管理者经常运用的管理手段与艺术技巧。管理者对完成组织任务负有直接责任，但个人却无法把一切工作都承担下来，并将其做好。所以管理者必须依靠其下属人员，借助于下属的努力来完成组织任务，实现组织目标。怎样才能调动下属完成任务的主动性与积极性呢？激励是解决该问题的有效办法之一。激励的方法有很多，但同一种方法不会对所有的人有效，只有遵循激励的相应原则，才能产生良好的效果。

9.1 激励的本质

9.1.1 需要与激励

1. 需要

人的一切行为表现都是由需要引起的。需要指人对事物渴求的心理活动状态。人如果有某种需要而未能满足时,就会产生欲望,欲望会使人处在一种不安或紧张状态之中,从而形成驱使人们做满足需要的事情的动机。动机产生后,人们就会寻找、选择能够满足需要的途径,并采取相应的行为活动。如果活动结果未能使需要得到满足,人们会重新努力,如采取新的行为,或降低目标要求,或变更目标从事别的活动。若活动结果使需要得到满足,人们会被自己的成功所鼓舞,并产生新的需要,进行新的活动。因此,从需要的产生到目标的实现,是一个周而复始的心理与行为的循环活动过程(见图 9-1),需要的内容和层次随着循环而变化和提升。可见,需要是人产生动机和采取行为的原动力。

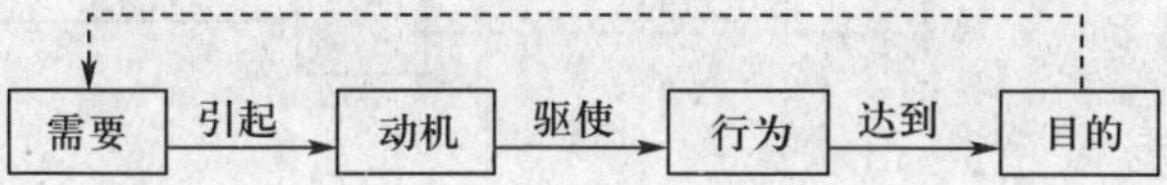

图 9-1

形成一种需要必须具备两个条件:一是人们感到缺乏什么,有不足之感,这种不足之感常由环境激发而产生;二是人们对缺乏的东西往往有一种得到的渴望,从而诱导人们形成需要的心理。认识到缺乏,但不渴望,也难以产生对这种东西的需求心理。

作为管理者应该掌握需要、动机和行为的关系,研究人的需要,以便采取合理的管理措施,把组织目标和个体的需要结合起来,制订出激励性工作目标与计划,满足员工的需要,激发员工的工作动机,控制和引导员工的行为与实现组织目标保持一致。

2. 激励

激励是建立在需要基础上的管理活动。激励指通过满足组织成员的需要,使他们情愿为有效实现组织目标而努力的活动过程。简言之,激励就是调动人们积极性的活动过程。

激励的概念中有几点需要加以强调:一是激励手段是广义的,包括如奖惩、改善工作环境与条件等;二是组织成员的需要与愿望也是广义的,并不只局限在只和工作相关的方面，或者说只要有利于组织目标实现的需要和愿望都包括在内；三是制订组织目标时就要考虑激励因素的作用，即组织成员在实现组织目标的同时，也在实现个人目标；四是激励作为一项管理活动，在空间和时间上应有全面性和持续性。

9.1.2 激励过程

激励过程从刺激需要产生的内外诱因开始，使人产生需要。当一种需要未能得到满足时，就会产生一种紧张与不安的心理状态，这种紧张和不安成为一种内在的驱动力，促使个体产生心理冲动，这即是心理学上的动机。有了动机后就会激发人的具体的行为。需要满足后，紧张与不安的心理状态就会消除，这时人又会产生新的需要。这样循环往复，使人不断地产生新的需要并向新的目标前进，便是激励过程。激励过程模型见图 9-2。

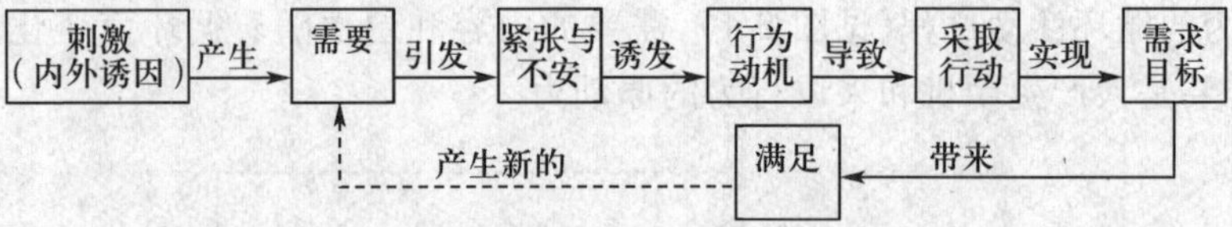

图 9-2

从激励过程看，在管理活动过程中利用激励应注意以下几个方面：

(1)激励过程是一个循环过程。在循环过程中，如果行为的结果与期望的目标一致，就会产生一种满足感，从而产生新的需求。如果行为未能满足目标期望，行为者就会受到挫折，其反应通常有两种：一是调整目标；二是调整行为。在较低的程度上获得满足，然后产生新的需要。

(2)激励过程是一种典型的管理艺术的体现。在组织行为中，这样的情形是十分常见的：行为相同，动机不同；或行为不同，动机却相同。相同的动机，由于在寻找方法上的差异，会造成行为上的不一致，有的人可能采取这种行为，另一些人可能采取那种行为。反过来，相同的行为也可能是由于不同的动机造成的。这些都说明，调动人的积极性的激励，对不同的人、不同的情况，应当运用不同的方法。因此，不存在对任何人都适用的激励模式。

(3)激励人的因素是多种多样的，它们可以是较高的报酬、一项荣誉头衔、领导人的一番鼓励、同伴的欢呼或喝彩、老师的肯定和表扬，及其他许多使人情愿做事的因素。

9.1.3 激励的作用

激励的利用和组织的绩效密切相关,在组织行为学中有这么一个公式:

绩效=f(能力,激励,环境)

该公式说明,组织的绩效本质上取决于组织成员的能力、被激励情形和工作环境条件。人们要有效地工作,先得明白如何做该项工作(能力),并要有工作的意愿,即要做该工作(激励),还必须有从事该工作所需的材料、工具、适当的环境。如果缺少这些要素,或这些要素不充分,就不可能使人们取得有效的业绩。一个管理者如果拥有能力很强的下属,并为他们提供了最好的工具和环境,但是对这些下属如不加以激励的话,他们可能也不会有出色的表现。

9.2 内容型激励理论

内容型激励理论是注重对激励因素的具体内容进行分析、研究,以此来探讨激励因素的理论。

9.2.1 需要层次理论

人类的需要是多种多样的,不同人的需求模式或结构也不尽相同。心理学家亚伯拉罕·马斯洛(A. Maslow)设计了一个为多数人所公认的需要层次理论模型(hierarchy of needs theory)(见图 9-3)。

图 9-3 需要层次图

马斯洛认为人类有五类最基本的需要,按需要应满足的先后次序分别为生理需要、安全需要、社会需要(也称归属需要或爱的需要)、尊重需要和自我实现需要。这些需要互相联系,并按重要性和先后次序排列成一个需要层次体系。人类因需要未满足而被激发动机或影响行为。当个人较低层次的需要被相对满足后,其激发动机的作用也随之减弱或消失,而更高层次的需要就成为新的激励因素。

马斯洛还认为,人的需要可按等级层次向上或向下移动,当某个层次的需要失去满足时，可使这层需要恢复激励作用。例如，当安全需要不能得到满足时，对高层次的需要就会变弱甚至失去。

马斯洛的理论之所以被广为传播，并为许多管理学者引用，是因为他清楚地揭示并提出了以下四点基本假设：①已被满足的需要，不再具有激励行为的能力；②人类的需要会随经济条件的变化而改变，且大多数人的需要是很复杂的，在任何时刻都有许多需要影响着每个人的行为；③满足高层次需要比满足低层次需要的途径更多。

但是，研究也表明，马斯洛的理论也存在某些不足：①对需要的五个层次的划分似乎过于机械；②许多行为的后果可能与满足一种以上的需要有关，如适当的薪酬不仅仅能满足生理和安全的需要，也能满足自尊的需要；③一个人的自我观感会影响需要层次体系对个人动机的激励力，有人满足了低层次的需要后，不一定就会对高层次的需要有所渴求。

9.2.2 阿尔德弗的ERG理论

在马斯洛提出需要层次理论后，耶鲁大学的著名学者阿尔德弗(C. Alderfer)又提出了另一种需要层次论，该理论是对马斯洛理论进行改进后的产物，即生存(Existence)、关系(Relatedness)和成长(Growth)理论，简称ERG理论。

该理论把马斯洛的需要层次压缩为三个层次(见表9-1)：

表9-1　　阿尔德弗的ERG理论

	需要	描述	管理者如何帮助人们在工作中满足需要
最高层次需要 ↑	成长需要	自我发展，创造性的和多产的工作的需要	允许人们不断的提高技术和能力，让他们从事有意义的工作
	关系需要	有好的人际关系，分享想法和感觉，双边的公开交流的需要	改善人际关系和提供准确的信息反馈
最低层次需要	生存需要	基本的需要，如食物、水、衣服、住所、可靠和安全的环境	给予足够的薪酬，能满足人们的基本生活，提供安全的工作环境

当一个人的低层次需要被满足，就会被激励去满足高层次的需要。当一个人不能满足高层次需要(或受阻)，就会被激励增加满足低层次需要。

(1)生存需要。生存需要包括一切物质和生理上的欲望，如衣、食、住、行和安全需要等。它和马斯洛理论中的生理和安全需要相对应。

(2)关系需要。关系需要主要强调了人们和社会环境的联系，即人际关系的需要。它包含了马斯洛理论中的社会需要和赢得他人尊重的需要；

(3)成长需要。成长需要是最高层次的需要，是成长与完善的需要。成长需要主要指所有努力改善自身及环境的需要，它包括了尊重需要和自我实现需要。这些需要不仅有先天因素，也有后天因素。

阿尔德弗与马斯洛的理论不同点在于：

(1)ERG 理论不强调层次顺序，认为多种需要可同时发挥作用，而且一种需要得到满足后，既可能进展到更高的需要，也可能没有；

(2)ERG 理论认为较高层次需要受挫后可能后退，而更关心较低层的需要；

(3)ERG 理论认为较高层次的需要并不是与生俱来的，而是要通过后天的学习和培养之后才会产生。

对照马斯洛的理论，ERG 理论的研究并没有提出特别的观点。然而，管理者可以从 ERG 理论得到与马斯洛理论一样重要的信息，即知道你的下属在工作中所要满足的需要，并且明确当员工高效工作，并为有效实现组织目标作出贡献后，所得到的报酬是否满足他们的需要。

9.2.3　双因素理论

弗雷德里克·赫茨伯格(Frederick Herzberg)的双因素理论(motivation-hygiene theory)是在对众多被调查者的工作进行询问的回答中得来的，当被问及“什么激励他们”时，他们趋向于回答与工作本身属性相关的事情，赫茨伯格称之为激励因素。当被问及“什么使他们厌烦”时，他们更多地趋向于回答与他们工作的设定相关的事情，赫茨伯格称之为保健因素。如图 9-4 所示，根据赫茨伯格的双因素理论，人们有两方面的需要，即激励需要和保健需要。激励需要与工作本身的性质和挑战性有关，像有趣的工作、自主权、责任，能在工作中成长和发展，成就感等能帮助满足激励的需要。为了有很高的激励程度和创建满意的工作场所，赫茨伯格建议管理者应采取措施确保员工的激励需要被满足。

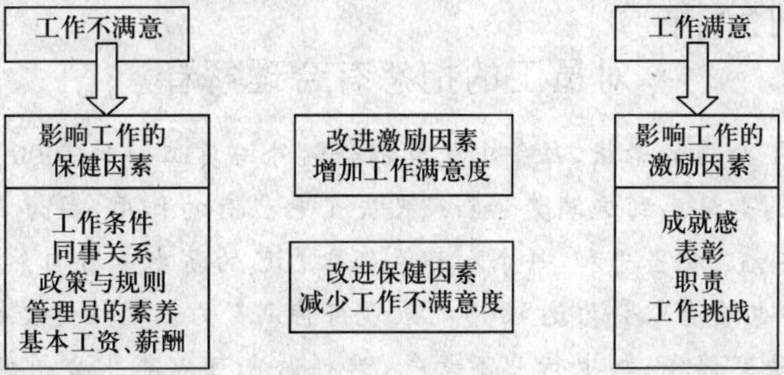

图 9-4　双因素理论

赫茨伯格的调查得出与传统观点不同的结论，即满意的对立面不是不满意，其原因是从工作中去掉不满意的因素后，并不一定使工作人员感到满意。因此，赫茨伯格就激励因素提出“满意”的对立面是“没有满意”；而对保健因素来讲，“不满意”的对立面是“没有不满意”。赫茨伯格的观点与传统观点的关系见图 9-5。

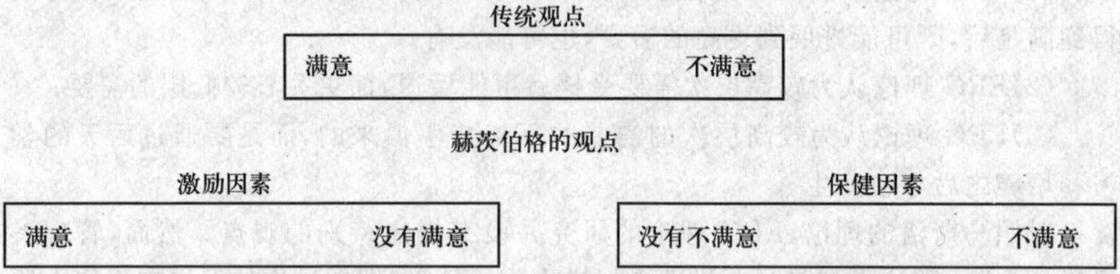

图 9-5

保健需要与所做工作的自然和心理环境有关。保健需要通过报酬来满足，如使人高兴和舒服的工作条件、工资、工作安全、很好的人际关系、有效的监督等。根据赫茨伯格的理论，当保健需要没有被满足时，员工会感到不满意；当保健需要被满足时，员工不会感到不满意。然而，满足保健需要不一定会产生很高程度的激励作用或很高的工作满意度。为了使激励作用和工作满意度高，激励因素的需要必须得到满足。

经调查研究，赫茨伯格的理论没有得到完全支持。虽然如此，赫茨伯格的理论对我们理解激励至少有两方面贡献。第一，赫茨伯格帮助研究者和管理者把重点放在内在激励（激励因素）和外在需要（保健因素）的重要区分上。第二，他的理论给了研究者和管理者一些提示，就是如何设计或重新设计工作以使它们成为内在的激励。

案例分析

对员工的抱怨有合理解释

一家 IT 公司的老板，每年中秋节都会额外给员工一笔 1000 元的奖金，但几年下来，老板感到这笔奖金已经丧失了它应有的作用，因为员工在领取奖金的时候反应相当平和，每个人都像领取自己的薪水一样自然，并且在随后的工作中也没有人会为这 1000 元表现得特别努力。既然奖金起不到激励作用，老板决定停发，加上行业不景气，这样做也可以减少公司的一部分开支。但停发的结果却大大出乎意料，公司上下几乎每一个人都抱怨老板的决定，有些员工明显情绪低落，工作效率也受到不同程度的影响。

老板很困惑：为什么有奖金的时候，没有人会为此在工作上表现得积极主动，而取消奖金后，大家都不约而同地指责抱怨甚至消极怠工呢？

（资料来源：人力资源开发与管理，2004.2）

分析 老板在中秋节给员工发1000元奖金，只是消除了员工在收入上的不满意因素，达到了没有不满意的状态，但并没有使员工对收入感到满意，为了维护这种满意而去努力工作。该奖金只是保健因素，不是激励因素，所以当有时激励效果不明显，但没有时员工普遍不满意。

9.2.4 成就需要理论

大卫麦克利兰(David McClelland)在成就导向的研究中提出成就需要的概念，并由此形成成就需要理论。该理论提出了三个需要，并认为这三种需要是管理活动中的主要激励因素。三种需要包括对成就需要(need for achievement)，对权力需要(need for power)和对社交需要(need for affiliation)。成就需要(nAch)指根据一套标准追求卓越，努力争取成功的内驱力；权力需要(nPow)指影响别人行为的欲望。社交需要(nAff)指与其他人保持友好和亲密的关系的愿望。

麦克利兰认为，具有强烈成就需要的人渴望将事情做得更加完美，相信自己的能力，敢于做出决断，愿意承担责任，希望通过自己的努力获得成功，寻求能发挥独立处理问题能力的工作环境；他们对工作的结果非常关注，希望立即得到信息反馈，以便了解工作的成效；倾向于设定与自己能力相当的、中等难度的目标，对风险采取了一种现实主义的态度。

权力的需要者热衷于"承担责任"，喜欢竞争性强和存在地位取向的工作环境，希望影响他人，控制向下、向上的信息渠道，以便施加影响力，掌握权力，他们对政治感兴趣，而不像成就需要的人那样关心改进自己的工作。

社交的需要者寻求的是被他人喜爱和接纳，他们渴望友谊，喜欢合作，并希望彼此之间能沟通与理解。

麦克利兰指出，人的成就需要可以通过后天培养而得到加强，成就需要可以创造出富有创业精神的人物，他们会促进社会经济的发展，因此全社会都应当认识到这一问题的重要性，鼓励人们努力建功立业，取得成就。成就需要和权力需要都会使人们有杰出的表现，但二者还是有区别的。在成就需要的人当中，很少产生率领众人前进的领导者，原因非常简单：成就需要强烈的人习惯于独自解决问题，无须他人。一个成就需要的人,未必能领导企业取得成就,因为经理的责任是激励众人取得成功,而不是只顾自己的工作成就。激发他人的成就感,需要有完全不同的动机和技巧。如果说成就需要对应着创业精神,那么权力需要就对应着各种领导,因为领导者的首要任务是影响别人,对权力的需要显然是他们的主要性格特征之一。

麦克利兰的理论是对马斯洛理论的重要发展和补充,对指导组织的激励工作更具有现实的意义。

9.3 过程型激励理论

过程型激励理论主要是对需要和结果之间的心理活动过程进行研究,并提出各种不同的激励理论。这类理论探讨组织成员面对奖酬如何决定付出努力的程度,组织成员如何对奖酬进行评估、选择自己的行为、决定行为方向等。

9.3.1 期望理论

20 世纪 60 年代维克托·弗鲁姆(Victor Vroom)提出激励的期望理论,至今该理论被认为是较为完善且被广泛接受的员工激励理论。该理论认为当员工知道高度的努力能够取得高绩效并会取得所需报酬时,这时的激励程度就很高。该理论可用下述公式表示:

$$M = V \times E \times A$$

式中 M—— 激发力量,指激发出人们内在潜力的强度;

V—— 目标效价,指达到目标后对个人需要的满足程度或回报大小的价值判断;

E—— 期望值,指达到目标结果可能性的大小,一般用概率表示;

A—— 吸引力。

吸引力指组织报酬对个人努力、取得绩效和达到目标的吸引程度,吸引力是组织报酬和个人目标间的维系。

在期望理论中,期望、效价和吸引力既是个人努力、个人绩效、组织报酬、个人目标之间的维系(见图 9-6),又是期望理论中的三个可变因素,其内涵和意义如下:

图 9-6

1. 期望

期望指个人预计经自己付出某种程度的努力后，将会得到一定结果的可能性。可能性的大小即期望值。

期望在个人努力与个人绩效之间起到维系作用。人总是希望通过一定的努力能够达到预期目标，如果个人主观认为通过自己的努力达到预期目标的可能性较大，就会充满信心，因此而激发出很强的工作力量。如果目标实现的难度很大，认为通过努力达到预期目标的可能性很小或没有可能，激发的工作力量就会弱或没有。

假如组织里的成员认为他们做的努力越多将会产生越高的绩效，那么他们受到的激励程度就越高，就会更好地做工作。可见，为了让人们受到激励的程度高，期望值必须也高。因此，在实施激励时，管理者一定要让下属相信如果他们努力工作，就会取得绩效并实现期望目标。除了给下属自信外，管理者还可通过培训等方式提高下属的工作能力与专业技能，以此来提高下属的自信心。

2. 效价

效价指对取得绩效的回报的价值判断。人取得成绩后总是希望得到回报，效价就是个人绩效和组织报酬之间的维系。

在组织内成员要做事情时，尽管拥有高的期望值是很重要的，但效价的激励作用同样重要。期望理论也承认人们对报酬的喜好是不一样的，对于许多人来说，薪酬是工作最重要的报酬，可对另一部分人来说，成就感或对工作的喜爱比薪酬更重要。管理者选择什么样的报酬对下属的激励效价更高呢？一般应根据组织成员的需求确定，并确保下属高绩效的工作能得到所需的报酬。

3. 吸引力

根据期望理论，假如下属经过努力取得高绩效并能得到相应的报酬，如薪酬、工作保险、有趣的工作安排、奖金或得到成就感等，此时的激励就有吸引力，他们就会更高效的工作。换言之，要想提高下属受激励的程度，必须提高激励措施的吸引力，即一定要人们感到如果工作绩效高，就会得到相应的报酬。

当管理者清楚地把个人绩效和所需要的报酬联系起来时，激励就具备了吸引力。但是，管理者必须清楚地把这种联系传达给下属，并确保组织按成员的绩效对报酬进行分配。这样，管理者才能提高吸引力和激励程度。

4. 期望理论的启示

根据期望理论，受激励的程度高低是由期望值、效价和吸引力决定的(见图12-7)。如果期望值、效价和吸引力中任何一个因素低，激励措施的激励作用程度就低。无论报酬与绩效联系多么密切，如果一个人认为实际工作是不可能高绩效完成的，那么工作的激励性就会降低。同样，如果一个人认为报酬与绩效没有联系，或一个人不需要的报酬与绩效相联系，那么工作的激励性也会很低。

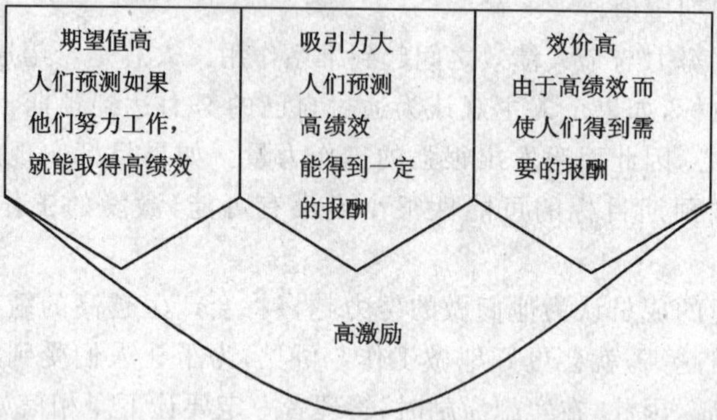

图 9-7

期望理论对管理活动过程中实施激励提供如下有益的启示：

(1)管理者不要泛泛地抓一般的激励措施，而应当抓组织中多数成员认为效价较高的激励措施。

(2)设置激励目标时，应尽可能加大激励目标效价的综合值。如每月的生产任务目标完成情况不仅和当月奖金挂钩，而且和年终奖、调整工资、先进工作者称号等相联系。

(3)适度加大不同人之间的实际所得效价的差值，及组织期望行为与非期望行为之间的效价差值。如平均分配奖金和按工作业绩区分奖金等级的激励效果是不同的。又如奖惩的激励作用，有奖有罚和只奖不惩的激励效果也大不一样。

(4)合理控制期望概率和实际概率。当一个人的期望概率远大于实际情况时，容易出现事与愿违的结果，会对人的进取心理产生打击；期望概率小于实际情况时，会减小目标的激励作用和吸引力，容易使人放弃。期望概率并不完全由个人决定，它与组织设置的激励目标实现的实际概率相关。一般，实际概率应使大多数人受益，即实际概率大于平均的个人期望概率。实际概率的制订要和激励的效价相适应，效价高，实际概率可适度小些，而效价低，实际概率可大些。

9.3.2 公平理论

公平理论是由美国心理学家亚当斯(J. S. Adams)在 20 世纪 60 年代提出的，也称社会比较理论，主要讨论报酬的公平性对人们积极性的影响。公平理论认为，当一个人做出成绩并取得报酬后，他不仅关心自己所得的绝对报酬，而且还关心自己所得报酬的相对量。因此，在激励过程中，不同的被激励者之间常常会自觉或不自觉地把自己工作中所付出的代价与自己所得到的报酬同别人进行比较，特别是把报酬与投入的比率和具有可比性的参照对象的报酬与投入比率进行比较。人们通常期望在自己与别人付出同样代价的情况下，也能得到与别人同样的报酬，这种比较常常影响人们的工作积极性。这种比较用公式表述为

$$\frac{\text{报酬(自己)}}{\text{投入}}=\frac{\text{报酬(他人)}}{\text{投入}}$$

1. 公平

公平指一个人认为他的报酬与投入比率与参照对象的报酬与投入比率相等。在这种条件下(见表 9-2)，即使参照对象所得到的报酬比你得到的多，但由于参照对象对组织的投入也多，所以是公平的。同样，在公平的条件下，如果你得到的报酬比参照对象的多，那么你的投入也应该多。

当公平存在时，人们为了能得到现有水平的报酬，就会受到激励并继续保持对组织的现有水平投入。如果人们希望在公平条件下增加他们的报酬，他们就会受到激励从而增加他们的投入。

2. 不公平

不公平指人们认为自己的报酬与投入比率与参照对象的不相等。不公平能使人们内心产生压力和紧张，并激励他们使两个比率回到平衡状态，从而重新产生公平。

有两种类型的不公平，包括报酬过低的不公平和报酬过高的不公平(见表12-2)。报酬过低的不公平是指一个人认为自己的报酬与投入比率小于参照对象的报酬与投入比率，就是在把自己与参照对象比较后，认为自己的投入没有得到应该得到的报酬。报酬过高的不公平是指一个人认为自己的报酬与投入比率大于参照对象的报酬与投入比率，就是把自己与参照对象比较后，认为在投入相同的情况下，自己的报酬比参照对象得到的报酬多。

表 9-2　员工公平判断表

所得报酬比较	员工 A 的判断
$\frac{\text{报酬 A}}{\text{投入 A}}<\frac{\text{报酬 B}}{\text{投入 B}}$	不公平。假如 A 与 B 的投入相同，但 A 的报酬低于 B 的报酬，此种不公平为报酬过低
$\frac{\text{报酬 A}}{\text{投入 A}}=\frac{\text{报酬 B}}{\text{投入 B}}$	公平
$\frac{\text{报酬 A}}{\text{投入 A}}>\frac{\text{报酬 B}}{\text{投入 B}}$	不公平。假如 A 与 B 的投入相同，但 A 的报酬高于 B 的报酬，此种不公平为报酬过高

注：A 是判断激励公平与否的员工，B 是参照对象

3. 重新回到公平的方法

根据公平理论，由报酬过低的不公平或报酬过高的不公平产生的紧张感能激励大多数人把比率调整到平衡状态而重新产生公平。当感到报酬过低的不公平时，人们可能通过减少工作时间，减少在工作上的努力或缺席等来减少投入，以达到公平；或者通过要求组织提高自己的报酬来实现公平。当感到报酬过高的不公平时，他们可能通过改变对自己的看法或改变对参照对象的投入和报酬的看法，而重新回到公平。如通过认为参照对象的投入比原来认为的少，或者认为自己的投入比原来认为的要多来重新回到公平。当用这种方法回到公平时，实际的投入和报酬没有改变，改变的是人们对自己或参照对象的投入和报酬的想法和看法。

体会到报酬过高或报酬过低的不公平后，也可以认为所选的参照对象不合适，再选更合适的参照对象进行比较使进而比率重新回到平衡状态。当人们有报酬过低的不公平感，而各种可利用的能回到公平的方法又不见效时，他们就会通过离开所在组织来寻求公平。

4. 公平理论的启示

影响激励效果的不仅有报酬多少的绝对值，还有报酬的相对值。当组织中认为被公平对待的人越多时，报酬的激励程度就越高。因此，组织中贡献大、绩效高的人会继续保持投入或加大投入，因为他们知道会得到应该得到的报酬。贡献少、绩效低的人如果想要增加报酬，他们就得增加投入。可见，在激励时要力求客观公正。

9.3.3 目标设置理论

人类行为的重要特点是具有目的性。与绩效有关的工作行为最直接的前提就是组织成员的各种绩效目标。研究表明，目标的设置对绩效有显著的影响。1968年，美国的洛克(E. A. Locke)提出了理解目标设置效果的理论框架，通常称之为目标设置理论。

目标设置理论认为目标是行为的最直接动机，设置合适的目标会使人产生想达到目标的成就需要，因而对人有强烈的激励作用。

洛克等人提出，任何目标都可以从三个维度来分析：一是目标的具体性，也即能精确观察和测量的程度；二是目标的难度，也即实现目标的难易程度；三是目标的可接受性，指人们接受和承诺目标和任务指标的程度。大量的研究表明，从激励的效果或工作行为的结果来看，有目标的任务比没有目标的任务好，有具体内容的目标比空泛的、抽象的目标好，难度较高但又能被执行者接受的目标比没有困难的目标好。合适的目标所具有的激励作用较大。

目标设置理论是过程型激励理论中比较重要的理论。其贡献在于:它认为设置合适的目标是管理情景中最直接有效的激励方法和技术。它还告诉组织的激励者应把组织目标转化为个人目标,并进行反馈和奖励,以充分调动组织成员的积极性。

可以看出,上述不同的过程型激励理论都提出各自不同的观点。但总体说来,这些理论之间是相互补充的,如期望理论强调期望和效价、吸引力,目标设置理论突出与期望和效价相关的绩效,而公平理论则说明在激励过程中保持公平的重要性。

9.4 行为改造型激励理论

行为改造型激励理论是对激励如何改造和修正组织成员行为进行研究的理论,其研究目的是通过什么样的激励方式来改造人们的行为,引导人们采用有利于组织目标实现的行为方式,抑制不利于组织目标实现的行为方式。

9.4.1 强化理论

强化理论是基于一个很简单的假设,一种行为的结果如得到奖励,该行为就会趋向于重复;反之,一种行为如招致惩罚,该行为就会减少重复或消失。强化理论是由美国心理学家斯金纳(B. F. Skinner)在动物训练研究基础上提出的,目前广泛应用于人的行为改造。斯金纳认为人的行为可分为三类:本能行为,即与生俱来的行为;反应性行为,由于环境作用而引起的反应性行为;操作性行为,即人为了达到一定目的而作用于环境的行为。

操作性行为的产生是环境反复刺激作用的结果。人具有学习的能力,如果以前的某种行为满足了某种需要,以后为了满足同种需要,便会利用学到的经验重复该种行为,并使这种行为发生的频率增加,我们称这种过程为强化刺激过程,能增强行为重复发生的刺激物称作强化物。强化理论的中心为通过强化刺激来改变人们的行为方向,该理论也被称为行为改变理论。强化理论和期望理论都强调行为同其后果之间的关系,但期望理论强调主观判断的心理过程,而强化理论强调刺激对行为的改变。

强化理论模型如图 9-8 所示,它揭示了强化的激励过程。

强化理论模型表明激励起点从刺激开始,这种刺激可理解为激发行为的需要或动机。顺着路径①,个人对刺激产生反应,选择所遵循路径的过程和我们前面讨

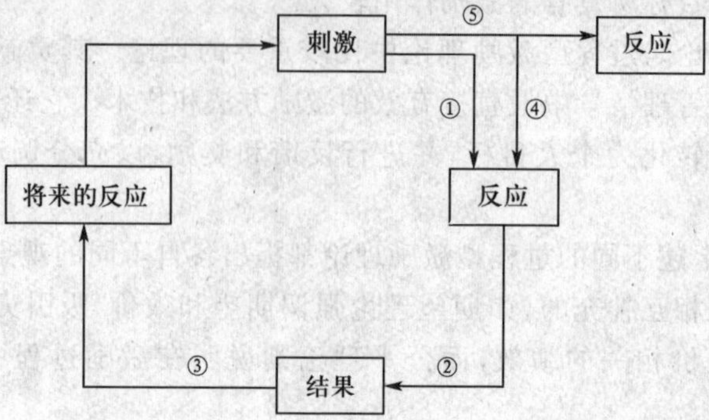

图 9-8

论的期望理论相一致,该反应将使个人得到各种结果(路径②),那些结果的价值又会影响将来的反应(路径③),如果结果是愉快的或是所希望的,个人下次遇到同样的刺激就会选择相同的反应(路径④),但是,如果原先的结果是不愉快的,或是不想得到的,则很可能会产生一种不同的反应(路径⑤)。例如,一个职工假如想增加工资,他就会努力干活,随后工资如得到增加,他的行为就得到了强化;反之,如果他的格外努力没能使工资增加,也许他就会尝试其他行为,如提出离职或以其他方式讨好他的上司等。

1. 强化的类型

根据强化的性质和目的,强化可分为正强化与负强化两类。

(1)正强化。正强化是增强行为的强化方法,即奖励那些组织需要的行为,使这些行为得到强化,反复出现,从而有利于组织目标的实现。例如,当管理人员看到一个职工工作表现出色时就对其加以表扬,这一表扬就是对工作出色的行为做了正强化。正强化的内容是非常丰富的,除了工资、奖金等物质性强化外,认可、表扬、提升、安排挑战性工作、创造学习培训机会等精神性强化也是非常重要的。

(2)负强化。负强化就是惩罚那些与组织不相容的行为,从而使这些行为削弱或消失,以保证组织目标的实现。如事先制度规定不允许发生的行为,一旦发生后就给以惩罚。负强化的方式也包括物质和精神两个方面的内容。

2. 强化的间隔安排

在运用强化手段时,不仅要考虑采用何种方式,而且强化时间以及强化次数的间隔也需认真考虑。在强化次数的间隔安排上也有多种策略可以选择。

(1)固定间隔。固定间隔的安排是指不考虑行为怎样,以一个固定的时间间隔提供强化。如按周、按月付给的薪金即属此类型。这类强化安排提供的刺激强度最小,因为职工知道,不管他们努力与否,到时都能拿到薪酬。

(2)可变间隔。这也是以时间为基础安排的强化,但每次强化的时间间隔是变动的。当管理人员在表扬或察访时给职工一些其他形式的奖酬等都更适合采用这类安排。由于职工们并不知道上级什么时候会来检查,所以通常都能较为认真地工作。

(3)固定比率。这是指不考虑行为的时间间隔,在行为达到一个固定数字后即给予强化。这种强化方式通常刺激性更大,如计件工资制等就属于这类强化。

(4)变动比率。它不考虑时间因素,通常需多种行为发生后才给予一次强化。这类安排在维持要求的行为上是最有力的。由于每次绩效都会有增加所得奖酬的可能,因此职工较易激发起增加所要求行为的次数。

3. 应用强化理论的注意事项

(1)选准强化物。人的需求不同,对同一强化物的强化激励程度也不同。在激励过程中,要根据强化对象的不同采用适宜的强化措施,如奖金一般对所有人都起强化作用,但对收入低的人比收入高的人的强化作用更大。年龄、性别、职位和文化背景等不同,往往对同一强化物的反应不同。

(2)及时反馈。及时反馈就是通过某种形式或途径,及时将行为结果告诉行动者,无论结果好坏对行动者都有强化作用。好结果能鼓舞人心,增强信心,使人再接再厉。坏的结果可使人分析原因,接受教训,调整行为方式。

(3)正强化和负强化结合使用。在管理者开展的激励活动中,要正强化和负强化结合使用,但以正强化激励为主,负强化激励为辅。斯金纳的研究发现"惩罚不能简单地改变一个人按原来的想法去做事的念头,至多只能教会他们如何避免惩罚"。可见,在运用惩罚进行负强化时,要注重与正强化的结合,只要负强化见效,就要利用正强化给以肯定。

9.4.2 归因理论

归因理论是美国心理学家海德首先提出的,后由美国斯坦福大学的罗斯等人加以发展。在管理工作中,管理者可应用该理论来改变人的认识,从而达到改变人的行为的目的。归因理论(attribution theory)认为,如何对人们的行为进行不同的判断,取决于对给定的行为归因于何种解释。该理论表明,观察个体行为时,我们试图判定该行为是由内部因素,还是外部因素引起的。内因行为被认为是在个体的控制之下产生的;外因行为是由于外部因素产生的,也就是说,个体因为环境因素被迫采取的行为。对于产生行为的内外因判断,常从行为的独特性、一致性和一贯性三个因素进行观察与分析。

独特性指仅在特定环境下表现出某种行为。如今天迟到的员工甲是否被同事视为“不守纪律”之人？我们应该先了解该员工的迟到行为是否经常。如果是，观察者就可能判断这种行为由内部因素造成，否则，可能将这种行为归因于外部因素造成。

如果每个人面对相似情境都有相同的反应，这就是行为表现的一致性。如所有与员工甲走同一条上班路线的人今天都迟到了，那么这种迟到行为就符合一致性的定义，且一致性程度很高，观察者可把员工的迟到行为做外部归因。反之，如果走相同路线的其他员工都准时上班，个别人的迟到则可被认为是内部因素造成的。

不论环境因素情况如何，某种行为经常规律性出现即行为的一贯性。如果上班迟到10分钟对员工甲来说是家常便饭（一个星期迟到两三次），而对员工乙来说却是极偶然的事（6个月未曾迟到过），显然，对员工甲乙迟到行为的原因不能等同看待。行为越具有一贯性，观察者越倾向于将行为归因于内部因素，如员工甲的行为可归因于内部因素造成。

归因理论的主要特点是强调一个人的知觉与其行为间的关系。它要解决的主要问题是通过分析来确定内部因素和外部因素与人们所产生行为之间的关系。一个靠内在激励的人，如果分派给他的工作报酬和奖励是外部的，将可能使他更多地依靠外部激励，而减少内在的激励。在激励过程中，归因是可起一定作用的，虽然这种理论的研究尚不多，但该理论的相关概念和已取得的成果对管理者的激励活动还是有启发意义的。

9.5 激励原则与方法

激励是管理活动过程中的有效管理措施，是领导行为的艺术体现。掌握激励的基本原则，艺术性地运用各种激励方法，可使激励的效用最大化。

9.5.1 激励原则

1. 以人为本原则

在管理活动中，以人为本的原则主要表现在对人的尊重上。首先，尊重人的生命价值，提高人的生命质量；其次，尊重人的兴趣和生活方式，同时尽量满足人们生活方式的自由，创造一种宽松的环境，有利于人的发展；再次，要尊重人的劳动成果，利用及时有效的反馈系统，增强人们的成功感，防止消极情绪产生。

2. 目标结合原则

任何人的价值都是社会价值和自我价值的统一。因此，在激励过程中，首先，要尊重组织成员的自我价值和作为自我价值体现的个人目标，使成员的目标可满足个人工作的需要，提高成员对目标的认同感。其次，成员的目标设置还应纳入组织目标的设置中来，使其体现组织目标的要求，把组织目标同成员个人目标结合起来，使组织的目标包含更多的个人目标，使个人目标的实现离不开为实现组织目标所作的努力，这样使自我价值与社会价值结合起来，才能保证有良好的激励效果。

3. 物质激励与精神激励相结合原则

物质激励和精神激励是针对组织成员存在物质和精神需要进行的。因此，恰当地把握成员当前的需要状况，然而再选择有效的激励方法，是充分发挥激励作用的必要条件。物质需要是人类最基本的需要，它是精神需要的基础，因此，满足员工的需要应从最基本的物质激励开始。同时，在物质激励的基础上要结合精神激励，并逐渐将物质激励过渡到精神激励上。值得一提的是，物质激励和精神激励应根据组织成员的需要和组织的实际水平进行，避免出现极端。

4. 正激励与负激励相结合原则

根据激励的强化理论可以把激励分成正激励和负激励。所谓正激励，就是对组织成员的符合组织目标期望的行为进行奖励，使这种行为更多地重复。所谓负激励，就是对成员违反组织的行为进行惩罚，以敦促其不再发生。显然，这两种激励方式都能改变员工的行为，并且通过树立榜样和反面典型来形成良好的风气，使组织行为更加积极向上，但是负激励具有一定的消极作用，容易使员工产生挫折感，应该慎用。因此管理者在激励时，应把两者巧妙结合，以正激励为主，负激励为辅。

5. 合理性原则

激励的合理性包括三层含义：第一，激励的措施要适度。要根据所实现目标本身的价值大小确定适合的激励量；第二，奖励要公平，激励往往通过奖励和惩罚实现。要坚持赏罚分明和适度，不徇私情，一视同仁，同时要反对平均主义的不良风气；第三，民主参与，公开评议。对于奖惩，应有民主评议和考核，让组织成员积极制订考评制度，提高奖惩条例的可接受性和公开性，确保真正的合理。

6. 时效性原则

激励要把握好时机，不同时间的激励作用和效果是不同的。人们在做出努力取得成就以后都渴望得到社会承认。因此，激励越及时，越能促进人们积极性的发挥，使积极的行为得到不断的强化，保持长久的积极性。如果激励滞后，使人们感觉到多此一举，就失去了激励的意义。及时准确把握时机进行激励是至关重要的。

7. 公平原则

公平原则是组织行为的基本原则，因此在实施激励时必须做到：其一，所有组织成员在获得或争取奖酬方面的机会要均等；其二，奖惩的程度与组织成员的工作相一致，奖惩的原因必须是相关事实的结果，为此奖惩制度与事实必须明确；其三，奖惩措施实施的过程要公正、公开，即奖惩必须按章行事、公开与民主化，不得夹杂私人感情因素。

9.5.2 激励方法

1. 物质激励

这是组织激励成员的最基本手段。物质激励是以货币和实物形式进行的，对组织成员良好行为的一种有效激励方式，或者是对组织成员不良行为的处罚。物质利益是人们从事一切社会活动的物质动因。物质激励就是通过满足或限制个人的物质利益的需求，来激发人们的积极性和创造性的。人们为了获得或者避免失去物质利益，就会自觉地用道德、法律、规章制度来约束自己，规范自己的言行，积极努力地工作，从而实现管理的目的。

激励的形式如下：

(1)物质激励应用中的方式有增加薪酬、颁发奖品、奖金，以及休假、疗养、旅游等福利待遇等。其负面激励方式有，扣发奖金、工资、罚款等。

(2)持股激励。持股激励是指让企业的管理者、员工持有本企业的股票，它是一种带有长期性质的激励方式，其具体方式有：购股、增股、转股、干股、期股。持股激励能够把企业员工的长期利益同企业的长期利益、长远利益结合起来，把个人利益同企业利益联系在一起，使员工关心企业的生产经营状况，把企业的事当作自己的事，为企业排忧解难，献计献策，形成利益共同体。

期股是持股激励的重要方式之一。期股的股票期权包括股票期权合约和股票期权计划。它是企业给予员工尤其是高级管理人员的一种权利，拥有这种权利的人员可以在规定的时间内以股票期权的行业价格购买本公司股票。这种新型的激励机制将企业员工的薪酬与企业长期的业绩联系起来，鼓励员工不断创新和行为长期化，关注企业的持续发展，克服短期行为。

案例

期权激励是门技术活

股权激励已成为一种常见的企业管理实践。除实际股权和虚拟股权激励之外，公司还可以进行期权激励，即公司在与经理人签订合同时，授予其未来以此时约定的价格购买公司一定数量普通股的选择权。

比如，某公司在2012年按照每股5角钱的价格向员工配股，2015年员工按照这一价格行权，此时如果公司经营业绩好，股价可能已经提升至10元，员工就获得了每股9.5元的增值收益。如果公司价值没有提升，员工也可以选择不买。

期权激励主要包括赠与、授权、行权、出售四个环节。以2%的激励比例为例，赠与是未来给你2%的期权，也就是该员工可以持有的股权总数；但2%不会一次性给，而是分次授予，比如每年授予0.5%；从授予到真正持股，员工需要行权（掏钱购买），之后才可以出售转让获取增值收益。

期权激励看似简单，其实有很多地方需要权衡。经纬中国创始管理合伙人邵亦波曾谈到易趣的例子。易趣在这方面走的是硅谷道路，期权发得早，员工过了试用期就发，几乎每人都有。这样做的好处是可以齐心协力把公司做成功，大家都高兴。坏处是每个人“免费”拿到，很多人不够珍惜，觉得期权不会值很多钱。也有公司发得很晚，到了公司快上市时才发，并且发得很少，很多员工都没有，或者做了两三年以上的老员工才有。有家从事网络安全服务的企业，业务进展不佳，为提振士气，老板决定对竞选出的10名核心高管进行1.5%的期权奖励，这让其投资人大为震惊：太少了。显然，该公司激励不足。股权激励如果不到位，等于没激励。

从期权激励的模型可以看出，这种激励方式由于在获益上需要经历很长时间，因此弱化了每年的分红，人们更看重差价，也就是增值。这就使它有了自己的适用范围，即高成长、低利润、负现金流的企业，很多TMT公司就属于这种类型。当当网是一个例子。它上市这么多年依然亏损，假如用分红权（属虚拟股权）激励，人早就跑光了，但它授予的是期权，赚的是股票增值。

在实操中，企业创始人应注意“要买不要送”。期权的核心概念是，我给你期权，大家共同努力，实现公司业绩成长，然后大家一起来吃肉，如果没有实现，就连汤都喝不上。所以，期权一定要让员工出资购买，因为如果是送的，员工会觉得是否达成目标无所谓，就没有激励上的意义。

就适用阶段来说，创业公司可以在成长期考虑期权激励。创业初期，企业往往还没有利润，无法分红，采用实际股权激励比较好。到了成长期，要根据不同企业的特点灵活选择股权激励方式。从核心高管中选择的未来接班人肯定要给实际股权，对于中层则可以考虑虚拟股权及期权。成熟期一般处于上市阶段，股权的近期收益很可观，可以考虑实际股权激励；到了高成长后的衰退期，股权已经没有吸引力，应以现金激励为主。

（资料来源：王明耀．期权激励是门技术活．中国企业家网站 http://www.iceo.com.cn/renwu2013/133/2013/0609/267761.shtml）

2. 精神激励

精神激励是指组织通过发挥成员的进取奋发的精神，在给予他们鼓励的同时，帮助他们从各方面消除顾虑，以使成员的积极性得到最大可能的发挥。现代社会组织的管理者应充分认识到，精神激励是必要的，不能“见物不见人”。精神激励不仅可以弥补物质激励的不足，而且可以成为长期起作用的力量，它能激发组织成员的工作热情，满足自我发展需要，提高工作效率，具有不可替代的作用。

激励的形式如下：

(1)榜样激励法。组织管理者以某些方面的有意识行为来激发成员的激励方法就是榜样激励法。榜样激励法包括的内容：①吃苦在前，享受在后。即管理者在生活方面对员工的榜样行为。②身先士卒。指管理者在工作上的激励行为。主管人员的率先模范作用不但要在危急时刻表现出来，而且平时小事上也要起表率作用。榜样的力量是无穷的。

(2)荣誉激励法。是一种高层次的激励方式，是运用社会公德、职业道德的一般规范，能造成某种舆论氛围，使激励对象产生一种光荣感，获得精神上的满足。具体做法，主要通过组织内部的文件通报、报刊、会议及墙报、广播等方法，对员工先进事迹进行表扬。其内容一般是组织对其下属部门单位或个人授予一种荣誉称号，对一段时间的工作全面肯定，对某一方面的突出贡献予以表彰。

(3)情感激励法。情感是人们对客观事物所表现出的一种感觉的态度。它能反映出人们对事物作用后的好恶倾向。情感在人类的生活中起着巨大作用。人的任何认识和行动，都在一定的情感推动下完成。积极的情感可以焕发出惊人的力量去克服困难，消极的情感则会大大妨碍工作的进行。情感激励的形式多种多样，从帮助员工解决生活与工作上的实际困难，到促进他们积极上进，努力提高自身素质实现职业发展计划。也就是所谓“人情味”的管理，这样能够形成一种团结和谐、上下级之间感情融洽的氛围，这是一种非常重要的组织文化内容，可以大大推动工作进展，提高工作效率。

(4)目标激励法。目标激励法，也可称为期望激励法，就是组织为成员确定适当的工作目标，诱发成员的动机和行为，达到调动员工积极性的目的的方法。目标具有引发、导向和激励的作用。组织管理者可以通过启发成员对高目标的追求，来激发其努力奋发向上的内在动力。

(5)升降调迁激励法。指通过职务和职位的升降、调动来激励员工进取精神的方法。但使用时要注意：①晋升，要坚持任人唯贤、惟能是用、德才兼备的原则。②降职，要按照负激励的原则，实事求是、慎重处事。③职位调迁包括组织内部岗位调动、部门调动、任务调动、地区调动和入学深造等形式，应根据人员的具体特点进行调迁。通过升降调迁激励法，使组织成员有一种信任感、尊重感，获得成就需要的满足,从而激发更大的工作积极性。

(6)尊重激励法。尊重是人的基本情感需要,尊重可以激发人的自信心。组织管理者与成员之间的相互尊重是一种强大的精神力量,有助于成员之间和谐,有助于组织团队精神和凝聚力的形式,有助于激发成员参与管理的积极性。尊重激励法操作时要注意:①为组织成员参与管理和决策提供有利条件,建章立制,激发成员当家做主的热情;②尊重成员的地位,采用民主管理方法,集思广益;③尊重成员的人格,包括成员的价值观念、需求期望、性格爱好、生活方式习惯等。

(7)参与激励法。现代社会的组织成员多数有参管理的要求和愿望,创造和提供一切机会让成员参与管理是调动他们积极性的有效办法。让组织成员参与管理,是人本管理的思想体现和具体管理方法。参与管理既是员工满足自尊和自我实现需要的途径,也是组织开发人力资源潜能,获得成员有价值知识的形式,可以增强成员对组织的归属感和认同感。参与管理主要方法:①加强管理沟通;②建立参与管理机制。

(8)培训激励法。指采用提供培训和再教育机会来激励员工积极性的方法。知识经济的特点是知识更新的速度不断加快,组织成员的知识老化现象日益突出。虽然成员在实践中不断丰富和积累知识与经验,但仍需对他们采取各种形式的培训激励措施,充实他们的知识,提高工作适应能力,以获得进一步发展的条件,满足自我实现的需要。

(9)职业发展激励法。马斯洛的需要层次理论认为,物质需要是人类较低层次的需要,而自我实现才是人类最高层次的需要。职业发展属于满足人的自我实现需要,因而会产生更大的激励作用。人的职业发展阶段大致如下:①探索阶段。指就业前期,探索自己需要什么,并对所需形成兴趣,为进行实际的职业选择打好基础。②尝试阶段。判断自己当前的职业是否合适,若不合适应进行调整。③职业确立阶段。此阶段人们发展目标明确,实现期望的动机较强,组织应给予重视。④职业守成阶段。指接近退休年龄阶段(主要指 45 岁以上),人们发展的需求期望相对降低。鉴于职业发展阶段的特点,组织要做的工作是强化、促进组织成员的行为动机,引导成员职业发展目标与组织目标保持一致,帮助成员实现需求期望,从根本上调动成员积极性。

(10)挫折激励法。即当组织成员遭受挫折后,使其心理变消极防卫为积极进取,变被动应付为主动奋争的一种激励法。员工受挫折后一般会产生两种态度:①积极适应态度,冷静分析原因,适当改变或转换需要,调整行为,或承认现实条件限制,分析自身不足,降低需求目标;不灰心丧气,以更坚强的意志追求原来的目标,满足原来需要。②消极防卫态度。采取逃避、补偿、抑制、攻击、反问等心理行为。管理者要善待受挫折的组织成员,缓解其受挫心理,使其精神振奋,帮助受挫者克服自卑心理，使其树立起自信心，把受挫者再度激励起来。

(11)竞争激励法。人的天性之一是好胜，竞争激励方法就是利用人类的好胜心理，通过创造公平、合理、适当的竞争环境，刺激和调动下属的积极性。一些人偏爱具有挑战性、富于刺激性的工作，对这些下属，运用竞争激励法将十分有效。竞争激励法的要义：一是竞争的环境要公平公正，任何人都有权参与竞争。二是竞争目标要公开并且具体。目标是什么，什么时候完成目标任务，完成或不完成目标任务的奖惩措施有哪些，都要十分具体明了，并向所有下属公开。三是奖惩一定要兑现，领导者言必信，行必果，不要因为个别人的说三道四就不敢兑现诺言。

本章学习小结

1.理解需要、动机和行为之间的相互关系，为理解激励的意义和作用，在管理活动中艺术性地利用激励奠定理论基础。

2.激励是建立在需要基础上的管理活动。在掌握激励概念的基础上，要进一步理解对激励概念的强调内容。激励是从心理到行为的活动过程，理解激励过程对掌握和运用各种管理激励理论具有指导意义。

3.内容型激励理论包括需要层次理论、阿尔德弗的ERG理论、双因素理论和成就需要理论，各种理论相互间有共性基础，即需求与满足，但也有不同之处。过程型激励理论包括期望理论、公平理论和目标设置理论。期望理论指激励的程度取决于期望值、效价和吸引力大小。公平理论表明激励相对公平的重要性，补充了期望理论和需要层次理论的不足。行为改造型激励理论观点也很多，但本教材只介绍了强化理论和归因理论。强化理论是一种简单而又实用的理论。

4.开展激励活动时，要把握好激励的原则，才能取得理想的激励效果。以人为本原则、目标结合原则，物质激励与精神激励相结合原则、正激励与负激励相结合原则、合理性原则、时效性原则、公平原则等是开展激励活动必须掌握的内容。

5.物质激励是管理活动中必不可少的，精神激励是物质激励的重要补充。能否把物质激励和精神激励有机结合，充分调动组织成员的积极性，实现组织目标是领导艺术与管理水平的体现。

综合案例

沃尔玛员工激励法则

沃尔玛的人性化管理，让管理者与员工融为一体，共同为公司发展竭尽全力，这也是它成功的关键。

沃尔玛是如何激励员工的呢？

员工第二，领导第三

沃尔玛是全球最大的私人雇主，但公司不把员工当作“雇员”来看待，而是视为“合伙人”和“同事”。公司规定对下属一律称“同事”而不称“雇员”。即使是沃尔玛的创始人沃尔顿在称呼下属时，也是称呼“同事”。沃尔玛各级职员分工明确，但少有歧视现象。领导和员工及顾客之间呈倒金字塔的关系，顾客放在首位，员工居中，领导则置于底层。员工为顾客服务，领导则为员工服务。“接触顾客的是第一线的员工，而不是坐在办公室里的官僚”。员工作为直接与顾客接触的人，其工作质量至关重要。领导的工作就是给予员工足够的指导、关心和支援，以让员工更好地服务于顾客。在沃尔玛，所有员工包括总裁佩带的工牌都注明“我们的同事创造非凡”，除了名字外，没有任何职务标注。公司内部没有上下级之分，下属对上司也直呼其名，营造了一种上下平等、随意亲切的气氛。这让员工意识到，自己和上司都是公司内平等而且重要的一员，只是分工不同而已，从而全心全意地投入工作，为公司也为自己谋求更大利益。

在沃尔玛，管理者必须以真诚的尊敬和亲切对待下属，不能靠恐吓和训斥来领导员工。创始人萨姆·沃尔顿认为，好的领导者要在待人和业务的所有方面都加入人的因素。如果通过制造恐怖来经营，那么员工就会感到紧张，有问题也不敢提出，结果只会使问题变得更坏；管理者必须了解员工的为人及其家庭，还有他们的困难和希望，尊重和赞赏他们，表现出对他们的关心，这样才能帮助他们成长和发展。萨姆·沃尔顿自己就是一个表率。美国《华尔街日报》曾报导，沃尔顿有一次在凌晨两点半结束工作后，途经公司的一个发货中心时和一些刚从装卸码头上回来的工人聊了一会儿，事后他为工人改善了沐浴设施，员工们都深为感动。

沃尔玛对员工利益的关心有一套详细而具体的实施方案。公司将“员工是合伙人”这一概念具体化为三个互相补充的计划：利润分享计划、员工购股计划和损耗奖励计划。1971年，沃尔玛开始实施第一个计划，保证每个在沃尔玛公司工作了一年以上以及每年至少工作1000个小时的员工都有资格分享公司利润。沃尔玛运用一个与利润增长相关的公式，把每个够格的员工的工资按一定百分比放入这个计划，员工离开公司时可以取走这个份额的现金或相应的股票。沃尔玛还让员工通过工资扣除的方式，以低于市值15%的价格购买股票。另外，沃尔玛还对有效控制损耗的分店进行奖励，使得沃尔玛的损耗率降至零售业平均水平的一半。

门户开放:让员工参与管理

门户开放是指在任何时间、地点,任何员工都可以口头或书面形式与管理人员乃至总裁进行沟通,提出自己的建议和关心的事情,包括投诉受到不公平的待遇,而不必担心受到报复。若他的上司本身即是问题的源头或员工对答复不满意,还可以向公司任何级别的管理层汇报。门户开放政策保证员工有机会表达他们的意见,对于可行的建议,公司会积极采纳并实施。任何管理层人员如有借门户开放政策实施打击、报复行为,都将受到相应的纪律处分甚至解雇。

沃尔玛与员工之间的沟通方式不拘一格,从一般面谈到公司股东会议乃至卫星系统都有。沃尔玛非常愿意让所有员工共同掌握公司的业务指标,每一件有关公司的事都可以公开。任何一家分店,都会公布该店的利润、进货、销售和减价的情况,并且不只是向经理及其助理们公布,而且向每个员工包括计时工和兼职雇员公布各种资讯,鼓励他们争取更好的成绩。沃尔玛认为员工们了解其业务的进展情况是让他们最大限度地干好其本职工作的重要途径,它使员工产生责任感和参与感,意识到自己的工作在公司的重要性,觉得自己得到了公司的尊重和信任,因此,努力争取更好的成绩。

离了职,还是顾客

沃尔玛给每一位应聘人员提供相等的就业机会,并为每位员工提供良好的工作环境、完善的薪酬福利计划和广阔的人生发展空间。在一般零售企业,没有数年以上工作经验的人很难提升为经理,而在沃尔玛,哪怕是新人经过6个月的训练后,如果表现良好,具有管理好员工和商品销售的潜力,公司就会给予一试身手的机会,如做经理助理或去协助开设新店等;若干得不错,就会有机会单独管理一间分店。事实上,沃尔玛的经理人员大都产生于公司的管理培训计划,通过公司内部提拔起来的。沃尔玛还设立离职面谈制度,确保每一位离职员工离职前,有机会与公司管理层坦诚交流和沟通,从而能够了解到每一位同事离职的真实原因,有利于公司制订相应的人力资源挽留政策,一方面可以将员工流失率降低到最低程度;另一方面,也可让离职同事成为公司的一名顾客。公司设有专业人员负责员工关系工作,受理投诉,听取员工意见,为员工排忧解难。由于沃尔玛能够提供行业内相对优势的条件,所以,人才流出也比较少。

在沃尔玛,常用的培训方法之一就是交叉培训,让不同部门的员工交叉上岗,培训学习,获得更多的职业技能。让员工掌握多种技能具有不可低估的优势。当员工一人能做多种工作时,工作团队的灵活性和适应性就会大为提高。在有人度假、生病和任务突然变化时，他们可以轻而易举代替工作。又如要到新的地方开店，让新招聘的员工来做开店前的准备，常会因经验不足而无法提高工作效率；让老员工去支援，就可避免了这样的问题。

沃尔玛公司由于注重加强员工对于整体工作运行的普遍性认识，进行多技能培训，因而保持了员工工作的高质高效。众所周知，由于工作单调乏味，零售业成了人员流动最大的一种职业，适当的岗位轮换和职务调动，有助于消减等级分化，提高员工的工作积极性，也有利于不同部门的员工能够从不同角度考虑到其他部门的实际情况，减少公司的内耗，达到信息分享。譬如让采购部门的同事进入销售部门，销售部门的则到采购部门工作，既丰富其工作能力又强化其全局观念，从而减少公司的经营成本，为公司创造更多的利润。

（资料来源：http://www.ccedpw.com/cm/cmpar.asp? id＝11075）

问题

试用所学的激励理论来分析上述案例。

自测题

一、单项选择题

1. 激励过程的出发点是（　）。

A. 紧张感　　B. 目标

C. 未得到满足的需要　　D. 不满意

2. 外在的成就象征，比如职称、专用车位等可以满足（　）。

A. 社会需要　　B. 尊重需要　　C. 生理需要　　D. 安全需要

3. ERG理论中的关系需要对应着马斯洛需要层次理论中的（　）。

A. 心理需要　　B. 安全需要　　C. 社会需要　　D. 自我实现需要

4. 通过不予理睬来减弱某种不良行为的强化方式是（　）。

A. 惩罚　　B. 正强化　　C. 自然消退　　D. 规避

5. 薪金和工作条件属于（　）。

A. 保健因素　　B. 自我实现需要　　C. 激励因素　　D. 成长需要

二、多项选择题

1. 强化间隔的形式包括（　）。

A. 固定时间　　B. 可变间隔　　C. 固定比率

D. 可变比率　　E. 时间间隔

2. 双因素理论中的激励因素包括(　)。

A. 成就　　B. 地位　　C. 成长

D. 工资　　E. 责任

3. 公平理论中员工要评判自己是否受到公平待遇时,可以选择的参照有(　)。

A. 自己　　B. 同事　　C. 朋友

D. 同学　　E. 上司

4. 依据期望激励理论,哪些因素可以影响激励力(　)。

A. 期望值　　B. 效益　　C. 效价

D. 效果　　E. 业绩

5. 需要层次理论和 ERG 理论都提到的需求有哪些?(　)

A. 安全需求　　B. 成长需求　　C. 关系需求

D. 情感需求　　E. 物质需求

三、判断题

1. ERG 理论比需要层次理论更容易对员工进行激励。(　)

2. 依据公平理论,当员工觉得自己受到不公平待遇时,就会通过采取一些措施来改变这种情况。(　)

3. 强化理论强调为了达到对员工的激励作用,需要对员工的行为不断地强化,只要是管理者想要的,而是不管是好的行为或坏的行为都要不断强化。(　)

4. 如果一个人没有需求,则无论采用什么激励方法,对其都不可能具有激励作用。(　)

5. 现实管理过程中,往往一种激励理论的作用非常有限,应将几种激励理论结合起来使用。(　)

四、简答题

1. 需求与激励的关系。

2. 内容型激励理论的特点。

3. 过程型激励理论的特点。

4. 行为改造型激励理论的特点。

5. 马斯洛的需求层次理论的内容。

五、论述题

1. 论述期望理论中的效价、期望和吸引力之间的关系。

2. 你认为员工队伍的多样化会给管理者应用公平理论造成什么样困难?

3. 论述激励的一般过程。

沟　通

第10章

引导案例

船即将沉没的时候……

一艘船遇到风浪，即将沉没，船长命令大副去组织乘客穿上救生衣跳船逃生，几分钟后，大副回来报告："他们都不跳。"于是船长亲自出马，几分钟之后，所有乘客都跳船逃生了，大副很是惊讶，就问船长是如何办到的，船长回答道："我对英国人说，这是一项很绅士的体育运动，于是他跳了下去；我对法国人说，跳船的动作很潇洒很优美，于是他跳了下去；我对德国人说，这是命令。结果他们都跳下去了。""那个美国人呢？""我对他说，我们给你买了保险。"

在这个故事中，同样的目标，船长和大副不同的沟通方式产生了不同的结果。组织管理中，同样如此。组织是由一群性格各异、习惯不同、背景不同的人所组成的，在这样的一个群体中要共同生活或共同努力，通过实现组织目标以最终实现每一个人的个人目标，就必须加强相互间的沟通。

沃尔玛的创始人萨姆·沃尔顿曾经说过，"如果你必须将沃尔玛管理体制浓缩成一种思想，那可能就是沟通。因为它是我们成功的真正关键之一。"对于任何一位管理者而言，时刻都要面对复杂的市场环境，面对社会现实，考虑自身的实力等众多因素做出行动决策，决策正确的前提就是必须掌握大量的信息，而信息只能通过沟通得到。一旦做出决策，又要通过沟通，使决策很好地贯彻和执行下去。沟通是企业了解员工所思所想，并能因此采取相应的解决办法的最重要最直接的手段。良好的沟通氛围，能使组织内的信息畅通传递，促使决策人员快速做出决策，使员工保持较高的工作效率。因此，有效沟通是组织成为一个高效、透明的优秀组织的前提条件。

一个人的一生要成就事业，离不开沟通。良好的沟通方法及恰当的沟通内容，可以在很短时间内拉近人与人之间的距离，可以使交流环境变得融洽，可以与对方达成合作。一个优秀的大学生学会沟通，善于沟通，才能成功地推销自己。

10.1 沟通的重要性

10.1.1 沟通的含义

1.什么是沟通

关于沟通的定义，可以说众说纷纭，美国威斯康星大学的教授F.丹斯就统计过，关于沟通的定义有126种之多。沟通(communication)一词源于拉丁语的动词*communicare*，意为“分享、传递共同的信息”。英文的“沟通”一词也可以译为“交际”或“社交”，是指社会上人与人之间使用语言等媒介进行思想、观念、感情等的交往、联系和相互作用的一种行为。实际上沟通一词，在中国早已有之。《左传·哀公九年》：“秋，吴城邗，沟通江淮。”杜预注：“於邗江筑城穿沟，东北通射阳湖，西北至末口入淮，通粮道也。”这里的“沟通”就是指挖沟使两水相通。

由于沟通在人类行为活动中的重要作用，所以，有关沟通的研究很早就引起了社会学家、心理学家、管理学家、经济学家的关注，从不同的学科或研究视角进行了不同的解释。社会学家桑德拉·黑贝尔斯(Saundra Hybels)将沟通定义为人们分享信息、思想和情感的任何过程。而基蒂·洛克(Kitty Locker)也认为沟通是同周围环境进行信息交换的一个多元化过程。

但在管理学家的眼中，沟通则是一种功能。丹尼尔·卡茨(D. Katz)和罗伯特·卡恩(R. l. Kahn)认为：“信息沟通，即交流信息情况和传达意图，是一个社会系统或组织的重要组成部分。”而哈罗德·孔茨(Harold Koontz)则将沟通解释为：“将信息从发送者转移到接收者那里，并使后者理解该项信息的含义。”赫伯特·西蒙(Herbert Simon)则认为：“信息沟通系指一个组织成员向另一个组织成员传递决策前提的过程。”斯蒂芬·P.罗宾斯(Stephen P. Robins)则把沟通看做是“意义的传递和理解”。

本书倾向于把沟通理解为：人们在社会一切活动中，传递信息的过程和流程。

2.如何理解沟通

(1)沟通是涉及两个以上人的行为或活动，由于沟通的主客体都是人，人与人之间的沟通不仅是信息交流，而且包括情感、思想、态度、价值观等，即人的主观能动性和创造性都反映在沟通活动中，这在某种程度上会影响沟通的作用与效果。

(2)人与人之间是通过语言和其他的媒介形式进行信息传递和思想交流的。广义的语言既包括口头语言和书面语言，也包括作为“副语言”的表情语言和肢体语言等。

(3)沟通必须有内容，而其内容必定是双方的接触、联系并产生相互影响，在信息的发出者和接收者之间，需彼此了解对方进行信息交流的动机和目的，因而沟通是双向的，是互为客体的。

(4)沟通的目的是促进人们之间的了解与合作，但是，由于沟通会出现特殊障碍，这种障碍不仅是由于信息渠道的失真或错误，而且是由于人特有的心理障碍。例如，使用语言沟通时，即便是同一语言，由于说话者的口气、语速、神态等不同，人们也会诠释出不同的含义。所以，良好的沟通不等于沟通双方达成一致的意见，更重要的是应准确地理解沟通中信息的含义，最大限度地摒弃主观偏见。

3. 沟通的目的

组织中的沟通的目的是对有助于组织利益的活动施加影响。由于沟通把各项管理职能连成一体，所以它对组织内部职能的行使是必不可少的。在一个组织内，沟通主要用来实现以下目的：

(1)设置并传递一个组织的目标；

(2)制订实现目标的计划；

(3)以最有效果和效率的方式来组织人力资源及其他资源；

(4)选拔、培养、评估组织中心成员；

(5)领导和激励人们并营造一个人人想要作出贡献的环境；

(6)控制组织目标的实现。

需要指出的是，沟通不仅促进了各项管理职能的有效行使，而且也把组织同外部环境联系起来。任何一个组织只有通过沟通才能成为一个与其外部环境发生相互作用的开放系统。

10.1.2 沟通的重要性

通常人们认为沟通是件非常简单的事情，并不重视沟通的重要性，同时又在某种程度上对沟通存在着误解。比如，“我告诉他了，所以我已经和他沟通了”，“只有当我想要沟通时，才会有沟通”等等这样的想法，从不同角度反映出对沟通的片面理解。其实，沟通虽然非常普遍，看起来非常容易，但是有效沟通却常常是一项困难和复杂的行为。

沟通是人们社会活动的重要组成部分，几乎伴随着人们各种社会活动而存在。在各类组织中，管理的有效性在很大程度上取决于良好的沟通，管理专家斯蒂芬·罗宾斯认为，管理者所做的每件事都包含着沟通。而且组织的管理层级越高，沟通对管理者越重要，管理者用于沟通上的时间也越多。一项研究表明，一个基层管理人员工作时间的 20%～50%用于语言沟通；而中层和高层管理人员工作时间的 66%～87%用于面对面和电话形式的沟通，当然，如果加上阅读和书写文件报告等，用于管理沟通的时间就更多了。

1. 沟通是组织实现目标的重要手段

组织的设立是有着特定目标的，组织的发展也取决于目标的实现，但组织目标的制订、实施和完成，需要组织员工充分交流，统一思想，步调一致。沟通的首要作用是把抽象的组织目标转化为组织中每个成员的具体行动，并使成员意识到实现目标对其的重要意义以及如何能有效地实现目标。

2. 沟通有助于管理者更好地决策

沟通可以提高管理者决策的质量，缩短决策时间。首先，管理者决策前，通过各种沟通形式，收集大量相关信息，供决策者考虑，利用不同的信息数据制订多种决策方案供决策者选择。其次，由于人的“有限理性”，所以，在决策时，很难完全正确认识客观现实，但集中多人的智慧，采取多种选择方案，可以相对减少决策的失误。要实现这一过程，沟通是必不可少的。再次，决策的过程时刻伴随着信息的传递，信息传递的快速、充分与否直接决定了决策的质量和效果。

3. 沟通能有效激励员工

组织管理者的重要职能之一就是激励和影响下属，而主管人员对下属的评价是影响员工积极性的主要方面。研究表明，管理者与员工的定期沟通会提高员工的满意度，从而提高工作效率，降低组织的缺勤率和流动率。在实际的组织活动中，管理人员时刻都在与组织中的其他员工沟通或联系，召开会议，委派任务，交换意见，调查问题等等，如果管理人员掌握良好的沟通技巧，会有效地激发员工的工作积极性，提高员工士气，增强组织内部的凝聚力。

10.1.3 沟通的过程

沟通过程是指一个信息的发送者通过选定的渠道把信息传递给接收者，这个过程的具体步骤如图 10-1 所示。

沟通开始于有某种要被传递的信息或发送者的想法，然后通过发送者和接收

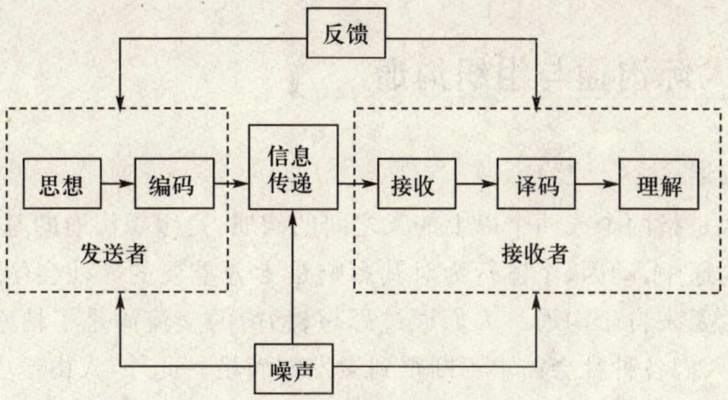

图 10-1　沟通过程的一般模式

者都能理解的方式进行信息编码，并通过连接发送者和接收者的媒介加以传递。它由七个要素构成：信息源、信息、编码、通道、解码、接收者以及反馈。信息发送者把意图进行编码就产生了信息。被编码的信息受到四个条件的影响：技能、态度、知识和社会文化系统。

在管理活动中，信息的传递既可以是口头的或书面的，也可以通过备忘录、计算机、电话、电报或电视。有时人们可以使用两种以上的传递渠道，例如双方可以先用电话达成一个基本协议，然后再用书信予以认可。每种渠道都各有利弊，所以，选择恰当的渠道进行沟通是极为重要的。

沟通中的一个重要步骤是译码，即接收者把信息回译成思想。只有当发送者和接收者对符号的意思持有相同的，或者是类似的理解时，才会有准确的沟通。从图 10-1 中我们还可以看出，沟通经常受到“噪声”的干扰。无论是在发送者方面，还是在接收者方面，噪声就是指妨碍信息沟通的任何因素。为了检验沟通的效果，反馈是必不可少的，因为，在没有反馈证实之前，难以确定信息是否已经得到有效的编码、传递、译码和理解。有许多情境和组织因素也左右着沟通：教育、社会、法律、政治和经济等各种因素，例如，强制性的政治环境会抑制有效畅通的沟通；地理上的距离；时间，它是沟通中必须考虑的因素；组织结构、管理和非管理过程以及技术等。需要指出的是沟通过程的反馈也是十分重要的。

10.2　沟通的类型

沟通按照不同划分标准，有不同的类型。不同类型的沟通方式特点不同，作用也有很大区别。研究沟通的方式可以使我们更好地认识沟通特点与作用，注重利用不同沟通方式各自的优点，避免其消极作用。

10.2.1 人际沟通与组织沟通

1. 人际沟通

人际沟通是指两个或两个以上的人之间的沟通，是组织沟通的基础。

在人际沟通中，动因、个体行为对其影响是十分重要的。社会学研究表明，人的社会属性主要来自于沟通。人们通过思想、感情的交流满足了情感接受和宣泄的需要，使得人们各种社会需求不断得到激发与满足。此外，人由于受自身能力的限制，必须要与他人进行分工与协作，才能保证任务的实施和完成。只有善于与人沟通，才能更好地生存和实现目标。

关于人际沟通必须注意以下几个特点：首先，人际沟通主要是通过语言（或语言的文字形式）来进行的。其次，人际沟通不仅是消息的交流，而且包括情感、思想、态度、观点的交流。再次，在人际沟通过程中，心理因素有着重要的意义。最后，在人际沟通过程中，会出现特殊的沟通障碍。这种障碍不仅是由于沟通通道（即传递）的失真或错误，还可能由于人们所特有的心理障碍所产生。如由于人的知识、经历、职业、政治见解的差异，对同一信息可能有不同的体会和解释。因此，在研究人与人之间的沟通时，需要了解和研究它的特殊规律。

在人际沟通中，不可忽视的一点是个体行为对沟通的影响。信息的传递和理解是与信息发送者和接收者的个体因素密切相关的。由于受人的知识水平、思维能力、情感、个性、动机、感知信息的方式及人们在社会中的角色等因素的影响，沟通中的信息传递与接收会发生变异，从而影响沟通的效果。

2. 组织沟通

组织沟通是指组织内部人与人、部门与部门之间，以及组织内部与外部之间进行的信息交流或传递活动。在一个组织内部，既存在着人与人之间的沟通，也存在着部门之间的沟通。良好的人际沟通是进行组织中部门之间沟通的前提，有效的部门之间沟通又是管理者组织协调各部分之间关系的重要条件。因此，影响组织沟通的因素除了人际沟通中的因素之外，还有影响组织生存的各种环境因素。在管理活动中，各种沟通方式和方法的效果与检验都应置于组织中。

在组织内，成员间所进行的沟通包括正式沟通、上行与下行沟通、平行沟通等各种形式。组织沟通与人际沟通最大的差别是人际沟通主要体现一种平等关系，而组织沟通更多地体现为上下层级之间的关系。由于其特殊的组织角色关系，沟通会出现一些问题。例如，下级在组织内的发展前途，在相当大的程度上受上级所左右。这使得下级在与上级接触时，心态并不完全正常，许多情况下会揣摩上级的喜好来交流信息，对沟通的内容进行筛选。研究表明，上下级之间的沟通会导致较大的信息缺失。

10.2.2 正式沟通与非正式沟通

1. 正式沟通

正式沟通就是通过组织明文规定的渠道进行信息传递和交流。这类沟通代表组织，比较慎重。例如，组织规定的汇报制度、定期或不定期的会议制度、上级的指示按组织系统逐级下达，或下级的情况逐级上报等等。正式沟通的优点是：沟通效果好，比较严肃，约束力强，易于保密，可以使信息沟通保持权威性。组织内重要的消息和文件传达，组织的决策等，一般都采取这种方式。其缺点在于，由于靠组织系统层层传递，要遵照既定的程序，沟通的成本相对较高，而且沟通的速度慢，同时存在着信息失真的可能。

按照古典管理理论，沟通应遵循指挥和层级系统进行。因此，在组织中存在着上行沟通、下行沟通和交叉沟通三种形式。

上行沟通是指下级的意见、信息向上级反映。这种沟通经常受到沟通环节上的主管人员的阻碍，他们把信息过滤并且不把所有信息，特别是不好的信息向上级传送。就沟通的目的而言，客观地传送信息至关重要，因为这是主管人员掌握全面情况，作出符合实际决策的前提。上行沟通主要是启发式的，它通常存在于参与式的和民主的环境之中。有效地进行上行沟通需要有一个使下属可以自由沟通的环境。组织气氛在很大程度上受上级管理部门的影响，因而，创造上行沟通这样一个环境的责任在很大程度上应由上层管理部门承担。

下行沟通是指自上而下的沟通，是信息从高层次成员向低层次成员的流动。这种沟通方式在具有独裁主义气氛的组织中较常使用。主管人员把组织目标、规章制度、工作程序等向下传达，这是保证组织工作进行的重要沟通形式。遗憾的是，信息向下属指挥系统传送时往往被遗漏或曲解，而最高管理部门所实施的政策和工作程序并不能保证信息的有效沟通。事实上，许多指示并未被下属所理解，甚至连看都没看过。因而，要知道接收者是否按照发送者的意图去理解信息，必须要有一个信息反馈系统。

交叉沟通是指同一级之间，或对角线即处于不同层次的没有直接隶属关系的成员之间的沟通。这种沟通方式能加速信息的流动，促进理解，并为实现组织的目标而努力协调各方面的关系。

2. 非正式沟通

非正式沟通是在正式沟通渠道之外进行的信息传递或交流。例如，职工私下交换意见,议论某人某事等等。现代管理中很重视研究非正式沟通。因为人们的真实思想和动机往往是在非正式沟通中表露出来的。这样的沟通中,信息传递快而且也不受限制,起着补充正式沟通的作用。但这两者之间的界限不是绝对的,有时是很难区分的。

非正式沟通源自于非正式组织成员间感情和动机上的需要,其沟通途径是通过组织内的各种社会关系,这种社会关系超越了部门、单位以及层级。非正式沟通的途径与正式沟通有较大的差别,具有相当的弹性,它可以是横向流向,或是斜角流向,传播速度比较快。在许多情况下,来自于非正式沟通的信息反而获得接收者的重视。

从某种意义上说,非正式沟通对于组织的正式沟通也是十分重要的,有些时候,非正式沟通并不一定是正式沟通的补充,甚至成为主导的沟通方式。许多不愿意通过正式沟通或正式沟通效果不好的信息,可能采用非正式沟通的形式。当然,这种沟通要适度,过分依赖有较大的风险。由于这种沟通多半是口头方式,信息传播人不负责任,没有证据,信息遭受歪曲或发生错误的可能性较大,会对组织的正式沟通造成较大的干扰。

一般来讲,由于非正式沟通不必受到规定手续或形式的限制,比正式沟通还难以预测和分析。这在专业领域被称为"葡萄藤"(grapevine)用以形容它枝繁叶茂,随处延伸。研究表明,非正式沟通是小团体、小圈子交流的最重要形式。

在传统的管理理论中,通常认为非正式的沟通是消极的,管理者应该将其减少到最低程度。但即使是在极其规范的正式组织中,非正式沟通现象的存在也是根深蒂固的,无法完全消除的。小道消息盛行,却反映了正式渠道的不畅通。这就有必要通过各种渠道把信息告诉人们,以防止那些不利于或有碍于组织目标实现的小道消息的传播。事实上我们应正确认识非正式沟通,要减少由非正式沟通带来的消极作用,并对其加以适当利用。例如,组织中的主管利用非正式网络沟通中"转播站"的核心地位,传达一些正式组织沟通不宜的信息,或了解情况的信息,一是可以使信息传播比正式沟通更迅速,二是可以了解信息接收者的真实反映,有利于沟通者采取一些补救措施。

10.2.3 语言沟通与非语言沟通

1. 语言沟通

语言沟通是借助于语言进行的沟通。由于语言是一种十分复杂、严密而又弹性极强、容量极大的音义结合的符号体系,因此,它的表达手段丰富纷繁,表现内容包罗万象,使用范围极其广泛。在管理沟通中,语言沟通主要包括:谈话、报告、讨论、讲授、电话交谈等。

利用语言沟通必须了解语言在使用中的主要特点,才能有效提高沟通的效果。语言的模糊性是其主要特征,但它不同于语言的含混性。前者是客观存在,后者是使用者的问题。例如,一个主管可能说:“昨天晚上下大雨,所以小张没来。”前一句话的语言是一个模糊性的问题,大雨的概念我们很难界定,多大的雨是属于大雨。但后一句话的语言则是含混性,小张没来是应该他值班没来,还是个人要取东西没来。很可能是讲话者有意含混讲话的含义,为没来值班的人开脱责任。

语言包括书面语言和口头语言。与口头语言相比,书面语言比较规范、准确、周密、逻辑性强,条理清晰,也具有权威性。在组织活动中,书面语言沟通包括报告、备忘录、信件、组织内发行的期刊、布告、合同、协议、规定、通知以及其他任何传递书面语言或符号的手段。它的优点是沟通双方一般都有文字记载,信息可以长期保存,便于事后核实,也可以使接收者反复阅读,又可以把传送的情报作为档案或参考资料保存下来,往往比口头沟通更为仔细。组织中的正式沟通多采用书面语言沟通方式。需要指出,书面沟通也有缺陷,耗时较多,缺乏灵活性。同样时间的交流,口头语言要比书面语言表达的信息多得多。一般一小时书写的内容,十分钟就可以读完。其次,由于书面沟通不能像口头沟通那样使接收者对其所听到的信息及时提出自己的看法,缺乏及时的反馈也是书面沟通的缺点。

与此相对应,口头沟通也是组织沟通的重要形式。它的特点是形式灵活多样,用途广泛,信息传递速度快,可以在最短的时间内直接得到对方的反馈,并且可以反复交流。但口头沟通也存在明显缺陷,即信息传递中易失真。由于信息是经过多人口头传递,每个人都以自己的方式来解释信息,依次经过几个环节后,信息内容可能会发生很大歪曲,这也是专家研究证实的。另外,由于是口头传递,事后难于准确查证。所以,组织中正式沟通一般避免只采取口头沟通的方式。

2. 非语言沟通

2008年中国汶川大地震,人们永远不会忘记谭千秋的事迹。当救援人员撬开压在谭千秋后背上的混凝土板时,他的胳膊像钢筋铸成的一样,紧紧地搂着四个没有跑出去的孩子,他牺牲了,孩子得救了。他的救人姿势已不是一种简单的体态语言,而化作一种力量,一种民族的力量。也是在这次地震中,一位母亲离去了,但她怀中的婴儿活了下来,在她旁边的手机中留有这样一条短信:“孩子,如果你还活着,记得我爱你。”一条留言,诠释了母亲对儿女的爱。

非语言沟通有多种方式,人们在沟通中常用的非语言沟通形式主要有体态语言、物体的利用、环境布置以及声光信号等形式。

体态语言主要是用手势、面部表情、说话声调、语气和身体姿态等形式来实现的。例如,管理者与其下属交谈时,常常可以通过其眼神和面部表情来判断所讲的话是否为对方所理解，是赞同还是反对。

体态语言更多的时候可以加强或否认语言沟通的效果。特别是面对面交谈时，人们习惯于通过对方的表情、姿势、装束等非语言信号得到许多有价值的信息并据此作出评价。在一项关于交流的研究中，梅拉拜恩(Mehrabian)测算出，一般观众把他们的注意力的50%放到讲话者的说话方式上，42%的注意力投向讲话者的形象上，仅有8%的注意力放到讲话的内容上。“身势学”的杰出学者伯德惠斯戴尔(R. Birdwhistell)曾提出，在两个人的互动场合中，有65%的“社会含义”是通过非语言方式传递的。

非语言沟通之所以重要是因为人们的体态语言在很大程度上是无意识的，因而能更真实地表明人的情感和态度。例如，如果对方的讲话引起你的注意，你会不自觉地将身体前倾，目光关注。如果对方的观点引起你的共鸣，会产生会心的微笑等，这都是很容易被对方捕捉的沟通信号。有项研究表明，在工作的早期阶段，老板对新员工身上的“敌意”、“烦躁”等不良特性，就是通过面部表情和身体语言获得的，而一旦老板获得这样的印象，就很难改变。

许多情况下，非语言沟通主要是辅助语言沟通，起进一步强化的作用。英国学者阿盖尔认为非语言沟通有三个作用：一是处理、操纵直接的社会情景；二是辅助语言沟通；三是代替语言沟通。研究也表明，当人们发现语言和非语言沟通所表达的信息不一致时，人们通常根据非语言沟通所表达的信息来判断。

人与人的空间距离也是体态语言的一个重要部分。美国学者霍尔研究证实，人在文明社会中与他人进行交往而产生的关系是通过空间距离的大小来衡量的。可划分为四种距离：①亲密距离。人们在交往时相互保持的距离为0～60厘米。②私人距离。人们的交往距离为60厘米～1.5米。③社交距离。人们交往时的距离一般为1.5～4米。④公众距离。人们的交往时距离要在4米以上。当然，这种空间距离是与人们的心理距离密切相关的，心理距离越近，交往时的空间距离也就越近。但在管理活动中，空间距离与一个人的身份地位有密切关系。在组织中，身份地位越高，拥有的空间也越大，同时能受到更好的保护，通常有秘书或助理帮助其协调工作，而且越容易进入较低地位员工的领域。

此外，人们也常通过物体的运用、环境布置等手段进行沟通。例如，管理过程中的正式交谈活动，人们特别重视交谈环境的布置。选择什么形状的谈判桌，怎样安排会谈人员的座位等都要精心考虑。比较大型、重要的会谈，桌子可选择长方形的，代表各据一面。但如果会谈规模较小，或会谈人员比较熟悉，可以选择圆形桌子，消除长桌那种正规、不太活泼的感觉。有时还可以采用任意排位方法就座，它适合于小规模的、双方都比较熟悉的交谈。此外，声和光的信号在人们的沟通中也起着重要作用。例如，十字路口的红灯告诉我们不可以通过街道。商业街区中的各种霓虹灯广告向顾客传递着各种产品信息。

3. 电子媒介沟通

随着科学技术的发展,电子媒介在信息传递过程中的作用越来越大。除了常用的电话、传真、电报、闭路电视等手段外,计算机以及网络技术和无线通讯技术已在人们生活中扮演了重要角色。电子媒介、电子商务和电子邮件的使用越来越普遍,不仅各类组织沟通离不开这种现代信息传递方式,即使是在人类的生活方式中,这种沟通也成为主要形式。一项研究表明,在一个大公司中,由于使用电子邮件,人们打电话的时间减少了 80%,办公之间的信件减少了 94%,复印件减少了 60%,备忘录减少了 50%。全球最大的计算机企业——IBM 公司拥有 31.6 万名员工,有 75%的员工经常使用及时信息传递软件进行沟通和协同工作。联想和惠普公司利用现代信息网络技术实现无纸化办公。信息技术的出现和应用,从根本上改变了社会成员沟通的方式,使电子媒介成为当今社会的基本沟通手段。

利用电子媒介进行沟通的方式具有传递信息快、信息容量大,信息可以同时传递给多人的特点。而且在沟通过程中不仅大大降低了沟通成本,有效地缩短沟通时间,沟通的信息失真、无法面对面等问题也都得到了有效的解决。电子信息技术从根本上改变了组织内部的沟通模式,极大地提高了管理者控制员工的技能,也使团队管理、协调能力有机结合,为员工提供了更多的加强合作和共享信息的机会。

对管理沟通最有影响的信息技术领域主要是计算机网络系统和无线通讯技术。

10.2.4 单向沟通与双向沟通

1. 单向沟通

单向沟通是指信息朝一个方向前进,信息发送者与信息接收者之间的地位不发生变化,比较典型的沟通形式有作报告、发指示、作讲演等。这种沟通的特点是速度快、秩序好、无反馈、无逆向沟通,但接收率低,接收者容易产生埋怨和抗拒心理。严格讲,单向沟通不属于真正意义上的沟通,而只是一方把沟通的内容传达给另一方,没有反馈,效果显然不理想,但是不能因此而否定单向沟通。一般说来,例行公事、有章可循、无较大争论的情况,可采用单向沟通。

单项沟通由于只强调单一的信息传递,不要求反馈,所以具有传递速度快、传播范围广、传递模式简单的特点。在规模较小的组织或特定组织中,单向沟通十分重要,甚至占有主导地位。如军队系统的沟通,单向沟通模式被普遍采用,主要因为其快速反应和快速行动的特点。

在组织中，下行沟通也常常是单向沟通，以利于管理者将任务或目标有效地传达给下属，并使下属快速有效地完成。

2. 双向沟通

双向沟通是指信息发送者与信息接收者之间的地位不断发生变化，信息在两者之间反复变换传送方向的沟通模式，如交谈、协商、会谈等。这种沟通的特点是速度慢、气氛活跃、有反馈、实收率高，接收者能表达意见。但信息发送者有一定的心理压力，因为要随时准备接受信息接收者的反馈意见，许多时候是一种批评或建议。

双向沟通在组织沟通中十分重要，这主要是基于沟通过程中有反馈、交流，能更好地实现沟通的目的。在组织中，面对面交流、电话交谈、小组会议、电子邮件、电话会议、可视会议等都是典型的双向沟通模式，能很好地实现信息资源共享。

上行沟通是一种典型的双向沟通模式。信息从下属人员流向管理者，目的是使管理者了解下属人员的工作并提出要求或做出进一步的指示、命令、建议等。管理者也借此机会来获得改进工作的意见，或对下属情况做进一步的了解。在组织沟通中经常采用的下属提交工作绩效报告、合理化建议、员工恳谈会等都是双向沟通的形式，但许多组织将此变成了单向沟通。例如，员工提了合理化建议，管理层并不作出反馈，这样就影响了员工提建议的积极性。

10.2.5 直接沟通与间接沟通

1. 直接沟通

直接沟通是指沟通双方或多方直接进行有效的接触与沟通，而不经过任何中间环节。直接沟通是组织内部沟通最有效的方式之一。组织应该鼓励成员之间在工作上的直接沟通，这样会收到良好的效果，也有利于组织成员间合作关系的建立以及工作上的有机配合。但需要指出的是直接沟通也可能导致组织成员间拉帮结伙，形成私下的小圈子，影响组织的正式沟通效果，最终对组织的发展不利。

研究表明，在沟通中，比较有效的沟通模式是直接沟通、双向沟通和口头沟通。美国学者曾对经理层进行了一项调查，请他们选择较好的沟通方式，结果55%的经理认为直接听口头汇报最好，37%的人喜欢下去检查，18%的经理喜欢定期会议，25%的经理喜欢下级写汇报。另外一项调查是问询经理们在传达重要政策时，哪种沟通方式最有效。被调查的共51人，选择召开会议作口头说明的有44人，亲自接见重要工作人员的有27人，在管理公报上宣布政策的有16人，在内部备忘录上说明政策的有14人，通过电话系统说明政策的仅有1人。这些都说明人们倾向于直接沟通、口头沟通和双向沟通。日本不提倡领导者单独办公，主张采取集体办公的方式，使管理层能及时准确地掌握第一手资料和信息。

2. 间接沟通

间接沟通泛指面对面交流以外的各种沟通模式。这种沟通模式是信息发送方与接收方不直接接触，而通过各种中间媒介传送信息。它可以有效避免双方直接沟通的不便或尴尬，也可以解决直接沟通无法解决的多方同时沟通的问题。比较来看，间接沟通有着成本低、效率高、时间短、信息量大的特点，特别是利用互联网进行的信息沟通，其范围远远超出了地理边界的界限。需要指出，间接沟通在很多情况下是通过第三者进行双方或多方的沟通。通过第三方进行沟通，可以传达沟通双方不便直接表达或传递的信息，而沟通中产生的误解、发生的矛盾也可通过第三方进行解释和调节。

间接沟通也可以借助快速处置人员和联络人员。在信息沟通过程中，也常常会出现一些矛盾。例如，接收者对某些信息有成见或对信息发出者不信任甚至怀有敌意，可能不听、不看其传递的信息；有时来自不同地方或同一地方的信息是互相矛盾的，对此接收者可能置之不理，也可能会随自己的喜好来选择，最终造成信息的失真，使信息失去意义。为了应对这些经常出现的情况，主管人员可以使用快速处置人员和联络人员。快速处置人员的责任是，帮助信息接收者选出一些适宜于优先处理的事情，以弥补信息沟通不佳造成的缺陷。而联络人员则充当了信息发出者与信息接收者之间传递信息的中间人，从而节约了时间。同时他们还负有解释信息的责任，这也是为了弥补信息沟通不佳的缺陷。

10.3 沟通的障碍

在实际生活或工作中，从信息发送者到信息接收者的沟通过程并非都是畅通无阻的，其结果也并非总是如人所愿。由于沟通过程中诸多沟通要素的存在，尤其是各种干扰源的存在，导致沟通过程中会出现各种障碍，导致沟通失败或无法实现沟通目的。沟通中的障碍主要包括以下方面。

1. 过滤

过滤是指信息发送者故意操纵信息，使信息显得对接受者更为有利。比如，管理者告诉上司的信息都是上司想听的。常规状态下，对信息处理的人会因个人利益和对信息重要性认识的不同对信息进行过滤。组织的层级数越多，过滤的机会就越大。

2. 知觉障碍

所谓知觉，是指人对现实的认识。世界上很难找出两个人接受过完全相同的训练和拥有完全相同的生活经验，因此，也很少有两个人能够对事物具有完全相同的看法，所以信息发布者的原意和信息接收者的译解并不一定完全一致。在沟通过程中，接收者往往会把自己的兴趣和期望带进所接受的信息中，根据自己的需要、动机、经验、背景及其他个性特征有选择地去看或听信息，这样，由于经历、知识结构的差异而产生不同的知觉，就出现了沟通障碍。如果一位面试主考官认为刚毕业大学生缺乏实际工作经验，需要企业一段时间的培养才能胜任工作，则无论求职的刚毕业大学生多么优秀，该面试主考官都会存在这种倾向。

3. 语言文字障碍

管理者表达其观点的方法一般使用语言文字。语言文字是沟通的基础。语言障碍的浅层表象主要指口齿不清、乡音过重、词不达意以及误传等，但从更深层次看，语言障碍不在于词汇，而在于使用者的年龄、教育和文化背景三个变量，它们直接影响着一个人的语言风格以及他对词汇的运用。文字障碍则是指以有限的文字表现无限的意思，往往不能尽言。文字的意义不止一种，对某些行业的人来说，文字又有其特别的意义，相同的文字在不同的地方有不同的意义。如果信息发布者对所用的语言文字的解释与信息接收者不同，障碍就产生了。

4. 地位障碍

艾伯斯（Henry H. Albers）曾经说过："个人地位是促成个人在组织中的高低位置的各项属性的总和。"个人地位影响沟通主要表现在这样几个方面：

(1)管理者不了解沟通的重要性，因而对此也不重视。

(2)管理者多存有"自以为是"的观念，认为自己一切都比部属强，所以，不让部属表达意见。

(3)管理者有"民可使由之，不可使知之"的观念，认为部属只要听命就可以，不必多问。

(4)部属的自卑感作祟，认为管理者并不重视其地位与意见，所以，不必多向上司报告，以免引起上司讨厌。

(5)上司对部属发布的信息停留于官样文章，常宣传一番，不承认错误，也不讲困难所在。

(6)部属对上司的报告，多流于吹牛拍马，专讲好话，歪曲事实，虚报数字，隐瞒真相。

(7)管理者的需要与部属的需要不一致，观念不同，利害不一，成为沟通的障碍。

5. 组织障碍

组织本身如果过于庞大，层次过多，发生辗转相承，浪费时间，信息有可能被过滤，会产生信息传递失真或延误，或者有的组织过于分散，不易进行面对面的沟通。在管理中，上述情况并不在少数。大企业病最典型的表现之一就是企业对市场反应迟缓，机制不灵活。其主要原因就是信息传递不畅。

6. 信息超负荷

管理失误或冲突的产生被许多人认为是信息沟通不够造成的，但还有一种现象也应引起管理者的注意，就是信息沟通过度也会造成上述问题。研究表明，大量的信息流动有助于克服信息沟通中的不畅问题，但是，不受限制的信息流动会导致信息超负荷，进而导致一系列问题：①人们可以无视某些信息，例如，一个人收到的信件太多，干脆就把应该答复的信件也置之不顾了；②一旦人们被信息过载所困扰，在处理中就会出差错。最常见的就是人们会把信息所传送的“不”字忽略了，从而使原意颠倒；③信息过量，可能会降低人们的工作效率，无限期地拖延处理信息的时间；④人们会对信息进行过滤，很可能忽略了关键性的信息；⑤人们会干脆从沟通中脱身以对待信息超负荷的情况。综上所述，由于信息超负荷，人们会把信息束之高阁或者不进行有效沟通。

7. 性别障碍

斯蒂芬·P. 罗宾斯(Stephen P. Robins)认为男女差别在沟通中可以产生显著的误解。研究表明，男女沟通中，女性提出问题是为了获得支持和联系，而不是获得男性的建议。男性常常抱怨女性总是在不停谈论自己的问题，女性则批评男性从不认真倾听。

8. 社会环境障碍

社会环境障碍主要是指社会中的生活方式、价值观、态度体系等方面要素对沟通的影响。社会环境障碍也可以理解为民族文化差异障碍。例如，在美国的社会文化背景下，组织中的上下级沟通较为民主，下级可以直接向上级提出自己的意见。而在日本的公司中则是等级森严，沟通一般都是逐层进行的。因此，在日本公司中，人们之间的跨层级正式交往非常慎重。

9. 其他

除了上述障碍外，还有其他许多影响有效沟通的障碍，如人的情绪、态度、注意力等方面。人们往往以他们想要了解或喜欢的事物为知觉基础，这意味着在信息沟通中人们听到了要听到的信息，却忽略了其他相关的信息。态度是一种有关事实或事态的心理定位，显然，倘若人们已经认定了什么，那么就不可能客观地聆听别人的说话，多数情况下会根据自己的主观意见解释沟通的信息，从而导致信息失真。

10.4 提高沟通的有效性

虽然在沟通过程中存在着各种各样的障碍,但在现实中我们仍然可以通过主观努力有效地跨越这些障碍。沟通不仅是一门科学,更是一门艺术,因此,学习和掌握有效沟通的方法和技巧就显得格外重要。

1.有效沟通的原则

沟通在管理上一定要遵守以下四项原则:

(1)确立问题

美国学者杜威曾经说过:问题的明确叙述,便解决了其本身的一半。除非主管人员本身建立了清晰的观念,并认清了问题的本质,否则他将无法给人以清晰的印象,唯有认识问题,才能去收集资料,选择最佳的意见沟通方式。

(2)征求意见

通常,企业管理所面对的问题都是复杂而涉及面广,并非某一两个人能解决。所以,在做决定之前,最好能与有关人员磋商,征求部属人员的意见。这种方式有三个优点:①可以借他人验证意见的正确性;②收集他人的想法与建议,将有助于对问题设想得更周全;③由于部属人员有参与机会,可以减少措施推行的阻力,赢得更大的支持。

(3)双向沟通

所谓双向沟通,是指公司中上行下达的意见畅通无阻,部属员工有充分表达意见的机会。公司主管人员在传达意见时,必须考虑传达的内容、对象、方法等,同时还应该顾及许多组织上与心理上的问题。一般而言,公司组织内各种不同层级的人员,对于一项问题与措施的看法与想法均有不同,某种本人能理解的话语,并不一定全都为他人所理解。所以,双向沟通十分重要,以使下情能有所上达,来清除地位上的障碍,增进彼此之间意见的了解。

(4)强调激励

在公司中,意见下达时,应注重激励,以使部属员工不但能了解其命令,而且在了解以后能欣然产生工作的意愿。这种效果的达成,有赖于双向沟通的推行,以提高部属员工的工作情绪与效率。

2.有效沟通的常用技巧

沟通问题是很多项目失败的根本原因。日常工作中出现的沟通失误可能导致成员间冲突,继而破坏团队合作。沟通的技巧有成千上万种,它们对各种规模、各种复杂程度的项目都非常有用,本书仅就共性的问题加以阐述。

(1)感受性的培养

管理者改善其沟通的首要一项,是应该培养其对部属需要的感受性。虽然说许多管理者都认为他们够敏感了,但是,事实上,他们不如其想象得那样能了解一切,也不如其想象得那样敏感。

进行感受性培养,关键是让部属能有公开、坦诚地说话的机会,使组织内部得以建立一种正确的信息上达渠道。

(2)运用通俗易懂的语言及复述的语言

管理者必须使用人人都能懂的语言。领班对他生产线上的职工说话,必须适当地选用他的词句;同样,执行人向董事会做报告,也必须适当地选用他的词句。有效沟通,虽然经常因信息接收者不同而异,但词句必须明确、易懂。有个办法,就是运用"复述语言"。有时候,一条信息第一次不能为人完全掌握,复述一次便能为人了解了。此外,还有一个办法,是渐进式的传送信息,以求一步一步地确立信息的要义。

(3)避免不良的聆听习惯

在管理者的一天工作中,其用于沟通的时间平均约占70%。尼柯斯曾经做过一项研究,将管理者的沟通做了分析,估计其用于撰写的时间约占9%,用于阅读的约占16%,用于言谈的约占30%,而用于聆听的则高达45%。可是,管理者的聆听时间虽多,但不能算是一位"好听众"。据尼柯斯估计,人在聆听一段10分钟的谈话时,大约只有25%的效率。而一位管理者能获得评估其部属人格的资料,主要是靠聆听部属的谈话而来的。这样的聆听效率确实让人感到灰心。

为了提高聆听效率,成为一位有效的聆听者,必须先克服最常见的不良聆听习惯。一般说来,不良的聆听习惯有下列10项:

①对主题缺乏兴趣。听者不肯静下心来,聆听对方的意见,反而一开始便对谈话的主题没有兴趣。

②受对方姿态的吸引。听者一味重视对方说话的姿态,而忽视了对方谈话的内容。

③过分激动。听者刚听到对方某项他所不同意的意见,便不肯再听下去,从而对对方的其他信息一概抹杀。

④仅重视事实,而不注重原则或推论。我们知道,仅靠事实,很难表达全部的真相,必须伴以必要的原则和推论,才足以显示每一个细节。

⑤过分重视条理。有人说话条理分明,有人说话有欠条理,对于有欠条理的人,除非是对他的话深入研究,否则是不易理解的。而一位好听众,在聆听他人说话时,自然应该有相当的容忍性。

⑥乔装的注意。

⑦逐渐分心于他事。

⑧对较难的言词或技术性的言词不求甚解。

⑨情感性的言词,影响聆听。每当对方的言词带有情感性时,听者便常有不能集中注意力的可能。

⑩思考力的浪费。大致说来,一般人说话的速度(英语)约每分钟 125 字,但是,大脑的处理能力却几乎五倍于此数。因此,如果说话时间过长,听者便容易分神。

3. 有效沟通应注意的问题

(1)沟通前先要将概念澄清。沟通内容不能事先妥善计划好,就是一项损失。管理者倘能有系统地对沟通信息加以思考,将信息接收者及可能受到该项沟通影响者一一加以考虑,则此缺失当能克服。须知对一条信息倘能做系统分析,则沟通更能明晰。

(2)检讨沟通的真正目的。管理者必须自行检讨,做此沟通真正希望得到的是什么?确定了沟通目的,则沟通的内容自然易于规划了。

(3)应该考虑沟通时的一切环境,包括现实环境和人性环境等。诸如此类的问题对沟通的成败常有很大影响。现实背景、社会环境、过去沟通的情况,等等,都应一一研究,以期沟通的信息得以适合此等环境情况。

(4)计划沟通内容时,应尽可能取得他人的意见。处理一项沟通,应如何获得更为深入的看法,最好的办法便是与他人商议。而且,既然已与他人商议,自然也易于获得其积极的支持。

(5)沟通时,固然应注意内容,同时也应注意语调。听众不但受信息内容的影响,也受如何表达该条信息的影响。例如,声调的高低、面部的表情,以及词句的选用等,均将影响听众的反应。

(6)可能时,尽量传送有效信息。对人有利的事情最易记住。故而管理者若希望部属能记住他的信息,则表达时的措词等应处处考虑对方的利益和需要。

(7)应有充分的反馈。管理者在沟通时必须同时设法取得反馈。部属是否确已了解,是否愿意遵行,是否采取适当的行动,等等,均需获取其反馈。

(8)沟通时,不仅着眼于现在,也应着眼于未来。大多数的沟通,均是为求切合当前情况的需要。但是,沟通也不应该忽视与长远目标的配合。比如,一项有关如何改进绩效与提高士气的沟通,固然是为了处理眼前的问题,但同时也是为了改善长期的组织效率。

(9)言行一致。倘若管理者口头说的是一回事,而实际做的又是另一回事,则他便是自己将自己的指令推翻了。举例来说,一位管理者发出了一份通告,规定人人应于早上八点到达办公室,而他本人迟至十点才露面,则难以要求大家不迟到了。部属人员一般均对于诸如此类的管理行为极为注意。主管一有不是,他们便将对主管的指令打一个折扣。

(10)成为一位好听众。管理者在听取他人陈述时应专心注意对方,才能明白对方说些什么。

(11)要抑制情绪。情绪能使信息的传递严重受阻或在传递过程中歪曲。当管理者对某事十分失望时,很可能会对所接受的信息产生误解,也很难将信息准确表达出来。

本章学习小结

1.在每一项管理工作中相互沟通都是必不可少的,有时是组织内部之间的沟通,有时是组织与外部之间的沟通。

2.沟通是人与人之间特有的联系方式,是人与人之间关系的一种放大,因而是一种重要的管理方式。

3.管理沟通课程的基本目标是使学生建立管理沟通意识,并掌握基本的个人沟通技巧;期望目标是使学生了解和掌握组织中高层管理人员应当具备的管理沟通知识和能力。

4.管理沟通是管理的核心和灵魂。没有沟通,管理只是一种设想和缺乏活力的机械行为。

5.管理沟通是创造和提升组织精神和组织文化,完成组织管理根本目标的主要方式和工具。

综合案例

斯塔福德航空公司

斯塔福德航空公司是美国北部一个发展迅速的航空公司。然而,最近在其总部发生了一系列的传闻:公司总经理波利想卖出自己的股票,但又想保住自己总经理的职务,这是公开的秘密了。他为公司制订了两个战略方案:一个是把航空公司的附属单位卖掉;另一个是利用现有的基础重新振兴发展。他自己曾对这两个方案的利弊进行了认真的分析,并委托副总经理本杰明提出一个参考的意见。本杰明曾为此起草了一份备忘录,随后叫秘书比利打印。比利打印完后即到职工咖啡厅去,在喝咖啡时比利碰到了另一位副总经理肯尼特,并把这一秘密告诉了他。

比利对肯尼特悄悄地说:“我得到了一个极为轰动的最新消息。他们正在准备成立另外一个航空公司。他们虽说不会裁减职工,但是,我们应该联合起来,有所准备啊。”这话又被办公室的通讯员听到了,他立即把这消息告诉他的上司巴巴拉。巴巴拉又为此事写了一个备忘录给负责人事的副总经理马丁,马丁也加入了他们的联合阵线,并认为公司应保证兑现其不裁减职工的诺言。

第二天,比利正在打印两份备忘录又被路过办公室的探听消息的人摩罗看见了。摩罗随即跑到办公室说:“我真不敢相信公司会做出这样的事来。我们要被卖给联合航空公司了,而且要大量削减职工呢!”

这消息传来传去,3天后又传回到总经理波利的耳朵里,波利也接到了许多极不友好,甚至敌意的电话和信件。人们纷纷指责他企图违背诺言而大批解散工人,有的人也为与别的公司联合而感到高兴,而波利则被弄得迷惑不解。

问题

1. 请解释斯塔福德航空公司在私下传闻中所发生的一切。

2. 总经理波利怎样才能使问题得到澄清?请设想3个方案。

3. 公司内存在非正式沟通,是否有可能将之关闭,如何关闭?

自测题

一、单项选择题

1. 双方或多方直接进行有效的接触与沟通,而不经过任何中间环节,这种沟通是( )。

A. 大众沟通　B. 人际沟通　C. 直接沟通　D. 间接沟通

2. 信息发送者故意操纵信息,使信息显得对接受者更为有利,这在沟通障碍中被称之为( )。

A. 有效沟通　B. 过滤　C. 组织障碍　D. 知觉障碍

3. 各部门经理间的沟通,团队成员之间的沟通等都属于( )。

A. 上行沟通　B. 下行沟通　C. 横向沟通　D. 竖向沟通

4. 沟通中的一个重要步骤是( ),即接收者把信息回译成思想。

A. 反馈　B. 译码　C. 过滤　D. 信息源

5. 下列情况下,适合使用单向沟通的是( )。

A. 时间比较充裕,但问题比较复杂

B. 下属对解决方案不易接受

C. 时间非常紧迫，上级对突发事件经验丰富

D. 下属能对解决问题提供有价值的信息和建议

6. 人际沟通中会受到各种“噪音”的影响，这里所指的“噪音”可能来自于(　)。

A. 沟通的全过程　B. 信息传递过程　C. 信息解码过程　D. 信息编码过程

7. 一项研究结果表明，一线管理者将80%的工作时间用于沟通，而在其所有的沟通活动中，有45%的时间用于“听”，30%的时间用于“说”，16%的时间用于“读”，9%的时间用于“写”。根据这一研究结果，不正确的说法是(　)。

A. 在沟通活动中，一线管理者45%的时间在接收信息，30%的时间在发送信息

B. 这一研究结果表明一线管理者的主要职能是领导，比如说指导和指挥

C. 一线管理者进行口头沟通的时间比书面沟通的时间多了两倍多

D. 有效的沟通是一线管理者开展管理工作的基础

8. (　)的优点是持久有形、能够核实、更加缜密、促进政策和程序保持一致等。

A. 书面语言沟通　B. 口头语言沟通　C. 非语言沟通　D. 双向沟通

二、多项选择题

1. 以下情况哪些属于编码问题(　)。

A. 中文翻译成英文　B. 接收电报　C. 将设计思路转化成图画

D. 将书籍内容转化为自己的知识　E. 将想法变为计算机语言

2. 沟通的目的，主要表现在(　)。

A. 以最有效果和效率的方式来组织人力资源及其他资源

B. 树立领导的权威

C. 领导和激励人们并营造一个人人想要作出贡献的环境

D. 控制组织目标的实现

3. 下列情况下，不适合使用单向沟通的是(　)。

A. 时间比较充裕，但问题比较棘手

B. 下属对解决方案的接受程度至关重要

C. 上级缺乏处理负反馈的能力，容易感情用事

D. 下属能对解决问题提供有价值的信息和建议

E. 组织规模比较小时的沟通

4. 克服沟通中障碍的准则是(　)。

A. 创造一个相互信任、有利于沟通的小环境

B. 加强平行沟通，促进横向交流

C. 明确沟通的重要性，正确对待沟通

D. 培养“听”的艺术

E. 缩短信息传递链，拓宽沟通渠道

5. 电子媒介沟通包括（　）。

A. 体态　　B. 讲座　　C. 备忘录

D. 互联网　　E. 传真

6. 下列属于积极倾听技能的是（　）。

A. 在别人说话时，注视对方

B. 用自己的话复述对方的话

C. 通过提问以保证理解

D. 不时打断对方的发言，以便及时表达自己的观点，形成沟通

E. 不时看手表确认时间

三、判断题

1. 编码是指信息接收者的思维过程。（　）

2. 译码是指信息发送者的思维过程。（　）

3. 在传递信息的过程中，接收者得到的信息与发送者的本意可能相似也可能不同。（　）

4. 人们说话的速度不会影响听者对信息的接收和理解。（　）

5. 低效的沟通是发送者造成的。（　）

6. 水平沟通在雇员之间进行得较多，而在管理者之间则进行得相对较少。（　）

7. 口头沟通的首要优点在于即刻反馈。（　）

四、简答题

1. 沟通的主要目的是什么？有效沟通应遵循哪些原则？

2. 非正式沟通有何特点？

3. 沟通障碍包括哪些方面？

4. 比较书面沟通和口头沟通。

5. 有效沟通中一个很重要的技巧就是学会倾听，谈谈你自己是否是一个好听众。你在某些方面是否存在不足？如果有的话，你该如何提高你的倾听技巧？

五、论述题

1. 什么是沟通？沟通的基本步骤有哪些？

2. 试论述沟通出效益。

3. 管理者应该如何对待组织中的非正式沟通？

第五篇

控制职能篇

控 制

第 11 章

引导案例

产品质量控制

2011 年央视 3·15 特别节目播出了《"健美猪"真相》，报道声称，河南孟州等地采用违禁动物用药"瘦肉精"饲养的有毒猪，流入了双汇集团下属的济源双汇。3 月 15 日当日，双汇集团下属的上市公司双汇发展即以跌停回应市场。当日，双汇发展以 86.61 元开盘，最终跌至 77.94 元。3 月 16 日，公司停牌。15 日起济源双汇停产整顿。3 月 16 日，农业部和商务部分别奔赴河南，对"瘦肉精"事件进行调查。3 月 17 日晚间，双汇集团发表声明称，免去济源双汇总经理、主管副总经理、采购部长、品牌部长四人的职务。同时，双汇集团下属所有工厂对生猪屠宰实行"瘦肉精"猪头检验。7 月 22 日晚双汇发展发布公告：双汇集团决定于近日对济源双汇所有因"3·15 事件"涉及的厂内封存、市场陆续退回的鲜冻肉、肉制品全部进行无害化深埋处理。需要处理的产品共计 3768 吨，处理损失约 6200 万元。

（资料来源：根据互联网资料改编。）

案例中显示，对于一个企业来说，产品质量控制是多么得重要，不但关系到企业的生存，有些还关系到消费者的身体健康，如 2008 年的三鹿"毒奶粉"事件，以数万名儿童的生命和健康为代价。产品质量控制只是企业控制的一个方面，在组织运营的过程中，涉及方方面面的控制，在一个组织中，任何一个小的环节出错，或者说不注重控制每一流程，都可能给未来的企业或产品带来致命的影响。

亨利·法约尔说：一套好的控制体系有助于防止不希望的意外事件发生，为把坏事情变成好事情做准备。

斯帝芬·P.罗宾斯说：有效的管理者应该始终督促他人，以保证应该采取的行动事实上已经在进行,保证他人应该达到的目标事实上已达到。

管理的控制职能,是对组织的计划、组织和领导等管理活动及其效果进行衡量和校正,以确保组织的目标以及为此而拟定的计划得以实现。它重点在于监督活动的过程,以确保活动按计划完成。

任何一位企业家,必须对现金流、存货、客户数据、销售订单、应收账款、应付账款和成本保持良好的财务记录和财务控制。

控制职能是每一位主管人员的主要职责,正确地和因地制宜地运用控制原理和方法,是使控制工作更加有效的重要保证。

11.1 控制职能及作用

事实表明,对于处在十分复杂社会系统中的组织,要想实现既定的目标,执行为此而拟订的计划,求得组织在竞争中的生存和可持续发展,不进行内部控制工作是不可想象的。

11.1.1 什么是控制

在管理的基本职能中,控制是为了确保组织的所有活动与计划相一致,与环境相适应,从而使这些活动更为有效。具体地讲,控制是通过制订计划或业绩的衡量标准,以及建立信息反馈系统,检查实际工作的进度及结果;及时发现偏差以及产生偏差的原因,并采取措施纠正偏差的一系列活动。一个有效的控制系统能确保活动的完成,有利于组织目标的实现,其有效性取决于它促进目标实现的程度,越是能帮助管理者实现组织目标的控制系统就越好。

每一个组织都力图有效率和有效果地实现其目标。组织的控制系统各有特点。但在设计控制系统时,一般有三种不同的方法,即市场控制法、层级控制法和同族控制法。

市场控制法(market control)强调使用外部市场机制,控制是围绕价格竞争和市场份额等标准建立起来的。采用市场控制法的组织通常是生产明确的产品和提供具体的服务,并面临相当激烈的竞争。在这种情况下,组织的不同部门成为利润中心,通过其产生的利润占公司利润总额的比例来评价其业绩。例如,松下公司对生产录像机、家用电器和工业设备等产品的不同部门进行绩效评价时,依据是该部门为公司总利润作出的贡献。

层级控制法(bureaucratic control),这是一种强调职权,并依赖于行政管理规则、规定、程序和政策的控制方法。这种类型的控制依靠标准化活动、精心编制的工作说明书来指导员工的工作行为，并利用其他一些行政管理机制如预算，来保证组织成员采取正确的工作行为，达到既定的绩效标准。

同族控制法（clan control）是一种采用共享价值观、规范、传统、习惯、信仰和组织文化等来规范员工行为的控制系统设计方法。与建立在严格的层级控制机制上的层级控制法相比，同族控制法依靠个人和集体来确定恰当的、期望的与工作相关的行为和绩效测定方法。这种控制法在对团队合作要求较高和技术变化迅速的组织中最常见。

大多数的组织在设计正确的控制系统时，并不单纯依赖于其中一种方法。不管采用哪种方法，关键在于设计出的控制系统要能帮助组织有效果并有效率地实现其目标。

11.1.2 控制的重要性

由于组织内部各因素的变化和环境的影响，没有控制就很难保证计划的顺利进行，如果计划不能执行，组织的目标也就无法实现。因此，对组织来说控制工作在管理活动中起着非常重要的作用，主要原因如下：

1. 组织环境的迅速变化

组织所处的环境是一个复杂、多变、不稳定的环境，在组织实现目标和计划的过程中，各种环境因素都可能发生变化，如顾客消费心理的改变、市场的转移、新材料和新产品的出现、新的经济法律法规的公布实施和国内外经济形势的改变等等，这些环境因素的变化使得组织原来建立的目标和制订的计划无法执行和实现。环境的变化，给组织带来了更多的机会和更严峻的挑战，所以组织必须建立一个控制系统来帮助管理者监察、预测对组织活动有重大影响的变化，从而制订相应的对策，作出即时的反应。

2. 组织的复杂性

当今的组织越来越复杂，规模大，产品多种多样，有着跨地区、跨国家的市场，分散化经营等等，为了保证各方的协调，就应制订周密的计划和严密的控制系统。

3. 管理者的失误

组织的各项工作都是由管理者来执行的，而管理人员在执行工作的过程中，可能由于个人能力有限或个人动机、个性等，会犯各种各样的错误，因此，需要有一个控制系统来减少这些错误，并对已发生的错误和失误及时纠正，以避免失误可能带来的严重后果，做到防微杜渐。

4. 授权中责任的体现

组织的各项工作是由各阶层的管理者共同完成的，管理者在授权过程中，所承担的责任并不因授权而解除或减轻，因此在授权的过程中应建立一个控制系统以控制工作的进程。要使人们负责，必须让他们确切地知道其职责是什么，他们的绩效是如何考核的，以及评估过程中绩效标准是什么。如果没有一个有效的控制系统，管理者就无法检查下属工作的进程和结果，就可能失控。

5. 控制与其他职能的关系

控制工作通过纠偏行动与其他四个职能紧密地结合在一起，使管理过程形成了一个相对完整的系统。在这个系统中，计划职能的选择确定组织的目标、战略、政策和方案以及实现它们的程序。然后，通过组织工作、人员配备、指挥与领导工作等职能去实现这些计划。为了保证计划的目标能够实现，就必须在计划实施的不同阶段，根据由计划产生的控制标准，检查计划的执行情况。这就是说，虽然计划工作必须先于控制活动，但其目标是不会自动实现的。一旦计划付诸实施，控制工作就必须穿插其中进行。它对于衡量计划的执行进度，揭示计划执行中的偏差以及指明纠正措施等都是非常必要的。同时，要进行有效的控制，必须要有完善的计划，必须要有组织保证，必须要配备合适的人员，必须给予正确的指导和领导。所以说，控制工作存在于管理活动的全过程中，它不仅可以维持其他职能的正常活动，而且在必要时，还可以通过采取纠正偏差的行动来改变其他管理职能的活动。虽然有时这种改变可能是很简单的，如在指导中稍作些变动即可；但在许多情况下，正确的控制工作可能导致确立新的目标，提出新的计划，改变组织机构，改变人员配备以及在指导和领导方法上做出重大的改革。

从以上分析可以看出控制对一个组织的重要性，但是，控制并不是越详细、越严格就越好。控制如果超过一定限度，对组织反而会造成伤害。因为过分严厉的控制会使管理者墨守成规，缺乏创造力和积极性，特别是出现特殊情况和复杂情况时，严格的控制就变得不合时宜。因此，控制需掌握在一定的范围内，从而使控制的严密性和灵活性达到平衡。

11.1.3 控制工作的目的和作用

在现代的管理活动中，无论采用哪种方法来进行控制工作，要达到的第一个目的（也就是控制工作的基本目的）是要"维持现状"，即在变化着的内外环境中，通过控制工作，随时将计划的执行结果与标准进行比较，若发现有超过计划允许范围时，则及时采取必要的纠正措施，以使系统的活动趋于相对稳定，实现组织的既定目标。

控制工作要达到的第二个目的是要“打破现状”。在某些情况下，变化的内、外部环境会对组织提出新的要求。主管人员对组织现状不满，就势必要打破现状，即修改已定的计划，确定新的现实和管理控制标准，使之更先进、更合理。

在一个组织中，往往存在两类问题：①经常产生的可迅速地、直接地影响组织日常经营活动的“急性问题”；②长期存在的影响组织素质的“慢性问题”。解决急性问题，多是为了维持现状，而打破现状，就须解决慢性问题。在各级组织中，大量存在的是慢性问题，但人们往往只注意解决急性问题而忽视解决慢性问题。这是因为慢性问题是在长期的活动中逐渐形成的，产生的原因复杂多样。人们对其存在已经“习以为常”，不可能发现或者即使是已经发现了也不愿意承认和解决由于慢性问题所带来的对组织素质的影响。而急性问题是经常产生的，对多数人的工作和利益会产生显而易见的影响，故容易被人们发现、承认和解决。因此，要使控制工作真正起作用，就要像医生诊治疾病那样，重点解决慢性问题，打破现状，求得螺旋型上升。

要打破现状，解决慢性问题，是需要一定时间的。这段时间就叫做“管理突破过程”。例如，在企业管理中，要分析企业的产品质量，可以将产品的优等品率作为考核评价指标之一。若一个企业要把产品的优等品率从原来的80%提高到95%，就需要有一个过程。

尽管解决上述两类问题是控制的基本内容，但控制的主要目的是防止问题的发生。这就要求管理人员的思想应当向前看，把控制系统建立在前馈而不是简单的信息反馈的基础上，在不应发生的偏离计划的情况出现以前就能预测到并能及时采取措施来加以防止。

11.2 控制过程

控制过程包括三个基本步骤：第一步是为应完成的任务制订标准；第二步是为衡量实际绩效来对照这些标准；第三步，如果绩效与标准不相符合，则应采取纠偏行动。这三个步骤必须按上述顺序去实施，否则很难取得控制效果。控制过程如图 11-1 所示。

11.2.1 制订标准

1. 标准的含义

所谓标准即是一种作为模式或规范而建立起来的测量单位或具体尺度。对照标准，管理人员可以判断绩效和成果。标准是控制的基础，离开标准对一个人的工

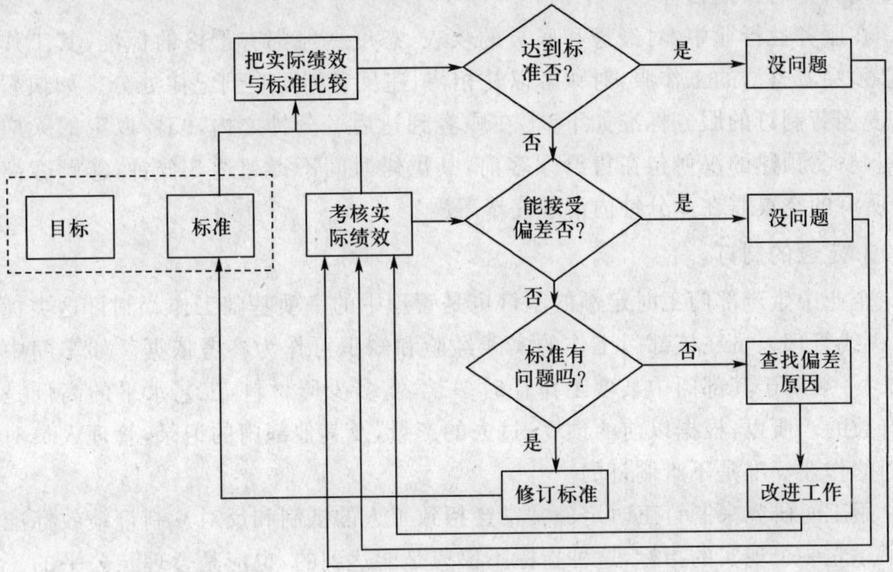

图 11-1 控制过程示意图

作或一个制成品进行评估,则毫无意义。

标准的类型很多,它的建立取决于所需衡量的绩效和成果领域。如每场高尔夫球赛规定 18 洞打 72 杆的标准,即是一个最好的例子,这里的标准杆数是公认的有关成绩水准的衡量标准。但是标准并不表示至善至美,多数职业高尔夫球运动员都可超过或打破标准杆数。标准杆数不是所有高尔夫球运动员的平均水平,实际上它是一个难以取得的,但又是可以达到的成绩水准,是一种客观测量单位,用以衡量运动员的熟练程度与水准。

2. 企业中的标准

在可能的情况下,企业中的标准应尽量数字化和定量化,以减少主观性和个人对控制过程的影响。企业中常用的标准有以下几种:

(1)时间标准:是指完成一定数量的产品,或做好某项服务工作所限定的时间。

(2)生产率标准:是指在规定的时间内完成产品和服务的数量。

(3)消耗标准:是根据生产货品或服务计算出来的有关消耗。

(4)质量标准:是指保证产品符合各种质量因素的要求,或是服务方面需达到的工作标准。

(5)行为标准:是对职工规定的行为准则。对企业的活动来说,也应建立其业务活动标准。美国通用电气公司在八个主要的成就领域中建立了标准:①获利性;②市场地位;③生产率;④产品的领导地位;⑤人员发展;⑥雇工态度;⑦公共责任;

⑧短期目标与长期目标间的平衡。

在服务性行业中，对经理和雇员的仪表、态度一般都有严格的标准，其工作人员必须穿着整洁的工作服，对顾客以礼相待，违反者则要受到纪律处分。如快餐业中，麦当劳制订的服务标准如下：①在顾客到达后 3 分钟之内，95％以上的人应受到问候；②预热的汉堡包在售给顾客前，其烘烤时间不得超过 5 分钟；③顾客离开后，所有的空桌需在 5 分钟内清理完毕等。

3. 定额的制订

企业中生产部门工时定额的制订也是管理中的一项基础工作。制订这类标准时，一线管理人员在该部门工作的实践经验和知识可作为参考依据。如车间中的工长，一般对于其部门中某项工作耗时多长，需多少原材料，工艺水平的高低是心中有数的。所以，根据以前的预算、过去的产量，及其他部门的记录，管理人员对各部门的作业标准是不难制订的。

用工时研究来制订工时定额常常会招致工人的抵制和反对。制订绩效标准是为了建立一个现实的指标，这种指标不仅应是能达到的，也应是合理与公平的。所以工人若能参与这些标准的制订，并认识到它的合理性与公平性，那么他们就更易接受这些标准了。

让工人参与制订标准的一个办法就是由管理人员、技术人员（工业工程师）和工人代表三者结合，组成一个集体班子（委员会），共同负责定额的修订工作。参加班子的工人代表，应是那些一贯表现良好的职工。

此外，管理人员和工业工程师应努力向所有职工解释清楚有关工作定额的实质、内容（包括那些涉及主观判断的地方）。同时，也应允许工人对所制订的定额提出异议。如果被认为不合理，必要时可重新对该定额进行研究和再测。只要管理人员有诚意，让工人理解该定额，同时该定额是合理的，绝大多数工人是能够接受这些绩效标准的。

11.2.2 对照标准检查实际绩效

对照标准检查实际绩效是控制过程的第二步，有的书上又把它分为两个子步骤，即衡量绩效与对照比较。管理人员通常可采取多种方式来完成这一步骤。

1. 个人观察

在检查职工的绩效时，直接观察和个人接触对一线管理人员来说是最为有效的方法。一线管理者较高层管理者有更多的机会深入基层作个人观察。高层管理者由于远离“火线”，所以常常不得不依靠下属的报告，而一线管理者则有大量的机会作直接观察，这正是他们所具有的优势。

当管理人员在观察中发现有偏离标准现象时，应持有一种分析态度，而不是去故意找碴或急于提出批评。当然作为管理者并不应该忽视错误，但他们应针对这些错误以谨慎的态度提出一些问题。例如，作为一线管理者，可以问问是否有什么方法能帮助其下属更容易、更安全或更有效地去完成工作？当有些标准在叙述中较为笼统时，则管理者应寻找一些具体的事例来加以说明究竟哪些情形不符合标准，诸如产品不对路、工作疲沓或不安全的做法等。要指出职工的错误并使之信服并不容易，管理人员如能举出具体的事例，则有助于职工认识到存在的差距。

用个人观察的办法来检查职工的绩效也有其局限性。首先，它十分费时，管理人员必须走出办公室深入基层，才能掌握一手资料；其次，有可能漏看一些重要的活动，这些活动往往发生在关键时刻；最后，职工在被观察时，和检查过后的行为可能不相一致。但不管怎样，个人观察仍是检查职工绩效使用最为广泛，同时可能也是最佳的办法。

2. 报告

组织中部门较多，工作地点分散在不同地区，或按时间进行分班工作的单位可使用报告制度。例如，在很多须连续生产的企业中实行三班制（早、中、晚三班），那么，管理者要评估各班绩效时，就要依靠下级提交的报告来了解和掌握情况。

管理者应要求报告简明、全面和正确。在可能的情况下，最好是把书面报告和口头汇报结合起来，报告中如能提供统计数据加以证明，则更为有效。

下属和职员能否如实地报告准确的情况（不管报告中是否含有负面的信息），往往取决于管理者对报告的反应。假如管理者能以建设性的或帮助的姿态来对待那些反映存在问题的报告，对诚实的错误能表示谅解，而不是简单地定功过，那么下属职工即使在报告中涉及不利于自身的内容，也能真实地反映情况，提交可靠而又准确的报告。

在检查报告时，管理者通常会发现许多活动都是符合标准的，对于这些合乎标准的活动一般可快速带过，而集中于那些大大超过或低于标准的活动。管理人员甚至可要求下属对已合理达到标准的活动不必再加以报告，而只报告那些例外的、低于或高于标准的活动。显然，一旦绩效大大低于标准的话，就应转入控制的第三步，即进行纠偏，但如果绩效大大超出了原先的标准，管理者也应研究一下原因，这种突出的绩效是如何取得的，以便将来能应用这些方法。

3. 抽样检查

假如有些职工的工作是不适合报告的，则管理人员最好还是应用抽样检查。例如，电话公司中修理部门的上级管理人员，因该部门是每天 24 小时服务，所以在不同的时间班次中，应不时地做抽样检查，看看该部门究竟运作得怎样。

在控制过程中怎样使对照措施做得更好，控制论为我们提供了五个问题：

(1)信息是适时的吗？

(2)测量单位是适宜的吗？

(3)收到的信息是可靠的吗？可靠性多大？

(4)信息是有效的吗？

(5)信息是否送给了需要该信息的部门？

11.2.3 采取纠偏行动

在衡量绩效后，若没有偏差发生，或偏差在规定的"误差"之内，则该控制过程只需前两个步骤就已完成——即设定标准及对照标准检查实际绩效。但是，如果通过个人观察、报告及抽样检查发现了偏差且超出允许范围，则管理者应考虑采取第三个步骤——纠偏行动，使绩效符合标准。

在采取纠偏行动前，管理人员应记住，导致某项工作产生偏离标准的原因是多种多样的，因此并非所有偏离标准的情况均需采取纠偏行动，需要个人的判断。假如一位工人偶尔迟到了15分钟，当经理了解到迟到是不得已发生的，而原谅了他，也是完全正常的。

通常产生偏差的原因主要有：

(1)因标准本身基于错误的假设和预测，从而使该标准无法达到；

(2)从事该项工作的员工不能胜任此项工作，或没给出适当的指令；

(3)和该项工作相关的其他工作出了问题；

(4)从事该项工作的员工玩忽职守。

因此，纠偏行动的第一步是分析事实，确定产生偏差的原因。只有对问题作了透彻的分析后，管理人员才能采取适当的纠偏行动。然后管理人员决定采取何种补救措施，来纠正员工偏离组织目标的行动。

通常纠偏行动可采取两种不同的决策：一种是立即纠偏行动；另一种是根本性纠偏行动。所谓立即纠偏行动(immediate corrective action)，是指立即纠正出现的问题，使业绩回到设定的轨道上来。而根本性纠偏行动(basic corrective action)则要求找出偏差是如何出现、为何出现等问题的答案，然后采取行动纠正偏差产生的根源。有时管理者常常说他们没有时间采取根本性纠偏行动，因而只能满足于依赖立即纠偏行动去无休止地扑火。然而，有效的管理者总会去分析偏差，并在认为值得时，花时间对标准与实际业绩之间的重要偏差进行根本性纠正。

如通过分析确认超出允许范围的偏差是由员工的原因造成，则必须采取立即纠偏行动来解决问题，使员工的工作回到组织目标方向上来。否则必须考虑控制标准是否科学合理，通过标准的调整达到永久根治的目的。

11.3　控制类型

管理控制可以从不同角度进行分类。

11.3.1　按控制结构分类

按控制结构可将管理控制分为集中控制和分散控制。

1. 集中控制

集中控制是在系统中只设一个控制机构，上层主管领导授权给下级部门的领导，由下级部门的领导在各自的管辖范围内实施控制。如实行事业部制的企业中，各事业部对自己的进货、销售价格等均有自主决策的权力，这对总公司来说就是一种分散控制。由于分散控制必然形成权力结构和组织结构上的多层次，所以也是多级控制。

2. 分散控制

分散控制也称多级控制，即在系统中设有多层和多个控制机构，上层控制机构对下一级控制机构进行控制，各下级控制机构则对本身系统进行控制。如 M 型组织结构就属于这种控制类型。

11.3.2　按控制在计划执行过程中的时间分类

按控制运行时间可以分为事前控制、事中控制和事后控制（也被称为前馈、即时和反馈控制）。

事前、事中和事后控制是针对一项具体活动，在活动开始前、活动进行过程中和活动结束后的系统控制，但三项控制彼此间存在着密切的联系。若把一项活动看作由输入、处理和输出三个阶段构成，则事前、事中和事后控制与活动发生的对应关系，如图 11-2 所示。

1. 事前控制

事前控制（feedforward control）主要是在事情发生前的计划阶段，对计划的可行性和计划执行过程中可能出现的各种问题给以事先充分的考虑，以保证计划对实施过程起到直接有效的控制作用。为了实现这一条，组织管理系统的所有职能，

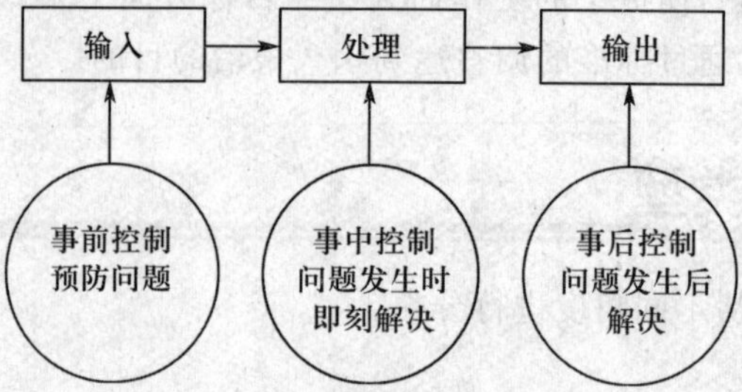

图 11-2　控制与活动发生的对应关系

包括计划职能、组织职能、领导职能和控制职能都要积极给予配合，及时提供有可能导致计划修订的各种信息，并根据各方面的信息慎重地做好计划的重新修订工作和各项管理的调整工作。对计划所进行的动态调整既要依据组织的外部环境，又要依据组织的内部环境；既要在计划的抽象表现形式的各个层面上进行，又要在计划的具体表现形式的各个层面上进行。

(1)事前控制的标准。一般来说，上一层次计划是下一层次计划的目的，而下一层次计划则是上一层次计划的手段。事前控制的对象是作为手段的计划，其标准就是在其之上的作为目的的计划。作为目的的计划可以是组织宗旨、组织使命和目标、组织政策等抽象计划，也可以是较高层次的具体计划。

(2)事前控制的工作内容。事前控制的工作内容包括：①动态运用计划职能进行延续意义上的和非延续意义上的环境调查、分析和预测。在分析中特别要注重无先例事件和组织能动作用对计划的影响；②动态运用计划职能对其他各项管理职能提供、计划落实和实施过程中的反馈信息；③计划修订方案的提出、论证、比较和选择等；④必要时调整已制订的计划，或者重新确定计划的各项前提条件。

(3)事前控制的重点。事前控制的重点一般指组织各类要素在计划意义上的动态调整和各类偶然问题的发生。

(4)事前控制的前提条件。事前控制的前提条件有：①对计划和控制系统的深入分析，并确定必要的输入变量；②建立事前控制子系统；③控制系统及时反映输入变量的变化情况；④定期收集和输入受控变量的数据和信息；⑤能够估计假设和实际之间的偏差；⑥事前控制的其他管理保障。

2. 事中控制

事中控制(concurrent control)，是指在计划允许的范围内，必要时也可以超出个别(局部)计划允许的范围，为保证整体计划的实施而对组织系统和外部环境进行协调。事中控制也包括为最大限度地减少无效劳动而对局部性的和阶段性的劳动成果进行筛选，反馈修订计划所需的各种信息。

(1)事中控制的标准。事中控制的标准包括组织活动正常开展所依据的各项具体计划在控制点上的预期结果,特殊情况下或紧急情况下也可以超越组织活动所依据的各项具体计划进行灵活控制。

(2)事中控制的内容。事中控制的内容包括:①针对实施计划的各项工作给予工作人员指导;②针对计划实施过程进行仔细的检查和有效的监督;③运用整个控制系统尽可能系统化地及时发现和纠正偏差;④淘汰局部性和阶段性不合格的工作结果;⑤向计划部门提供修订计划所需的各种信息。

(3)事中控制的重点。事中控制的重点是在计划实施过程中所涉及的各种因素,特别是直接涉及的因素。

(4)事中控制的前提条件。事中控制的前提条件有:①完善的计划;②严密的组织;③精良的队伍;④有效的指导;⑤充分的激励;⑥通畅的沟通。

3. 事后控制

项目控制需要事前主动控制和事后被动控制,但不能不控制。事后控制也是项目成功的关键所在。今天的教训,可以成为明天的财富。

事后控制(feedback control)包括在计划实施过程的终点对输出的工作成果进行筛选控制;在整个计划完成以前向计划实施的输入端和实施过程反馈偏差信息;在整个计划完成以后向下一轮计划反馈总结信息。

(1)事后控制的标准。事后控制的标准为计划实施过程终点上的预期成果,包括计划进度所要求的预期成果和总的预期成果。

(2)事后控制的内容。事后控制的内容包括:①对输出的劳动成果进行检验和筛选;②通过对偏差的分析,从输入端开始对计划实施过程进行动态的反馈控制;③全部计划任务完成以后,通过总结对下一轮计划进行反馈控制。

(3)事后控制的重点。事后控制的重点是对输出的工作成果进行计量、检验和筛选,以发现实际和预期是否存在偏差。

(4)事后控制的前提条件。事后控制的前提条件有:①明确的计划目标,包括进度目标、最终目标和各种单项目标;②有效的检验手段和检验方法;③科学的偏差分析技术;④快捷的信息传递通道;⑤有力的纠偏手段;⑥善于对总计划的实施情况进行概括和总结。

11.3.3 按照控制的状态分类

1. 直接控制

直接控制是指对于一项正在开展的活动直接采用该项活动的执行标准进行控

制的方式。直接控制是管理人员在工作过程中给予的控制活动，其主要内容类似于事中控制。

直接控制要求管理人员有较高的业务能力和管理水平：业务能力帮助管理者及时发现问题；管理水平保证管理者能够纠正偏差和解决问题。直接控制是中、基层管理人员常用的管理控制方式，所以直接控制能力的培养对管理者成功的意义非常重大。

2. 间接控制

间接控制就是不在活动过程中直接执行该项活动的控制标准，而是利用控制标准对该项活动的结果进行衡量与评价来控制该项活动。间接控制主要为事后控制。

间接控制是以这样一些事实为依据的：即人们常常会犯错误，且常常没有察觉到那些将要出现的错误，因而未能及时采取适当的纠正或预防措施。间接控制往往是根据计划和标准，采取对比和考核实际结果的方式，来追查造成偏差的原因和责任，然后才去纠正。

就管理工作本身来看，直接控制和间接控制的区别如下：①直接控制着眼于培养更好的主管人员，使他们能熟练地应用管理的概念、技术和原理，直接以系统的观点来进行和改善他们的管理工作，从而防止出现因管理不善而造成的不良后果。②间接控制着眼于发现管理者所管理的各项工作中出现的偏差，分析产生的原因，并追究其个人责任使之今后改进管理工作。

11.4 有效控制特征

建立控制机制并不一定能保证控制工作的有效性，因为在实际工作中会出现各种控制职能失调，并带来各种负面的影响与后果。管理者如何才能提高控制系统的有效性呢？有效的控制应是可理解的、精确客观的、及时的、合适与经济的、指示性的，以及灵活的。

11.4.1 控制职能的失调

控制有激励作用，但是控制对行为的影响并非总是正面的。有时组织目标指引的方向与控制工作测量及反馈实践所引导的方向并不一致。这种现象在管理学中被称做“目标移置”。另一种潜在的职能失调是指控制工作可能带来的“负面因素”，有时衡量与反馈非但没能激励人，反而使职工工作情绪低落，引起自卫性的行为。

1. 目标移置

人们对控制的反应往往是想要确认控制中的检测过程及测量记录是有效控制所必需的，但当他们的行为达到了这个结果，而控制所要达到的目标或目的却没有达到，这便叫做目标移置。如学校常以考分的高低来衡量学生的学业水平，但是有的学生为了得高分在考试时作弊，这样虽得了高分，但与学习的目标是背道而驰的。又如交通警察经常用违反交通规则罚款的手段来教育公众，维护交通安全，可是如果把罚款当成任务来执行，或定有罚款指标，则显然属目标移置，违背了原来的本意。

目标移置有许多形式，包括官僚主义行为、策略性行为和无效的数据报告。

(1)官僚主义行为。官僚主义行为的一大特点是僵化，如有的医院为了防止住院病人赖账，因此进院前都得先预付数千元住院费，然而，在遇到特殊的急救病人，一时无法缴付预付款时，即使病人危在旦夕，仍把病人拒之门外，显然该医院的救死扶伤的目标被移置了。

(2)策略性行为。策略性行为，是指某些行为只是为了在一特定时期显示其工作成效，这些行为就被称做策略性行为。例如，某些上级领导部门，到基层去检查工作都事前作了通知，定下了日期，下级部门为了应付这次检查而"兴师动众"，表面文章做足，这样虽然检查是通过了，但过后却依然如故，我行我素。又如，有的房地产开发商把应于年底结算的若干处住宅的契据推迟到次年一月，以减少该年应上报的收入，从而获得直接税收方面的好处，但却违背了对买主的承诺，也违反了规定的有关服务与开发的时间日程。

(3)无效的数据报告。不少管理者，在预算年度开始时，往往以上年实际支出为基准，再增列一笔金额，经巧妙装饰后，作为新计划提交上级领导审批，这种含有"水分"的预算申请，属无效数据报告。又如，有的销售人员在做销售预测时，预先打了折扣，作较保守的估计，以便能轻松地完成指标，或在与实际成果比较时，有出色的业绩表现。有时，在控制系统对某些行为进行检测时，提供给该系统的信息本身可能都是虚假的，假记录、假数据常常导致了控制目标的移置。

2. 负面因素

控制不当不仅不能提高激励力，相反有时还会造成消极的影响。例如，某单位年终对职工考核，对他们的工作划分优、良、及格、不及格等若干等级，并把等级的结果反馈给个人，然而此做法的效果并不理想，一些表现好的职工，因没被评上优等(名额有指标限制)后纷纷离去，而留下的表现较差的职工也丧失了工作热情。研究表明，批评性的反馈似乎格外挫伤积极性，有人曾分析了一项工作评价制度，其批评性的反馈对达到目的确实起到了消极影响。这种反馈使个人产生的防卫因素多于促进提高的动力。

总之，控制虽能促进目标的实现，但也可能带来负面因素和目标移置。从某种意义上讲，控制系统的设计正是为了促进前者，抑制并避免后者。

11.4.2 有效控制的基本特征

管理人员所采取的控制方法必须根据预计的对象和具体任务来加以设计，有效的控制系统通常都具有以下基本特征：

1. 可理解性

所有的控制对于应用它们的管理者和职工而言，必须是易于理解的。较高的管理者使用的控制系统有时需用到数学公式、复杂的图表和大量的报告，看上去似乎很深奥，但对于他们来说，是可理解的。基层管理部门的控制系统相对较为简单。例如，一线管理人员仅用一页纸的简单报表作为控制手段，该报表只需显示某一天中某部门工人的工作小时数和产品产量就可以了，简单、直接、可理解。无法被人理解的控制系统是没有价值的。

2. 精确性与客观性

控制系统必须是精确的，这个道理似乎是显而易见的，然而，在现实生活中，许多管理人员的决策往往是基于不精确的信息。销售人员在估计销量时说些模棱两可的话，以随时能迎合主管上司的看法；生产车间的管理人员为了达到上级制订的目标隐瞒生产成本的上升；一些管理者为了取得领导的青睐虚报成绩。上述各例都有可能使上层管理者收到错误的信息，从而使不深入了解情况的高层管理人员采取不适当的行动。

控制系统提供的信息应尽可能地客观。虽然在管理中难免有许多主观因素，但是，在评定一个人的工作是否良好时，应尽可能地客观。当然要解释清楚什么是客观控制，并非易事。当两个基层管理人员在汇报其部门人员工作情况时，一个汇报说："成员的士气没问题，发牢骚也就是这些人，职工的离职情况已受到控制。"而另一汇报是："职工缺勤率为0.4%，今年记录在案的投诉人次为16人(相对去年为24人)，职工的离职率为12%。"这两份汇报哪一份更为有用是不言自明的。

当然，数字的客观性也不能代表一切，管理人员在做决策时还应看到数字背后的真正含义。如销售部门汇报每月提高了多少销量，上层管理部门对这类报告显然会感到高兴，但是，在销量提高的背后，也许是销售员擅自提供了折扣；对产品的功效作了不切实际的保证；或答应较早的交货期等。尽管控制系统为管理人员的评估和行动理想地提供了客观的信息，但管理人员必须谨慎适当地去解释它。

3. 时效性

控制系统必须能及时地指出问题，并迅速地向管理人员报告。管理人员知晓偏差情况越早，就越能快速地采取纠偏行动。即便是最好的信息，一旦过时，也没有价值。

通常，管理者总是希望及早地了解所发生的偏差，即使它们只是根据近似的数字预先估测的。对管理者来说，知道事情即将会出问题，总比它们已经失控要强。例如，某个设备安装项目，假如工期较紧的话，那么管理人员应要求以天或周为基准汇报工程进度，以及时掌握工程的进展情况。报告中应显示那些潜在的障碍，诸如某零部件的缺失，某工作的工人缺勤等会导致项目完工的拖期等因素。管理者需要及早地了解这类信息，以便在形势失控前采取必要的纠正措施。这并非说管理人员应仓促下结论或采取偏激的行动，这里管理者对一项工作的知识和经验常常会起很大的作用。

4. 合适与经济性

一个适合大公司的复杂控制系统对一个小部门而言就不一定需要。控制所支出的费用必须要有所值。虽然任何组织都需要控制，但控制系统的大小各异。不管管理者应用怎样的控制，它必须与涉及的工作相适合并是经济的。对于一项小任务的控制也不必像控制一个重大的资本投资项目那样精心设计。

控制系统的相对经济性是一个限制因素，这在很大程度上决定了管理人员只能在他们认为是重要的问题上选择一些关键因素来加以控制。例如，在一个小单位中，只有 3 个职工从事文秘工作，显然就没有必要配备专职人员来检查他们打字或誊抄工作中的错误，可安排由他们负责自检或互检。相反，在一个拥有数百名职工的生产大量小件产品的部门中，就有必要配备专职检验员或质量控制专家来检验产品，通常还得搞抽样检验，因为在整个生产过程中，要对数量巨大的每件产品逐个进行检验是不可能的。所以，控制技术和控制方法如能以最小的费用来揭示造成实际偏离和可能偏离计划的原因，则它们就是有效的。

5. 指示性

一项控制技术只是在偏差发生时揭示它们还不够，控制系统还必须指出谁应该对偏差负责，以及偏差发生于哪一个确切的位置。假如在一项连续性的作业活动中涉及某一特定工作，那么管理人员就有必要在每一步骤结束后就检验各工作的绩效，并需在工作转向下一步作业前完成它。否则，等最终产品出来后，发现与标准不符，管理者就很难找准在哪里采取纠偏行动。

6. 灵活性

灵活性是有效控制系统的又一明显特征，也就是说，控制系统在适应变化上应具有灵活性。当形势要求变化时控制系统必须允许变化，否则控制就会失败。例如，当一职工在执行工作任务的早期，遇到的各种情况发生了巨大的变化，那么管理者应能认识到这点并随之调整计划和标准。如果该任务遇到了突发的困难，而情形又并非是职工所能控制的，则管理者必须调整该职工的考绩标准。考虑了各种可能而拟订的计划，能使控制更具灵活性。

在总结了上述有效控制系统特征基础上，我们能够分析出控制系统的有效性将受到其组织规模、个人在组织层级中的地位、组织的分权程度、组织文化和活动的重要性等因素的影响。

11.5 控制技术

组织在管理活动中，可以利用使用多种技术、方法来进行控制活动。既可以利用预算实施预算控制、还可以利用比率分析和盈亏平衡分析(见第四章第三节)等进行经济分析；还可以借用行政手段监测、控制受控系统，主要包括实地观察、数据统计、报告、企业诊断、制度规范与培训；另外，审计也是一种有效的控制方法；而目标管理(见第五章第二节)、全面质量管理、信息技术等都对管理控制活动的方式和方法产生了重大影响。

11.5.1 预算控制

1. 预算控制

关于预算的概念见第 5 章“计划”部分。预算控制则是指通过编制预算并根据预算规定的收入和支出标准为基础，来检查、监督和控制组织各个部门的生产经营活动，在活动过程中比较预算和实际的差距及原因，以保证各种活动或各个部门在充分达成既定目标实现利润的过程中对经营资源的利用，从而费用支出受到严格有效的约束。

通过编制预算有助于改进计划工作以及更有效地确定目标和拟订标准。但是，预算的最大价值还在于它有助于改进协调和控制工作。当为组织的各个职能部门都编制了预算时，就为协调组织的活动奠定了基础，同时，由于对预期结果的偏离将更容易被查明和评定，预算也为控制工作中的纠正措施奠定了基础。所以预算可以导致更好的计划和协调，并为控制提供基础。此外，要使预算对主管人员具有指导和约束作用，预算就必须反映组织的机构状况，只有充分按照各部门业务工作的需要来制订，协调并完善计划，才有可能编制一个足以作为控制手段的分部门预算。将各种计划缩略为一些确切的数字，有助于主管人员清楚地看到哪些资金将由谁来使用,将由哪些单位使用,并涉及哪些费用开支计划、收入计划和以实物表示的投入量和产出量计划。

2. 预算的内容

不同的组织、同一组织的不同时期,由于其经营活动的不同,预算的项目会有所差异。一般来说预算内容主要包括以下几方面:

(1)收支预算。这是从财务的角度即以货币表示的企业经营管理的收支计划,即企业日常发生的各项基本活动的预算,主要包括销售预算、生产预算、直接材料采购预算、直接人工预算、制造费用预算、单位生产成本预算、推销及管理费用预算等。

(2)时间、地点、原材料和产品预算。这种预算一般是以产品单位或直接工时为单位的预算。如,直接工时数、台时数、单位原材料、划拨的平方米面积和生产数量等。这是一种以实物单位进行的预算,在预算控制中,有时用实物单位表示更好。

(3)资本预算。是对企业固定资产的购置、扩建、改造、更新等,在可行性研究基础上编制的预算。其基本内容包括何时进行投资,投资多少,资金从何处取得,何时可获得收益,每年的现金净流量为多少,需要多少时间收回全部投资等。投资预算应力求和企业的战略以及长期计划相结合。

(4)现金预算。这是一种现金收支预算,主要反映计划期间预计的现金收支的详细情况。完成初步的现金预算后,就可以知道企业在计划期间内需要多少资金,财务主管人员就可以预先安排和筹措,以满足资金的需求。现金预算可用它来衡量实际的现金使用情况。从某种意义上讲,这种预算是组织中最重要的一种控制。为了有计划地安排和筹措资金,现金预算的编制期应越短越好。可以按季度、按月编制现金预算,甚至逐周、按天编制预算。

(5)资产负债预算。它可用来预测将来某一特定时期的资产,负债和资本等账户的情况,或用来反映企业在计划期末那一天预计的财务状况。其编制是以计划期间开始日的资产负债表为基础,然后根据计划期间各项预算的有关数据进行必要调整而形成的。由于其他各种预算都是资产负债表项目变化的资料依据,因而利用资产负债表可以验证所有其他预算的准确性。

(6)总预算。它是把各部门各种预算集中起来的一种预算。

3. 预算的作用及其局限性

(1)预算的作用:①使企业在不同时期的活动效果和不同部门的经营绩效具有可比性;②预算的编制为企业的各项活动确立了财务标准;③通过为不同职能部门和职能活动编制预算,也为协调企业活动提供了依据;④数量形式的预算标准大大方便了控制过程中的绩效衡量工作。

(2)预算的局限性:①只能帮助企业控制那些可以用货币计量的活动,不能对那些不能计量的企业文化、企业形象的改善加以重视;②编制预算通常参照上期的预算项目和标准,从而会忽视本期活动的实际需要;③在企业的外部环境不断变化中,编制收入和支出的预算有点不合时宜;④对于项目预算和部门预算一般限制了费用的支出,使得主管在活动中精打细算,不可超支,因此不能做任何想做的事情。

4. 预算控制中应该注意的问题

(1)预算控制可能过于全面和详细,容易导致控制过细,从而束缚主管人员的手脚。

(2)预算目标可能取代组织目标,容易导致本位主义,使主管人员只把注意力集中于尽量不使本部门的经营费用不超过预算,而忘记自己的基本职责是千方百计地去实现组织的目标。

(3)主管人员倾向于根据过去的费用来编制预算,并习惯于使预算费用的申请数大于实际的需要,这容易导致掩盖效能低下的缺点。

(4)预算控制缺乏灵活性。

11.5.2 比率分析法

比率分析法是一种必需的控制技术,一般可以分为:财务比率分析和经营比率分析。

1. 财务比率分析

主要用来分析财务结构,控制财务状况,并通过这种资金形式来集中对整个系统进行控制。有助于直接控制企业的经营活动。

(1)流动比率——企业流动资产和流动负债的比率,反映了企业流动负债的能力。其计算公式为

$$\text{流动比率}=\frac{\text{流动资产}}{\text{流动负债}}\times 100\%$$

这一比率普遍被用来衡量企业短期偿债能力,流动比率越高,表示短期偿债能力越强。企业资产应有足够的流动性来增强企业的偿债能力和信誉,但也要防止追求高流动性而导致财务资源得不到充分利用而使收益受损。

(2)负债比率——企业负债总额和资产总额的比率。反映了企业所有者提供的资金与外部债权人提供的资金的比率关系。其计算公式为

$$负债比率=\frac{负债总额}{资产总值}\times100\%$$

该比率用来衡量企业利用债权人提供的资金进行经营活动的能力，也反映了债权人借出资金的安全程度，负债比率低虽然表明了企业的长期偿债能力强，但会影响企业利用外部资金发展并获取额外利润，因此确定合理的债务比率是企业成功举债经营的关键。

(3)盈利比率——企业利润与销售额或全部资金等相关因素的比例关系。反映了企业在一定时期从事某种经营活动的盈利程度，主要包括

$$销售利润率=\frac{销售净利润}{销售总额}\times100\%$$

销售利润率反映企业在一定时期的产品销售中是否获得了足够利润，为企业控制经营活动提供信息。

$$资金利润率=\frac{某经营时期的净利润}{该期占用的全部资金}\times100\%$$

资金利润率反映了企业是否从全部投入资金的利用中实现了足够的利润，企业可以利用这一比率来考虑如何调控资金的投入分配可以获得最大的利润。

2. 经营比率分析

经营比率(活力比率)，是与资源利用有关的几种比例关系。反映了企业经营效率的高低和各种资源是否得到了充分利用，为企业管理控制工作提供依据。

(1)库存周转率——销售总额与库存平均价值的比例关系。反映了与销售收入相比库存数量是否合理。

(2)固定资产周转率——销售总额与固定资产之比。反映了单位固定资产能够提供的销售收入，表明了企业固定资产的利用程度。

(3)销售收入与销售费用的比率。表明单位销售费用能够实现的销售收入，反映了企业营销活动的效率。

11.5.3 审计

审计是对反映企业资金运动过程及其结果的会计记录及财务报表进行审核、鉴定，以判断与组织有关的经济活动的真实、合法和效益，从而为控制和管理组织活动提供依据。根据审查的内容和主体不同，可将审计分为：由外部机构进行的外部审计；由内部专职人员对企业财务控制系统进行全面评估的内部审计；由外部和

内部审计人员对管理政策及其绩效进行评估的管理审计。

1. 外部审计

外部审计由外部机构(国家审计机关或社会审计机构)选派的审计人员对企业财务报表及其反映的财务状况进行独立的评估。外部审计人员通过抽查企业的基本财务记录,来检查财务报表及其反映的资产与负债的账面情况是否与企业的真实情况相符。它是对企业内部弄虚作假、欺骗行为的一个重要而系统的检查,从而迫使企业自觉控制自己的经营行为。外部审计的优点是由独立于被审计单位以外的审计机构所进行的,可以不受任何干涉地独立地行使审计监督权,因而能够比较客观地公正地对被审计单位或案件做出正确地评价,得到社会的信任。但外部审计人员由于不了解组织内部的结构、生产经营特点以及组织内部人员的不配合,因而增加了审计工作的难度。

2. 内部审计

内部控制是在一个组织内部,对各种经济活动、管理制度是否合规、合理及有效所进行的独立评价系统,以确定既定的政策和程序是否贯彻,建立的标准是否遵循,资源的利用是否合理有效,以及单位的目标是否达到。内部审计人员根据风险评估的思路开展对内部控制的评价,以组织目标为起点和核心,能够更加有效地发挥建设性作用,完成由监督控制到风险控制,为组织做好服务。

企业内部审计工作主要涵盖以下内容:

(1)财务收支审计。主要是评价和监督企业是否做到资产完整、财务信息真实及经济活动收支的合规性、合理性及合法性,对会计记录和报表分析提供数据真实性和公允性证明。

(2)经济责任审计。是评价企业内部机构、人员在一定时期内从事的经济活动,以确定其经营业绩,明确经济责任,这里包括领导干部任期经济责任审计和年度经济责任审计。

(3)经济效益审计。审计重点是在保证社会效益的前提下以实现经济效益的程序和途径为内容,对企业的经营效果、投资效果、资金使用效果做出判断和评价,其中基建工程预决算审计应为重中之重。

(4)开展明晰产权的审计。审计明晰其产权归属,避免造成国有资产、集体资产流失或其他有损企业利益的行为。

3. 管理审计

管理审计是以企业的管理活动为审计检查的内容,对其组织机构、计划、决策的科学性、可行性、效益性等进行审核检查,从而评价其管理素质的审计行为。相对于外部审计和内部审计,管理审计的对象和范围更广,它是一种对企业所有管理工作及其绩效进行全面系统地评价和鉴定的方法。管理审计虽然也可以由组织内部的有关部门进行,但为了保证某些敏感领域得到可观评价,企业通常聘请外部专家来进行。

管理审计的内容主要包括:

(1)对组织机构的审查。根据企业的实际情况,审查其采用的组织形式(如有限责任公司、股份公司等)是否合适、是否科学;审查组织机构的设置是否具有科学性、可行性、经济性。

(2)对计划的审查。审查计划是否具有科学性、可行性和经济性。

(3)对决策的审查。审查决策是否具有科学性、可行性和经济性。

(4)对内控制度的审查。①审查内部控制制度是否具有合法性、合理性;②审查内部控制制度是否具有完整性、全面性;③审查内部控制制度是否具有协调性、有效性;④审查内部控制制度的经济性。

11.5.4 全面质量管理

1. 全面质量管理的含义

全面质量管理于20世纪60年代产生于美国,后来在西欧与日本逐渐得到推广与发展。它应用数理统计方法进行质量控制,使质量管理实现定量化,变产品质量的事后检验为生产过程中的质量控制。它通过计划—实施—检查—处理的质量管理循环,提高质量管理效果,保证和提高产品质量。因此,它比传统的质量检验、统计质量控制等质量管理更加完善与全面。全面质量管理是一个系统化、综合化的管理方法,是一套能够控制质量、提高质量的管理技术和科学技术。

2. 全面质量管理的基本内容

(1)对全面质量的管理。全面质量指所有质量,即不仅是产品质量,还包括工作质量、服务质量,在全面质量中产品质量是核心,企业应以质量为中心。

(2)对全过程的管理。对产品的质量管理不限于制造过程,而是扩展到市场研究、产品开发、生产准备、采购、制造、检验、销售、售后服务全过程。

(3)由全体人员参与的管理。企业把质量第一,人人有责作为基本指导思想,将质量责任落实到全体职工,人人为保证和提高质量而努力。

3. 全面质量管理工作程序

PDCA循环工作法,用四个阶段、八个步骤来展示反复循环的工作程序。如图11-3所示。

(1)计划阶段(Plan):①找出质量存在的问题;②找出质量问题的原因;③找出

主要原因；④根据主要原因，制订解决对策。

（2）执行阶段（Do）：按制订的解决对策认真付诸实施。

（3）检查阶段（Check）：调查分析对策在执行中的效果。

（4）处理阶段（Action）：①总结执行对策中成功的经验，并整理为标准巩固；②执行对策中不成功或遗留的问题转下一个PDCA循环解决。

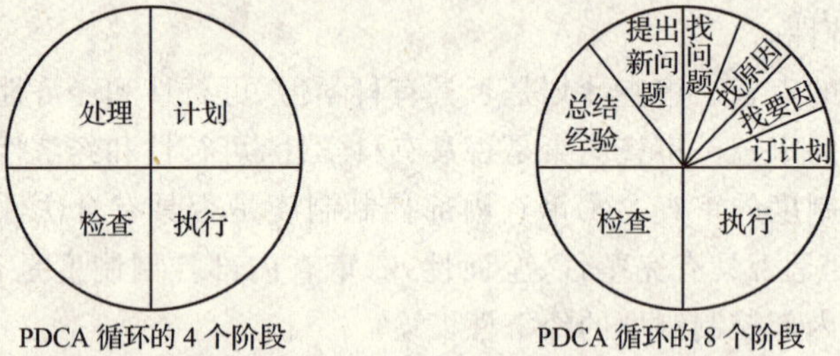

图11-3 PDCA循环工作程序

PDCA循环对全企业可画大圈循环，对各部门、各车间班可在大圈循环中有各自范围的小圈循环，形成大圈套小圈。PDCA每循环一次，品质提高一步，不断循环则质量不断提高。

11.5.5 信息技术

当前计算机、互联网、无线通信技术的应用，对传统的控制观点和方法产生很大的冲击。信息技术应用使传统人工控制形式演变为人机系统控制，控制重心将集中在作业流程的人机控制与信息系统控制，新的控制方式是建立在充分利用信息技术的基础上，用最少的资源达到更佳控制目标。

企业在信息技术平台上运行各种信息系统（包括管理信息系统（MIS）、ERP系统、电子商务、供应链管理系统、客户关系管理系统等），通过企业之间、企业内部的信息传递实现协同合作、优化资源分配。企业物流和资金流的流量、流速均由计算机精密排程，与联盟企业、市场情况环环相扣，以求最低成本、最快速度、最好质量实施作业的控制和管理，更好地完成企业经营活动。

11.5.6 其他控制技术和方法

网络技术和进度表（见5.3）也用于管理控制。

统计分析是管理人员通过对过去的资料或未来的预测进行统计分析，从中发现规律，对比自己企业的经营实绩，实行有效的控制，这种控制方法被称为统计分析。该方法的优点是简单明了，例如用曲线、图表画出的趋势图或历史数据使人一目了然。

制度和规范也是组织普遍使用的一种控制方法，即组织通过建立健全各种制度和规范来约束员工的行为，达到控制的目的。

本章学习小结

1. 管理的控制职能，是通过对组织的计划、领导等管理职能作用的发挥及其效果进行衡量和校正，以确保组织的目标以及为此而拟订的计划得以实现。

2. 控制职能是每一位管理者的重要职责，正确地和因地制宜地运用控制原理和方法，是使控制工作更加有效的重要保证。

3. 控制过程涉及三个基本步骤：第一步是根据工作目标，为应完成的任务制订控制标准；第二步是对照这些标准来衡量实际绩效；第三步，如果绩效与标准不相符合，则应采取纠偏行动。这三个步骤必须按上述顺序去实施，否则很难取得控制效果。

4. 控制的基本类型主要有事前、事中和事后控制以及直接和间接控制。事前、事中和事后控制一般也称为前馈、即时和反馈控制。直接控制往往对应事中控制，间接控制多属事后控制。

5. 管理人员所采取的控制方法必须根据预计的对象和具体任务来加以设计，有效的控制系统通常都具有以下基本特征：(1)可理解性；(2)精确性与客观性；(3)时效性；(4)合适与经济性；(5)指示性；(6)灵活性。

综合案例

万科的管理控制

万科股份有限公司(以下简称万科)自 1984 年成立以来，始终坚持稳健经营，重视降本增效，其良好的经营业绩受到投资者的广泛认可。2009 年年初，面对国际金融危机和国内房地产行业低迷的双重考验，公司在既有成本管理控制举措的基础上，深入开展成本优化，从而迎来了 1～9 月净利润高达 29.92%的持续增长，使 2009 年全年业绩再创新高。那么，万科是如何管理与控制成本费用并提高企业绩效的呢？

一、基本做法

1.专设成本管理部。万科原来只有预决算部(现在大多数房地产开发商都设有这样一个部门),没有成本管理部。2007年,万科正式成立成本管理部,负责管理整个公司的成本费用,并直接对主管工程、采购和成本的副总裁负责。目前,整个成本管理部有200余人,主要负责成本分析、管理及监控工作。成本管理部的设立与运行不仅推动了集团全员成本意识的树立,而且有效地保证了各项经营计划的贯彻实施。同时,成本管理部也成为贯穿项目始终、规范所有部门工作的管理者,成为项目成本总体控制的组织者和责任者,成为公司增强成本控制力度、降低成本费用、提高市场竞争力的核心力量。

2.建立并实施目标成本动态管理体系。为有效控制成本、规避经营风险,万科将目标成本管理、动态成本管理有机结合,建立了动态的目标成本管控体系。万科的目标成本有两种形式:一种是集团按会计科目编制的单项成本目标和总成本目标,另一种是根据年度开发计划按各部门职能划分的各项成本和费用目标。根据项目开发进度的不同,有四种目标成本:可行性研究阶段目标成本、规划方案目标成本、年度开发目标成本以及施工图预算修订目标成本。原则上,每一阶段目标成本的制订都是在上一阶段的基础上进行的。从万科成本管控体系的实际运作看,首先,有关部门按要求编制项目目标成本,并经公司管理层和区域成本管理部门审批确认后执行。然后,在项目开发过程中,已发生成本由专人负责记录,待发生成本由成本管理部门定期做出预测并及时调整,以动态跟踪管理项目成本。同时,成本管理部与财务部定期对成本进行审查核对,并将目标成本与实际成本的重大差异及其原因及时通报公司领导层和相关部门,为经营决策提供依据。

3.准确测算无效成本。无效成本管理是万科成本管控体系的一大亮点。无效成本是指项目实施过程中产生的对形成产品、提升价值没有作用,无法获得客户认同的成本,它的准确测算不仅帮助万科确定了从投入到产出过程中准确合理的目标成本,而且以数据形式展现了公司的浪费情况,激发了公司领导和员工的成本意识,使大家更清楚有哪些环节的支出是浪费的,哪些费用可以得到更好的削减,从而推动各部门提高专业能力、加强计划管理。

4.成本管控标准化。标准化管理是万科成本管控的另一个重要方面。它要求集团内各部门、各企业的成本都标准化、规范化和程序化,最终提高成本管控的质量和效率。为搞好成本标准化、完善成本管控基础,万科先后制订了目标成本编制作业指引、成本管理软件操作指引、目标成本调整操作指引、区域成本信息共享管理维护操作指引等规范性文件，并于2008年制订了《公司房地产开发企业成本核算指导》、《公司目标成本管理实施细则》等成本管控制度，使成本管控工作有章可依。

5. 成本管控信息化。万科的成本管控信息化主要是通过使用与专业公司共同开发的房地产成本管理系统来实现的。该系统基于目标成本管理思想设计而成，包括综合成本和知识管理两大模块。

综合成本模块的主要作用是及时记录和反馈成本信息。目标成本经审批确定后录入成本管理系统；实施过程中，已发生成本由专人负责录入，动态成本中的非合同费用由子公司财务管理部门负责录入；同时，成本管理部门会定期清查成本以保障子公司动态成本数据的准确性，总部与区域管理部门也会通过开展成本检查等对子公司成本信息反映的及时性和准确性进行监督。

知识管理模块的主要作用是实现成本知识的学习与推广。万科组织专人总结撰写了成本管理知识、成本缺陷手册等资料，供员工学习借鉴。同时，通过培训、双向交流、研修会等方式，增强全员的成本管理意识，推广集团内外成本管理经验，寻求降低成本的有效途径。

成本管控信息化的实现，不仅使万科各项目的成本数据集中反馈、项目定位和领导决策更加准确，而且使工程和材料采购合同条款、价格在集团内互相借鉴，类似项目之间也便于进行比较，有利于挖掘降低成本的潜力，提高企业整体利润率。

二、成本优化举措

2009年伊始，面对全球金融危机的不断蔓延和2008年国内主要市场住房价格持续走低的复杂形势，万科管理层认为，住宅行业毛利率将可能出现较为明显的下滑，为此，公司采取了一系列优化成本管理控制的举措。

1. 推广产品标准化和集中采购，降低采购成本。为挖掘公司成本管理潜力、提高成本管理效率，万科将各项目所采用的部品和工艺予以标准化，以便于管理和评估成本。在此基础上，确定最具经济性的部品选择和工艺标准方案，并充分运用集中采购机制，使规模优势得到有效发挥。通过集中采购，万科不仅提升了与供货方的谈判力度，而且统一实施采购方针，统筹安排采购物料，精简了人力，提高了采购工作的专业化程度，有效地降低了采购成本。数据显示，仅通过2009年8月在上海举行的C级装修房部品集中采购一项，万科就降低成本超亿元。

2. 强化客户需求分析，降低期间费用。随着房地产行业调控力度的加大和竞争的加剧，万科认识到，只有更精确地把握客户需求，才能更有效地分配建造成本、降低营销成本，才能使公司产品的价值在市场中获得更充分的认可。为此，万科对住宅产品定期按户型、需求类型、支付方式等多种指标进行深入细分，了解客户目前的需求并对客户未来和潜在需求进行充分挖掘。在此基础上，选择目标客户群并对其进行有针对性的策划，以此来指导后续的规划设计工作，从而有效控制了项目成本和营销费用；同时，万科还通过提升工作效率、简化管理工作、实行费用预算硬约束和严格执行与监督信息反馈等措施，有效控制了管理费用；通过提高资金使用效率、合理选择融资方式等措施降低融资费用。2009 年 1～9 月，万科的管理费用比上年同期降低 11.6％，销售费用比上年同期降低 17.6％，管理费用、销售费用合计占营业收入的比例较上年同期降低 35％。

3. 开展成本对标，消除虚高成本。为有效控制成本费用，万科还深入开展了成本对标活动。万科构建了以投资偏差率、成本波动率等七项关键指标为核心的成本分析模型，在此基础上，通过集团内的横向比较，将成本降到合理的水平；通过与行业内规模和品牌相当的企业的成本对标，获取成本进一步优化的动力。在此过程中，由集团统一发布限制性指标，对项目的设计和施工标准进行规范，成本水平达标后才能开工。同时，万科还将相关控制指标纳入薪酬考核体系，以激励员工节能降耗、降低成本。通过成本对标，2009 年上半年，万科的管理费用和销售费用分别比上年同期下降 30％和 22％。

4. 善用社会资源，降本增效。为提高成本管理效率，万科各一线公司均加大了使用社会资源的力度，通过将公司专业性、事务性强的成本管理工作委托给工程造价咨询公司等专业机构来降本增效。在项目实施前，公司与造价咨询单位签订造价咨询合同，咨询范围为总包、部分分包工程的工程量清单编制、标底编制、补充预算编制、结算编制等。项目实施后，由造价咨询公司进行分析，总结归纳项目实施过程中存在的问题，并及时向万科成本管理部门反馈。通过将社会资源引入企业管理，万科既充分利用了外部专业机构丰富的经验和专业技能，又获得了从旁观者视角编制的客观公正的预算和预算执行分析报告，从而提高了公司成本管理的质量和效率，为股东创造了更多的价值。

三、启示

1. 应从战略高度重视成本管控。2010 年，我国房地产企业将面临更加复杂多变的国内外形势。一方面，受全球金融危机的影响，居民对经济前景和未来财富收入增长的信心尚未恢复。另一方面，国内信贷政策紧缩的预期和房地产宏观调控的力度加大，个人购房贷款收紧，物业税征收渐行渐近，大量购房者持币观望，房地产市场在经历 2009 年的繁荣后再次陷入僵局。此种形势下，只有重视成本管理，合理地分配成本、控制费用，才能稳定企业绩效，实现股东利益最大化。单纯强调“节约、节省”的传统成本管控已不能适应新形势的需要。为此，房地产企业应转变成本管控理念，从战略管理的高度，进行全员、全过程、全方位、突破企业边界的成本管控，以获取持久的成本优势，提高企业核心竞争力。

2. 应持续改进并创新成本管控方法。世界上没有一成不变和最好的成本管控方法，企业只有不断改进、深化、创新与突破，才能获得持久的成本优势。因此，房地产企业首先要重视并指导建立成本管控的长效机制，同时应借助电子计算机和信息技术，实现成本管控信息化；开发和应用新技术、新材料、新工艺，推进住宅产业化、标准化；应将成本管控与薪酬激励相结合，建立起成本管控的内在牵制机制。此外，还可以将价值链管理引入成本管控，通过分析各价值环节的成本状况，消除不增值作业、减少浪费，找出企业改善成本管控的突破口。

（资料来源：百度文库 http://wenku. baidu. com/view/af69971a6bd97f192279e967.html）

问题

1. 分析万科采用的控制方法中，事前控制、事中控制、事后控制各有哪些？

2. 查阅万科的相关资料，分析万科是如何进行房地产开发过程中的工程项目进度及成本控制的？

自测题

一、单项选择题

1. 市场控制法强调使用（　）。

A. 内部制度　B. 外部市场机制　C. 招标法则　D. 心理分析

2. 组织所处的环境是一个（　）。

A. 复杂、多变、不稳定的环境　B. 静态的环境

C. 复杂却稳定的环境　D. 多变却不复杂的环境

3. 控制过程的第一步是（　）。

A. 纠正偏差　B. 制订标准　C. 制订措施　D. 实施方案

4.（　）是控制的基础。

A. 制度　B. 标准　C. 措施　D. 市场

5. 在现代管理活动中，控制的“第一目的”是要（ ）。

A. 维持现状　B. 打破现状　C. 制订标准　D. 实施标准

二、多项选择题

1. 组织所处的环境是一个（ ）。

A. 多变的　B. 复杂的　C. 不稳定的　D. 静态的

E. 模糊的

2. 根据所处阶段不同，管理控制可以划分为（ ）。

A. 事前控制　B. 事中控制　C. 事后控制　D. 制度建设

3. 有效控制的基本特征，主要包括（ ）。

A. 时效性　B. 可理解性　C. 精确性与客观性　D. 指示性

E. 经济性

4. 一个组织在设计控制系统时，主要有（ ）方法。

A. 市场控制　B. 层级控制　C. 同族控制　D. 制度控制

三、判断题

1. 控制中的检查是关键，是核心，是基础。（ ）

2. 控制中的标准是企业无法达到的。（ ）

3. 物的状态控制比人的操作控制更为关键。（ ）

4. 事后控制不如事前控制重要。（ ）

5. 企业的直接控制就是要求总经理必须“事必躬亲”。（ ）

四、简答题

1. 定义“控制”，并描述控制的三种方法。

2. 阅读控制过程示意图，描述控制过程中三个步骤的基本内容。

3. 事前、事中和事后控制的区别与联系是什么？

4. 从哪些方面分析描述有效控制的特征？

5. 任课教师在课堂教学管理中实施了哪些直接控制，哪些间接控制？对你有哪些启发？

五、论述题

1. 论述企业管理控制与企业效益的关系。

2. 论述企业管理控制与企业文化建设的关系。

创 新

第 12 章

引导案例

2010 年 12 月 16 日，美国管理会计师协会、沃顿商学院、意大利博洛尼亚大学等机构的代表相聚北京，共同出席由对外经济贸易大学、海尔集团和美国管理会计师协会发起的“管理会计研究中心”成立仪式。

该“管理会计研究中心”旨在整合学术界、企业界的优势资源，构建管理会计理论与实践的全球多层次专家交流的平台，输出具有全球领先水平的研究成果，打造具有全球影响力的高端管理会计研究品牌。

最先发现海尔在管理会计领域新突破的是美国管理会计师协会。长期以美国企业的实践为主要对象进行观察和研究的美国管理会计师协会意识到传统管理会计在美国遇到非常大的挑战，而海尔的创新探索可能是未来管理会计发展的重要突破口。他们发现，在管理会计领域，海尔把企业损益表转化成每个自主经营体，甚至每个人的损益表，这个表不是以企业为索引，而是以人为索引。

传统企业核算的体系是事后算账，见数不见人，见果不见因。海尔创立的以人为索引的核算体系，把传统财务报表转化为每个人的四张表——损益表、日清表、人单酬表和流程表。传统损益表就是收入减去成本、费用等于利润，而海尔的损益表是战略损益表，在这样的损益表上，不是先创造用户再造产品的所有数都是“损”，因为这样的数不能为用户创造价值，员工也得不到价值体现，企业也不能因此持续健康发展。日清表的任务是关闭这些差距，“关差”的主要内容是创新机制、流程、平台、团队，把这些创新的工作形成每天的预算，每天进行根据预算的日清。人单酬表把员工的报酬和他为用户创造的价值紧密结合。

海尔的这一模式创新引起了越来越多欧美学者的关注。他们认为，海尔的创新突破了科斯理论的天花板，将是未来管理会计的新出路。在“管理会计研究中心”成立现场，沃顿商学院的马歇尔教授发言说，海尔的管理模式超越了西方代理理论,创造了“超级团队”的新模式。而“竞争战略之父”迈克尔·波特也认为海尔的创新实践是“有竞争力的,是充满吸引力的”。他说,海尔的战略思路非常清晰,它以自己的超前实践探索为平台,为全球管理创新研究者提供了另一个课堂。

资料来源:http://www.cs360.cn/dbnews/2116550.html

海尔的成功与海尔的创新有着密切的关系。循规蹈矩、没有创新意识的人,会在工作中四处碰壁;而墨守成规、缺少创新理念的企业,则会在竞争中遭到淘汰。创新是个人进步的动力、企业发展的灵魂。优秀的管理者应该在企业中营造创新环境、激发员工的创新精神。

人类即将进入知识经济时代,知识和信息已经成为最重要的资源,知识的生产和利用已经成为一个新的产业——知识产业。知识资本的价值已经高于传统资本的价值的时候,管理者的思想观念正在经历根本的变化。要建设符合市场经济和科学发展规律的国家创新体系及知识创新系统,提高我国知识创新能力和效率,就要在各项管理工作中都要重视创新,追求新发现、探索新规律、创立新学说、创造新方法、积累新知识。

12.1 创新概述

说起“创新”一词,人们通常喜欢把它与设备的更新、产品的开发或工艺的改进联系在一起。无疑,这些技术方面的革新是创新的重要内容,但不是全部。

12.1.1 创新的含义

1. 创新的定义

创新(Innovation)又称革新或改革,这一概念是由奥地利经济学家熊彼特在1912年首先提出的。创新是把一种发明引入经济管理活动中,从而给经济发展带来较大的影响或较大的变革,使企业获得潜在的长远的利益。创新是指采用一种创造性的构想,并把它转化为有用的商品、服务或经营方法的过程。因此,创新是一个经济范畴,而非技术范畴,不是科学技术上的发明创造,而是把已经发明的科学技术引入企业生产中,形成一种新的生产能力。熊彼特认为,创新是对“生产要素的重新组合”,具体来说有以下5种情况:

(1)引入一种新产品,即消费者还不熟悉的产品或提供一种产品的新质量。

(2)采用一种新的生产方法,也就是在有关的制造部门中未曾采用的方法。

(3)开辟一个新的市场,即产品以前不曾进入的市场。

(4)获得一种原料或半成品的新的供给来源。

(5)实行一种新的企业组织形式,例如建立一种垄断地位,或打破一种垄断地位。

自从熊彼特提出"创新"概念以来,人们曾对创新赋予了各种各样的定义,有代表性的定义有如下几种:

• 创新是开发一种新事物的过程,这一过程从发现潜在的需要开始,经历新事物的技术可行性阶段的检验,到新事物的广泛应用为止。创新之所以被描述为一个创造过程,是因为它产生了某种新的事物。

• 创新是运用知识或相关信息创造和引进某种有用的新的事物的过程。

• 创新是对一个组织或相关环境的新的变化的接受。

• 创新是指新事物本身,具体说来就是指被相关使用部门认定的任何一种新的思想、新的实践或新的制造物。

归纳起来,创新一般被定义为是对原有事物的改变或新事物的引入,是创造新理念并将其付诸实践的过程。

2. 创新的特性

一般而言,创新有如下特性:

(1)创造性

与以前所进行的管理活动相比,创新具有显著的进步和实质性的特点。创新过程所使用的技术、管理方法、运行体制是前所未有的,应用效果显著提高。创新过程是企业家对生产要素重新组合的过程,创造性地将新技术应用于生产实践之中。创造性的另一方面体现在新产品、新工艺的明显改进或者组织机构、制度安排、管理方法的创新,这种创新勇于探索、打破常规。

(2)风险性

创新活动涉及方方面面的许多因素,从而使得创新的结果呈现不确定性,这意味着创新带有较大的风险性。创新,特别是技术创新更需要相应的大量投入,而且这种投入有时不只局限于研究开发阶段,还可能延伸到生产经营管理阶段和市场营销阶段。这些投入能否顺利实现价值补偿,受到许多不确定因素的影响,既有来自技术本身的不确定性,也有来自市场、社会、政治等的不确定性,可能使得创新的投入难以得到回报。

(3)高效益性

高效益性是指创新一般具有高的效益。在经济活动中高风险与高效益是并存的,创新活动也是如此。也就是说尽管创新的成功率较低,但成功后可赚取的利润是相当可观的。通过创新来获取高额收益并使自己迅速壮大的企业,最成功的例子可能就是微软公司了。

正是因为创新具有高的回报率，同时又具有高风险，世界上许多国家相继建立了风险投资公司，向创新者提供风险性贷款，以便促进创新。现在许多企业，也正是看到了创新可以获得高额收益而进行各种创新，特别是技术创新，以求得持续发展。

(4)实效性

创新具有实效性，一方面表现在不同创新类型的顺序分配上，另一方面反映在产品的替代过程中。在创新初期，企业的创新活动主要是产品创新。一旦新产品被市场接受，企业就会将注意力集中在工艺创新上，其目的是降低生产成本、改进品质、提高生产效率。当产品创新和过程创新进行到一定程度时，企业的注意力会逐渐转移到市场营销创新上，目的是提高产品的市场占有率。在这些创新重点的不同时序上，还会伴随着必要的组织创新。

12.1.2 创新的作用

组织作为一个有机体是处于不断变化和演变过程之中的，任何组织管理只维持工作显然是不够的，它无法实现组织的可持续发展。管理的创新职能就是要突出“物竞天择，适者生存”的基本规律对于组织的作用。可见，创新对于组织来说是至关重要的。

首先，创新是组织发展的基础，是组织获取经济增长的源泉。在过去的一个世纪中，人类的经济获得了迅猛的增长，20 世纪大部分时期的经济增长率超过了第一次工业革命时期。这种发展和增长的根源就是美国哈佛大学教授约瑟夫·熊彼特所说的创新。创新是经济发展的核心，创新使得物质繁荣，增长更加迅速。

其次，创新是组织谋取竞争优势的利器。当今社会，各类组织的迅速发展，使得组织间的相互竞争成为普遍现象。特别是世界经济一体化的深入，工商业的竞争更加激烈，要想在竞争中谋取有利地位，就必须将创新放在突出的地位。竞争的压力要求企业家们不得不改进已有的制度，采用新的技术，推出新的产品，增加新的服务。有数据表明，在创造性思维和组织效益之间具有直接的正相关性。

再者，创新是组织摆脱发展危机的途径。这里所说的发展危机是指组织明显难以维持现状，如果不进行改革组织就难以为继的状况。发展危机对于组织来说是周期性的，组织每一步的发展都有其工作重心的转变和新的发展障碍。企业在创业期间，管理目标主要是对需求快速、准确地反应以及资金的充裕和安全问题；进入学步期和青春期，组织管理的目标更多在于利润的增加和销售量及市场份额的扩大；组织成熟期后管理目标转向维持已有的市场地位。相应的组织在各阶段可能会出现领导危机、自主性危机、控制危机和硬化危机。组织只有不断创新、再创新才能从容渡过各种难关，持续健康地发展。

12.1.3 创新的类别和特征

系统内部的创新可以从不同的角度去考察。

(1)从对创新的规模以及创新对系统的影响程度来考察,可将其分为局部创新和整体创新。局部创新是指在系统性质和目标不变的前提下,系统活动的某些内容、某些要素的性质和其相互组合的方式、系统的社会贡献的形式和方式等发生变动;整体创新则往往指改变的目标和使命,涉及系统的目标和运行方式,影响系统的社会贡献性质。

(2)从创新与环境的关系来分析,可将其分为消极防御型创新与积极攻击型创新。防御型创新是指由于外部环境的变化对系统的存在和运行造成了某种程度的威胁,为了避免威胁或由此造成的系统损失扩大,系统在内部展开的局部或全局性调整;攻击型创新是在观察外部世界运动的过程中,敏锐地预测到未来环境可能提供的某种有利机会,从而主动地调整系统的战略和技术,以积极地开发和利用这种机会,谋求系统的发展。

(3)从创新发生的时期来看,可将其分为系统初建期的创新和运行中的创新。系统的组建本身就是社会的一项创新活动。系统的创建者在一张白纸上绘制系统的目标、结构和运行规划等蓝图,这本身就要求有创新的思想和意识,创造一个全然不同于现有社会(经济组织)的新系统,寻找最满意的方案,取得最优秀的要素,并以最合理的方式组合。但是“创业难,守业更难”,在动荡的环境中“守业”,必然要求积极地以攻代守,要求不断地进行创新。创新活动更大量地存在于系统组建完毕开始运转以后。系统的管理者要不断地在系统运行的过程中寻找、发现和利用新的创业机会,更新系统的活动内容,调整系统的结构,扩展系统的规模。

(4)从创新的组织程度上看,可分为自发创新与有组织的创新。任何社会经济组织都是在一定环境中运转的开放系统,环境的任何变化都会对系统的存在或存在方式产生一定的影响。系统内部与外部直接联系的各子系统接收到环境变化的信号以后,必然会在其工作内容、工作方式和工作目标等方面进行积极或消极的调整,以应付变化或适应变化的要求。同时,社会经济组织内部的各个组成部分是相互联系、相互依存的,系统的相关性决定了与外部有联系的子系统根据环境变化的要求自发地做出调整后,必然会对那些与外部没有直接联系的子系统产生影响,从而要求后者也作相应调整。系统内部各部分的自发调整可能产生两种结果:一种情况是各子系统的调整均是正确的,从整体上说是相互协调的,从而给系统带来的总效应是积极的,可使系统各部分的关系实现更高层次的平衡,除非极其偶然,这种情况一般不会出现;另一种情况是,各子系统的调整有的是正确的,而另一些则是错误的，这是通常可能出现的情况。因此，从整体上来说，调整后各部分的关系不一定协调，给组织带来的总效应既有可能为正，也可能为负（这取决于调整正确与失误的比例），也就是说，系统各部分自发创新的结果是不确定的。

与自发创新相对应的，是有组织的创新。有组织的创新包含两层意思，一是系统的管理人员根据创新的客观要求和创新活动本身的客观规律，制度化地研究外部环境状况和内部工作，寻求和利用创新机会，计划和组织创新活动；二是系统的管理人员要积极地引导和利用各要素的自发创新，使之相互协调并与系统有计划的创新活动相配合，使整个系统内的创新活动有计划有组织地展开。只有有组织的创新，才能给系统带来预期的积极的比较确定的结果。

12.1.4 创新的内容

1. 目标创新

企业是在一定的经济环境中从事经营活动的，特定的环境要求企业按照特定的方式提供特定的产品。当环境发生变化，企业的生产方向、经营目标以及企业在生产过程中与其他社会经济组织的关系就要进行相应的调整。我国的社会主义工业企业，在高度集权的经济体制背景下，必须严格按照国家的计划要求来组织内部的活动。经济体制改革以来，企业同国家和市场的关系发生了变化，企业必须通过其自身的活动来谋求生存和发展。因此，在新的经济背景中，企业的目标必须调整为“通过满足社会需要来获取利润”。至于企业在各个时期的具体的经营目标，则更需要适时地根据市场环境和消费需求的特点及变化趋势加以整合，每一次调整都是一种创新。

2. 技术创新

技术创新是企业创新的主要内容，企业技术创新贯穿于从新产品、新工艺的设想、开发、生产到消费的各个环节，它包含了企业创新意识、研究和开发的能力、商业化生产水平和市场占有率等要素。技术水平高低是反映企业经营实力的一个重要标志，企业要在激烈的市场竞争中处于主动地位，就必须不断进行技术创新。由于一定的技术都是通过一定的物质载体和利用这些载体的方法来实现的，因此企业的技术创新主要表现在要素创新、要素组合方法的创新和产品创新三个方面。

技术创新的基本思路是以市场为导向，以企业为主体，以产品为龙头，以新技术开发应用为手段，以提高企业经济效益、增强市场竞争力和培育新的经济增长点为目标，重视市场机会与技术机会的结合，通过新技术的开发应用，带动企业或整个行业生产要素的优化配置，以有限的增量带动存量资产的优化配置。

技术创新是一个以新的技术思想产生为起点，以新的技术思想首次商业化为终点的过程。因此,技术创新可以分为研究开发前期阶段和商业化后期阶段两个阶段。研究开发是产生新的技术思想和技术方法的重要源泉,商业化是将新的技术思想和技术方法转化为正常生产和销售的新产品或正常生产中使用的新工艺。技术创新又是一种能力,这种能力体现在市场机会与技术能力的结合上,是一种能够把握市场机会和技术机会、正确做出创新决策、有效实施决策并成功地将创新引入市场的能力。

3. 管理创新

管理创新是企业创新系统的重要组成部分,它是指把新的管理要素,如新的管理方法、新的管理手段、新的管理模式等要素引入企业管理系统的一系列的创新活动,以此创造一种更有效的资源组合模式。管理创新的主要驱动力来源于三个方面:组织环境变化的要求、组织自身发展的需要和管理工作本身的要求。但实际中,管理创新并没有引起人们足够的重视,企业愿意投入资金进行技术开发,也愿意进行市场开拓,但对管理创新却在时间和财力上非常保守,对于通过管理咨询来协助企业进行改进和创新的做法更是不以为然。这种错误的认识使不少企业付出了惨重的代价。事实上,管理创新是企业中各类创新的桥梁和纽带,没有相应的管理创新,技术等其他方面的创新就很难达到预期的效果。没有管理创新的"整合"和"优化"作用,其他创新取得的成功也很难长久。管理创新实际上是其他创新的组织保证,是组织生存、发展的客观需要。

4. 文化创新

文化创新是指将文化因素引进管理,以形成新的价值观体系,最终达到增强企业生机活力,提升市场竞争力和市场地位、引导企业走向成功的目的的创新活动。某些企业成功的关键在于它们能够在复杂多变的市场环境中进行文化创新,激励和吸引员工,形成能够变被动行为为主动行为的价值观念和行为规范。

企业创新是企业在竞争中不断寻求新的平衡点与发展动力的自我否定与自我超越的过程,企业文化创新对企业创新的成败起着重要的作用,因为企业的任何一项创新首先是观念创新、文化更新与再造,只有企业具备了创新型文化、学习型文化、开放型文化、兼容型文化,企业创新才能更具活力和生命力。

12.2 管理创新

世界经济发展的历史和国外管理理论的研究表明,当代经济的发展取决于竞争优势,决定竞争优势的主导因素是人才和科技的管理优势,而决定人才、科技管理优势的是管理创新。

12.2.1 管理创新的概念

管理创新是指创造一种新的更有效的资源整合范式，并能有效地加以实施。这种范式，既可以是新的有效整合资源以达到组织目标和责任的全过程管理，也可以是新的具体资源整合及目标制订等方面的细节管理。换句话说，管理创新就是指把新的管理要素，如新的管理方法、新的管理手段、新的管理模式等要素组合引入企业管理系统的一系列的创新活动，以此创造一种更有效的资源整合模式。理解这一概念需要注意以下几点。

(1)管理创新的对象是组织中资源运用的模式。管理创新的对象是指组织中资源运用的整体模式，或某个部门资源运用的模式，如企业制度、生产管理模式、财务管理模式、人力资源管理模式、营销管理模式等。

(2)管理创新的任务是寻求更有效的资源运用模式。不同的资源运用模式存在着效果上的差异，资源运用效果又决定了企业的生存和发展。管理创新的任务就是通过寻求有效的资源运用模式来为企业发展服务。

(3)管理创新是一个工作过程。管理创新如同其他管理活动一样，也是一个管理进程。这个过程需要总结管理经验，寻找发展机会，进行合理的分析、设想，提出并建立新的资源运用模式。

(4)管理创新有其特定的工作内容。管理创新的具体工作内容有：提出一种新的发展思路并加以有效实施；创设一个新的组织机构并使之有效运转；提出一个新的管理方式、方法；设计一种新的管理模式；进行一项制度的创新。

12.2.2 管理创新的内容

管理创新是一项复杂的系统工程。从系统的观点来看，企业管理创新是指企业的管理者不断根据市场和社会变化，利用新思维、新技术、新方法、新机制创造一种新的更有效的资源组合范式，以适应和创造市场，促进企业管理系统综合效益的不断提高，达到以尽可能少的投入获得尽可能多的综合效益的目的。企业管理创新应能涵盖市场经济要求充实的新的管理层面和内容。这不仅体现在对科学管理的继承和完善上需要更新岗位设计和重组工作流程，更体现在对经营观念、经营战略、组织结构、管理规范、管理方法和管理技术以及企业文化整合上进行的系统性调整。

管理创新作为一项系统工程至少应包括以下八个方面的内容。

1. 理念创新

自20世纪90年代以来，世界企业开始掀起新一轮的管理变革浪潮，新的经营理念和管理学说应运而生。从国内环境看，经济体制尚处于转轨期，政企分开的制度环境正在建设过程之中，企业制度双轨制并存并呈胶着状态，传统的管理思维和方式方法还在顽强地发生作用。但从现代企业制度要求的管理科学的高度看，必须摒弃越来越不适宜的经营管理思想，完成如下转变：管理绩效的评价标准要从是否遵循长官意志转变为综合效益的完成量；管理的内容要从管理方式是否需要强化，管理形式是否需要更加严格转向岗位职责、工作流程、规章制度的科学性和有效性以及对于资金、人才、时间、物质的使用效率的实质性控制；管理方式要从家长专断型的随意管理转向基于广泛咨询的，遵循决策程序的科学管理，从事无巨细的越级干预到注重决策和预算的权责明确的层级管理；管理的机制要从对企业员工的形式化约束转向建立互动式自我教育与激励型行为规范；管理的目的要从单纯完成企业利润目标转向对内维持和谐稳定的一致性，对外增强持续不断的适应性；管理的心态也要从追求一劳永逸转向动态和持续创新。

2. 战略创新

企业战略是对企业长远发展的全局性谋划。在早期的企业管理中没有经营战略，它是经济市场化进程中的必然产物。战略管理应该是企业的自主行为，在传统的计划经济体制下，企业不是独立的经济主体，故没有自己的经营战略和战略管理。现代企业制度的建立要求填补这个空白。经营战略是一种以变革为实质的概念。企业要想在激烈变化、严峻的环境中求得生存与发展，就必须通过不断革新来创造性地经营企业。也就是要通过实施具有创新实质的经营战略，使企业实现内部和谐运作与外部持续适应的双重目标。

在全球化发展趋势下，全球化战略也愈发显得重要起来。全球化的战略，首先是面向全球开发与配置资本、劳动力、技术等生产资源。根据不同地区的不同利税和金融风险来配置资本；根据不同地区技术发展水平和优势来组织技术开发；根据不同地区文化水平和企业需要来开发和利用人力资源。其次，建立一套基于国际分工协作的高效生产体制。全球化的经营战略更多的是指建立面向全球的国际市场营销体系。许多企业通过启用当地营销人才或加强培训等方式，大力培养不仅懂营销、懂外语，而且熟悉当地文化特点和消费习惯的营销人才，以完善国际营销体系，迅速准确地把握市场信息。

3. 管理组织创新

企业组织形式不是一成不变的，必须根据企业发展和市场竞争的需要进行调整和创新。迄今为止，最成熟、最有影响的管理组织形式是金字塔式，自上而下，递阶控制的科层组织结构，这种以专业分工为基础的职能部门制，提高了管理工作的专业水平，但也带来了部门间互相割裂、难以协调的弊端，对外界环境变化的反应迟缓，压抑组织成员全面发展。

知识经济时代，信息技术的发展使得知识在管理者及劳动者之间共享，企业组织等级结构已不再受到管理幅度的限制，纵横交错的信息渠道造就了一种崭新的组织结构——扁平化的组织结构，它具有敏捷、灵活、快速、高效的优点，是一种静态架构下的动态组织结构。其最大的特点就是等级型组织和机动的计划小组并存，具有不同知识的人分散在结构复杂的企业组织形式中，通过未来凝缩时间与空间，加速知识的全方位运转，以提高组织的绩效。扁平化组织结构的竞争优势在于不但降低了企业管理的协调成本，还大大提高了企业对市场的反应速度和满足用户的能力。

4. 制度创新

有了良好的组织结构，还需要有科学的规章，严密的程序作保障。目前还有相当一部分企业管理职责设计比较粗糙，管理环节中缺乏明确的程序，规章制度常常停留在纸面上，职工民主管理往往流于形式，决策随意、制度不严、无章可循、有章不循、违章不究的现象时有发生。在建立现代企业制度过程中，既需要对基础管理进行补课，又需要根据经营战略，对管理规范和业务流程进行调整和动态更新，使企业在采购、研发、生产、销售、财务以及后勤保障等各个环节都建立起合理的规范和工作流程，把创新渗透于各个环节，作为经常性的主要管理职责，以适应市场竞争的要求。要积极借鉴国外企业现代管理规范，探索和形成一整套有中国特色的现代企业科学管理制度。

面对纷繁复杂的变化，企业如何才能保持永久的生命力？英国壳牌石油公司的企划主任伍德格告诉我们："企业唯一持久的竞争优势，或许是具备比你的竞争对手学习得更快的能力。"真正出色的企业，都是那些能够设法使各阶层人员全心投入，并能不断学习的组织，学习型组织的出现，是企业制度的一次创新。

5. 管理技术与方法创新

企业是一个复杂的非线性的大系统。在企业内流动着劳务流、资金流、物流、信息流、能量流等资源。要提高竞争能力，必须使所有资源处于一种科学、合理并且先进的管理模式下运行，这种模式实质就是以市场需求为导向，以系统观念工程为指导，以现代管理技术和方法为支撑的综合的、系统集成的、整体优化的管理系统。现代科学技术的发展，为加强企业管理提供了全新的条件。要重视和广泛采用现代管理技术、方法和手段来加强管理，把在建设国有企业的长期实践中创造的行之有效的企业管理方法与国外企业的先进管理方法结合起来，逐渐扬弃并改变以前的管理方法，从市场预测、成本分析、产品设计、生产准备、库存物流、加工制造、产品销售到售后服务全过程探索新的管理方式方法。信息产业的兴起和市场的国际化发展，从根本上动摇了20世纪的管理技术，有关生产的新概念、新方法层出不穷。

6. 企业文化创新

经济竞争的最高层次是文化竞争。放在社会的大背景中企业文化的改革和完善是社会整体改革的前奏和量化积累。就企业本身而言，企业文化是以企业家精神为核心的独特的思维方式，行为方式和企业形象，是在长期生产经营过程中形成的并为全体员工遵守和奉行的价值观念，行为准则和审美理念的集合反映。

在向知识经济时代迈进的过程中，最主要的经营资源就是知识。因此，综合利用知识能力的人才也就越来越重要。这时，企业能否成功的关键往往取决于对人力资源的开发和管理。工业社会里的企业文化，把人看成是"经济人"，视人如生产机器，忽视了人的精神需要与创新精神。而知识经济时代的企业文化把入看成是"文化人"，它注重发掘人的内在潜力和积极性，偏重于人的作用和价值的实现。近年来提出的"柔性管理"就是一种以人为本的企业文化，它通过管理者与员工的直接交流，使管理者更加关注员工的需要，为员工提供更多的发展事业的空间。

7. 市场与技术创新

知识经济时代，信息网络技术进入商品流通的每个环节，实现了对传统商业管理的根本性变革，网络营销就是信息革命带来的一次市场创新。美国于1997年率先提出"全球网络贸易框架"，明确了"网络自由贸易区"的概念，将电子商务活动的触角伸向世界各地。电子商务在中国也得到了迅速发展，网络营销日益成为开拓市场的有效手段，卖方和买方都发生了根本性的变革。

知识经济时代，高新技术渗透到商品产、供、销各环节，谁率先进行技术创新，拥有先进技术，生产出成本更低、效用更大、更能够满足消费者需要的新产品，谁就会在竞争中处于不败之地。反之，就会在竞争中处于劣势，被市场淘汰出局。美国的王安电脑公司曾鼎盛一时，但进入20世纪80年代以后，电脑市场竞争激烈，而该公司满足于自己产品在设计和技术水平上的优势和声誉，没有跟上电脑转型创新的步伐，及时推出新型电脑，终于败在美国国际商用机器公司和苹果公司手下，最终导致破产。由于技术创新大多具有高效低耗、较少影响环境的特点，因而可以提高效益、加快速度、调整结构、优化配置、实现企业要素的最佳组合，使企业始终保持旺盛的生命力。

8. 人力资源管理创新

人力资源是企业中唯一不断增值的资源，必须加强开发和管理。目前的人力资源管理往往侧重于人员招聘、员工合同管理、考勤与绩效评估、薪酬与培训等与公司内部有关的事项，忽略了人自身价值的实现和对市场与顾客的关注。人力资源管理创新应做好以下工作：应该使其成为企业最核心的部门，企业应设立人力资源总监，组建一个学习型组织，使员工得到公平合理的报酬，使员工得到自我发展的机会和自愿献身的职业。

12.3 技术创新

12.3.1 技术创新的概念

技术创新是指从新产品或新工艺设想的产生到实现商业价值的完整过程。技术创新以获取商业利益为目标，包括科技、组织、商业和金融等一系列活动的综合过程。理解这一概念需要注意以下几点。

1. 技术创新与发明创造不同

发明创造是科技行为，而技术创新则是经济行为。熊彼特的重大功绩之一，是把发明创造(包括通常理解的科技成果)与技术创新区别开。他认为发明创造只是一种新概念、新设想，或者至多是试验品的产生，哪怕是为人类知识宝库做了巨大贡献的伟大发明也不例外。而技术创新则是把发明或其他科技成果引入生产体系，利用那些原理制造出市场需要的商品，从而使生产系统产生震荡效应。这种科技成果商业化和产业化的过程，才是技术创新。

2. 技术创新始于研究开发而终于市场

任何技术创新都是从研发开始的，没有研究开发就谈不上进行技术创新，即使通过技术引进，但技术上新意不大，要把它们变成本企业自己能实现的商品，也需要做开发工作。至于一些重大的技术创新，则更需要有研究开发工作来支持。研究开发是系统的创造性工作，原型设计和试验则是研究开发工作的重要阶段。其中，原型包括了新产品或新工艺全部特征和性能的初始模型，而原型验收则意味着研究开发阶段的终结和创新过程下一阶段的开始。技术创新最后是以市场实现而告终，它将通过营销环节，来实现技术创新的价值。营销环节的创新自然也包含在技术创新过程之中，它对开辟新市场和实现技术创新的价值有着重要的作用。

3. 创新扩散是导致技术创新产生社会经济效益的根本来源

历史地看，技术创新一出现，就会在社会上产生巨大的示范作用，那些未获得超常规利润的企业，便会纷纷渴望分享其利，从而形成巨大的模仿高潮。模仿能实现的原因有二:一是任何技术,包括复杂的技术,总是可以被学习的。模仿者可以通过反求工程,去模仿创新者的产品,也可以通过合法购买创新者的专利技术或专有技术来模仿。二是模仿同创新相比,具有省力气、投资少、风险小、进入快等优点。因此,可以说世界上没有一种产品是不被别人模仿的,同时也没有一个企业(包括研究开发实力极其雄厚的企业)不模仿别人的产品。众多的模仿能使创新成果获得大面积的扩散。这种扩散最终足以影响一国的经济发展。当然,由技术创新扩散引起的投资高潮亦会导致过度发展即投资过剩,进而出现经济停滞。而要使经济再发展,就必须开展新一轮的技术创新。也就是说,只有不断地推进技术创新及其后面的扩散,经济才能持续不断地发展。

12.3.2 技术创新的内容

现代企业的一个主要特点是在生产过程中广泛运用先进的科学技术。企业的技术创新主要表现在要素创新、要素组合方法的创新以及产品创新三个方面。

1. 要素创新

企业的生产过程是一定的劳动者利用一定的劳动手段作用于劳动对象使之改变物理、化学形式或性质的过程。参与这个过程的要素包括材料、设备以及企业员工三类。

(1)材料创新

材料是构成产品的物质基础,材料费用在产品成本中占很大比重,材料的性能在很大程度上影响产品的质量。

材料创新的内容包括:开辟新的来源,以保证企业扩大再生产的需要;开发和利用量大价廉的普通材料(或寻找普通材料的新用途),替代量少价昂的稀缺材料,以降低产品的生产成本;改造材料的质量和性能,以保证和促进产品质量的提高。现代材料科学的迅速发展,为企业的原材料创新提供了广阔的前景。

(2)设备创新

现代企业在生产过程中广泛地利用了机器和机器设备体系,劳动对象的加工往往由机器设备直接完成,设备是现代企业进行生产的物质技术基础。马克思曾经说过:“各种经济时代的区别,不在于生产什么,而在于怎样生产,用什么劳动资料生产。”设备的技术状况是企业生产力水平具有决定性意义的标志。因此,不断进行设备的创新,对于改善企业产品的质量,对于减少原材料、能源的消耗,节省活劳动的使用都有着十分重要的意义。

设备创新的内容主要包括:通过利用新的设备,减少手工劳动的比重,以提高企业生产过程的机械化和自动化的程度;通过将先进的科学技术成果用于改造和革新原有设备，延长其技术寿命，提高其效能；有计划地进行设备更新，以更先进、更经济的设备来取代陈旧的、过时的老设备，使企业建立在先进的物质技术基础上。

(3)人力资源创新

任何生产手段都需要依靠人来操作和利用，企业在增加新设备、使用新材料的同时，还需要提高人的素质，使之与技术进步后的先进生产管理相符合。

企业的人事创新的内容：根据企业发展和技术进步的要求不断地从外部取得合格的新的人力资源；注重企业内部现有人力的继续教育，用新技术、新知识去培训、改造和发展他们，使之适应技术进步的要求。

2. 要素组合方法的创新

利用一定的方式将不同的生产要素加以组合，是形成产品的先决条件。要素的组合包括生产工艺和生产过程的时空组织两个方面。

(1)生产工艺

生产工艺是劳动者利用劳动手段加工劳动对象的方法，包括工艺过程、工艺配方、工艺参数等内容。工艺创新既要根据新设备的要求，改变原材料、半成品的加工方法，也要求在不改变现有设备的前提下，不断研究和改进操作技术和生产方法，以使现有设备得到更充分的利用，使现有材料得到更合理的加工。当前工艺创新的主要方向是数字技术的应用、精密化和绿色化。工艺创新与设备创新是相互促进的，设备的更新要求工艺方法做出相应的调整，而工艺方法的不断完善又必然促进设备的改造和更新。

(2)生产过程的时空组织

生产过程的组织包括设备、工艺装备、在制品以及劳动在空间上的布置和时间上的组合。空间布置不仅影响设备、工艺装备和空间的利用效率，而且影响人机配合，从而直接影响工人的劳动生产率；各生产要素在时空上的组合，不仅影响在制品、设备、工艺装备的占用数量，从而影响生产成本，而且影响产品的生产周期。

3. 产品创新

生产过程中各种要素组合的结果是形成企业向社会贡献的产品。企业是通过生产和提供产品来求得社会承认、证明其存在的价值，也是通过销售产品来补偿生产消耗、取得盈余，实现其社会存在的。产品是企业的生命。企业只有不断地创新产品，才能更好地生存和发展。产品创新主要包括品种和结构的创新。

(1)品种创新

品种创新要求企业根据市场需要的变化，根据消费者偏好的转移，及时地调整企业的生产方向和生产结构，不断开发出受用户欢迎的适销对路的产品。

(2)产品结构创新

产品结构创新在于不改变原有品种的基本性能,对现在生产的各种产品进行改进和改造,找出更加合理的产品结构,使其生产成本更低、性能更完善、使用更安全,从而更具有市场竞争力。

产品创新是企业技术创新的核心内容,它既受制于技术创新的其他方面,又影响其他技术创新效果的发挥:新的产品、产品的新结构,往往要求企业利用新的机器设备和新的工艺方法,而新设备、新工艺的运用又为产品的创新提供了更优越的物质条件。

12.3.3 技术创新的战略选择

企业技术创新战略是企业进行技术创新经济活动的总谋划,决定和统率企业创新的具体行为。企业能否正确选择并贯彻实施良好的创新战略,是其能否顺利推进技术创新,赢得创新利益的先决条件。在当代激烈的市场竞争中,不创新的企业必将走向衰亡,但创新战略选择失误所导致的不良创新反过来可能会加速企业衰亡的进程。

1.首创型技术创新战略

首创型技术创新是指力求领先于他人获得新技术,或领先于其他企业将新技术商业化的技术创新战略。例如,率先研制成功或应用某种新的技术,率先推出新产品,率先开辟新的市场销售渠道,率先采用新的广告媒介等。

(1)首创型技术创新优势

①进行首创型技术创新,可以开辟新的市场领城,提高企业的市场竞争实力,获取高额垄断利润,赢得长期的竞争优势,甚至成为市场领先者。可口可乐问世一百多年来,许多市场竞争对手试图求其配方,破译其生产工艺,结果无一成功,而众多的市场仿创者也一直未能从根本上动摇可口可乐在世界饮料市场上的绝对领先地位。

②首创者容易获得独特的市场信誉,使自己与用户比较容易建立起良好的关系。北大方正在激光照排印刷系统方面的领先技术就使它较易进入个人计算机市场。

③首创者具有市场比较优势地位。首创者率先建立起来的较为完善的销售网络使后继者的进入成本增加。同时,消费者对领先者产品的熟悉可产生某种依赖性,若消费者转向其他种产品的消费,会增加学习的交易费用。同时,首创者通过制订技术标准,使随后进入企业在制造同类产品时,必须得到首创的技术标准认同,从而增加了其市场进入成本。

(2)首创型技术创新劣势

①创新领先者的开发成本较高,而这反过来又能减少模仿者的市场进入成本。要进行首创型技术创新,就必须投入相应的技术开发成本,或者组织自己的研发队伍,进行自主创新研究,或者购买专利技术,这都需要相当高的成本。首创型技术应用于产品生产中,新产品在市场导入初期要投入较大的市场开发成本,而市场开发目标能否实现,存在着很大的不确定性。作为首创者,在市场开发初期和市场导入期,往往是孤军作战,独立投资于基础研究、技术开发、产品推广、消费教育、用户培训等市场开发活动,而这类市场开发投资效果具有较大的外溢性,不能为首创者所独占,其中相当大部分会被后来的市场模仿者无偿分享。显然,这种"有福共享,有难不同当"的现象,使市场首创者处于一种极为不利的被动地位。

②技术首创者需花大量时间去开拓市场。由于新市场本身存在诸多方面的不确定性,在其导入和成长初期常常会出现一定的市场沉默期和反复期。例如,美国3M公司推出的"报事贴"便笺纸在投放市场初期备受冷落,直到十多年后才变为热门畅销产品。这种新市场开发的时滞性,也会给市场首创者带来一定的风险,使其不能及时获得预期的投资回报,甚至有可能被后来的市场追随者趁机赶超而使首创者失去其市场领先地位。

(3)首创型技术创新应注意的问题

首创型技术创新是一种高投入、高风险和高利润的创新活动,也是创新度最高的一种创新,其主要特征在于技术的首创性。在采用首创战略时,创新者应根据自己的创新能力、创新资源等实际情况,认真进行市场调查、预测和评估研究,充分考虑各种相关技术创新条件的影响,选择适当的创新时机和方式,及时进行技术创新。

2.改创型技术创新

改创型技术创新是一种具有中等创新度的创新活动。改创者不必率先创造全新的新市场,而只需对首创者所创造的全新产品进行改良或改造。海尔集团就是进行改创的典范,海尔集团在传统冰箱的基础上进行改进,创新出了可拆分的海尔双王子冰箱和适合现代家庭核心化趋势的海尔小王子冰箱,受到了市场的广泛欢迎。

(1)实行改创型技术创新的优势

①技术改创者可以有效地减少或避免首创者所面临的各种创新风险。作为首创者的追随者,改创者可以冷静观察首创者的创新活动及其进展,充分吸收其先行者的各种经验教训,从而大大降低创新活动中所存在的诸多方面的不确定性。

②改创者可以有效地利用各种创新资源,减少创新成本,分享首创者的创新投资收益。

③改创者可以扬长避短，有针对性地对现有首创市场进行改创，增强其市场适应性，从而赢得较大的市场竞争优势。

④改创者可以在有利时机快速进入新市场，充分享受市场高速成长阶段的市场收益，促进企业的健康、稳定和持续发展。

(2)实行改创型技术创新的劣势

①技术改创毕竟也是一种创新，要创新就会面临相应的风险。改创者在一定程度上进行着另一阶段的首创。如果先行者所首创的技术比较完善和成熟，则后来的竞争对手就难以对其进行改创，或者这种改创已是另外一种新技术，这就需要重新进行市场开发和市场培育，同样面临着各种市场风险。

②技术改创也需要付出相当大的创新成本。一般说来，技术创新投资呈"金字塔"形不断扩大的趋势，随着新技术的逐步开发和市场成长，所需投入的技术开发和市场成本也不断增加。如果改创者较早进入新市场，则要冒较大的创新风险；如果改创者较迟进入新市场，则需付出较大的市场开发成本。

③市场改创者将面临着更加激烈的市场竞争局面。在一个尚未开发成熟的新市场上，首创者几乎没有同类竞争对手。由于首创者率先进入新市场，容易在消费者心中留下良好的创新形象，产生名牌效应，并占领较大的市场份额。而当后来的改创者进入市场时，一开始就面临着强有力的市场首创者及一大群追随其后的其他市场竞争对手。

(3)实行改创型技术创新应注意的问题

改创型技术创新是创新度处于中等水平的一种技术创新，其主要特征在于其改创性。这种改创型的技术创新者不必承担太大的风险，而且可以获取较大的利润，却难以获得市场领先地位。一般来说，技术首创者往往也是市场领先者，大多数市场领先者能长期保持市场竞争优势。而大多数改创者则只能取得市场挑战者、市场追随者的地位，不能取得永久性的市场竞争优势。另外，如果改创者的快速反应战略获得成功，就会引来大批仿创者，将会造成更加激烈的市场竞争局面。

3. 仿创型技术创新

仿创型技术创新是指通过逆向工程或反求工程等手段，学习模仿领先者的创新思路和创新行为，吸取领先者的成功经验和失败教训；引进购买或破译领先者的核心技术秘密，并在此基础上改进完善，进一步开发。

(1)实行仿创战略的优势

①仿创型技术创新同改创型技术创新一样，可以回避技术风险和市场风险，降低成本。仿创者不做开拓探索者，而是做有价值的新技术的积极追随学习者。首创者必须独自承担技术探索的风险，负担探索失败的损失，而仿创者却可冷静地观察首创者的创新行为，向多个技术先驱学习，选择成功的创新技术进行模仿改进。

②在生产方面，仿创者相对于首创者而言，能够购置到性能更趋于稳定、价格更低的设备，也能够一开始便享受原配套材料产业规模经济的效率。

③在市场方面，首先，新市场的开辟具有很高的风险，在首创企业推出的诸多产品中，虽不乏市场期盼已久、一上市就能引起轰动的产品，但大部分产品都必须经历一个被用户逐步认识、逐步战胜替代品的过程。这个或长或短的沉默期往往会使首创企业陷入困境。模仿产品由于晚进入市场，特别是可以观望市场的发展和演变，选择适当的时间进入，因而可以有效回避市场的沉默期所导致的损失。其次，从市场投入方面看，首创者要投入大量人力物力进行开拓新产品市场的广告宣传，这种投入一方面是必不可少的，另一方面又存在着很强的外溢效应。因其广告宣传中有相当部分必须是对消费者消费观念的引导和对消费知识的普及宣传，很显然这样的宣传受益者决非首创者自身。模仿创新产品由于晚进入市场，因而可充分享受首创者新市场开拓的溢出利益，节约大量的公益性资金投入，而集中于自己品牌的宣传，这对仿创者新产品的成功是非常有利的。

(2)实行仿创战略的劣势

①在技术方面有时只能被动适应，在技术积累方面难以进行长远的规划。

②在市场方面，被动跟随和市场定位经常性地变换也不利于营销渠道的巩固和发展。此外，仿创战略有时会受进入壁垒的制约而影响实施的效果。如核心技术信息被封锁，仿创难以进行，首创企业先期建立的完备的营销网络难以突破等。

(3)实行仿创战略需要注意的几个问题

①模仿创新仍要求企业有一定的研究开发投入。模仿创新并不是单纯地模仿，而应属于一种渐进性创新行为。模仿创新并不照搬照抄率先者的技术，它同样需要投入足够的研究开发力量，从事其特有的研究开发活动。因为没有一定的研究开发投入，不可能去真正掌握这些先进技术。而且，产品的区域性特征客观上要求创新技术的本地化，模仿企业需要对产品做出适合本地环境或消费习惯的再创新或二次创新。

②瞄准尚未市场化的创新科研成果，提高模仿起点。日本的发展实践充分证实了这一点。在苏联科学家 1977 年令人震惊地宣布他们已经从碳蒸汽中制造出了金刚石膜之后，日本人最先抄袭这一成果。日本国立无机材料研究所立即把这种称为化学气相沉积的新技术提供给 12 家日本公司的实验室，其目的是发展一种用于超高速微芯片的金刚石膜。20 世纪 60 年代，美国通用电气公司最早研究了可用于人造卫星电路和超级计算机芯片的砷化镓。然而，日本最先将这种技术商品化、产业化，生产的砷化镓元件的年销售额已经达到了 14 亿美元，其中大部分用于激光器中的二极管，日本公司现已占据了世界砷化镓元件市场的 2/3。

(3)模仿创新更强调在模仿基础上的创新。模仿创新最敏感的问题是可能出现的知识产权纠纷问题。一些实际存在的非法侵权性模仿创新虽为数不多，但的确造成了很坏的影响。正是由于来自方方面面的否定、谴责，在一定程度上损坏了模仿创新的形象，干扰了人们对模仿创新进行全面深入地研究和认识。

本章学习小结

1. 创新是对原有事物的改变或新事物的引入，是创造新理念并将其付诸实践的过程。一般而言，创新具有创造性、风险性、高效益性、实效性等特征。创新的内容主要有：目标创新、技术创新、管理创新及文化创新。

2. 管理创新是指创造一种新的更有效的资源整合范式，并能有效地加以实施。这种范式，既可以是新的有效整合资源以达到组织目标和责任的全过程管理，也可以是新的具体资源整合及目标制订等方面的细节管理。换句话说，管理创新就是指把新的管理要素，如新的管理方法、新的管理手段、新的管理模式等要素组合引入企业管理系统的一系列的创新活动，以此创造一种更有效的资源整合模式。管理创新的内容主要有：理念创新、战略创新、管理组织创新、制度创新、管理技术与方法创新、企业文化创新、市场与技术创新、人力资源管理创新。

3. 技术创新是指从新产品或新工艺设想的产生到实现商业价值的完整过程。技术创新是以获取商业利益为目标，包括科技、组织、商业和金融等一系列活动的综合过程。企业的技术创新主要有：要素创新、要素组合方法的创新以及产品创新。技术创新的战略选择主要有：首创型技术创新战略、改创型技术创新战略及仿创型技术创新战略。

综合案例

苹果的创新精神

2011 年 10 月 6 日，苹果公司创始人、首席执行官史蒂夫·乔布斯因病去世，万众对其疯狂膜拜达到顶峰，苹果公司在悼词中说："苹果失去了一位有远见和创意频出的天才，世界失去了一位出色的人类。"这符合乔布斯生前"活着就是为了改变世界"的人生追求。

1976 年，乔布斯的朋友沃兹·尼克设计出一款微型电脑，乔布斯敏锐洞察其背后的商机，极力劝说沃兹辞职，两人联合创办一家新型科技公司，名为"苹果"。1977 年 4 月，苹果公司推出世界上第一台个人电脑——Apple Ⅱ，3 年之后苹果公司上市，股价一路飙涨，苹果公司顺势跻身世界五百强企业行列，乔布斯和沃兹也成为亿万富翁。

然而天有不测风云，在乔布斯30岁那年，他被董事会踢出自己亲手创办的苹果公司，经受毁灭性打击的乔布斯卖掉手中所有的苹果股票，发誓要干一番更伟大的事业。他将东山再起的公司命名为Next，最初为研究机构和学院提供专业配置的电脑；1986年他以1000万美元的价格买下日后大名鼎鼎的皮克斯公司，《玩具总动员》、《海底总动员》等系列动画电影大获成功。就在乔布斯风生水起的时候，苹果公司却江河日下，连换数任总裁也无法挽回颓势。1996年，乔布斯将Next卖给迫切需要新技术的苹果公司，他于次年重回苹果掌门人之位。此后他再也没有放弃心爱的企业，直到离开这个世界。

卷土重来之后，乔布斯对苹果公司进行了全面、彻底的整顿。他领导苹果在短短10个月内开发出极具个性化的、塑料外壳包装的iMac电脑，为了设计出独特的外形，他甚至向糖果公司的包装专家讨教，iMac震惊整个业界，沉寂已久的苹果终于重放光彩。坚持“个性化”成为苹果陆续推出的各类电子产品的一贯风格，并引发IT产品的革新风潮。2001年，苹果从单一的电脑硬件生产向数字音乐领域多元化转变，推出个人数字影音播放器iPod，到2004年，全球iPod销售额突破45亿美元；到2005年下半年，通过苹果iTunes音乐店销售的音乐数量高达5亿首，占据美国合法音乐下载服务的82%。

所有这些成就，都得益于苹果的创新精神，乔布斯说：“从硬件到软件，从设计到功能，苹果的产品全部由我们自己制造，我们可以随时改变，创新每天都在发生，我们关注产品中的每一项技术，只有这样才能使每一项创新顺利地变为产品。苹果的创新就在于我们能够掌握每一个零件。”这就是苹果对待技术创新的态度，乔布斯认为，对未来消费类电子产品而言，软件都将是核心技术。这样苹果就不会如戴尔或惠普那样，要等到微软发布最新操作系统才能推出新的硬件产品，苹果不仅可以随意修改系统，还能为iPod和iPhone制作特别版本。经历公司控制权丧失之痛后，乔布斯坚持苹果必须始终是一家能“全盘掌控”的公司。

但乔布斯一直被认为是一个喜怒无常的人，并且以“疯狂的高标准”著称，他追求的是一种“残忍的完美”。每到周一，乔布斯会和高管一起回顾公司的运营情况，包括前一周的销售项目、每个正在开发以及麻烦缠身的产品。他经常会说：“有些业务我们能够为之，有些则无能为力，但无论怎样，我都感到自豪。”他曾经全然不顾华尔街投资者的满腹牢骚大力削减产品品种，把原有的10多个品种消减至4种。他曾要求iPhone的研发团队用最短的时间拿出不同的封装设计，而当时产品离面市已经为时不远。他走进公司说："我不喜欢这个东西。我无法说服自己爱上这个玩意儿。而这是我们做过的最重要的产品。"如今我们所见到的 iPhone 系列手机，就是在这种精益求精的执着中诞生的。

低价是苹果受人青睐的公开秘密，尽管它的价格看起来与同类产品相比高不可攀。第一代 8G 版 iPhone 曾将零售价由 599 美元直降到 299 美元，而成本就需要 280.83 美元；3G 版 iPhone 更犀利，成本 237.43 美元，可官方定价却是 199 美元。乔布斯一向精明，怎么可能做亏本买卖，事实上，答案就在 iPhone 的利润模式上。与苹果合作的 AT&T 电讯公司为每部 3G iPhone 最多补贴 499 美元，以补偿苹果硬件收益的损失，但后者也不是"慈善家"，顾客要使用 3GB iPhone 必须锁定两年与 AT&T 的合约，这样电讯运营商和苹果才能双赢。后来这种模式被全球推广，iPhone 也得以在全球范围内迅速扩大销售。

自始至终，苹果的设计都以炫和酷为主题，从 iPod 开始，乔布斯就清醒地认识到，消费者固然喜欢苹果的漂亮设计或强大功能，但真正促使他们掏钱的还是价格因素，因此苹果十分关注价值链的分享，而挑选合作伙伴就是重中之重。比如 2003 年 iPod 销量猛增之后，苹果在 2004 年与宝马合作，在其年度新款车型的储物小格中加入 iPod 转接器，随后克莱斯勒、福特、本田等汽车制造商也纷纷加入，此后有 20 多万家公司与苹果签署了协议，70%的新款美国车都配备了 iPod 转接器，大约 10 万个飞机座位也同样配上 iPod 转接器。由此可见，苹果的消费群体除了千万"果粉"，还有为数不少的财大气粗的大客户。

苹果沉浮兴衰的故事，堪称世间少有。海明威在《老人与海》中写道："一个人可以被毁灭，但不能被打倒。"乔布斯和苹果身上都有这种气质。作为"苹果"创始人，乔布斯改变了一个时代，在事业巅峰时他惨遭流放，跌到地狱，却在 12 年后卷土重来。尽管这种成功不可复制，但苹果重创新、挖需求、降价格、联伙伴等秘诀深有借鉴意义，只有持续创新，才可能改变世界。

资料来源：陈润. 苹果的创新精神. 现代班组，2012(07).

问题

1. 如何理解创新？创新在苹果公司的发展中具有什么样的意义？

2. 如何评价乔布斯的创新精神？

自测题

一、单项选择题

1. 最先给出创新定义的人是(　)。

A. 约瑟夫·熊彼特　　B. 罗纳德·科斯

C. 哈罗德·孔茨　　D. 彼得·杜拉克

2. 下列选项中,不属于创新活动的是(　)。

A. 设备的更新改造　　B. 产品的开发

C. 质量的检验　　D. 工艺的改进

3. 关于创造和创新两者区别的说法正确的是(　)。

A. 创造与创新是指产生一种新思想

B. 创造与创新都是指引入一种新产品或是一种新的生产方法

C. 创造是指采用新的产品,创新是指变革原有的生产技术

D. 创造可以产生新的思想,创新是把新的思想引入新的领域

4.(　)是企业技术创新的核心内容。

A. 要素创新　　B. 产品创新

C. 要素组合方法创新　　D. 流程创新

5. 一般来说,组织中的老员工比新员工更抵制变革,这主要是因为(　)。

A. 他们认为变革不是为了组织的最佳利益

B. 变革使已知的东西变得模糊不清和不确定

C. 变革会威胁到他们为取得现状所做的较多的投资

D. 一旦变革失败,会给企业带来很大的损失

6. 只有不断地组织并实现(　),企业才能保持持久的竞争优势,充满生命力。

A. 产品创新　　B. 材料创新　　C. 工艺创新　　D. 手段创新

二、多项选择题

1. 熊彼特认为,创新就是"新的组合",它包括下列几种情况(　)。

A. 引入一种新产品

B. 采用一种新的生产方法

C. 开辟一个新的市场

D. 获得一种原料或半成品的新的供给来源

E. 实行一种新的企业组织形式

2. 以下哪些是创新的特性(　)。

A. 创造性　　B. 风险性　　C. 高效益性

D. 实效性　　E. 模仿性

3. 创新的内容主要有(　)。

A. 目标创新　　B. 技术创新　　C. 管理创新

D. 文化创新　　E. 产品创新

4. 技术创新包括(　)。

A. 要素创新　　B. 产品创新　　C. 环境创新

D. 要素组合方法的创新　　E. 机构创新

5. 要素创新包括(　)。

A. 要素创新　　B. 设备创新　　C. 人力资源创新

D. 工艺创新　　E. 品种创新

三、判断题

1. 正是由于不断创新，一批巨型企业雄霸市场，一批科技先导型企业独领风骚，一批企业常胜不败，一批企业充满生机和活力。(　)

2. 管理创新的任务是寻求更有效的资源运用模式。(　)

3. 设备是构成产品的物质基础，设备费用在产品成本中占很大比重，设备的性能在很大程度上影响产品的质量。(　)

4. 首创型技术创新是一种高投入、高风险和高利润的创新活动，也是创新度最高的一种创新，其主要特征在于技术的首创性。(　)

5. 技术创新始于研究开发而终于市场。(　)

四、简答题

1. 熊彼特是怎样定义创新的?

2. 创新的内容包括哪些?

3. 创新具有哪些特征?

4. 什么是管理创新? 简述管理创新的内容体系。

5. 什么是技术创新? 技术创新的内容包括哪些?

五、论述题

1. 如何理解创新?

2. 如何进行技术创新战略选择?

参考文献

[1] 柏群,等. 管理学. 重庆:重庆大学出版社, 2003
[2] 苏慧文,姜忠辉. 管理学原理与案例. 青岛:中国海洋大学出版社, 1999
[3] 斯蒂芬·P. 罗宾斯. 管理学. 北京:中国人民大学出版社, 2003
[4] 邢以群. 管理学. 北京:高等教育出版社, 2007
[5] 周志春,孙玮林. 管理学. 杭州:浙江大学出版社, 2004
[6] 董卫民,王永芳,李健,温星. 管理学. 北京:中国市场出版社, 2006
[7] 杨孝伟,赵应文. 管理学——原理、方法与案例. 武汉:武汉大学出版社, 2004
[8] 赵丽芬. 管理学概论. 上海:立信会计出版社, 2001
[9] 孙晓琳. 管理学. 北京:科学出版社, 2006
[10] 苏慧文,姜忠辉. 管理学原理与案例. 青岛:中国海洋大学出版社, 2003
[11] 崔卫国,刘学虎. 管理学故事会. 北京:中华工商联合出版社, 2005
[12] 史蒂芬·柯维. 高效能人士的七个习惯. 北京:中国青年出版社, 2003
[13] 藏有良,暴丽燕,等. 管理学原理. 北京:清华大学出版社, 2007
[14] 赵伊川. 管理学教程. 北京:中国商务出版社, 2004
[15] 周健临. 管理学教程. 上海:上海财经大学出版社, 2001
[16] 章健. 管理学. 北京:经济科学出版社, 2002
[17] 戴淑芬. 管理学教程. 北京:北京大学出版社, 2000
[18] 高闯. 管理学. 北京:清华大学出版社, 2006
[19] 王凤彬,焦叔斌. 2003年MBA联考辅导管理分册. 北京:中国人民大学出版社, 2002
[20] 赵景华. 现代管理学. 济南:山东人民出版社, 1999
[21] 鲍丽娜,李孟涛,李浇. 管理学习题与案例. 大连:东北财经大学出版社, 2007
[22] [美]彼得·德鲁克. 管理的实践. 齐若兰,译. 北京:机械工业出版社, 2006
[23] [美]M. 雷, A. 伦斯勒. 商业新范式. 范明哲,迟梦筠,译. 成都:西南财经大学出版社, 2004
[24] 刘永好,等. 总裁的智慧:中国顶尖企业家演讲录. 北京:中央编译出版社, 2002
[25] [美]彼得·德鲁克. 个人的管理. 沈国华,译. 上海:上海财经大学出版

社，2003
[26] 林建煌．战略管理．北京：中国人民大学出版社，2005
[27] 李海林，刘蓓．战略管理经典模式．北京：经济科学出版社，2004
[28] 黄丹，余颖．战略管理．北京：清华大学出版社，2005
[29] 吴照云．管理学原理．北京：经济管理出版社，2003
[30] 李品媛．管理学．大连：东北财经大学出版社，2005
[31] 张智光．管理学原理．南京：东南大学出版社，2002
[32] 俞明南．现代企业管理．大连：大连理工大学出版社，2002
[33] 杨文士．管理学原理．北京：中国人民大学出版社，2004
[34] 芮明杰．管理学．北京：高等教育出版社，2000
[35] 汪克夷．管理学．大连：大连理工大学出版社，1998
[36] 王俊柳．管理学教程．北京：清华大学出版社，2003
[37] 周三多．管理学——原理与方法．上海：复旦大学出版社，1999
[38] 程延江．管理学教程．哈尔滨：哈尔滨工业大学出版社，2003
[39] 胡昌平．管理学基础．武汉：武汉大学出版社，2002
[40] 赵景华．现代管理学．济南：山东人民出版社，1999
[41] 王俊柳．管理学教程．北京：清华大学出版社，2003
[42] [美]斯蒂芬·P. 罗宾斯，大卫·A. 德森佐．管理学原理．毛蕴诗，译．大连：东北财经大学出版社，2005
[43] 彼得·德鲁克．管理、责任、实践．北京：中国社会科学出版社，1987
[44] 彼得·德鲁克．21世纪的管理挑战．北京：机械工业出版社，2006
[45] [英]加里·哈默，[美]C. K. 帕拉哈莱德，霍华德·托马斯，唐·奥尼尔．战略柔性：变革中的管理．北京：机械工业出版社，2000
[46] 郭京福．新经济与管理变革．呼和浩特：内蒙古科技出版社，2001
[47] 罗锐韧．管理控制与管理经济学．北京：红旗出版社，1997
[48] 张平华．中国企业管理创新．北京：中国发展出版社，2004
[49] 余来文．战略决定成败．北京：蓝天出版社，2005
[50] 王公义．企业全面出击．广州：广东旅游出版社，1997
[51] 姚裕群．人力资源开发与管理概论．北京：高等教育出版社，2003
[52] 张德．人力资源开发与管理．北京：清华大学出版社，2001
[53] 张一弛．人力资源管理教程．北京：北京大学出版社，1999
[54] 金占明．战略管理．北京：清华大学出版社，1999
[55] 刘建军．领导学原理．上海：复旦大学出版社，2001
[56] 文庭孝．知识管理研究的新进展．图书情报知识，2005(2)

[57] 邱昭良. 学习型组织在中国实践的挑战与对策. 中外企业文化，2006(1)
[58] 邱昭良. 学习型组织理论与实践发展述评[EB/OL]. http://www.globrand.com/20060418-18747-1.shtml.
[59] 李德升. 知识管理概观[EB/OL]. http://www.8bio.com/sylw/gsgl/200504/11355.html
[60] 曹盈. 凤凰网财经[EB/OL]. http://finance.ifeng.com/stock/kdg/20100401/1997932.shtml
[61] 哈佛案例——通用电气公司的组织管理. www.emkt.com.cn
[62] 王志永，毛海军. 管理学. 大连：大连理工大学出版社，2010
[63] 查尔斯 W. L. 希尔. 管理学. 北京：机械工业出版社，2009
[64] 杨文士，焦叔斌. 管理学. 北京：中国人民大学出版社，2009
[65] 双根. 王永庆全传. 武汉：华中科技大学出版社，2010
[66] 徐国良，王进. 企业管理案例. 北京：中国社会科学出版社，2009
[67] 彭维刚. 全球商务. 北京：中国人民大学出版社，2011
[68] 詹洪波. 商业伦理的作用及其建设路径. 人民论坛，2011
[69] 莫申江，王重鸣. 国外商业伦理研究回顾与展望. 外国经济与管理，2009
[70] 姜桂娟. 管理学基础. 北京：北京大学出版社，2011
[71] 周三多，陈传明，等. 管理学原理. 南京：南京大学出版社，2009
[72] 刘雪梅，胡建宏. 管理学原理与实务. 北京：清华大学出版社，2011
[73] 卢昌崇. 管理学. 大连：东北财经大学出版社，2006
[74] 芮明杰. 管理学现代的观点. 上海：上海人民出版社，1999
[75] 康青. 管理沟通. 北京：中国人民大学出版社，2009
[76] 王莉. 中小企业技术创新研究. 郑州：郑州大学出版社，2003
[77] 王立军. 技术创新的理论与实践. 北京：中国经济出版社，2004
[78] 杨洁. 企业创新论. 北京：经济管理出版社，1999
[79] 芮明杰. 现代企业技术创新. 太原：山西经济出版社，2003
[80] 雷金荣. 管理学原理. 北京：北京大学出版社，2012
[81] 陈劲.《管理学》学习指导语案例. 北京：中国人民大学出版社，2012
[82] 姜桂娟. 管理学基础. 北京：北京大学出版社，2011
[83] 史蒂芬·柯维. 高效能人士的七个习惯. 北京：中国青年出版社，2003
[84] 藏有良，暴丽燕，等. 管理学原理. 北京：清华大学出版社，2007
[85] 张英奎，孙军. 现代管理学. 北京：机械工业出版社，2007